U0606882

恩来生平

砥柱中流

周恩来

1966
-1976

南山　南哲

编著

山西出版传媒集团　　山西人民出版社

图书在版编目（CIP）数据

砥柱中流周恩来：1966-1976 / 南山，南哲编著. -- 太原：山西人民
出版社，2018.6（2024.9 重印）

（周恩来生平）

ISBN 978-7-203-10359-2

Ⅰ.①砥… Ⅱ.①南… ②南… Ⅲ.①周恩来（1898-1976）—生平
事迹 Ⅳ.① K827=7

中国版本图书馆 CIP 数据核字 (2018) 第 049385 号

砥柱中流周恩来：1966-1976

编　　著：	南　山　南　哲
责任编辑：	贺　权
复　　审：	傅晓红
终　　审：	梁晋华
装帧设计：	三形三色

出　版　者：	山西出版传媒集团·山西人民出版社
地　　　址：	太原市建设南路 21 号
邮　　　编：	030012
发行营销：	0351-4922220　4955996　4956039　4922127（传真）
天猫官网：	http://sxrmcbs.tmall.com　电话：0351-4922159
E-mail：	sxskcb@163.com　发行部
	sxskcb@126.com　总编室
网　　　址：	www.sxskcb.com

经　销　者：	山西出版传媒集团·山西人民出版社
承　印　厂：	天津中印联印务有限公司

开　　　本：	710mm×1000mm　1/16
印　　　张：	24.25
字　　　数：	407 千字
版　　　次：	2018 年 6 月　第 1 版
印　　　次：	2024 年 9 月　第 6 次印刷
书　　　号：	ISBN 978-7-203-10359-2
定　　　价：	68.00 元

如有印装质量问题请与本社联系调换

目 录
CONTENTS

动乱岁月　砥柱中流
（1966—1976）

动乱岁月　砥柱中流

（1966—1976）

一、把住经济生死关

1 艰难之中抓生产

周恩来一再努力，试图将"文化大革命"的"洪水"阻于生产领域之外。江青指责周恩来只要生产，不要革命；政治局会议上，林彪批评周恩来"大错特错"。周恩来抱定"我不入地狱谁入地狱"的决心迂回抗争。

1966 年，国民经济刚从三年"大跃进"的危机中挣脱出来，好日子没过几天，一场史无前例的"文化大革命"又使国民经济跌入灾难的深渊。以林彪、江青为代表的阴谋家、野心家为了实现其通过天下大乱达到篡夺党和国家最高领导权这一不可告人的目的，置人民要吃饭、生产要发展这一基本常识于不顾，挑动群众"停产闹革命"，把国民经济推向崩溃的边缘。

共和国的每次经济劫难，最苦最累的都是周恩来。这一次更是空前绝后。

"文化大革命"中，为了减少运动对国民经济造成的损失，维系最起码的国计民生，周恩来费尽心血，坚持不懈地与林彪、江青一伙及一切破坏经济建设的行为作了各种不同形式的斗争。

"做梦也没有想到"

1966 年的元旦，中南海西花厅，似乎比往年的几个元旦更具节日的气氛。周恩来也显出难得的轻松，步伐也更具弹性和韵律了。

想想前几年的国民经济局势和当前的国民经济形势，周恩来也该稍稍舒一口气了。到 1965 年年底，我国已圆满完成了国民经济的调整任务，国民经济终于从三年"大跃进"所造成的严重危机中摆脱出来，开始走向好转。1966 年，国家将正式执行被推迟的国民经济发展的第三个五年计划。

此时此刻，周恩来的思维触角全都聚集于如何在国民经济调整的基础上，更好更平稳地把中国的经济建设推向一个新的阶段，以实现他早就提出的"要在不太长的历史时期内，把我国建设成为一个具有现代农业、现代工业、现代国防和现代科学技术的社会主义强国"的宏伟目标。

1 月，河北、山西、山东、河南、陕西、内蒙古、辽宁、北京等北方八省、市、自治区，出现了历史上罕见的严重干旱。周恩来打算以抓华北农业为突破口，扭转长期以来制约中国经济发展的"瓶颈"——南粮北调，进而把对中国经济发展有着至关重要作用而又一直难以"过关"的农业抓上去，以带动整个国民经济的发展。1 月底 2 月初，周恩来亲自主持召开北方八省市自治区抗旱会议，研究对策和措施，并当场点将，要李先念负责河南，谭震林负责山西，余秋里负责陕西，林乎加负责山东，李富春、薄一波负责辽宁。他自己则自告奋勇地担任北京、河北组的组长。

正当周恩来全力以赴组织华北抗旱工作之际，3 月 8 日和 22 日，河北邢台地区两次发生强烈地震。周恩来不顾余震危险，两次飞赴灾区视察灾情，先后到了 5 个县、6 个公社，号召农民"自力更生，奋发图强，发展生产，重建家园"，鼓励大家"家里丢的，地里找回来"。

3 月中旬，周恩来赴天津坐镇规划华北经济的华北局会议。行前，他写信给刘少奇、彭真等中央有关负责同志，交代中央国务院日常工作处理事宜，告知自己准备下到河北、北京各地深入调查一个月。显然，周恩来是下了决心要摆脱日常事务，全力以赴解决北方八省市自治区的农业问题。

1966年3月，周恩来到邢台地震灾区，亲切慰问受灾群众

1966年3月，周恩来在何家寨村，站在木箱子上，向受灾的群众讲话

然而，也就在这个时候，毛泽东的思维触角却久久徘徊于阶级斗争、防止修正主义等问题上。他对阶级斗争的状况作了过分严重的估计，认为中央出了修正主义，党和国家正面临资产阶级复辟的危险。他决意要发动一场"文化大革命"，以阻止和消除这种危险。

5月4日至26日，作为发动"文化大革命"标志的中共中央政治局扩大会议在北京召开。会议通过了《中共中央通知》（即《五一六通知》）。《通知》指出：文化领域各界和党政军各个领域都混进了一批资产阶级代表人物，要求全党"高举无产阶级文化革命的大旗，彻底揭露那批反党反社会主义的所谓'学术权威'的资产阶级反动立场，彻底批判学术界、新闻界、文艺界、出版界的资产阶级反动思想"。

"文化大革命"开始了。

周恩来是在没有任何思想准备的情况下，被卷入到这场突如其来的狂风暴雨之中的。在以后的讲话中，周恩来多次声明："我做梦也没有想到。"尽管他对于毛泽东发动和领导的这场"文化大革命"很不理解，但不久后，他看到了这是一场灾难。对于这场灾难，他认为硬顶是不行的，必须"因势利导，否则就会被冲垮"。他忍辱负重，审时度势，想方设法尽量减少运动对维持国计民生的工农业生产的影响和冲击。

周恩来试图将"文化大革命"的"洪水"阻于生产领域之外

1966年9月4日凌晨，中南海西花厅。秘书把一份刚刚收到的《要事汇报》送到了正在伏案办公的周恩来手中。

《要事汇报》上记录了黑龙江省双城县人民委员会来电反映的一些情况和提出的问题：县委和县委书记都被斗垮了，全县21个公社已有11个公社和生产队"炮打了司令部"，公社和大队、小队干部大多数被揪斗，不少公社、大队、生产队的领导陷于瘫痪，生产无人负责。目前，秋收临近，怎么办？要求中央尽快给予明确指示。

周恩来的目光在这页《要事汇报》上停留了好长一段时间，"文化大革命"开始以来，他一直担心会冲击生产的预感，如今已变成了沉甸甸的现实。

按照《中共中央关于无产阶级文化大革命的决定》（简称《十六条》），"文化大革命"主要是在文化教育领域和一些党政机关进行，工矿企业和农村原则上不开展"文化大革命"。但是随着运动的发展，"文化大革命"的邪火也向工矿企业和广大农村蔓延。针对这种势态，周恩来主持制定了两个文件，试图对运动作某些限制，但均遭到中央文革小组康生、江青等人的反对。

8月下旬，当风起云涌的红卫兵串联运动开始危及工农业生产和各级机关的正常业务工作时，周恩来指示陶铸组织起草了一个中共中央、国务院关于在"文化大革命"中一些具体问题的通知。通知要求把铁路枢纽和重要站段、港务局和码头、尖端企业和科研机构等关系到国计民生的部门列为"要害部门"，"必须进行坚决保护"，红卫兵不要去冲击这些部门。对不听劝阻者，应依法处理。

通知稿拟出来后，周恩来批示送有关人核阅后立即发下去。不料，通知稿传到江青手中时，江青提出：要中央再讨论一下。结果，这一通知就在江青的"讨论"中被压下了。

9月2日，周恩来又亲自起草了《有关红卫兵的几点意见》，强调必须向红卫兵讲清楚政策，红卫兵串联要保证党和国家的要害部门的工作不受影响，保证交通运输机构照常运行，保证厂矿企业的生产不受影响、生产不致停顿。

9月3日，周恩来对《意见》作了最后修改，立即召集中央政治局碰头会，准备讨论通过《意见》，早日下发。

会上，陶铸、陈毅等大多数人对《意见》表示赞同，认为在当前形势下对红卫兵讲清楚具体政策是十分必要而迫切的。

然而，中央文革的几个人却有恃无恐地否定了《意见》。康生说："这十个问题（注：《意见》一共讲了十个方面的具体政策）需不需要讲？我看不需要讲。这个文件如果发下去，就有'包办''代替''文化大革命'的危险。"

戚本禹也在一旁帮腔说：把"文化大革命"和生产对立起来，有破坏"文化大革命"的危险。

由于中央文革一伙的反对，周恩来亲自起草的这一文件又未能走出中南海。

周恩来直了直疲惫的身躯，双眉紧蹙，思绪未断。

如今，不光是红卫兵串联对工农业生产的影响问题，工厂、农村内部自己也点起"火"来了，工人、农民也开始离开自己的生产岗位，四处串联。黑龙江省双城县反映的情况不仅仅黑龙江存在，全国好些地方都频频来电告急。如果听任这种势头在工厂、农村蔓延，后果不堪设想。

怎么办？

看来，必须调整斗争的策略。对中央文革，有些问题要先斩后奏。

周恩来拿起电话，要通了陶铸。他与陶铸商量，要尽快制定关于工厂、农村进行"文化大革命"的有关规定，重申工厂、农村原则上不开展"文化大革命"，以保证工农业生产的正常进行。同时，要陶铸组织起草一篇强调革命不能影响生产的《人民日报》社论。

周恩来又找到李富春，要他找李先念、谭震林、余秋里、谷牧等商量一下，负责起草有关工厂、农村开展"文化大革命"的规定。

9月7日，《人民日报》发表题为《抓革命，促生产》的社论。社论强调在搞好文化革命的同时，要保证生产的正常进行，并要求各业务部门成立一个专抓业务生产的领导班子。

与此同时，李富春把起草的关于工厂、农村开展"文化大革命"的规定的两个文件——《关于县以下农村文化大革命的规定》和《关于抓革命、促生产的通知》报送周恩来审定。

周恩来对文件稍作了修改。这两个文件的主要精神就是尽可能将"文化大革命"的邪火阻于工厂、农村之外。

文件指出：工厂、农村及工农业生产管理部门应当立即加强或组成各级生产指挥机构，工人、农民应当坚守生产岗位，不要外出串联，红卫兵不要到工厂、农村去串联，以保证生产建设工作的正常进行。生产任务重的地方和单位，"文化大革命"可以推迟进行。领导班子已瘫痪的公社、生产队、企事业单位，应迅速建立生产业务指挥机构，把各项工作全面抓起来。

9月8日，周恩来召集政治局碰头会，讨论《关于县以下文化大革命的规定》和《关于抓革命、促生产的通知》。中央文革一伙对此又进行刁难，说"文化大革命"正处于高潮，突然下发这样的文件，会给运动泼冷水。

周恩来不予理睬。会后，他直接将两个文件连同黑龙江双城县的情况反映以及江苏、江西等地来电反映生产问题的材料一起报送毛泽东。毛泽东看后批示："可照发，不要讨论了。"

9月14日，中共中央同时发出《关于县以下农村文化大革命的规定》和《关于抓革命、促生产的通知》。

周恩来的这番举措，招致了中央文革一伙的不满。

次日，即文件发出的第二天，毛泽东在天安门接见全国各地来北京串联的百万红卫兵。周恩来、林彪陪同接见。

接见大会上，周恩来讲话强调红卫兵串联不要干扰工农业生产。他说：搞好工农业生产关系很大，它关系到我国社会主义建设，关系到第三个五年计划，关系到城乡人民生活。广大的工人、公社社员、科学技术人员和机关干部，都应坚守生产岗位，不失时机地掌握生产环节。红卫兵和学生不要到工厂、企业单位、县以下的机关、农村人民公社去串联，工厂、农村不能像学校那样放假，停止生产来闹革命。

然而，作为"副统帅"的林彪，在会上却发表了另外一种基调的讲话。他非但只字不提生产之事，反而以极富煽动性的口气对红卫兵说："你们斗争的大方向始终是正确的，毛主席和党中央坚决支持你们。""那些走资本主义道路的当权派，那些资产阶级的反动权威，那些吸血鬼、寄生虫，都被你们搞得狼狈不堪。你们做得对，做得好。"

显然，对于那些无政府主义思想浓厚的造反派和红卫兵来说，林彪的讲话更迎合和挑动了他们追求绝对自由、绝对民主的狂热，政治嗅觉并不迟钝的他们也不难听出林彪与周恩来的讲话是如此不和谐。中央文革一伙借机攻击周恩来的讲话是"大毒草"。

对此，周恩来愤然反击。9月25日，周恩来在接见首都大专院校红卫兵造反司令部主要负责人时指出：有人说我9月15日的讲话是"大毒草"。我的这个讲话是经中央研究过的，毛主席看过的。抓革命、促生产，有人说提得太早了，我说不早。农村"三秋"到了，不抓秋收怎么行呢？不能丰产不丰收。还有尖端项目，不抓怎么行？现在运输量因学生串联大大超过了，而货运量却大大减少了。再这样下去，就要影响国家的建设了。工人、农民总不能因为"文化大革命"而不搞生产了吧，否则，我们吃什么、用什么！

周恩来抓住一切机会，耐心反复地向广大学生和红卫兵做劝说解释工作，强调生产业务部门与学校不同，不能停产闹革命，要求工人农民坚守生产岗位。

江青又攻击周恩来只要生产，不要革命。在一次碰头会上，江青怒气冲冲地指着陶铸说："用生产压革命，真是岂有此理。你们下文件，发社论，叫农村、工矿不要革命。把以前的文件都收回来。"

周恩来在首都体育场接见全国各地的红卫兵

陶铸正色道："那是中央的决定，我个人没有这个权力。"

江青跳了起来，向周恩来大吵："总理，你可要说话，这是什么态度。你现在就说，那些文件收不收？"

周恩来反问江青："生产搞乱了，我们去喝西北风吗？"

江青大怒："你总是生产、生产，你只要生产，不要革命。"

周恩来分辩道："不搞生产，不搞建设，人民吃什么用什么？"

江青气得拂袖而去。

工交座谈会前后的抗争

"文化大革命"像一头癫狂的怪兽，咆哮着在神州大地肆虐。

正当周恩来竭尽全力勒住这头怪兽的缰绳不让它踏向农村、工矿时，林彪等中央文革一伙却在这头怪兽的"敏感处"狠狠地抽了"两鞭"，使它更为癫狂、肆虐。

——10月初，林彪令全军文革小组起草了一个《关于军队院校无产阶级文化大革命的紧急指示》，要求"军队院校的'文化大革命'运动，必须把那些束缚群众运动的框框通通取消"。

陈伯达、康生、江青、张春桥看了《紧急指示》后，认为还不够，又加上"取消院校党委对文化大革命的领导权"一条。随后，江青一伙在各种场合的讲话中，别有用心地说《紧急指示》不仅适用于军队院校，而且适用于一切单位。此后，"砸烂一切""踢开党委闹革命"的狂潮席卷全国。

——11月10日，以王洪文等为首的"上海工人革命造反总司令部"（简称"工总司"）操纵上海一些工厂的工人，以上北京"告状"为名，脱离生产岗位，在上海北郊安亭站卧轨拦截列车，制造了使沪宁全线交通中断31小时的安亭事件。而代表中央文革前去上海处理安亭事件的张春桥竟背着中央，置周恩来有关不能承认"工总司"是合法组织、不能承认卧轨拦车是革命行动的电告不顾，与王洪文等造反派头头串通一气，公然擅自承认"工总司"是"合法组织"，承认他们的卧轨拦车行动是"革命行动"，并把这次事件的责任全部归咎于上海市委。张春桥在与工人座谈时煽动说："如果工厂不搞'文化大革命'，即使导弹上了天，卫星上了天，生产大发展，中国还会变颜色。"

《紧急指示》的下达和中央文革对安亭事件的肯定，等于在向社会宣布：工厂可以搞"文化大革命"，并且可以踢开党委闹革命。这大大地削弱了中共中央9月份下发的关于农村、工矿"文化大革命"的两个限制性文件的约束力。此后，"文化大革命"的邪火迅速向广大工矿和农村的纵深蔓延。党政机关及一些生产业务部门的绝大部分领导被"炮打"、被揪斗，工人也像学生一样，离开生产岗位，四处串联，更多的生产单位陷于瘫痪和半瘫痪状态，国民经济形势进一步恶化。

周恩来的处境越发艰难了。他自己所发出的"我不入苦海谁入苦海，我不入地狱谁入地狱"，正是他当时心境的真实写照。

一方面，为了顾全大局，周恩来必须从总体上拥护"文化大革命"，但一到具体问题上，他又难以表示赞同。

另一方面，此时的林彪、江青一伙，经过从5月的中央工作会议到10月中央工作会议这短短几个月的经营，已经攫取了党和国家的很大一部分权力。他们企图通过"文化大革命"的天下大乱以篡夺党和国家最高领导权的这张"底牌"也十分清楚了。周恩来要稳住国民经济这一支柱，就必须面对林彪、江青一伙施加的种种压力。中央文革一伙公然指责周恩来，说"文化大革命中存在着新文革和旧政府的矛盾"。

尽管处境是那样艰难，但是，周恩来抱定"我不入苦海谁入苦海"的决心，紧紧扭住国民经济这个大关，和党内正义力量一起，顽强抗争。

11 月 9 日，周恩来亲自主持会议，讨论《人民日报》社论稿《再论抓革命、促生产》。会上，他反复强调生产建设不能停顿的重要性，严词批驳了只强调"抓革命"而根本不讲生产建设的错误论调，愤然指出："不搞生产，国家怎么办？我就不相信革命搞好了，生产就会自然而然地上去。"

次日，《人民日报》发表社论《再论抓革命、促生产》。社论强调：工农业生产稍有间断，就会影响人民的经济生活。国民经济是一个整体，一个环节扣一个环节，只要某一部分脱节，就可能影响全局。一切城市工矿企业、事业单位、科学研究部门和农村，都"必须毫无例外地"坚决遵守、时刻遵守抓革命、促生产的方针。工矿企业、事业单位和农村的"文化大革命"只能在生产以外的时间进行，工人、农民不能离开生产岗位。

这篇社论，无疑是向工矿、农村的"文化大革命"亮起了"红灯"。

几天后，周恩来又找调到国务院协助他抓经济工作的余秋里、谷牧谈话，要余秋里抓紧准备召开全国计划会议，力求把 1967 年的计划安排得早些、好些；要谷牧组织一个班子，研究一下工交系统如何抓革命、促生产的问题。

然而，也就在这个时候，陈伯达把他代表中央文革起草的《关于工厂文化大革命的十二条规定》交给了余秋里和谷牧。其中写有"允许学生到工厂串联""允许工厂成立派系组织"等条款。陈伯达还胁迫余、谷二人在一个星期内提出意见，给他答复。

显然，陈伯达此举是代表中央文革向周恩来一贯强调的意见示威。

11 月 14 日，周恩来主持中央碰头会。会上，谷牧就陈伯达起草的十二条规定向周恩来作了汇报，并提出近日召开一个全国工交座谈会，研究工交系统如何开展"文化大革命"的问题。

周恩来表示同意，并说：陈伯达的十二条拿到会上让大家去讨论。

周恩来的斗争方法很高明。他表面上没有急于否定陈伯达的十二条，但他知道这十二条在座谈会上肯定会遭到强烈反对。

11 月 17 日，北京京西宾馆会议室，气氛沉闷而紧张。冶金、化工、水电、铁道、机械等五个部和北京、天津、上海、沈阳、哈尔滨等七大城市及各大区主管工业的负责人参加的工业交通座谈会正在进行。

来自地方的负责人忧心忡忡，他们委婉地反映"文化大革命"的冲击已经使工交战线出现了混乱，许多大型企业面临停产的危险，对工厂成立群众组织和学生到工厂串联表示担心。

刘澜涛、吕东、吕正操等一些国务院的部长们则按捺不住心中的怒火，拍案而起，对陈伯达十二条中提出的"允许学生到工厂串联""允许工厂成立派系组织"等条款进行了怒斥和否定。

11月19日，周恩来亲临工交座谈会。他指出：工交战线进行"文化大革命"，必须充分考虑企业的特点，要在党委领导下分期分批进行。工人要坚持八小时工作制，不能擅自脱离工作岗位，不能搞跨地区串联。

周恩来还告诫与会干部：现在的形势是"方兴未艾，欲罢不能，大势所趋，势不可挡"。在这样的形势下，我们要学会"因势利导"。"我不入苦海谁入苦海，我不入地狱谁入地狱"，大家要抱定这种精神，挺身而出，为了党和国家的利益，个人被冲垮了也要毫无抱怨。

根据周恩来的讲话精神，主持会议的谷牧组织人对陈伯达的十二条作了修改，拟出一个《工交企业进行文化大革命的若干规定》（又称《十五条》）。其中明确规定：工厂不能停产闹革命，八小时工作制不能侵犯，学生不能到工厂去串联。

陈伯达得知后，大为恼火。他把余秋里、谷牧找到他的住处，怒气冲冲地打开司马迁的《报任安书》，要余、谷二人读其中的一段文字："仆之先人，非有剖符丹书之功，文史星历，近乎卜祝之间，固主上所戏弄，倡优所畜，流俗之所轻也。"

而后，陈伯达又用他那难听的福建腔普通话大发牢骚："反正我们写文章的，无权无势，小小老百姓，谁也瞧不起。过去，邓小平瞧不起，现在，你们瞧不起，你们有本事啊！把我们的稿子改得体无完肤。"

余秋里、谷牧从陈伯达处出来后，立即到西花厅，把陈伯达的指责向周恩来作了汇报。

周恩来说："没有这么严重。"

次日，周恩来又与李富春一起到毛泽东处，把这次工交座谈会及《十五条》的情况作了汇报。毛泽东基本同意了《十五条》。

工交座谈会实际上是党内正义力量向林彪、江青一伙企图搞乱全国经济的邪恶势力发起的一个反冲锋。

这个反冲锋很快招致了林彪、江青一伙的非难和攻击。12月4日至6日，一向不关心过问生产的林彪却一反常态，亲自主持政治局会议，说是要听取关于工交座谈会议的汇报。

此时的林彪，实际上是中央文革请来的"尊神"，来替中央文革助威压阵。

会议一开始，谷牧按照根据周恩来的指示写出的《汇报提纲》，介绍工交座谈会和《十五条》的情况。

还未等谷牧说完，中央文革一伙就迫不及待地发难，大叫："工业系统的问题，比文教系统还要严重，如果工交财贸系统的'文化大革命'不好好地闹一闹，变修了，文教系统搞得再好也没有用，国家非出修正主义不可。"张春桥站起来恶狠狠地指着谷牧说："你的发言，代表了一小撮资本主义道路当权派的情绪。"

陈伯达也气势汹汹地指责说："《汇报提纲》没有同我们商量，发这个提纲是搞突然袭击。"

很显然，张春桥、陈伯达对谷牧的训斥，矛头是指向在一旁的周恩来。

这时，一直沉默未言的周恩来严肃地对陈伯达说："这个提纲是我要他们搞的，是开夜车搞出来的，来不及征求意见。"

在6日的会上，王力更加露骨地把矛头指向周恩来："工交座谈会的这个《汇报提纲》，集中反映了一套错误的东西，就是不要搞'文化大革命'！过去对学校搞了许多限制规定，现在又拿这一套来对付工人。还有什么'工业六条'和'农村五条'（注：指周恩来主持制定的中共中央《关于抓革命、促生产的通知》和《关于县以下农村文化大革命的规定》）还适用不适用？如果这些适用，就走到压制群众、压制革命的道路上去了。"

为了保护干部，也为了今后的抗争，周恩来采取了暂时"退却"的斗争策略。会上，他作了"掩护"式的发言。他说："十一中全会和中央工作会议后的几个月时间，领导干部绝大多数没有想通，想通是极个别人，这种情绪一直影响到这次工交座谈会。会上，我所接触到的那些部长、省委来的人，没有几个通的，大多数还不理解。他们有一个最大的担心，就是怕运动影响国民经济建设，反过来再影响运动的发展。"

周恩来此处用"没有想通"是经过一番斟酌的。因为"没有想通"是属于人民内部矛盾，是"老革命遇到新问题"。倘若是"反对"，那就是敌我矛盾了。

周恩来还对那些受到错误指责和批评的干部们鼓励说："犯了错误不要紧，改了就是嘛！大家要下决心到实践中去，继续摸索经验。"

会议结束时，林彪作总结性的发言。他字字句句地说："这次工交会议开得不好，是错误的，思想很不对头，需要来个 180 度的大转弯。不能把文化大革命的成果单是落在生产上，如果我们完全从生产收获的多少来论'文化大革命'的成败，那就大错特错。"

林彪还针对周恩来一再表明的"欲罢不能、势不可挡"的态度，说："我们应该不是被动地而是主动地让这场革命进入到工业、农业，进入到社会。因此，不应该是'势不可挡'，不是挡不挡的问题，而是迎接的问题；不是刹的问题，而是要扩大的问题。要让这场革命席卷每一个领域。"

这次政治局会议后，由陈伯达等人搞了《关于抓革命、促生产的十条规定》和《关于农村无产阶级文化大革命的指示》。这两个文件的基本精神就是要求工矿、农村与学校一样，开展"文化大革命"，并否定了党委的领导。此后，"文化大革命"的动乱全面进入广大工矿和农村。

在这样一种局势下，周恩来对国民经济这一大关非但没有放松，反而抓得更紧了。他继续在艰难的处境中与破坏国家经济建设的种种行径作各种形式的斗争。他不止一次地对余秋里、谷牧说："你们可得帮我把住国民经济这个关啊。经济基础不乱，局面还能维持；经济基础一乱，局面就没法收拾了。所以，经济工作一定要紧紧抓住，生产绝不能停。生产停了，国家怎么办？不种田了，没有粮食吃，人民怎么活下去？还能闹什么革命？"

2 挽救交通大动脉

大串联、大夺权、大武斗，铁路交通劫难四起，经济命脉危如累卵。
周恩来断然决策，双管齐下，野战军开到了铁路边。

"总管家"的忧虑与心血："铁路是国民经济的大动脉，一旦停断，整个国民经济就瘫痪了。"

"文化大革命"的发生，犹如潘多拉把打开了的魔盒投放到中国大地，疯狂、嫉妒、窝里斗等人类所有的劣根性都倾巢而出，肆虐着中国大陆的每一抔泥土，撩拨得人们神志不清，上蹿下跳，狂呼乱喊，胡砸乱打……

1967年3月18日，两份报告几乎是同时送到了周恩来的案头。

来自齐齐哈尔的报告反映：齐齐哈尔铁路局派别众多，一个局就有200多个组织，经常打派仗，工作无人管；局内指挥不灵，调度员、扳道员随便不上班，十几台机车开不出去。按常规，每天必须运出5 000多个车皮，而目前每天只能运1700多个车皮。局枢纽站三间房有时一天竟滞留车皮1 000多个，使列车无法进站。大兴安岭林场30多万立方米木材积压待运。还有人强调要打破框框，砸烂规章制度，致使局内交通事故大大增加。到3月15日止，已发生行车事故326起，比去年同期增加50%，其中恶性事故29起。事故之多、损失之重，为该局历史上所罕见。

来自江苏省的报告反映：江苏省委、南京市委的夺权没有搞好大联合、三结合。夺权之后，交通运输部门指挥不灵，车站港口、交通要道的物资堆积如山，运不出去。有人说，夺权后革命不像革命，生产不像生产。

看罢报告，周恩来心情沉重，心底泛起阵阵说不出滋味的难受。

狂热，使人迷失了理性，泯灭了良知。为了所谓的"革命""造反"，他们可以自己切断关系到国计民生的生命线——铁路交通。

不当家不知柴米油盐贵。作为主管全国经济建设的"总管家"，周恩来非常清楚铁路交通对整个国民经济的重要程度。别的姑且不说，单就当时我国经济运行中的"南粮北调"和"北煤南运"这两大特征看，就可想而知。北方的工业发展要靠南方省区的粮食来支撑，南方的工业建设要靠北方的煤炭来保证。"南粮北调"和"北煤南运"主要通过铁路，仅"南粮北调"一项，每年就达 100 亿斤，1965 年达 120 亿斤。如果南北铁路交通一旦中断，整个国民经济也将随之瘫痪。

不可想象，像北京、上海这样每天要靠从外地调运大量的生活、生产物资的大城市，中断一天的铁路交通会是个什么样子？！

正因为如此，"文化大革命"开始近一年来，周恩来在维系铁路交通方面没少费心血。

1966 年 8 月开始的"北上、南下、西进、东征"的红卫兵大串联，给我国运力本来就严重不足的铁路交通带来了极大的冲击。据不完全统计，8 月份仅到北京大学串联的外地学生就达 212.4 万人次。有限的交通工具无法满足客运量的猛增，严重的超载使运输设施遭到破坏。

对此，周恩来深为焦虑。一方面，大串联是毛泽东支持和赞成的，周恩来难以反对；另一方面，面对大串联对铁路交通的冲击，周恩来又不能不采取一些制止措施。8 月底 9 月初，他指示起草了对红卫兵运动进行限制的两个文件，强调要把铁路交通部门和重要站段当作"要害部门"加以坚决保护。但遭到江青、康生等人的反对。

在欲以正式文件对运动进行限制、匡正的努力受挫后，周恩来找到协助他抓经济工作的余秋里、谷牧，要求他们花大力气编制铁路运输计划明细表，说："无论多么困难，都要妥善处理好学生串联与生产的关系。首先，必须安排好维持生产建设所必需的货运量，然后，在客运计划中留有一定余力，以应付学生串联之需。"

1966 年 10 月上旬，中央作出新部署，决定 10 月份再放手让学生串联一个月，再闹几个回合，要求铁路运输部门按进出北京的学生各 150 万至 170 万人的计划安排运输力量。铁路部门非常为难。负责工交口的谷牧找到周恩来叫苦："总理，上海等地都来电话告急，说交通运输情况非常紧张，进出北京各 150 万人很难安排。"

周恩来又何尝不知道铁路运输部门的难处？他对谷牧说："你可以搞上、中、下三个方案，把每个方案的安排办法和困难都写出来，由我报常委讨论决定。"

少顷，周恩来又深为忧虑地说："多拉一些学生是有些困难，但我更担心的是铁路停断和阻塞。铁路是国民经济的大动脉，一旦停断，整个国民经济就瘫痪了。"

为了减缓大串联给铁路运输带来的混乱和压力，10月下旬至11月初，周恩来又接连指示起草了由中共中央、国务院下发的《关于维护铁路运输的紧急通知》和《关于革命师生进行革命串联的通知》两个文件，要求铁路部门迅速恢复正常运输秩序，全国各地的学生一律暂停乘火车、轮船、汽车来北京和到各地串联，以保证必要的生产物资的运输。

然而，就在周恩来积极采取措施制止铁路交通的混乱势头时，中央文革一伙却在背后煽风点火，把铁路交通的混乱势头推向巅峰。

11月10日，以王洪文等为首的"上海市工人革命造反总司令部"（简称"工总司"）操纵一部分工人以到北京"告状"为名，在上海北郊安亭火车站强行卧轨拦车，制造了使京沪线交通大动脉中断31小时的安亭事件。

周恩来得知这一消息后，极为愤慨。他要陈伯达电告华东局，要华东局和上海市委坚决顶住，绝不能承认卧轨拦车是革命行动。

代表中央文革前往上海处理安亭事件的张春桥却置周恩来的电告不顾，背着上海市委，擅自承认王洪文等人的卧轨拦车行动是革命行动，"工总司"是合法组织。

张春桥对安亭事件的处理，开了全国冲击铁路、中断运输的恶例。

12月30日，张春桥、王洪文等又在上海制造了全国的第一场大武斗——康平路事件，使上海的铁路交通更趋混乱。从30日凌晨至31日的26小时中，上海站停开客车26列，停开货车38列；有22列货车被阻于途中，不能进入上海站。

一个星期之后，又是在张春桥、姚文元、王洪文的策划下，上海造反派篡夺了上海市的党政大权，刮起了所谓"一月革命"的风暴。

如果说，红卫兵大串联的狂潮仅仅给铁路交通带来影响，那么，随着1967年1月上海夺权，波及全国的夺权恶浪迭起，全国的铁路交通就近于瘫痪。铁路运输生产出现了十年动乱期间的第一次全面的大幅度下降。

和其他部门一样，铁路交通运输部门的大批领导干部在甚嚣尘上的"夺权"声中被揪斗，铁道部部长吕正操被造反派揪走不知去向，各级领导机构相继陷于瘫痪和半瘫痪；各铁路站段的职工或分裂成两大派，派性武斗不止，或离开自己的工作岗位，四处串联，停产闹革命，许多铁路站段的工作陷于停顿；保证铁路运输生产正常进行的各种规章制度，被视为"修正主义的管、卡、压"，有的被砸烂，有的无法执行，一直是集中管理、统一指挥的铁路运输处于无政府状态。全国铁路干线不时出现中断，待运的生产物资大量积压，连保证国民经济最低限度的运行都难以实现。

在这一片内乱的汪洋中，周恩来竭尽全力，进行了一般人所难以想象、难以承受的抗争。他除了处理其他党政大事外，每天都要亲自看铁路运输简报，晚上找有关同志开会，了解全国铁路运输情况，研究对策。哪个地方交通中断，他就打电话到哪个地方去追问，并频频找群众组织代表谈话，苦口婆心地进行批评、劝说和教育，不分昼夜……

——1月2日，上海、蚌埠发生铁路交通中断事故。周恩来召集全国铁路系统20余个单位的在京代表谈话，严厉告诫："铁路交通绝不能瘫痪，交通一刻也不能中断。中断铁路交通，不仅直接影响生产，也直接影响了'文化大革命'和第三个五年计划，国际影响也不好。"

有代表问："保证铁路畅通是不是政治挂帅？有人说，保证铁路畅通是单纯的业务观点。"

周恩来说："停车不只是对市委，是对国家、对毛主席。中断铁路交通的行为不是革命行动，保证铁路畅通也不能说是单纯的业务观点，业务里头有政治。"最后，周恩来要求铁路系统各单位联合起来成立一个联络委员会，写个呼吁书，维护铁路交通。

——1月6日、7日，为解决南京两派武斗导致的铁路交通中断问题，周恩来两次接见南京群众组织赴京代表，说："交通问题关系太大了，上海的煤也不够了，码头停了十几条船。现在的问题首先是恢复交通，这是最紧要的。交通问题我最担心。挑起双方武斗的人要法办。"

——1月10日凌晨，周恩来把来自长春、齐齐哈尔、大连、广州、武汉等地铁路部门的职工代表召集到中南海小礼堂，就恢复铁路交通秩序和他们谈话。周恩来说："工人离开工作岗位到北京来，这叫丢生产，跑革命，是假革命、不革命。现在各地都叫造反派，大家丢开业务不管，这是要批判的。丢开业务闹革命，那革命不就落空了吗？现在吕正操部长被揪来揪去，我连部长都找不到了，我替吕正操当起了铁道部部长，这种情况对铁道部不利。大家回去一定要说服出来串联的工人回到自己的工作岗位上去，把自己本单位的革命和生产搞好。"

——1 月 27 日晚 11 时至次日凌晨 7 时，整整 8 个小时，周恩来在中南海会议厅接见铁路系统造反派代表，严厉批评了铁道部造反派在夺权问题上不负责任的态度，责令铁道部造反派："要立即成立一个业务小组，昼夜值班，保证业务不中断，我每分钟打电话都要有人，铁路交通一时一刻也不能停下来。"

在周恩来的责令下，两天后，铁道部机关和直属单位群众组织代表协商推选出 14 人，组成了铁道部临时业务监督小组。

——2 月 1 日，中南海小礼堂。周恩来和铁道部部分造反派代表谈话，对他们无休止的派性斗争提出严正批评："为什么不联合起来？再这样下去，我要对铁道部门实行军事管理。我给你们开过 7 次大会，强调全国交通大动脉一刻也不能中断，你们就是不听。你们想一想，是一个单位重要，还是全国重要？是一个人重要，还是 7 亿人民重要？夺权，首先要在脑子里夺'私'字权。"

……

据周恩来的工作台历记载，从 1967 年 1 月夺权到 2 月初，短短的二十多天时间里，周恩来为解决铁路交通问题找铁路系统群众组织代表谈话就达 7 次之多，还不包括同铁路系统外的群众组织代表谈铁路问题。

周恩来提出对铁路交通实行军管。中央文革多方刁难，铁路军管一拖再拖。关键时刻，毛泽东给了周恩来一把"尚方宝剑"。

在举国上下全面内乱的情况下，周恩来对造反派及群众组织的呼吁、教育、批评、警告犹如杯水车薪。

从 1966 年年底到 1967 年年初，周恩来费了不少心血，想把全国铁路系统的各路代表聚拢到一起，成立一个铁路系统的联络总站，来维护铁路运输的正常运行。但这一愿望未能实现。

"看来，要制止铁路交通状况的进一步恶化，扭转混乱的局面，必须对铁路交通实行全面军管。"周恩来决心已定，当即将来自齐齐哈尔的报告送毛泽东。

毛泽东也意识到问题的严重性。

3 月 19 日，毛泽东在齐齐哈尔的报告上批示：一切秩序混乱的铁路局都应该实行军事接管，以便尽快恢复正常秩序。此外，汽车、轮船、港口装卸也都要管起来。只管工业，不管交通是不对的。

毛泽东批示后，周恩来立即组织有关人员拟出了一个对铁道部、交通部、邮电部及其所属重点企业实行军管的文件。

3月22日，中南海会议室。周恩来召集铁道部、交通部、邮电部有关负责人及群众组织代表开会，李先念、谷牧、余秋里等也到会。会上，周恩来宣读了毛泽东的批示，并指出："经我们研究，铁路、交通、邮电要实行全面军管。1月底，我就提出民航局归军队管，现在是3月份了，不能再耽搁了，无论如何要把二季度的生产搞好。铁路、轮船、交通、码头、汽车、港口、运输公司，派军管小组或委员会先管起来，由谷牧同志负责。"

有群众组织代表问周恩来："有人说，李富春、李先念、谷牧、余秋里是刘邓司令部的人，也有人说是毛主席司令部的人，我们搞不清楚。"

周恩来回答说："不是毛主席司令部的人，我今天能带他们来吗！"

然而，周恩来组织拟出的这个军管文件遭到了中央文革一伙的刁难。在政治局会议上讨论这个文件时，他们挑剔说：对军管后军管会如何执行毛主席路线、如何坚决支持左派闹革命写得不够。林彪也阴阳怪气地说：军管如果搞得不好，军队也会执行一条拿枪的刘邓路线。

由于中央文革一伙的干扰，对铁路、交通、邮电的军管一拖再拖。铁路、交通的混乱势态继续恶化。

5月31日，国务院联络员办公室转来的几份铁路运输简报摆到了西花厅周恩来宽大的办公桌上。

简报说：据铁道部业务监督小组报告，最近几天，各地由于两派武斗和纠纷，几条主要铁路干线连续发生行车中断情况。目前，京广、津浦、陇海、浙赣四条主要干线处于瘫痪状态，情况如下：

（一）徐州地区两派武斗，至28日早6时，徐州火车站的作业处于瘫痪状态，徐州分局管内陇海、津浦沿线滞留列车达33列，济南分局滞留22列。30日，徐州火车站两派武斗，一台机车被炸毁，调度室被砸，从晚上7时起，车站完全停止作业，滞留货车34列，客车运行也停止了。到31日，武斗还在继续，机务段内20多台机车被炸，一部分铁轨被扒掉，整个徐州机务段只剩下一个副段长和一个运转主任，津浦、陇海两干线运输中断。截至 31 日早上 6 时，在津浦线上滞留货车 68 列，客车 16 列。津浦线济南至蚌埠、陇海线商丘至连云港的铁路交通全部瘫痪。

（二）驻浙江金华的南京军区的某军急电：金华地区两派武斗，铁路设备被破坏，金华火车站的大批工作人员被劫往杭州，车站工作完全处于瘫痪状态。自 28 日起，浙赣线交通完全中断。到 31 日，浙赣沿线滞留列车 100 余列，交通至今尚未恢复。

（三）郑州两派武斗，郑州北机务段被围，郑州火车站电源被切断，工作停止，严重影响了京广、陇海两线的运输。目前，事态还在发展，铁路运输很困难。

（四）京包线的宣化站，因地区两派纠纷，于 26 日停止作业，不接发列车，使运输陷于中断。

（五）武汉军区来电：汉口车站连续发生冲击铁路运输的事件。27 日，一些群众组织以抓"联动"为名，动员数千群众冲进车站，拦截 16 次快车，砸坏门窗，致使 16 次快车在汉口滞留 17 个小时。29 日，又有几千名学生和不明身份的群众闯进汉口车站，强行搜查 38 次快车，还将一女青年衣服剥光，进行搜身侮辱。30 日，又有一千多不明身份的人闯入车站，打伤车站职工和值勤战士，破坏铁路设备，严重影响铁路运输……

看罢简报，沉重、焦虑、愤怒一起交织在周恩来的心头。

"对铁路交通的军管再也不能拖下去了！"周恩来顾不上惊扰毛泽东的午休，拿着铁路运输简报，疾步来到毛泽东的住处。

看着简报，毛泽东若有所思的脸上也显得十分严峻。

"主席，铁路交通关系到全国的经济命脉，一旦中断，国民经济局势不可收拾。对铁路交通的军管，应立即实施，不可再拖。"周恩来对毛泽东力陈利害。

毛泽东当即同意了周恩来的建议。

严峻的现实不容周恩来有片刻的喘息。从毛泽东处出来后，周恩来又紧急召集李富春、李先念、叶剑英、萧华（总政治部主任）、杨成武（代总参谋长）、谷牧、余秋里等开会。

　　会上，周恩来传达了他中午向毛泽东汇报的情况，并和大家商定了对铁路交通实行军管的具体细则：（一）尽快公开发布关于不许中断铁路轮船交通运输的命令；（二）将全国18个铁路局分给附近驻军实行军管包干，将沿海沿江轮船交给海军实行军管包干；（三）参加军管的军队均与当地军分区、武装部分开；（四）责成总参谋部负责拟定调动部队的计划，次日拿出方案。

　　会后，周恩来提笔给中央文革的陈伯达、江青、康生写了一封信。

　　伯达、康生、江青和文革各同志：

　　　　送上铁路中断情况电讯八份，请阅。今午在主席处，已说明铁路轮船关系到全国交通命脉，绝不能中断。下午曾约集富春、先念、剑英、萧华、成武、谷牧、秋里各同志会商此事。除已报请批发不许中断铁路轮船交通命令外，并拟将全国18个铁路管理局分给附近驻军实行军管包干，将沿海沿江轮运交海军军管包干，均与当地军分区、武装部分开，不再介入地方支左工作，以便统一全国铁路轮船运输，免受干扰。这一计划正由总参草拟，明日当可订出送审。

　　　　此外，拟为此事再发一告铁路轮船职工书，定稿后再送阅。

　　　　　　　　　　　　　　　　　　　　　　　　周恩来

　　　　　　　　　　　　　　　　　　　　　　　　5月31日

　　周恩来此招可谓先斩后报。江青一伙虽然恨得咬牙切齿，无奈有毛泽东的"最高指示"，也只好暂时作罢。

　　6月1日，周恩来指示：铁道部临时业务监督小组改为铁道部军管会业务协助小组。

　　同日，中共中央、国务院、中央军委、中央文革小组联合发出《关于坚决维护铁路交通运输革命秩序的命令》。《命令》指出：

　　　　（一）铁路、交通部门的广大革命职工必须高举毛泽东思想伟大红旗，突出政治，狠抓革命，猛促生产，坚守工作岗位，努力做好工作，严格遵守劳动纪律，切实保证交通运输的畅通。

　　　　（二）严禁破坏铁路、交通设施和国家财产，任何人都不准以任何借口无票强行乘坐车船，不准扒乘货车和拦截列车、汽车、轮船，不准妨碍铁路、交通部门工作人员的正常工作，不准武斗，不准以卧轨等手段限制车辆通行。今后凡采用扒车、截车及其他不正当手段来京上访的人员，中央概不接见。

（三）煽动武斗，破坏铁路、交通运输秩序和砸毁铁路、交通设施、运输工具的少数坏人及情节严重的肇事者，必须受到无产阶级国家法律的制裁。各地革命委员会、军事管制委员会和驻铁路、交通部门的人民解放军部队、军代表、公安值勤人员有权根据1967年1月13日《公安六条》规定负责处理上述问题，有关方面必须听从，不得拒绝执行。

本命令自即日起生效，并可在城乡和各车站、码头广泛张贴。

随后，对铁路交通的全面军事管制立即付诸实施。

周恩来铁腕决策，野战军开到了铁路边。毛泽东发出警告："现在正是他们犯错误的时候。"

军管之后，全国铁路交通的混乱势头得到一定的扼制。铁路交通运输状况有所好转。

然而，这种局面没能维持多久，就被更加剧烈的社会动荡所破坏。

1967年7月20日，武汉发生了广大军民抗议中央文革小组极"左"做法的事件。林彪、江青一伙借机排除异己，打击军队老干部。他们把"七二〇"事件诬为武汉军区司令员陈再道搞"反革命兵变""反革命暴乱"，并借机刮起"揪军内一小撮"的阴风，挑动造反派揪斗军队干部。

"七二〇"事件后，全面内战空前激烈，全国局势急剧恶化。军队受到前所未有的冲击，军管的威信被严重削弱。局势已乱到了连毛泽东也难以驾驭的地步。

在举国上下的全面内战中，铁路交通首当其冲。有些地方的造反派干脆把火车停下来用作进行武斗的工事掩体；有的用火车设置路障，切断交通，以断绝对方兵援。全国铁路交通中断事故几乎天天发生。

面对严重的动乱局势，毛泽东也不得不采取措施纠正一些具体错误。他在7月中旬至9月的南巡中，针对各地派性林立、武斗迭起，号召造反派实行"革命的大联合"，并批评造反派头头和红卫兵小将们，说"现在正是他们犯错误的时候"。

周恩来抓住毛泽东纠正"文化大革命"某些具体错误做法的契机，奋力平抑社会动乱，继续进行维系铁路交通的各种努力。

首先，周恩来采取了更强有力的、也是不得已的措施——派野战军到铁路两边护路。

7月25日，周恩来在一个报告中亲自拟定了详细的部队护路部署，京广、陇海、京沪、津浦、沪宁、沪杭、浙赣等主要铁路干线分别指定具体部队包了下来：

38军或68军从涿州到武胜关，××军从武胜关（不含）经衡阳到广州、凭祥（以上为京广线）。

68军（202师）从连云港到潼关（不含），21军从潼关到星星峡（以上为陇海线）。

12军从浦口（不含）到徐州（不含），兼及淮南芜湖支线；27军从南京经上海到杭州（不含）（以上为津浦线、沪宁线）。

20军从杭州到鹰潭（含），67师从鹰潭到杭州（不含）（以上为浙赣线）。

同日，周恩来将护路部署交由代总参谋长杨成武转送正在南巡中的毛泽东批准。毛泽东批准了周恩来的这一部署。

周恩来立即指示起草了《关于派国防军维护铁路交通的命令》。

8月10日，中共中央、国务院、中央军委、中央文革小组联合发出《关于派国防军维护铁路交通的命令》。

与此同时，周恩来继续没日没夜地找各地群众组织代表谈话，批评他们热衷派性武斗、中断铁路交通的行为，说服各群众组织搞好大联合。

1967年8月21日，周恩来接见工交、财贸、农林口各部群众组织代表和驻各部军代表、负责生产业务的干部以及有关院校的学生代表。他严肃地指出：冲击军管会是不许可的，是把群众往错误的方向上引。我为什么强调不能冲击军管会？就是因为全线铁路都分配给野战军一段一段地护路，以保证整个铁路线畅通。由于受地方群众运动的影响，现在铁路的运输量大大下降。在座的都是管经济的，都懂得，交通大动脉中断了，一切都会停顿。现在许多地方煤送不到，工业用煤、工业用电都停止了。工业用电停止，整个工业生产都停止，只能够维持生活照明用电。甚至有些地方来告急，连生活用电都要停止了。这个样子还搞什么"文化大革命"嘛！

稍顿，周恩来又说：本来铁路军管以后情况要好些，但现在又受冲击。铁路问题是关系整个国民经济生活的首要的要解决的问题。铁路系统的两派，不管是造反的还是保守的，或者两派都是"左派"，都不应该在工作时间争论，更不允许武斗、停车、破路和夺解放军的武器。

周恩来还要求铁道部、交通部要派大部分人员到各铁路干线上去疏通、劝导。

9月28日，周恩来接见东北三省群众组织代表，严厉批评冲击军队、破坏铁路交通的行为，愤然责问在场的造反派头头：说过多少次了，"揪军内一小撮"是错误的，你们现在为什么还要"揪军内一小撮"？揪谁呢？揪沈阳军区？为什么要这样势不两立？黄埔港有四五十条船停着，湛江港也这样，广州半个月没开出火车来，你们心里安不安？"文化大革命"已经进行了十五个月，再搞十五个月还行啊？还要放假闹革命、第三次大串联，大错特错嘛！

四平市的代表反映：四平的铁路交通已中断半个月了。

周恩来说：请联络员与铁道部军管会联系，找铁道系统的代表开会解决。军管会要维护交通，这是死命令。不管哪一派都不能阻碍铁路交通，要抓头头。

10月2日，福州军区电告中央文革：英国一艘"加斯"号商船10月1日到厦门。按规定我方海关应对商船进行检查，但因海关和港务局各分两派，无人检查，英国商船无法靠岸。商船上有三个病号，船上补给也成问题，要求尽速靠岸。军管会向两派做工作无效。

中央文革小组对此未采取任何措施，就推给了周恩来。

"文化大革命"以来，在极"左"思潮的干扰下，中国的国际声誉被严重损害，四面楚歌，主管外交的周恩来苦不堪言。

周恩来阅电报后当即写下了措辞严厉的批示——

据说，由于厦门海关和港务局各分两派，无人检查，致英国商船到来后无法靠岸，而该船有三病号，吃喝均成问题。这种违犯国法、影响祖国声誉的行动，是极端错误的，是绝对不能容忍的。望厦门军管会、调查组接此电话后即向两派组织号召：对外、对业务必须采取联合行动，如果哪一派响应中央、主席号召并见于行动，中央将通报表扬，如拒不执行，中央定予揭露，并命令军管会采取必要措施，保护海港检查、靠岸装卸。哪一派破坏这一行动，军管会应按《六六通令》惩处该派的主使人和肇事头头。

秘书火速将周恩来的指示电告厦门军管会。

当晚，中央派往厦门的调查组报告：接到总理的指示后，即组织军管会和两派群众传达学习，三方都表示坚决执行。上午 10 时半英国商船即已靠岸，下午已开始装货，估计 4 日可完成。

> 周恩来愤然责问："全国铁路革命革了一年半，造成这个样子，我们在座的难道心里就这么舒服？我就不相信！"全国 18 个铁路局和 52 个铁路分局的群众组织终于就实现大联合、保证铁路运输畅通达成了协议。这些协议，浸透了周恩来的心血。

10 月 24 日，国务院业务小组向中央汇报 1967 年第三季度主要经济情况和第四季度工作安排。汇报数字表明：从 5 月份开始，铁路运输量大幅度下降。铁路平均日装车数 1.91 万车，为计划日装车数的 46%。这就是说，全国铁路运输任务的完成量还不到一半。面对这样的数字，周恩来的心情愈加沉重。

在周恩来的直接过问下，全国铁路运输工作会议在北京召开。参加会议的有各铁路局军管会的负责人及铁路系统群众组织代表。10 月 29 日，周恩来接见了参加会议的全体代表。

周恩来心情沉重地说：铁路运输这个问题太重要、太急迫了。眼下，除了斗私批修以外，如何把铁路运输搞上去也十分重要。粮食生产、工业生产，回过头来还是铁路运输问题。

周恩来画了一条曲线，说：你们看我画的这条曲线，你们就懂得这个形势了。从 1 月份的装车数 × 万 × 千车到 4 月份的 × 万 × 千车，然后跌到 × 万 × 千车，跌到了水平线以下。现在还没有回到水平线上。从今年 10 个月的铁路运输生产曲线看，对革命、对整个生产都是不利的。今年只剩下最后两个月了，如果运输指标再上不去，就会影响明年的发展。

说着，周恩来提高了声音：空喊革命，不抓业务，革命就是空的。动不动就把机务段冻结起来，这无论如何不是革命的，是破坏革命，是不允许的。这就是私，是派性。抓革命、促生产，铁路处于关键性的位置。要联合起来把铁路搞上去。不管你过去是不是革命派，只要在这个问题上做得好，就是革命派。

来自柳州的代表提出：下面部分职工因为武斗，死了人，对大联合想不通。

周恩来说：你们要从大局着想。两派武斗，死了些人，肯定有坏人在挑动，不在群众，要把仇恨集中到坏人身上。不要因为几个同志死了，就想不开，要顾全大局，要"泪飞顿作倾盆雨"。这就是无产阶级的气派。

周恩来最后强调：现在铁路上的重点是解决两广、南京、东北、西北的铁路运输问题，要研究一下，摆在第一位的是应该抓货运。两派一定要联合起来，搞一个协议，谁不遵守，谁就不是革命派。

然而，有些地方派性组织置大联合的号召于不顾，仍沉湎于无休止的派性斗争。

1967 年 11 月 25 日，河南郑州两派武斗，造成全国最大的铁路枢纽站郑州交通中断，滞留车皮 3 000 多节。周恩来得知后，忧心如焚，指示连夜派飞机把郑州两派代表召集到北京，解决郑州铁路交通问题。

晚 11 时 30 分，刚刚接见完外宾的周恩来急匆匆地来到人民大会堂安徽厅，接见郑州两派代表。在场的还有东北三个铁路局、西北三个铁路局及南京、哈尔滨等地的代表。

周恩来满脸倦容，声音有点嘶哑："铁路与煤炭，我们最近半个月一直在注意，党中央和毛主席都在注意。现在突然出现郑州问题，我完全没有料到。就在郑州这一十字路口，停车 3 000 多节，我心里非常难过。我实在抽不开身，刚才还在接见外宾。如果我有工夫，我自己就亲自到郑州去。为什么不根据毛主席的指示联合起来？全国铁路革命革了一年半，造成这个样子，我们在座的军队同志也好，铁路工友也好，难道心里就这么舒服？我就不相信。"

周恩来的嘴唇和手有点颤抖。一旁的代表请周恩来坐下。

"铁路有军管会，到现在生产指挥班子还没有搞起来。"说到这里，周恩来问郑州铁路局的军管会主任："军管多久了？"

"6 月 22 日开始军管的。"

"5 个月过去了，生产班子还没有组织起来？"

"干部没有站出来，最近站出来的有 25%。"

"有百分之二十几站出来就可以组织嘛！3 000 多辆车子压在郑州这条线上，全国铁路最关键的地方，这是最大的问题，要立即解决。"

此时此刻，"河南造反派总司令部"的一造反派代表竟然提出："我们现在写大字报没有纸和笔。"

周恩来愤然指出："大字报不要写这么多嘛！现在不是要纸要笔的问题，是要火车通车的问题。"

周恩来责令："郑州铁路两派要真正做到切断与地方群众组织的联系，搞好大联合。"

两派分别表示："一定按总理指示办，搞好大联合，把铁路运输搞好。"

从 11 月 28 日至 12 月 1 日，周恩来每天都与河南省军区负责人刘建勋、王新等及郑州铁路局各派代表谈话，终于使郑州铁路局两派达成了《关于实现郑州铁路局河南境内革命大联合的协议》等 7 个协议。

在此影响下，西安铁路局两派也主动达成了大联合的协议。

为了推动全国其他铁路局的大联合，周恩来决定以中共中央、国务院、中央军委、中央文革小组的名义向全国转发郑州铁路局和西安铁路局实现大联合的协议，并草拟了批语。批语指出：中央认为，郑州铁路局系统实现革命大联合的 7 个协议和西安铁路局实现革命大联合的协议，都很好。铁路运输与目前无产阶级"文化大革命"的胜利进行和国家经济建设、国防建设以及人民生活，关系极大。中央希望，郑州、西安两个铁路系统和各革命群众组织，要坚决贯彻执行所达成的协议，保证铁路运输的畅通。全国其他地区铁路系统的各革命群众组织也应参照这些协议的精神，达成类似协议。

12 月 5 日，周恩来将所拟批语及郑州、西安铁路局的协议送毛泽东批示，并附了一封短信——

主席：

鉴于铁路和煤炭工业两个系统在目前至关重要，铁道部已举办毛泽东思想学习班两期，其成员多为各铁路局、分局的革命群众组织代表、军管会负责干部和业务干部。煤炭工业部则派人到各主要煤区协助各矿军管人员举行分批分期的毛泽东思想学习班，其目的均为推动各派实现革命大联合，以利抓革命、促生产。在铁路方面，广州、柳州两局已实现初步大联合，郑州局这次来京开会，刘建勋、王新同志也赶来了，经过工作，已达成 7 个协议，西安局受郑州局影响也主动达成大联合协议。为了号召及推动其他 14 个局（全国共 18 个局）的大联合，拟了批语，已经文革小碰头会通过。现送上，请主席批示鼓励。

1967 年年底，全国 18 个铁路局和 52 个铁路分局的群众组织终于就实现大联合、保证铁路运输畅通达成了协议。这些协议，浸透了周恩来的心血。

周恩来上书毛泽东：现在这些破路、破桥行动，已超过派性，完全是反革命行为，必须实行专政措施。毛泽东向造反派发出严厉的警告：如果少数人不听劝阻，坚持不改，就是土匪，就是国民党，就要包围起来，实行歼灭。

全国铁路系统实现了大联合，为全国铁路交通状况日趋好转奠定了一个基础，但在"文化大革命"的错误运动继续坚持进行的条件下，并不意味因此而万事大吉。林彪、江青一伙对周恩来 1967 年下半年批极"左"、纠极"左"的言行以及由此引起的社会反应极为惊恐。1968 年年初，林彪、江青策划在全国开展反击"右倾翻案风"运动，并制造了杨、余、傅事件。在此煽动下，前一时期有所收敛的无政府主义狂潮再度泛起，若干地区的铁路交通局势再度恶化。

1968 年 2 月 4 日，铁道部军管会生产指挥部整理的一份《关于徐州地区铁路运输中断的情况反映》送到了国务院总理值班室。《反映》说：

1 月 26 日，津浦线徐州以南桃山集站中断运输一天，经济南军区采取措施，27 日恢复通车。2 月 2 日，跨苏、鲁、皖、豫、鄂五省的一群众组织 500 多人在徐州以南的曹村车站把停靠在站的 846 次列车的乘务员打伤、架走，又拦截 21 次旅客列车，打伤、架走乘务员，抢走列车值勤部队枪支 7 支。桃山集至三铺站之间的铁路被炸坏一处，徐州至桃山集、曹村、大栗园的调度电话被切断。这样，徐州至蚌埠间的客货运输全部中断。

又据济南局报告：2 月 3 日 21 时左右，徐州以西的徐州北站至夹河寨站间的老黄河桥被炸坏，徐州以北的毛村至不老河站间的一座两孔桥也被炸。4 日零时，桃山集站附近又有爆炸声。与此同时，徐州以西、以北的 3 座公路桥也被炸。这样，徐州往东南西北 4 个方向的客货运输全部中断。津浦、陇海线中断，对华东煤、油运输和春节客运影响甚大。

另据国务院秘书厅信访室报告：2 月 4 日晚，54 次列车全体旅客急电反映，因郑州以南桥梁被炸，54 次列车已在开封停车 27 个小时，要求中央火速解决。

看着《情况反映》，周恩来心如刀绞。他感到问题的严重性已超出了一般的派性斗争，而类似这样的情况其他地方也存在。如果这样的行为再不及时制止，而任其向全国蔓延，后果不堪设想。

周恩来立即召集碰头会，研究对策和措施。

会后，周恩来给毛泽东写了一封信，并附上《关于徐州地区铁路运输中断的情况反映》。

主席：

像另纸（作者注：指《关于徐州地区铁路运输中断的情况反映》）所报破坏铁路情况，在徐州、蚌埠、郑州、连云港十字线上为最甚，次之为衡阳、柳州、广州三角线上，再次为西南昆明、成都一线。现在这些破路、破桥行动，已超过派性，而为反革命特务分子混入一派或两派中进行的。因此，目前必须责成济南军区调集机动兵力（从济南、蚌埠、开封各调一个团交 68 军统一指挥），沿线夹击。一经发现这股反革命集团，便需进行围攻和追击，务须做到政治进攻、军事包围两结合，逼其全部放下武器，然后区别对待，将坏头头反革命分子与被胁从的群众分开处理，并须就地发布公告，宣布这一破坏铁路、砸毁桥梁的行动完全是反革命行为，必须实行专政措施。

这一措施拟不待全国统一军事部署护路、护桥的命令下达，在今晚提前实行。碰头会各同志同意这一意见。妥否，请予批示，以便立即下达命令。

周恩来

2 月 4 日

同日，毛泽东批示：完全同意，退总理办。

周恩来立即组织具体实施。

2 月 6 日，中共中央、国务院、中央军委、中央文革小组发布命令。命令指出：煽动、操纵和指挥破坏铁路、砸毁桥梁、袭击列车的极少数坏头头是反革命分子，必须坚决镇压法办。此命令又简称"二六"命令。

周恩来抓铁路运输的艰辛，他自己有过多次自述。就在中央"二六"命令发布后不久，即 2 月 17 日，周恩来会见越南驻华大使吴明鸾、越南外贸部副部长李班。

李班请求周恩来协助解决援越物资的铁路运输问题,并说:国内讲,这个问题只有上呈总理才能解决。周恩来说:一年了,我都在管铁路运输工作,每星期都过问。运输上发生问题是"文化大革命"的副作用。两派争吵。最近,我们下了个严厉的命令(注:指"二六"命令)。前天,广西发生了铁路交通的问题。昨天,我要韦国清开会解决广西问题,要他今天报来处理结果。如果解决不了,我自己跑一趟。今天,国务院要召开业务小组会议,研究这个问题。刚才,我同有关同志商量,打算在内部下一个更严厉的命令。

周恩来这里所说的更严厉的命令就是中共中央、国务院、中央军委、中央文革小组关于维护铁路交通运输的紧急补充命令。2月18日,周恩来逐字逐句地阅改了命令。命令指出,为保障援越物资的运输畅通,特紧急补充命令如下:

(一)煽动和指挥对行驶列车鸣枪威胁,到车站、港口无理取闹,挑动铁路交通部门群众搞武斗,殴打和绑架铁路、港口军管人员等破坏铁路交通运输的行为,一概是反革命的土匪行为,必须采取专政措施,坚决按"二六"命令办理。

(二)铁路港口广大职工要坚决克服无政府主义,坚守工作岗位,决不允许迟到早退。对无故不上班而逾期不归者,应扣其工资。

(三)军管人员和护路部队、当地驻军要积极制止铁路港口内外串联,制止武斗。如制止无效,造成运输、装卸中断,则坚决按"二六"命令办理。

(四)中央立即派出监督小组,分赴重要站段和港口,监督"二六"命令和紧急补充命令的执行。

应当说,这些命令和措施已经相当严厉了。然而,在那无政府主义猖獗的喧嚣中,一些地方的造反派视中央命令如儿戏,顶风作乱,越来越猖狂。5月、6月、7月三个月,在广西、陕西等地都相继发生了砸毁铁路桥梁、抢劫火车轮船、中断铁路交通和邮电通讯、连续冲击人民解放军的恶性事件。在广西,开往越南的援越军用专列被抢,大批枪支弹药被哄抢一空;桂林、柳州、南宁等地的铁路交通长时间不能恢复通车……

对此,经毛泽东批准,周恩来与有关负责人商定,对大搞打砸抢、破坏铁路交通的一小撮坏分子采取更为坚决果断的措施。7月份,中央连续颁发"七·三"、"七·二四"两个布告,要求造反派立即停止武斗,无条件恢复铁路交通,对不听劝告、拒不放下武器的坏分子进行坚决打击。

就在"七·二四"布告发布的同一天,周恩来接见了来京学习的柳州、桂林、南宁、梧州两派群众组织代表和军队部分干部，严厉批评包围监狱、中断铁路交通、抢夺援越物资和解放军武器等行为，愤怒地责问：你们包围第三监狱、劳改工厂，那里是劳改犯，你们知道不知道？你们占领监狱是造谁的反？你们把军队的枪都抢了，你们已经走到边缘了，快掉下去了！马上打电话回去，一定要从第三监狱撤出去，由军队接管。你们把杀人的、放火的、抢援越物资的、中断铁路交通的，都说成是受压的，还说别人是右倾翻案。这些是反革命罪行，对这些人就是要实行专政嘛！要停止武斗，恢复交通，这是马上要办的。要马上打电话叫没到的二十几个代表在两天内赶到北京解决问题。不能听任"七·三"布告在广西不能实现。我给你们一个改正错误的机会。

周恩来又责问柳州的代表：柳州铁路不通，是关键问题，你们还打算停车停多久？你叫王反修？你是真反修还是假反修？你不是王反修，是忘反修。你要承认，我给你们那么多电话电报，"七·三"布告下达又有二十多天了，铁路还不通，柳州这个关还是过不去。

最后，周恩来警告说：广西各派如果再联合不起来，广西这个局面就要推迟，再推迟就要犯罪。广西打成什么样子了嘛！哪个省也没闹到像你们那样，快两个月没通车了。再不通车还行啊！今天下午就要达成协议，非把铁路打通不可。哪个违犯就要犯错误。

同日，周恩来还致信毛泽东，提出："停止武斗、纵火，恢复铁路交通，将是目前政治动员中在广西首先要实现的任务。"

1968 年 7 月 28 日凌晨，毛泽东与周恩来及中央文革碰头会成员一起接见了聂元梓、蒯大富、韩爱晶、谭厚兰、王大宾等北京高校五个造反派头头。毛泽东向他们发出了严厉的警告："今天找你们来商量制止大学的武斗问题。怎么办？'文化大革命'搞了两年，你们现在是一不斗，二不批，三不改。斗是斗，你们少数大专院校是在搞武斗。现在的工人、农民、战士、居民都不高兴，大多数的学生都不高兴，就连拥护你们那一派的人也不高兴，你们脱离了工人、农民、战士、学生的大多数。……我说你们脱离群众，群众就是不爱打内战。有人讲广西布告（注：指"七·三"布告）只适用于广西，陕西布告（注：指"七·二四"布告）只适用于陕西，在我们这里不适用，那现在再发一个全国的布告——谁如果还继续违犯，打解放军、破坏交通、杀人放火，就是犯罪；如果少数人不听劝阻，坚持不改，就是土匪，就是国民党，就要包围起来，还继续顽抗，就要实行歼灭。"

毛泽东的批评和警告是很有分量的。

两天之后,周恩来致信毛泽东、林彪,认为毛泽东 7 月 28 日接见聂元梓、蒯大富、韩爱晶、谭厚兰、王大宾等五人的谈话"极为重要",提议将这次谈话的书面整理稿或北京市革委会正式传达的《毛主席关于制止武斗问题的指示要点》发到全国。

毛泽东的谈话迅速地传达下去,有力地保证了"七·三"、"七·二四"布告的贯彻执行,制止了对铁路交通更大规模的破坏性行为。此后,全国局势日趋平稳,铁路交通运输日渐恢复正常,运输生产逐渐回升。到 1969 年,铁路运输产量全面回升。

在"文化大革命"十年内乱中,铁路交通是重灾区。在"文化大革命"最为混乱的前三年,为了维系铁路交通,周恩来可以说是历经千辛万苦,费尽了心血。尽管在那种无政府主义行径极端猖獗的特殊历史氛围中,再加上林彪、江青一伙在一旁的刁难和干扰,周恩来的某些努力和措施一时难以奏效,但他从未气馁,从未停止过努力。这种韧性、持久而又痛苦的努力,正是一般人所难以企及的。许多经历过那段历史的老同志回想起来都感慨万千:如果当时没有周恩来坚韧、艰苦的努力和百般抗争,全国铁路交通混乱甚至瘫痪到何种程度,以及由此而引起的整个国民经济的严重后果,我们今天是很难想象的。

"没有周恩来同志,'文化大革命'的后果不堪设想。"深谙经济的陈云同志的这句话,正是从这样的意义层面准确而恰当地揭示出了周恩来在"文化大革命"中的作用定位。

3 托起中华民族航空梦

航空工业产品质量大滑坡，空军战斗机连连出现机毁人亡的恶性事故，中华民族两千多年的航空梦危在旦夕。周恩来拍案而起，怒斥极"左"行径，一连写下几个措辞严厉的批示，托起中华民族的航空梦。

奠基者的震怒

"文化大革命"，一幕中华民族流血、啼泣的悲剧。

1969 年，这幕悲剧已演到第四个年头。

4 月 12 日早晨，周恩来刚起床，秘书便送上一份国防工办的报告。

这是一份反映我国当前航空工业产品质量问题的综合报告。报告反映："文化大革命"中，航空工业从部机关到企事业基层单位的领导班子普遍被"夺权"、被"砸烂"，军事工业生产部门的许多规章制度被取消，生产处于无政府状态。成都、西安、南昌、沈阳等地的一些飞机零部件生产部门普遍存在严重的产品质量问题。由于发动机等一些主要零部件质量不合格，因此一些生产出来的飞机不能上天。报告还特别点出：沈阳航空发动机厂连必要的产品检验制度都取消了。为此，空军指战员怨声载道，飞行员都不敢进座舱。

看罢报告，周恩来清瘦而布满倦容的脸上交织着忧虑和愤怒，心中泛起刀扎似的阵痛。

作为共和国航空事业的奠基者，周恩来想起了中华民族两千年的航空梦，想起了共和国建立以来为实现这个梦而付出的全部心血。

中国人发明了世界上最早的飞行器——风筝。西汉的张衡在一只装有两只翅膀的大木鸟的肚子中装上了能控制翅膀上下扇动的机械传动装置，制作了世界上最早的木制滑翔机。这些航空认识和实践上的重大飞跃，对后来的飞机制造有着重要的启示。

然而，世界上第一架飞机制造者的桂冠并没有落到中国人的头上，而是落在了美国人莱特兄弟的身上。那是 1903 年的事。

1949 年 10 月，中华人民共和国诞生了。在庄严的共和国开国大典上，飞越天安门上空的飞机包括运输机在内只有 17 架，而且还都是从国民党手中缴获的残破飞机中拼凑、修补起来的。

1950 年 6 月，美国侵略者把侵略朝鲜的战火烧到了鸭绿江边，并凭借着它具有绝对优势的空军力量派出了大批飞机肆无忌惮地入侵我国东北领空。为保卫新生共和国的安全，以毛泽东为首的党中央作出了抗美援朝的决策，但却为没有空军的掩护而费尽了周折，也付出了巨大的代价。

中国需要空军，需要自己设计制造的飞机。否则，"钢铁长城"留着一个"缺口"，何以巩固国家的独立，民族的尊严？！

沉睡了两千年的中华民族的航空梦，在共和国开创者们的牵引下，从此开始了迈向现实的进程。

1950 年 12 月，周恩来总理连续召集中国人民解放军总参谋长、空军司令刘亚楼，重工业部代部长何长工，以及沈鸿、段子俊等有关方面负责人开会，研究中国航空工业的建设问题。会议最后一天作结论时，周恩来指出：中国航空工业的建设道路要从中国的实际出发。我们是先有空军，而且正在朝鲜打仗，大批作战飞机急需修理。我们是拥有 960 万平方公里的国土和五六亿人口的国家，靠买人家的飞机，搞搞修理是不行的。因此，中国航空工业的建设道路，是先修理后制造，同时，要和苏联谈判，争取他们帮助我们建设航空工业。

一锤定音。周恩来的这一结论，就成为新中国航空工业建设的指导方针。

1951 年 1 月，遵照周恩来的指示和部署，以何长工为团长，沈鸿、段子俊为团员的代表团启程赴苏，就争取苏联帮助中国建设航空工业问题进行谈判，争取到了苏联的援助。

与此同时，周恩来又亲自筹划组建领导航空工业的航空工业局。1 月 2 日，何长工一行赴苏联谈判的第二天，周恩来致电中共东北局书记高岗："现在决定成立航空工业局，该局现只有段子俊一人为局长，拟以大连建新公司的全部机构（工厂除外）来组建航空工业局。如同意，请通知陈一民来京接洽（陈系建新公司负责人）。"随后，建新公司大批干部开赴沈阳，开始筹建航空工业局。4 月

29 日，周恩来签发中央人民政府文件，批准成立航空工业局。5 月 15 日，航空工业局在沈阳正式成立。

8 月，航空工业局与苏联驻华专家共同拟定了一个由飞机修理逐渐转向飞机制造的计划和五个飞机制造厂生产规模的宏大方案送报中央。8 月 20 日，周恩来认真地审阅了这一报告，并批示：拟予同意。并请富春同志会同何长工与苏联专家据此计划，将全年所需的航空工业建设经费，以最低限度计划后提送财委审核。8 月 21 日，毛泽东在这份报告上批示：照办。

1951 年 12 月 21 日，是中国航空工业发展史上一个值得纪念的日子。这一天，周恩来在中南海西花厅听取关于建立五个飞机制造厂以及这五个飞机厂要在三至五年内仿制成功苏联雅克 -18 活塞式教练机和米格 -15 喷气式战斗机方案落实情况的汇报。到会的除聂荣臻、刘亚楼、何长工、段子俊外，周恩来还特意找来了掌管钱财物资的李富春、谷牧。就在这个会上，周恩来作出了拿出 60 亿斤小米造飞机的决断。他在听完汇报后果断地说："就按照你们提出的计划办！这个计划完成后，就可以生产 ×××架飞机了。完成这个计划需要的人员、资金等，由富春同志办理。看来，需要的资金折合成小米 50 亿斤就可以够了，我们准备拿出 60 亿斤。"

对一个百废待兴、百业待举的穷国来说，拿出 60 亿斤小米来造飞机，这是颇需要些胆略和眼光的。

毛泽东同意了周恩来 60 亿斤小米的方案。

由于方针对头，措施得力，再加上党和政府高度重视，在人力、物力、财力上给予重点保证，经过 10 年奋斗，新中国的航空工业迅速崛起。到 20 世纪 60 年代初，我国完成了从修理到制造的过渡，教练机、喷气式歼击机和运输机相继试制成功，并投入批量生产，交付使用。同时，我国开始了自己设计飞机的尝试。

谁料，正当我国航空事业开始腾飞时，却遇上了史无前例的"文化大革命"。而且，更使周恩来"做梦也没有料到"的是，一向纪律严明的军事工业生产也乱成这个样子，产品质量竟下降到这等地步。"文化大革命"一开始，周恩来就一再强调要把军工生产部门列为"要害单位"加以保护，要求"革命群众"不要上这些部门去"串联"。

更让周恩来忧心的是，时下国际局势动荡不安。苏联在我国东北边境陈兵百万，还在我黑龙江边境挑起事端，制造珍宝岛武装冲突流血事件。在南国边境，美国侵略越南的战争有扩大化趋势，中、印关系也趋紧张。一旦起战事，我国的空军怎能肩负起捍卫祖国领空、歼灭来犯之敌的使命？

思前想后，心潮难平的周恩来怒火烧心："军事工厂搞成这样，荒唐！"他在报告的空白处列式计算由于航空发动机的质量问题而停飞的飞机的总架数，随后，按响了办公桌上的电铃，叫秘书立即分头通知有关部门负责人火速到国务院开会。

会议桌前的较量

两个小时后，李富春、余秋里、粟裕、王秉璋以及国防工业军管小组、国防工办、冶金部、一机部、三机部（即航空工业部）、七机部等部门的军管会和抓生产的负责人陆续来到国务院会议室。

会上，周恩来首先询问了航空工业部 410 厂轴承质量事故的情况，并严厉批评军管会负责人："轴承质量事故影响到战备和援外，影响到飞行员的生命安全，你们都是从空军来的，怎么能对同志的生命这样不负责呢？一个军事工厂搞成这样怎么行？410 厂取消检验制度，你们是否知道？报告了没有？你们为什么不敢抓？"

在周恩来的严厉追问下，这位航空工业部军管会主任（此人与林彪集团关系密切）自恃有林彪、吴法宪做后盾，诡辩搪塞。他说："工厂在改革不合理规章制度时，把检验制度取消了，这个问题带有普遍性。我们已经发现了。"

周恩来说："发现了为什么不下命令恢复？我是早上看到报告的，看后非常难过。一个军工厂哪能搞成这样！"

军管会主任："目前有的工厂在逐步恢复。"

周恩来严厉指斥："什么逐步恢复，怎么能这样说话？怎么能用这样的词句？不是逐步恢复，而是应当马上恢复。检验是不能放松的，你们应当下命令嘛！改革规章制度，只是改革那些不合理的制度，合理的还是要保留，一概取消是不符合毛泽东思想的，是不尊重科学的。对的，就要马上恢复。""砸烂一切，否定一切，是极'左'思潮，是'五·一六'观点。要相信工人阶级，只要把道理给他们讲清楚，他们是不会同意取消这些合理的规章制度的。"

在周恩来的盛怒威慑下，这位军管会主任只好答应回去立即下令恢复飞机厂的检验制度。

周恩来又对王秉璋说："回去跟吴法宪（空军司令员）说一下，你们空军那么多副司令，要抽出一个来抓三机部，抓飞机，不抓不行。下面的厂检验制度都取消了，你们都不敢管，这是不负责任。不要怕人反对嘛！不要怕群众，不要怕负责任，怕群众是错误的，不负责任更是错误的。"

周恩来又详细询问了 420 厂发生的保险锁键质量事故，西安庆安公司的油泵质量事故，132 厂、430 厂发生的歼教五质量事故。航空工业部那位军管会主任结结巴巴地一一作了回答。周恩来余怒未息："这些质量问题，要发动群众，迅速解决。要改革不合理的规章制度，为什么合理的也要改掉？取消检验制度，老工人是不会同意的，这是小资产阶级的极'左'思潮。对西北、西南、东北都要派人去检查。20 年来，毛主席的红线还是主要的，不能因为反对刘少奇就把一切否定，要一分为二。不然，20 年的工业生产怎么能发展起来呢？讲不通嘛！不要一种倾向掩盖另一种倾向，要辩证地看问题。清理阶级队伍主要抓那些叛徒特务，但往往容易扩大化。"

鉴于发动机轴承对飞机具有至关重要的作用，而我国生产厂家又少，质量又不过关，周恩来当即指出：搞航空用的轴承厂要发展。上海为什么不能搞大的轴承厂？立即告诉上海的王洪文，要他们今年上半年就搞起来，要把轴承搞上去。现在生产的飞机不能用怎么行？周恩来又对余秋里说："冶金部要直接搞轴承，不要通过一机部，要敢于打破旧框框。"余秋里爽快地答应了。

周恩来还询问了援外飞机和发动机是否有轴承事故隐患，并告诫说："如果援外飞机、发动机出了事故，我们国家的荣誉还要不要？援越的飞机处在前线，不能出乱子，不能把有质量事故的飞机、发动机弄出去，有问题的要赶快撤回来。"

最后，周恩来要求："以三机部做个麻雀，解剖一下，组成联合领导小组，实行双重领导，又归空军领导，又与生产部门联系。既有生产部门，又有使用部门，又有科研部门。政治与技术结合起来。"

托起中华民族的航空梦

然而，"文化大革命"给航空工业种下的恶果积重难返。1971 年年底，航空工业产品质量危机再次全面爆发。

此时，林彪反革命集团已覆灭，在毛泽东的支持下，周恩来全面主持中央日常工作。

1971 年 12 月 11 日，周恩来接到一份空军司令部送来的紧急报告。报告说：空军某师在执行战备训练任务时，一架国产"歼 6"战斗机突然从万米高空坠落，机毁人亡……

周恩来的目光在这份报告上停留了好长一段时间，他的思绪又急速闪回到不久前的一件事上。

那是两个月前的一天，巴基斯坦外交部突然电告我国外交部，告知我国援助他们的一架"歼 6"战斗机在飞行训练中突然操纵失灵而坠毁，请我国速派有关技术人员帮助查找事故原因。经我国派出的技术人员对飞机残骸的检查鉴定：事故原因是发动机燃烧室喷火不均匀，将发动机的火焰筒烧裂而引起爆炸。这纯属一起质量事故。

难道这次报告中所说的飞行事故也是同样的原因造成的吗？周恩来心中有一种不祥的预感。近日，我国又有两批援外"歼 6"战斗机即将装车启运，这两批飞机中，会不会也存在质量隐患？如果再出现援外飞机事故，中国的国际信誉将跌落到什么样的地步？一向以严格著称的军工企业竟落到这样一种状况，全国民用工业产品质量可想而知……

想到这些，忧心如焚的周恩来提笔疾书，给军委副主席叶剑英和北京军区司令李德生写了一封信——

> ……又一事故，这只能从'歼 6'本身找原因。请告空司：对'歼 6'两批分送援朝××架、巴基斯坦××架，再派人（会同沈阳厂）赶赴现场，移交前进行必要试飞，然后再请对方进行一次试飞，如无任何故障，又经全面检查后方能移交。如不合格，必须调整，不能马虎。沈阳厂所有'歼 6'产品必须严格执行试飞和检验制度，合格后方许出厂。

叶剑英等接信后，立即责成由空军、飞机制造厂、航空发动机制造厂组成事故联合调查组奔赴空军某师事故现场，并对即将启运的援外飞机进行全面质量检查。

联合调查组调查的结果完全证实了周恩来的不祥预感。12 月 15 日，一份写给空军五人领导小组的报告转到了周恩来手上。报告反映，对援外40架"歼6"战斗机进行了试车和通电检查，发现7架有质量故障：1架起落架不合格，4架缓冲器漏油，1架防火开关有毛病，1架瞄准器计算器不工作。

周恩来拿着报告的手有点儿颤抖，呼吸变得急促。旋即，他提笔在报告的空白处迅速写下了几行措辞严厉的指示：

> "歼6"战斗机40架原说是为援外装配的，一经检查，便有7架不能交付，占全数的17.5%。只此一端，就可看出我们飞机生产质量下降到什么程度，这难道还不够我们提起警惕吗！

周恩来的批示在军委及空军高层领导手中快速传阅。紧接着，中央军委发布了一道紧急命令：全国所有机场的"歼6"战斗机停止飞行。

随后，周恩来委托叶剑英召集空军、飞机制造厂及有关科研部门的同志召开一个航空产品质量座谈会，解决飞机生产中的质量问题，以此促进全国工业生产中的产品质量的提高。

12月26日，军委三座门，中央军委会议室，航空工业产品质量座谈会的第八天下午，虽然此时林彪已在蒙古温都尔汗折戟沉沙，但跑了一个拿枪杆子的，还有一群舞笔杆子的，中国的政治空气仍然相当凝重而沉闷。由于各自顾虑重重，空军和飞机制造部门在事故责任和原因上互相扯皮，尽管会期一再延长，仍难以达到预期的效果。突然，凝听会议发言的叶剑英、李先念等中央领导纷纷离开座位，匆匆走出会议室。这一举动使刚刚还很嘈杂的会场一下子沉寂得有点紧张而神秘。不一会儿，周恩来出人意料地出现在会议室的门口。顿时，雨点般的掌声夹杂着低沉而短促的"周总理"的惊喜声在会场骤然响起。

也许是因为周恩来最近连续几次对飞机质量问题作了严厉批示，周恩来的到来使会场在兴奋之余显得有点紧张。周恩来似乎感觉到了，他说："大家不要紧张嘛，飞机质量不好，我心里也不安。我有责任，我要负责。"

会议继续进行。周恩来静静地听完汇报，沉缓地说："你们搞生产的，要安全第一，质量第一，要对党、对人民负责，对祖国的荣誉和战士的安危负责。一个产品不是出了厂、出了国就算尽到责任了，而是要用到该报废时也不出问题，才算负责到底。产品质量有问题，国务院有责任。我不是要批评，我很难过，我要负责。"

周恩来的一再自责使与会人员深受感动。沈阳黎明发动机厂的党委书记吴暇再也忍不住了，他猛地站直身子，哽咽着说："总理，这个责任应该由我来负。"

周恩来打量了一会儿眼前这位小个子军人，问道："你是沈空副司令员？"

"不，他原是空军某部的政治部副主任，后调到沈阳发动机厂工作的。"叶剑英赶忙作了介绍。

周恩来对吴暇说："不要紧张，坐下来，谈谈你的看法。"

面对谦和的总理，吴暇打消了顾虑，一股脑儿地倾诉自己的看法："连印度都能造飞机，但他们不能造发动机。当前应当下大力气抓发动机，因为我国还没有自己设计的发动机。航空工业落后，表面上是飞机落后，实际是落后在发动机上。但发动机的落后并没有引起我们的注意。生产飞机的国家很多，但大多数搞不出发动机。我国也自行设计了几种飞机，却没有一台用的是自己设计的发动机，可发动机是飞机的心脏啊！"

"发动机是飞机的心脏，说得对。"周恩来被吴暇的发言所吸引，他接着问，"你是做什么工作的？"

"做政治工作的。"

"你学得很好嘛，我要向你学习。"

接着，周恩来详细地询问了英、美等发达资本主义国家的航空发动机研制情况，并当场指示要大胆从英国引进当时比较先进的"斯贝"发动机。他指出："发动机是飞机的心脏，飞机没有心脏怎么能行呢？不能认为凡是帝国主义修正主义的东西都不好，它也是劳动人民创造的。要批判地学习外国的先进技术。引进，不仅是模仿，而且要创新，这样才能赶超世界先进水平。"

吴暇还反映，我国目前发动机质量低下的一个重要原因是生产与科研部门相互脱节："一个埋头生产，一个闷头设计，两个部门谁也管不着谁。"

早在 1963 年，针对当时就已暴露出的生产与科研相脱离的倾向，周恩来就提出过"厂、所挂钩"的意见。因此，这一次，他当即斩钉截铁地指出："要把研究所还给工厂，脱离生产不行，先搞一个试验，把沈阳发动机设计研究所一分为二，一半给株洲航空发动机厂，一半给沈阳发动机厂。我就不相信放到工厂搞不出东西来。如果这个办法失败了，咱们再改，我要试一下。"他对吴暇说："你给陈锡联捎个口信，让他去做做工作，就说是我说的，把研究所给工厂。赞成不赞成？赞成，回去就搞，搞好了，给我写个报告；搞不好，也给我写个报告。"

周恩来的这种民主作风，使会场的气氛活跃起来。与会人员交头接耳，纷纷倒出心中压抑已久的对极"左"一套的不满……

听着这些怨声，周恩来充满了同情与理解，不要说是下面这些基层干部，就是周恩来自己，不也被江青一伙指责为"只讲生产，不要革命"吗？然而，气绝不能馁，斗争也绝不能停止。否则，怎样向党、向人民交代？

最后，周恩来提出：要以整顿航空工业产品质量为突破口，实现"三抓"与"三促"——"抓援外，促质量；抓'歼6'，促其他；抓航空工业，促国防工业和民用工业"。

会后，在叶剑英的主持下，根据周恩来的讲话精神，中央军委草拟了一个解决质量问题和改变航空工业落后面貌措施的文件。接着，中共中央调整了航空工业部的领导班子，在周恩来的努力下，一些原来"靠边站"的部局领导人回到了工作岗位。国务院、中央军委还专门发出文件，要求从根本上改变国防工业和航空工业产品质量不好、配套不全、零备件不足的局面。1972年1月，周恩来提出：要把质量问题放在议事日程来解决。航空工业各单位普遍进行了产品质量整顿。

周恩来批极"左"、抓质量的言行戳到了江青一伙的痛处，自然遭到他们的极力反对和阻挠。很快，他们便组织反击，把周恩来的言行诬为"修正主义回潮""右倾回潮抬头"。江青借机在《人民日报》大搞所谓"反右倾回潮"运动。1975年，邓小平受命主持中央工作后，主持召开了中央军委扩大会议，提出要整顿军队、整顿国防工业。3月，在国务院、中央军委召开的会议上，邓小平对成都飞机厂、航空发动机厂和航空仪表厂等的极"左"思潮和无政府主义提出了严厉批评。4月，叶剑英受周恩来之托，主持召开国防工业和部队装备问题汇报会。会上，邓小平责令有些还是"坏人在专政"的航空工业部门"要限期解决"。从此，中国的航空工业焕发出新的生机。

今天，中华人民共和国的空中军事力量已成为一支世界上不可忽视的力量，其航空工业已成为国民经济的重要组成部分。然而，正如新中国航空事业的一位创业者所回顾的：如果新中国的诞生给了中华民族两千年的航空梦以新生，那么，"文化大革命"中周恩来为挽救航空工业所做的种种努力和抗争，则是给了航空工业以第二次生命。唯其如此，中华民族的航空梦才变成了今天沉甸甸的现实。

4 动乱中抓核工业

动乱中的核工业频频告急。周恩来一连签发了 11 封特急电,在动乱中把核工业推向前进。

加速研制氢弹

第一颗原子弹爆炸试验成功后,周恩来问二机部部长刘杰对研制氢弹的安排考虑,刘回答:现在还有许多问题吃不透,还需要三五年时间。周恩来说,5 年是不是太慢了。的确,从原子弹到氢弹是一个质的飞跃。实现这个飞跃,美国用了 7 年零 4 个月,苏联用了 4 年,英国用了 4 年零 7 个月,那时法国已经研制了 4 年多,但还没有搞成功。各国对研制氢弹的技术都严格保密,只字不漏。根据周恩来的指示精神,有关部门认真分析了我国核工业建设和核武器研制工作的形势,认识到氢弹研制的技术难度虽然很大,但有利条件也很多:我国核武器科研人员掌握了原子弹的有关理论和计算技术,系统地查明了原子弹内部的物理图像和各种物理规律,为研制氢弹打下了坚实的基础;在研制原子弹时,氢弹的原理探索已经开始,并取得了一定成绩;必需的装料氘化锂 –6 生产线接近建成;国产每秒 5 万次的电子管计算机已经开机,计算手段有了一定改善等等。经过反复论证,二机部向中央专委呈报了《关于加速发展核武器问题的报告》。1965 年 2 月 3 日和 4 日,周恩来主持第十次专委会议审议并批准了这个报告,决定"力争于 1968 年进行氢弹装置的爆炸试验"。广大科技人员下决心抢在法国的前头进行氢弹爆炸试验。

在 1968 年或这之前突破氢弹技术,就是说要以比美、英、苏都快的速度把氢弹研制出来,这个目标有实现的可能性,但绝不是轻而易举的,是必须经过一番艰苦努力才能达到的。

由原子弹到氢弹的飞跃,关键是理论上的突破。周恩来一贯强调处理好理论和技术的关系，主张给理论研究以重要位置，反对忽视理论研究的近视倾向。他早在1956年1月就指出："没有一定的理论科学的研究做基础，技术上就不可能有根本性质的进步和革新。"当二机部在《关于加速发展核武器问题的报告》中把原理探索作为突破氢弹技术的首要措施提出来时，得到了他的首肯。后来，正是由于理论上有了重大突破，才有氢弹新设计方案的形成和付诸试验，并得到了完全胜利。

在氢弹的研制过程中，周恩来还制定了"严肃认真，周到细致，稳妥可靠，万无一失"的工作指导方针。这16个字，充分体现了周恩来一再强调的要"保证产品的高质量"和"绝对保证安全"的思想，深刻揭示了核工业建设和核武器研制试验的特点和规律。由于我们切实贯彻执行了上述方针，从而避免了可能出现的奇灾大祸和巨大的浪费。

我国导弹核弹头的第一次结合试验，囿于当时的技术状况，是采用带有核弹头的导弹飞行方式进行的，导弹的发射、路径、爆点都在本土及其上空，风险很大。在这次试验的准备过程中，周总理一再指示要"绝对保证安全"，指示七机部要保证导弹正常飞行，指示二机部要做到在导弹掉下来的情况下不发生核爆炸。根据周恩来的指示，二机部、七机部分别在导弹和核弹头上采取了多级保险措施和安全自毁装置。但是，周恩来对此仍不放心，主持召开了两次专委会研究两弹结合试验的安全问题，并指示进行两弹结合保险措施和安全自毁的两项"冷"试验，然后根据试验情况决定是否进行"热"试验。国防科委和二、七机部密切配合进行了上述两项试验，进一步验证了两弹结合试验的安全可靠性。至此，总理才批准于1966年10月27日进行了导弹核武器的飞行爆炸试验，取得了圆满成功。

1966年12月10日左右，核武器研制基地报告，首次热核试验用的热核装置有一个部件加工时出了一些质量问题，但不严重。当周恩来得知这一情况后，立即派刘杰同志乘专机前往处理。当刘对乘专机有些犹豫时，总理严肃地说："飞机就是为了检查工作用的，你们就是要利用飞机争取时间。"刘杰到核武器基地，实地观察加工好的部件，发现那不过是用放大镜才能看见的擦痕，经和科研人员研究，认为这不能算是一个质量事故，已加工出的部件可用，不会对爆炸试验产生影响。这样，周恩来才放了心，才批准按新设计方案研制的氢弹于1966年12月28日12时试验。试验结果表明，氢弹研制的关键理论和技术问题都得到了解决。

这时候，已经被"文革"动乱严重干扰的周恩来，在得知氢弹原理性试验成功的消息后，当即把刘杰同志等几个人召集到西花厅，听取汇报，庆贺试验成功。他还特地为大家准备了晚餐，并且备了酒。这时二机部的造反派却到了中南海的西北门外，扬言要打倒刘杰等人，并把矛头指向周恩来。周恩来闻知后，风趣地说，他们反对我，我引为光荣。随后，周总理念起毛主席《水调歌头·游泳》中的两句词，"不管风吹浪打，胜似闲庭信步"，提醒和勉励刘杰他们要经受得起风吹浪打的考验。接着，他又举起酒杯，风趣地说：今夜得宽余，喝酒吧！

这次试验，无论从原理、结构还是从达到的威力比和聚变比等指标看，都是一次氢弹地面试验。因此，半年之后，即 1967 年 6 月 17 日，我国便成功地进行了一次 300 万吨级的空投氢弹试验。

我国氢弹爆炸试验成功，提前实现了毛主席 1958 年作出的"搞一点原子弹、氢弹，我看有 10 年工夫完全可能"的预言，提前实现了周总理提出的 1968 年进行氢弹爆炸试验的目标，实现了我国核武器研制工作的第二次突破，为系列导弹核武器的研制和装备部队奠定了基础。

我国氢弹爆炸试验成功，再一次震动了世界。我国从第一颗原子弹试验到氢弹试验，其间不过两年零八个月，与美、苏、英、法比，速度是最快的，从达到的威力比等指标看，其技术水平也比美、苏首次试验的氢弹水平高。

抓紧"两弹结合试验"

1964 年 10 月 16 日，第一颗原子弹爆炸成功以后，周恩来就及时提出，立即抓加强型原子弹和氢弹、导弹，特别提出"两弹结合试验"为下一步重点。中央批准了二机部发展原子能事业的长远规划和一些科研课题，如：重水、分子筛、科研和教学用的反应堆及核心设备的攻关等。周恩来还指示要加强二机部的政治思想工作和扶持二机部作好全面安排，进一步明确了二机部一系列后方建设的重要政策，要求学习"萨尔图"（即大庆）经验。在作了上述全面安排后，周恩来又决定把批准权下放给二机部，并指出不要什么问题都拿到专委会上来，今后国防科委、国防工办要分头负责。周恩来之所以决定这样做，是为了通过第一颗原子弹的成功，带动尖端事业的全面发展，同时充分发挥政府机构和企、事业单位的作用，以保证专委会的工作重点顺利地转移到战略导弹和人造卫星上来。他要杨成武代总参谋长安排，由吴克华同志抓紧组建第二炮兵，同时指出，下半年重点抓战略导弹，为了"两弹结合"试验，要从东风二号抓起。周恩来在出国访问回京途中，还亲自在基地看了导弹试验。回京后，他又检查了核弹头准备工作，然后指出："两弹结合进展顺利，接着要抓战术导弹（地空、海防）。"这体现了周恩来以接连不断地突破战略武器来推动发展战术武器的战略思想。

在讨论导弹问题时，周恩来提出要在五院的基础上成立一个部。后来的第七机械工业部就是由一个研究院再划过来一些工厂发展为部的。这就是我们后来常说的"部院合并"的又一个雏形。"文化大革命"中，有人反对这种做法。1966年6月的一次专委小会上，针对两派大闹部院合并问题，有个造反组织要求批斗罗瑞卿同志，周总理说："这个主意是我首先提出来的。""这个问题在怀仁堂开了几天会，刘少奇主席主持的，贺、聂、刘亚楼、罗瑞卿参加了，王秉璋也参加了，这过程要从1961年说起，这个问题我提得最早，1962年我就说合起来，部院合并的目的是为了解决三结合，理论联系实际。"周恩来就这样简单明了地驳斥了造反派，坚持正确意见，保护了干部。

有一次专委会上，周恩来听七机部一位领导汇报规划，其中估计了过多的失败反复的因素，把导弹试飞的时间拖得很晚。周恩来听到这里立即指出：为什么那样慢呢？你们回去发动群众讨论，该要条件的给保证，不要乱要，我看群众会比你们看得准些。周恩来另指派专办常务副主任赵尔陆同志带了几个人下去，经多次征求钱学森、任新民、黄纬禄、谢光选、梁守槃、肖淦、崔国良等许多专家学者的意见，并和部领导组织了广泛的讨论会，先在一院摸了一个月的底，修改了试验计划，提出了中远程的全面规划。回来由七机部向专委会议重新作了汇报，一下就定下来了。结果把新导弹试飞的时间从1968年提前到了1966年，投资比原来也大大减少了。接着，周恩来和赵尔陆同志又指定有关负责人到其他各院做工作，也都取得了满意的结果。当时聂荣臻元帅语重心长地对专委的同志们说："技术民主问题，要在民主的基础上集中，现在大家尝到味道了。"

专委第十三次会议确定的战略、战术导弹共有十几个型号。周恩来进一步明确新的工作重点，指出战术武器的研制工作"要为地空导弹让路"，并解释说，"没有舍就没有得"，论证了重点与全面的关系。随后，第十四次专委会议连续开了三天，讨论近期规划。周恩来在会上提出了系统任务，他说，明年是导弹年，要有收获。他要求实行军民结合，专业协作，各部门不要单搞一套。他说："七机部接过上海机电二局和工厂以后，要军民结合，我们是一家子，原协作关系要保持，要为地方服务。""人人为我，我为人人"这个提法很好，"上海的协作是值得我们学习的"。

1966年9月，周恩来还满怀信心地对刘柏罗说："明年就用这种（专委）办法抓飞机。"若不是"十年浩劫"，我国的航空工业早就会有新的发展了。周恩来有一个一贯的思想，就是抓重点带动一般，抓尖端带动常规。在第十四次专委会上，周恩来就曾在原则批准了攻击型核潜艇的同时，讨论了整个国防工业"以两年时间完成三年任务"的要求，并批准了"1966年、1967年两年规划"，主要项目是各种战术导弹和核潜艇、人造卫星等重大课题。

有一次，刘柏罗在汇报导弹地面设备的研制工作时提到了必须组织科研、生产、使用单位的三结合。周恩来指示说："你们这个三结合提法符合马列主义、毛泽东思想。"他说，事实上是两个三结合，即科研、生产、使用三结合和科技人员、工人、领导干部三结合。他说，要坚持两个三结合、群众路线，要以实事求是、循序渐进的科学态度，树立兢兢业业、周到细致的工作作风，贯彻大力协同精神。对导弹地面设备，他说："一、二、三、四、五机部应当分别组织联合设计，广泛吸收使用部队意见，由七机部提出设计要求，否则各部都自己搞，来个万事不求人，是什么也搞不出来的。"周恩来经常用这些至理名言和具体而细微的要求教育同志们。他的每句话都深入人心，成为指导尖端事业迅速发展的思想动力。

由于要求明确，各方面工作抓得很紧，华北、华东、东北的工作都进展很快。到1967年9月，我防空部队终于打破了将近两年没有战功的沉寂，用国产新型地空导弹把改进了的美国高空侦察机击落下来了。

排除干扰继续前进

十年动乱中，周恩来等老一辈无产阶级革命家对核工业采取了一系列保护措施，同林彪、江青反革命集团的干扰破坏进行了针锋相对的斗争，使核工业在动乱中仍能继续有所发展。

1967年春，全国夺权、武斗的风暴殃及核工业，刘杰同志已靠边站了。许多工厂和研究机构也先后发生了夺权、武斗，乃至出现了停产等严重问题，广大职工生活受到影响，工厂安全受到威胁。针对这一状况，在 1967 年 3 月中旬到 11 月底的八个半月时间里，周恩来亲自多次打电话，并签发了 11 封特急电报，明确指出：这些单位"是国家重要的国防绝密工厂，对国防建设、加强战备具有极其重要的意义"，要"保证工厂绝对安全，保证工厂稳定生产"。周总理还两次派调查团（组）到原子能联合企业和核武器研制基地了解情况，制止武斗，维护正常生产。所有这些保护措施，对核工业在"文化大革命"开始后相当一段时间，各项工作大体仍能按计划进行起了重大作用。

1969 年，林彪利用所谓备战，决定搬迁核燃料工厂。反应堆和核燃料后处理工厂具有强烈放射性，根本不能搬迁，其他核工厂搬迁也必然导致中断生产。核事业面临着一场灾难。1969 年 8 月 12 日，周恩来主持专委会讨论这个问题，他针锋相对地指出："一线工厂不能搬，要继续生产，加紧生产，力争多生产多储备。"周总理确定的这一正确方针，避免了搬迁可能带给核工业的致命的破坏。

1970 年年初到 1974 年，特别是后两年，周恩来的处境越来越困难了。一方面，"四人帮"对他的迫害越来越疯狂；另一方面，癌症对他的折磨也日益加重。然而，为了民族的繁荣昌盛、国家的安全富强，周恩来以压倒一切的英雄气概和坚韧不拔的毅力，顶着"四人帮"的压力，忍着病痛，在全国动乱之中，主持着党和国家的要务。在这种危难的情况下，他仍然挤出难得的宝贵时间，继续为发展我国尖端事业呕心沥血。在这段时间里，他克服了重重困难，亲自主持召开了二十多次专委会议，对我国尖端事业各个领域的发展，作了一系列重大的决策性的指示。这些指示，直到今天仍然具有现实的指导意义。1970 年 2 月、7 月、11月，他先后三次指出我国要搞核电站，要靠发展核电解决上海的用电问题。

1974 年 4 月 12 日，是周恩来生前亲自主持召开的最后一次专委会议，看得出，他是以惊人的毅力忍受了巨大的病痛，主持这次会议的。也许他已估计到参加专委会议的时间不多了，在这次会议上，他作长篇讲话，对我国尖端事业的发展提出了许多宝贵的意见。

3 月 31 日，周恩来主持专委会审查批准了上海核电站工程（即现在的浙江秦山核电站）的建设方案，要求绝对安全可靠，并指示有关部门选派好的设计人员支援上海，通过这个工程锻炼一支又红又专的技术队伍；他要求二机部、七机部、国防科委、国防工办，要总结经验，并指派了专人抓这件事；他指示在南方选址要注意防潮、防腐蚀、防风化；他十分关心"三废"（废渣、废液、废气）的处理，详细询问了各种处理方案并一一作了指示；他强调要想到 21 世纪、22 世纪，要为子孙后代着想；他指出尖端科研队伍已被林彪一伙搞乱了，要整顿，要从体制上抓。

周恩来多次指示以后，一机部，水电部，上海市，二机部的有关厂、院（所）和高等院校，在科研设计、设备试制和元件研制方面做了不少工作。但是，由于十年动乱，国家对核电建设不可能有明确的方针和全面的规划，各有关方面也难以协同动作，以周恩来 1970 年 2 月 8 日提出搞核电站的时间命名的 728 工程（即今日的秦山核电厂）在"文革"期间始终未动一锹一镐。

4 月 12 日，周恩来主持专委会议审查另一项工程时，再次谈到，要清除"林彪反革命集团"的影响，要克服派性，和派性做斗争，要采取措施进行整顿。他详细听取了有关工程设计的汇报，对原设计方案提出了尖锐批评。他指出，没有钻探，水文、地质不搞清楚就定点，是很危险的；他认为搞成"洞内洞外连成一片""门当户对"的设计，是严重的失误。他语重心长地告诫大家，今后搞基本建设，一定要注意用水量的问题。他说，水抽多了，地面要下沉，不懂这些就要出漏洞。他一再叮咛大家，一定要牢记我国的尖端事业现在还处在初级阶段，要争取时间尽快搞上去。

1974 年 8 月，周恩来最后一次听取二机部的工作汇报，并作了许多重要指示。

二、大树参天护英华

5 "他保护了相当一批人"

江青向毛泽东状告"三老四帅"，周恩来迂回前进保过关。造反派围冲中南海，周恩来挺身护英华："你们要冲中南海，除非从我的身上踏过去。"中南海成了"走资派"的避难所。

"文化大革命"中，林彪、江青反革命集团为了扫清他们篡党夺权的障碍，丧心病狂地迫害大批党政军机关的领导干部，以及高级知识分子、著名的民主人士。周恩来在处境十分艰难的情况下，为保护大批党内外干部，与林彪、"四人帮"展开巧妙的斗争。他以过人的智慧，高超的斗争艺术，使相当一批人化险为夷，转危为安。可以说，在那阴霾蔽日的年代里，周恩来是云层中透出来的亮光，是许多人寄托希望与寻求慰藉的参天大树，正如邓小平在《答意大利记者奥琳埃娜·法拉奇问》中所说的那样："'文化大革命'时，我们这些人都下去了，幸好保住了他。在'文化大革命'中，他所处的地位十分困难，也说了好多违心的话，做了好多违心的事。但人民原谅他。因为他不做这些事，不说这些话，他自己也保不住，也不能在其中起中和作用，起减少损失的作用。他保护了相当一批人。"

那么，周恩来又是怎样保护这"相当一批人"的呢？在江青等中央文革一伙得逞、红得发紫的日子里，正面冲突，公开为这相当一批人开"绿灯"，是行不通的，周恩来为此费尽心机，殚精竭虑，采取了许多办法，以智斗取胜。

保护"三老四帅"过关

"文革"刚开始，许多老同志与周恩来一样，觉得很不理解，很不得力。随着运动发展到出现打、砸、抢，到处夺权，一片混乱时，一些部长级的老同志意见越来越大，他们有时也会到总理值班室发牢骚，讲一些对"文革"不满的话。这些话反映到周恩来那里，他很焦急，生怕这些老同志发牢骚会带来麻烦，他就很难保他们了。所以，他多次对老同志们说："你们说话时一定要小心，如果你们再这样讲，发牢骚，我也没法保护你们了。"他让周家鼎传他的三句话给老同志：心中无他，积极革命；实事求是地检查；特别是不要承认是三反分子（反党、反社会主义、反毛泽东思想）。他还说："文革"好像洗脸。洗过脸特别精神嘛，一定要正确对待。

不久，周恩来亲自写了一封信给老帅、副总理、部长们，让周家鼎送去给这些老同志看，并让他们签名后带回。信的大意是：你们一定要十分注意自己的言行，不要说过头话，不要做过头事，不要增加"文革"的困难，不要节外生枝，不要叫人抓住把柄等。总之是要他们一定谨慎言行、小心处事。周家鼎拿着信先后到过陈毅、李先念、李富春、贺龙、余秋里、谭震林等人那里，他们看了信后都很感动，认为这是周恩来对他们最大的关怀与爱护。当周家鼎拿回那封签有老帅们名字的信退给周恩来时，周恩来脸上露出欣慰的笑容，随即把那封信销毁了。

在"文革"这样一种特定的历史条件下，周恩来深知对毛泽东支持的一些错误决定，公开正面地硬顶是顶不过去的，他不得不采取一种特殊的解决方法，跟着违心表态赞同，说些违心的话，多作检讨，在毛泽东火气头上，顺着他，事后采取其他方法补救或修正。因为他看到，只有这样，才能最大限度地减少党和国家的损失，保存尽可能多的中坚力量。这在保护"二月抗争"中的老帅们时，体现得尤为明显。

林彪、江青一伙掀起的"打倒一切"的狂风恶浪席卷全国后，所有正直的共产党员和革命干部、群众无不为国家的前途担忧。特别是中央领导中身经百战的老革命家，再也忍耐不住，奋起抗争了。1967年2月，在由周恩来主持于中南海怀仁堂召开的两次有政治局委员参加的中央碰头会议上，几个副总理和老帅们与中央文革那些极"左"的人唇枪舌剑，展开激烈的斗争。这就是被诬为"二月逆流"的"二月抗争"。

谭震林、陈毅、叶剑英、李富春、李先念、徐向前、聂荣臻等在会上提出三个重大原则问题：（一）运动要不要党的领导；（二）老干部应该不应该通通打倒；（三）要不要稳定军队。会议围绕三个问题，进行了激烈的争论。

谭震林义正词严地对张春桥等人说："你们的目的就是要整掉老干部。你们把老干部一个一个打光，把老干部都打光。""这一次，是党的历史上斗争最残酷的一次。超过历史上任何一次。"谭震林越说越气，怒从心底起，气愤地喊道，"让你们这些人干吧，我不干了！砍脑袋，坐监牢，开除党籍，我也要跟你们斗到底！"他说完，站起来就要走。陈毅说："不要走，要跟他们斗争！"叶剑英说："老干部都打倒了，革命靠什么？现在是全国范围内的大搞逼供信！"聂荣臻说："不能为了打倒老干部就揪斗孩子，株连家属。残酷迫害老干部，搞落井下石，就是不安好心。"

主持会议的周恩来在会上责问康生，《红旗》第十三期社论提出"向资产阶级反动路线猛烈开火"，发表前，为什么不送审，不叫我们看看。

会后，谭震林又写了一封信，表示对江青一伙的罪行已"忍无可忍"，决心准备牺牲，斗争下去，拼下去。

谭震林、陈毅、叶剑英、李富春、李先念、徐向前、聂荣臻等中央政治局和军委的领导同志，在党的会议上发表不同意见，完全是正常的，是合乎组织原则的事情。可是，林彪、江青一伙却颠倒是非，强加罪名。张春桥、姚文元、王力在 2 月 16 日夜里私自核对整理了中央碰头会的记录，并与江青密谋后，由江青安排他们向毛主席告了"三老四帅"的状，林彪还将谭震林的信转送毛泽东，更起了火上浇油的作用。毛泽东错误地听信了他们的汇报，认为这是一次反对八届十一中全会决定的大会，决定对"三老四帅"进行严厉指责。

2 月 18 日晚，毛泽东召开中央政治局会议。会上，他一改平日谈笑风生的态度，面带怒容，语气严厉地指责"三老四帅"："你们在怀仁堂会议上联合起来，搞突然袭击，向中央文革发难，你们究竟想干什么？这无非是搞宫廷政变，想让刘少奇重新上台。十一中全会你们都是举了手的，为什么没过几天，你们就反对十一中全会的决定？为什么阳奉阴违，出尔反尔呢？讨论进行'文化大革命'的决定时，你们也是赞成的，我没看你们谁投过反对票，可为什么'文化大革命'

周恩来和叶剑英

真的发动起来之后，你们又反对呢？"

　　"三老四帅"据理力争，向毛泽东解释。然而，正在火气头上的毛泽东根本听不进去，打断"三老四帅"的话，继续气冲冲地说：中央文革小组执行十一中全会精神，错误的是百分之一、二、三，百分之九十七都是正确的。谁反对中央文革，我就坚决反对谁！他用一种愤怒的目光扫向"三老四帅"：你们想反对"文化大革命"，那办不到！如果"文化大革命"失败了，我和他（指林彪）撤出北京，再上井冈山打游击。

　　几位老帅和几位副总理惊愕地望着满脸怒气的毛主席，他们与毛主席患难与共几十年，彼此肝胆相照，实在难以相信这是毛主席亲口说出来的话。在他们眼中，毛主席变了，变得那样陌生，那样令人难以说话，那样令人难以理解。

主持会议的周恩来心情十分沉重，毛主席发这么大的火，一定是听了江青一伙的诬告。而心地坦然的"三老四帅"没有在毛泽东的盛怒面前胆怯、退让，却是针锋相对，反唇相讥，使事态越发严重了。周恩来心里十分明白，毛泽东已经直接"参战"了，明显支持林彪、江青，不认清这个变化了的形势，一个劲地往前冲，就等于与毛泽东短兵相接，这样做正中林彪、江青等人的下怀，不能走这着凶多吉少的险棋，保存实力，保护"三老四帅"过关的唯一良策，就是要先顺从毛泽东，检讨过关。于是他巧妙地出来打圆场，诚恳地对毛泽东说：在怀仁堂会议上，几位老同志对"文化大革命"不理解，发了脾气。这主要责任在我，会后，他们也认识到这样做不对，找我作了检查，他们也感到讲了些对不起主席的话，想找个机会，当面向主席检查。

毛泽东采取了对周恩来宽容的态度，但对"三老四帅"毫不让步，他依旧生气地说：他们根本不认错嘛，恩来同志，我建议这件事要认真开会讨论，一次不行就开两次，一个月不行就开两个月，政治局解决不了，就发动全体党员来解决。说罢，毛泽东起身退场。

会后，周恩来立即与"三老四帅"商量，提出三条建议："第一，要心安气静，吃好睡好，不要住院，要与他们奉陪到底；第二，要坚守自己的岗位，一定要抓工作，自己的阵地绝不能放弃，放弃阵地，就是退却、逃兵；第三，该检查的就检查，要讲点策略和斗争艺术，不能匹夫之勇。这样做并不是怕谁，过去打天下时，为了人民，可以把生死置之度外，现在为了把住人民所给的权力，受点侮辱、批判又算得了什么！"

"三老四帅"被周恩来的一片良苦用心深深感动，同意了他的意见，主动要求找主席作检查。得到毛泽东的谅解后，周恩来又趁热打铁，拿出五一节联欢晚会让"三老四帅"出席的名单，毛泽东十分爽快地在名单上签了"同意"二字，周恩来脸上露出了兴奋的笑容。

此后，当老帅们受到冲击时，周恩来多次出面保护。当时任北京卫戍区司令员的傅崇碧回忆说：

> 周总理曾经在夜深人静的时候，带着我们到几位老帅的住地，视察那里的安全警卫工作，一处一处地给我们作指示。在林彪、江青一伙大反所谓"二月逆流"、抓"军内一小撮"时，有一些群众组织受这

周恩来和李富春

帮反革命的煽动、蒙蔽，要冲击老帅们的住地。我们把得到的情况报告周总理，总理把我们找去研究保护措施，要我们把老帅们安排在安全的地方，加强那里的警卫工作，并与我们一起研究万一这些老同志的安全受到威胁时，需要采取什么应急措施。当我们把落实的情况向他报告时，他还再三叮嘱我们，一定要加倍小心地保护好老帅们。

1967年八一建军节前后，林彪、江青一伙掀起了冲击中央军委领导同志的恶浪。八一招待会前夕，总理告诉我们，徐向前同志必须去参加招待会，你们一定要保证他路上不出事！我们把徐帅护送到招待会上，总理又嘱托我们，一定要保证徐帅在回家的路上不出事。我们考虑，回去的路上出事的可能性更大些，就增派了警卫，协同有关单位，用三辆警卫车跟着他，并兜了个大圈子，把徐向前同志安全地送回了家。

当时任警卫局领导的李树槐回忆起周恩来保护谭震林的一段往事：

1967年批所谓"二月逆流"之后，一次，一批红卫兵聚集在中南海的西大门，叫喊着要抓谭震林，把大门敲得咣咣响。我那天正好值班。八九点钟的时候，他们把大门冲开了，人也冲了进来。我们派了一个连在门口堵住，使他们不能再往里进。我打电话向总理请示，总理说你让那个头头接电话。总理问他叫什么？能否负责？那人说能。总理就对他说，马上把人都撤出中南海去，如果撤不走出了事，你要负完全责任，下午3点把你们的负责人都找来，我在西花厅接见你们。结果这人连大气都不敢出，放下电话吹起口哨，大喊"向后转"，把人都撤出去了。下午3点总理真去接见他们，我也跟去了。总理对他们苦口婆心讲了半天，最后才把问题解决了。

周恩来的卫士乔金旺谈到了周恩来保护谭震林和李先念的另一个细节：

一次，在人民大会堂批谭震林。一开始，造反派倒还守规矩，可中间总理有个电话，离开会场去接电话。造反派一看总理走了，就上了台，开始动手动脚，又是让谭震林低头，又是让哈腰。总理接完电话回来一看，很生气，批评造反派说："你们这像什么话嘛！我们事先达成协议了嘛，不许搞体罚，不许侮辱人格的嘛！我还在场嘛！"慑于总理的威严，造反派只好从台上退了下去。

还有一次在工人体育馆，全国财贸系统的造反派要开大会批李先念同志，总理不放心，也是亲自陪着去的。到场以后有的红卫兵很客气，跑来给总理和先念系上了红卫兵袖章。总理一看气氛还好，会场的秩序也不错，因为有点儿什么急事就离开了，留下了我们随行的保护先念。可总理离开会场以后，造反派就变脸了。先是不客气地把先念的红卫兵袖章给摘掉了，接着就动手动脚了，低头、弯腰那一套就都来了。所以，总理轻易不敢放这些人出去，只要有可能，他都亲自陪斗，如果他去不了，也要叮嘱我们加以保护，或事先与造反派达成协议：几时去，几时送回来；不许侮辱人格、变相体罚等等。但那时造反派往往不讲信义呀，可真是无法无天！

部长们的"避难所"

中南海是中国共产党中央委员会和中华人民共和国国务院的办公地点，也是许多中央领导人居住的地方。在那高大而坚实的红墙内，是一幢幢以平房为主的古代宫廷建筑和大片的绿化带。它的正门是南门，又称新华门，朝向长安街，还有西门、西北门、北门、东门，由东门穿过北长街，就是故宫博物院。

"文化大革命"轰轰烈烈地开展起来后，这块令许多人向往的神圣之地也不平静了，随时都有被冲击的危险。尽管如此，它仍然是老帅、将军和部长们得以暂时避难的港湾。这是因为有周恩来总理在那里顶着。

当时，国务院各部的部长们几乎都成了红卫兵、群众组织的"靶子"，随时可把他们揪出去批斗一番。这一大批部长级的干部，既要坚持工作，又要参加劳动，还要接受批判，许多人精神上和体力上难以支撑。周恩来怕这些部长们承受不了，曾经心痛地说："他们在外面根本休息不了啊！应该把他们接进中南海休息。"但是，对外又不能公开讲，只好让秘书发通知，以开会的名义，轮番请这批部长们住进中南海，这样进来几天，休息一下，再出去挨斗，而且规定时间送回来，我们称之为"倒班出去"。

余秋里是国家计委副主任，谷牧是国家经委副主任。他们都是直接为国务院联系各经济部门抓经济工作的，每天都要把工业生产、交通运输的具体材料送到周恩来那里。虽然他们工作很忙，可是还要受到造反派的揪斗，以致影响工作的进行。为了使经济工作照常进行，周恩来就以"小计委"（经毛泽东批准的，由余秋里、谷牧、林乎加等人组成）搬进国务院工作的名义，将余秋里、谷牧、林乎加三人调到中南海居住和办公。但造反派到中南海北门贴大字报，用高音喇叭喊，要揪他们出去批斗，"交代罪行"。为了不同造反派顶牛，周恩来派人同造反派谈判，约好时间分别让他们出去接受群众的批判，并作必要的检查交代。所以，他们既坚持了工作，又免受了过多的批斗。

周恩来对谷牧的保护，谷牧自己有一段回忆：

我于1966年12月28日离开北京，到四川、云南、贵州了解三线建设情况。1967 年 1 月 30 日乘飞机回到北京。

一下飞机，我就感到气氛不对。一群素不相识的人迎面走来，态度十分蛮横，要我交出手中的公文包，上他们的车。我紧抓公文包不放，站着不动。于是上来两个彪形大汉，从左右两边把我一挟，推上了他们的小汽车。此情此景，使我油然想起 1936 年春天在北京做地下工作时被绑架的情景。

我回京后即被造反派绑架的消息，周总理很快就知道了，他派出联络员找建委机关造反派谈判，说定在第二天只批判一场，即把我送回中南海，他要听我的出差汇报。就这样，我在第二天被他们批斗了 5 个小时后，造反派头头亲自押送我到中南海北门放下。总理让人给我在中南海假山院子的东面安排了间房子，与余秋里同志为邻。

1967 年春节以后，造反派对我的批斗升级。我每次被拉出去，总理都要派个联络员跟着，并让联络员预先跟造反派"约法三章"：只能批两个钟头，到时放人；不能搞体罚；不能让别派抢走。有了这些"约法"，我挨斗时的处境要稍好一些，但又有哪个造反派是真听话的？！说是批两个钟头，往往是四五个钟头，挨骂不说，有时还要被揪头发，扭臂膀，水当然更是喝不上一口了。等回到中南海，浑身就像散了架，喉咙干得冒火，连饭也咽不下。富春同志看在眼里，在一次国务院会上提出："谷牧一星期出去几次，身体受不了，而且也贻误工作，改为一星期出去一次成不成？"总理说："什么一次两次？不出去了。今后出去，必须经我批准。"此后一段时间里，我出去挨斗的次数确实少了很多。

中南海国务院的宿舍楼，是国务院部长们的"避难所"。对一些被批斗得很厉害的部长、副部长，周恩来常常以让他们"写检讨"的名义，把他们接到国务院宿舍楼住下。周恩来告诉工作人员，如果造反派要来揪斗，就说"检讨"还没写好，不能出去。当时纺织部副部长钱之光、水电部副部长钱正英、石油部副部长康世恩、四机部部长王净、卫生部副部长黄树则、文化部部长肖望东、农垦部部长王震、冶金部部长吕东、铁道部部长吕正操、商业部部长姚依林、八机部部长陈正人等都在国务院宿舍楼避过难。

"文革"之初，薄一波是党的政治局候补委员、国务院副总理、国家经济委员会主任。在国民党统治区工作时，他一直同刘少奇保持着密切的联系。林彪、江青、康生决意要通过薄一波等人上追刘少奇。为此，他们制造了"六十一人叛徒集团案"，妄图以此作为最终定刘少奇案的证据。

所谓"六十一人叛徒集团案"，党中央领导人一直都很清楚，在延安时早就作了结论。林彪、江青、康生等却置历史事实于不顾，把已有正确结论的事重新提出来。康生责令"彭真专案小组"办公室对这件事进行调查，并伙同中央文革小组的其他成员陈伯达、江青、关锋、戚本禹和谢富治等人到处支持某些学校的红卫兵揪斗这批党员，把六十一人的事情透露到社会上。周恩来认为，这样做违背了党的基本原则，一再申明，所谓"六十一人叛徒"问题党中央是清楚的。

周恩来得知红卫兵因这件事揪斗西北局第一书记刘澜涛和吉林省委代理第一书记赵林的消息后，于 1966 年 11 月 24 日给毛泽东写信，并亲拟了《中央对西北局关于红卫兵追查刘澜涛出狱问题的请示批复》一并送往毛泽东那儿。在给毛泽东的信中，他说："这一集体自首案牵涉人甚多，而当时确为少奇同志代表中央所决定，七大、八大又均已审查过，故中央必须承认知道此事。"毛泽东批准了请示后，周恩来即于 11 月 30 日亲自写电报给西北局、吉林师范大学，重申刘澜涛、赵林等的出狱问题中央是知道的，并指出："希望你们按照中央上述电示执行，不要在群众大会上公布和追查，也不要散发传单，涂写标语。"

薄一波在这个重大冤案中横遭迫害，幸亏有了周恩来对他的暗中保护。薄一波患有美尼尔氏症，容易头晕，在这一年的 8 月底，一天早晨起来，他摔倒在浴室里，只得卧床养病。他向周恩来请了几个星期的假，周恩来在报告上批示："拟同意薄休养 6 个月。"实际上是要让薄一波避开红卫兵对他的揪斗，摆脱林彪、康生设置的罗网。薄一波夫妇匆匆动身去了广州，暂时躲开康生等人的魔爪。

康生等人知道薄一波去广州的消息后，又策动国家经委造反派赶赴广州揪回薄一波。赵紫阳当时任广东省委第一书记，他将造反派要抓回薄一波的事报告给中央办公厅，周恩来立刻作出指示："应由军区派队伍按接送彭德怀的三条，乘火车安全送回北京。"

1967 年元旦，薄一波夫人胡明参加老朋友们举行的一次聚会，薄一波没有去参加。大约在中午时分，赵紫阳来到他的住处，告诉薄一波，有六十多个红卫兵已到广州，现在正要来抓他，要薄一波赶快准备一下。

赵紫阳一走，薄一波马上把他带来的所有文件和材料塞进一个卷宗，转交给了住在同一个大院内的代主席董必武。很快，气势汹汹的造反派咆哮着向薄一波扑来，他们夫妇俩很快被押上回京的火车。在火车上，造反派对薄一波夫妇百般刁难，胡明不堪忍受如此屈辱与折磨，含恨自杀。

薄一波被押回北京时，家已被抄得乱七八糟。他被监禁在北京德胜门外的一座监狱，备受折磨。后来，在周恩来的多次关照下，薄一波被安排住进医院治疗。"四人帮"垮台之后，薄一波曾对友人说："如果没有总理的关怀，我薄一波早已被林彪、江青折磨死了。"

他在当时的环境下做了自己能够做到的一切

"文化大革命"中，林彪、江青煽动群众打倒刘少奇、邓小平，周恩来千方百计地关怀他们，保护他们，花了大量的精力。1966 年 8 月，中共八届十一中全会期间，中央政治局开生活会，江青在底下布置大家要批斗刘少奇、邓小平，生活会一开始，打头阵的是谢富治。几次会上，只有周恩来、陶铸不发言。

9 月，在北京先农坛体育场召开的红卫兵万人大会上，周恩来正在讲话时，会场的一角突然喊出了"打倒刘少奇"的口号，他听到后，立刻转过身去，背向会场，表示反对。直到会场平静下来，他才继续讲话。他说："即便是犯了路线错误的同志也不能说他是不革命的，更不能说他是反革命。"

10 月 18 日，部分红卫兵在林彪、江青一伙人的蛊惑下，在天安门前观礼台上贴出"打倒刘少奇"的大标语。当天下午，清华大学也出现了"打倒修正主义头子刘少奇"的大标语。周恩来知道后，立即要周荣鑫和童小鹏去劳动人民文化宫向红卫兵做说服工作。

11 月中旬，北京政法学院群众组织要开会批斗北京市委第一书记李雪峰，目的是想从李雪峰身上追查刘少奇、邓小平。周恩来得知后，马上通知新华社：刘少奇、邓小平的问题，中央已解决，不要在群众中搞，中央不支持他们开这样的会，新华社、人民日报社、广播电台都不要派人去参加这样的会。周恩来还特意交代刘少奇、邓小平，要他们不出中南海。

但是，林彪、江青一伙无视周恩来的劝阻，继续掀起揪斗刘少奇、邓小平的

周恩来和邓小平

狂潮。1967 年 1 月，中南海各门外一片喧嚣，北京的造反派高喊着要揪刘少奇、邓小平和其他负责同志出中南海批斗，遭到周恩来的断然拒绝。我们看到平日笑容可掬的周恩来，按捺不住心头的怒火，怒目冷对，严厉地制止了那些造反派的无理狂妄要求，终于逼使他们撤离中南海。

清华大学的红卫兵没有达到揪刘少奇的目的，1 月 6 日，就采取造谣的伎俩把王光美骗出去，他们打电话给王光美说，她的女儿被车撞伤了，现在已送到医院，要她赶快去看。王光美信以为真，就急忙坐车出中南海到某医院，结果被红卫兵挟持到清华大学去开大会批斗。周恩来知道了，立即派人去交涉，把王光美救回来，并批评王光美为什么不报告就出去了。

江青、康生等人眼看一次冲不进中南海，就煽动群众组织再次去冲中南海。7 月，他们趁毛主席不在北京之机，策划了一百多个群众组织，共五千多人在中南海西门外安营扎寨，大有非冲进去不可之势。几百个高音喇叭对准中南海日夜狂吼，被狂热冲昏头脑的红卫兵、群众振臂高呼，非冲进中南海不可，局势相当严重。

周恩来临危不惧，独撑危局。他亲自打电话批评群众组织头头："你们如要冲进中南海，就是错误的，错误的，错误的。"他一连说了三个"错误的"，可见气愤之极与坚决不让步的决心。面对那些高音喇叭和无数造反派的狂呼乱叫，周恩来坚定地说："就是大炮轰，我也不离开中南海。中南海是党中央所在地，你们要想冲进中南海，除非从我身上踏过去。"那时局势相当混乱，工作人员担心周恩来的安全，几次劝他离开，到安全的地方去，他严肃地说："只要我在这里，高音喇叭就只能喊，造反派不敢冲，我若一走，他们冲进来怎么办？中南海内住着的老同志怎么办？"在中南海被围困的五十多天里，周恩来不顾个人安危，拼着一身，保护了刘少奇、邓小平和许多躲藏在中南海内的领导干部。1968 年，刘少奇病重，医护人员在当时"文化大革命"思潮影响下不愿意或者不敢去护理，周恩来动员了北京医院的医护人员护理刘少奇。他在当时环境下做了自己能够做到的一切。

八届十二中全会对刘少奇作出错误的"开除"处理之前，那天晚上，周恩来一夜未眠，在屋里踱步焦思。英国作家韩素音说："所有人（我说的所有人是指所有高层领导，包括周的妻子邓颖超在内）都同意这一看法，周恩来有些行动'是违背他自己的心意的'。（1968 年 10 月中共八届十二中全会上）谴责刘少奇就是其中之一。如果他不这样做，他 24 小时之内就会被撵下台，中国就会成为'中央文革'的天下，林彪的天下。"后来，1970 年周恩来在同埃德加·斯诺的谈话中，仍称呼刘少奇为"刘少奇同志"。斯诺说："周叫他同志使我很吃惊，一开始我还没有弄懂其中的含义。"韩素音在她的《周恩来与他的世纪》中说："这就是周的自白，说明他并不同意开除刘的决定。"

1966 年下半年，"文化大革命"已在全国展开，周恩来觉察到中央文革在打彭老总的主意，便嘱咐身边工作人员要密切注意成都方面的动态，有情况随时汇报。他深知彭老总的性格，刚直不阿，宁折不弯，若是与造反派硬顶，怕要吃亏。12 月下旬，他获悉彭老总已被北京去的红卫兵抓走，即将送往北京，十分着急，指示周家鼎告诉成都军区司令员、政委按中央三条指示对待彭总：（一）由成都军区派出部队与红卫兵一道护送彭德怀同志到北京，沿途不许任何人截留，不得对他有任何侮辱性的言行，绝对保证他的安全。（二）不坐飞机，由成都军区联系火车来京。（三）由北京卫戍区派部队在车站等候，指定卫戍区司令员傅崇碧亲自去接，由卫戍区安排食宿，不准任何一派红卫兵插手。

12 月 27 日下午 4 时许，火车抵达北京后，傅崇碧按周恩来指示亲自去接。

但情况并不妙，北京各路造反派已闻讯云集车站，人山人海，排开阵势，准备抢人，各派互不相让。此时，周恩来正在与中央文革小组开碰头会，听到戚本禹眉飞色舞地向文革小组成员通报彭德怀已被抓到北京车站的消息，他立即站起来说：此事由我来处理。随后他离开会场，亲自去找红卫兵头头，批评他们，同意他们派人与卫戍区共同管理，并约法三章：对彭老总不许游斗，不准武斗，不准搞逼供信。这样，彭老总暂时被"监护"起来，从1966年年底到1967年7月由专案组管理之前，他没有受到后来那种非人的折磨与摧残。

尽管这样，在"文化大革命"中，党政领导干部被林彪、江青两个反革命集团视为异己，仍受到了很大损失，周恩来不可能一一顾到，顾到的也不可能一一如愿。张霖之的死就是这样。1966年年底、1967年年初，全国掀起了揪斗"走资派"的浪潮，煤炭工业部部长张霖之从哈尔滨回到北京不久，就被造反派抓走，被打死了。周恩来知道后非常痛心，掉了泪。谷牧回忆说："一天周总理，接见群众时，眼里含着泪水，手里拿着霖之遍体伤痕的遗体照片，悲愤地说，'这么一个出生入死的老同志，就这么不明不白地死了，叫我怎么交代啊？！如果连一个部长的生命安全都没有保障，国家还有什么希望？那不真的是无法无天了……'看着他那悲戚的面容，听着他那激愤的声音，我们无不为之动容。此后不久，周总理即主持搞了一个不得对被批斗干部进行体罚的规定。"在另外一次会上，周恩来十分激昂地说：我是总理，你们（指造反派）把一个部长抓去47天就没有给我报告一下。他是八届中央候补委员，下届党代会上人家问我，张霖之候补委员到哪里去了，我怎么回答呢？周恩来又问，还有哪个部长被抓？李先念讲了有关部长被抓的情况。周恩来说，赶快派联络员把他们接出来。接着就把吕东、陈正人、段君毅等几十位领导人接到国务院保护起来。

孙维世的死，也使周恩来十分伤心。孙维世的父亲孙炳文，是20世纪20年代初在德国时和朱德一起经周恩来介绍参加共产党的，1927年"四一二"反革命事变后被国民党反动派杀害于上海龙华。抗战初，1938年，孙维世和哥哥孙泱在武汉找到八路军办事处，周恩来和邓颖超惊喜地看到了他们。邓颖超说："维世啊，你当我们的女儿吧。"孙维世亲热地叫了"爸爸""妈妈"。周恩来、邓颖超像对自己的孩子那样对待她。后来，孙维世和孙泱都被送到延安学习。1939年，周恩来坠马伤臂，去苏联治疗，孙维世随去苏联进了莫斯科戏剧学院，在表演系和导演系学习，1946年回延安。新中国成立后，她和著名话剧艺术家金山

1940年，周恩来和邓颖超在莫斯科同中共驻共产国际代表团负责人任弼时等合影。左一为孙维世

结婚，任青年艺术剧院导演、副院长，导演过《保尔·柯察金》《钦差大臣》。"文化大革命"开始后，因江青一伙的迫害而死。周恩来深深地愤怒了，但怅望苍天，只好把怒火埋在心间。

正如段君毅所说："在'文化大革命'的特定历史条件下，周总理对干部的保护是尽了极大力量的，可是他说的话也常常算不了数呀。有时，周总理替挨整的干部说了话，造反派反而对他保护的人斗得更加厉害。但是，在这种情况下，周总理仍然在千方百计地保护干部。"

"文化大革命"开始前，夏衍作为文化部副部长，已经被扣上了"反对写工农兵"的"题材广阔论"的帽子，被康生等在社会上不点名地批判。一次，周恩来在中央政治局会议上对康生说："我也曾经说过题材广阔的问题，也欢迎你指教。"康生连说："不敢，不敢。"后来，夏衍被调出文化部，安排到对外友协"闭门思过"。1966年年初，在一次会见印度尼西亚电影代表团时，周恩来安排夏衍参加了。第二天，全国各报纸都登出了接见时的照片，毛泽东、周恩来、

周恩来与舒绣文、夏衍合影

夏衍及江青一起同外宾合影。江青看到后愤愤地说："真不像话，这个时候了还让他出来亮相，不是白批了吗！"为了避免招来江青、康生等更大忌恨，周恩来要人转告夏衍：安心在家养病，如身体许可，可到下边去看看，但是"南方不要去"。这是告诉他要避开上海这个地方。"文化大革命"开始后，1966 年 12 月，夏衍被江青、康生一伙秘密逮捕。周恩来叫秘书向有关部门查问，都说不知道。夏衍是被谢富治手下的公检法造反派会同文艺界的红卫兵抓走的，受到酷刑拷打，腿被打断。他通过一位好心的医生带信给了周恩来，周恩来要谢富治放人，谢富治说这是江青、康生搞的，他管不了。一天，周恩来当着毛泽东的面对江青说："夏衍被打断了腿，应让他先回家治疗。"江青说："运动方兴未艾，都把他们放了，我们还批判什么。"此后，江青伙同谢富治给夏衍定了一个莫须有的罪名，经林彪表态，关到秦城监狱，一关关了八年多。这中间，周恩来几次提出要释放夏衍等一大批同志，都因江青、康生阻挠而未果。直到 1975 年冬天，周恩来向毛泽东提出，夏衍才被假释回家。廖承志来看夏衍，带来了周恩来对他的慰问，后来又到医院向周恩来汇报了夏衍的情况，周恩来脸上露出一丝笑容，说："好！只要人还在，就好……"

仔细体会这句话，周恩来是从长远着眼的。

对知识分子的关怀

在"文化大革命"的艰难处境中，周恩来苦心保护大批科学技术专家。1966年8月，在讨论中共中央《关于无产阶级文化大革命的决定》时，周恩来就力争要写上保护有杰出贡献的科学家和科技人员。后来在"文化大革命"的过程中，他多次亲自出面保护科学家。"文革"中任七机部军管会负责人的杨国宇回忆说：

> 记得 1969 年 8 月 9 日下午 1 时至 4 时 45 分，周总理亲自在国务院会议厅主持召开了有关国防尖端科研的会议。为了使专家和工程技术人员放开手脚工作，突破工程技术难关，总理当众宣布："部里由钱学森同志挂帅，杨国宇同志为政委。你们两个负责。你（指杨）是政治保证，他（指钱）和其他专家要是被人抓走了，不能正常工作，我拿你是问！"我们拿着总理的"令箭"办事，保证了钱学森同志和其他专家的安全。那时，我们还开列了一份需要有卫兵专门重点保护的工程技术人员的名单，开始是几十人，后来上升到几百人，其中许多人并不是直接参与某工程的。我们把名单呈报总理，却又担心上面派不出那么多的卫兵而不能批准。没想到总理很快就表示同意，并表扬了我们的做法。他说："这些同志都是搞国防科研的尖子。即使不是参加某工程的，也要保护。当然不一定都要专门派卫兵，主要是从政治空气上保护他们，不许别人侵犯他们，抓走他们。如果有人要武斗、抓人，可以用武力保护。总之，你的任务就是要想尽一切办法，使他们不受干扰，不被冲击。"在总理的保护和关怀下，钱学森同志带领专家和广大科技人员全力以赴攻关，很快就出了大成果……

著名数学家华罗庚受到冲击，他的数学手稿也被盗。周恩来得知后，立即指示有关负责人对华罗庚进行保护。华罗庚回忆说：

> 我永远不能忘记周总理几十年来对我的关心、鼓励和支持，尤其值得怀念的是"文化大革命"中最艰难的1970年。当时，周总理身处逆境，又万务丛集，但他却不顾个人的安危和病体，仍然细微地、尽力地保护我，安排我的生活，关心我们把数学方法用于经济建设的工作。记得是一个星期六的晚上，国务院的两位同志奉命向我传达了周总理1970年3月4日的批示：
>
> 首先，应给华罗庚以保护，防止坏人害他。
>
> 其次，应追查他的手稿被盗线索，力求破案。
>
> 再次，科学院数学所封存他的文物，请西尧查清，有无被盗的痕迹，并考虑在有保证的情况下，发还他。
>
> 最后，华的生活已不适合再随科大去"五七"干校或迁外地，最好以人大常委身份留他住京，试验他所主张的数学统筹方法。
>
> 此事请你们三位办好后告我。
>
> 我听了批示的传达后，心情激动得难以言状。我只好以汇报我们为国民经济服务的工作情况来表达我对周总理的崇敬之情。

正是由于周恩来、聂荣臻等的维护，尽管"文化大革命"搅得全社会动荡混乱万分，但是我国科技界和科学家们，仍然捷报频传，取得一个又一个成果。

"文化大革命"初期协助周恩来管理经济工作的谷牧说："周总理在'文革'动乱中的另一个卓越贡献，就是千方百计地保护党内外老干部，使林彪、江青反革命集团'改朝换代'的阴谋难以得逞。这方面的事太多了，可以说，幸存的或逝世的我们党、政、军各方面的大批老干部，都直接或间接地得到过他的关怀和保护。"

6 党、政、军负责人的避风港

动乱中的中直招待所和京西宾馆，是周恩来给地方党、政、军负责人安排的避风港。江青当着周恩来的面拍桌子追问这些人的下落。毛泽东称赞说："总理做得好。"

"文化大革命"中，各大区，各省、市、自治区的负责人也都受到林彪、江青一伙的迫害和造反派的冲击。周恩来在艰难的处境中想方设法对这些干部进行保护。多少年过去了，这些经历过无数劫难的老革命家们谈到周恩来时，他们仍然难以抑制激动的眼泪，有说不完的故事……

原东北局第一书记宋任穷的回忆

恩来同志是我们党和国家的一座擎天柱石。在"文化大革命"中，愈益显示了他的这种重要作用。"文化大革命"一开始，总理就挺身而出，竭尽全力保护遭到林彪、江青反革命集团迫害的干部。东北地区许多同志也受到总理的亲切关怀和坚决保护。吉林省副省长兼延边朝鲜族自治州州长朱德海同志，是一位早年参加革命的优秀少数民族干部，为延边的建设作出过重要贡献。1966 年 8 月，他从北京参加八届十一中全会回到延边以后就遭到批斗，地区的局势陷入混乱，州委已难以控制。总理获悉后明确表态：朱德海是好同志。并指示我和东北局第三书记马明方同志到延边去做工作，保护德海同志。我与马明方同志和吉林省委书记赵林同志一起立即赶到延边，召开州委常委会议，我说："我这次是奉周总理的指示专程到延边来的，中央认为朱德海是好同志，要让他站出来和群众一起搞好文化大革命。"并要求领导核心统一认识，掌握好局面。我还建议州委常务副书记多出面，让德海同志先下去抓生产，免得出面多了造成被动。9 月底，总理亲自点名让朱德海同志去北京参加国庆观礼，并让他的名字见了报。同年年底，总理又一次表态：朱德海是好同志，要保护他。可是，横行一时的林彪、江青反革命集团公然对抗总理的指示，派他们的帮凶到延边，给德海同志加上许多莫须有的罪名，横加迫害。德海同志最终未能免遭劫难。1972年，当德海同志病重时，总理指示中央组织部尽快查清问题，恢复德海同志党的组织生活。马明方同志遵照周总理的指示，保护了朱德海同志等一批干部，但不久他自己也遭到林彪、"四人帮"的迫害。直到"四人帮"被粉碎后，明方同志才得到彻底平反。

对于我本人，总理也是十分关怀和尽力保护的。"文化大革命"初期，东北局曾几次向中央文革小组写报告，请示运动中的政策界限，但是没有得到过一个字的答复。于是，我们就直接向总理请示，总理每次都有明确指示，并先后指定李富春同志和陶铸同志负责同我们联系。1967年，中央将大区和省市一些靠边站的领导同志集中到京西宾馆住，我被安排在六楼东头的套间。在林彪、江青反革命集团的唆使下，东北的造反派到京西宾馆来抓我，他们不顾警卫战士的阻拦，气势汹汹地从一楼冲到六楼，有个别人趁机对我进行殴打，并把我拖到阳台，准备用绳子将我从阳台吊下去，强行抢走。此时，傅崇碧同志负责指挥的警卫部队急速赶到六楼，将我从造反派手中夺回，转移到安全地点，我才幸免于难。总理对冲击京西宾馆事件很生气，为了保护一大批老干部，他亲自指示立即修围墙。京西宾馆现在的围墙就是在那个时候突击建成的。1969年，我被下放到辽宁的农场劳动，不断遭到批斗，健康状况日益恶化，体重下降到不足90斤，腹部疼痛，不压一点东西不能入睡。我的几个孩子于1973年联名写信给总理，要求让我到北京检查身体和治病，总理很快就批准了。这一年的4月，我还没有被"解放"，总理在一次外交工作座谈会上，把将要出使美国的黄镇同志和夫人朱霖同志从后排请到前面就座，并在会上大声问黄镇同志："你去看过宋任穷同志没有？"黄答还没有，正准备去。总理说："好，应该去看看宋任穷同志，你们过去都在一起工作的嘛。"总理以这种形式再一次表达了对我的关怀，意图很清楚，希望我能够早日"解放"，出来工作。可见总理虑事之精细，亦见其用心之良苦。可是，"四人帮"一伙盗用中央政治局的名义，令我从北京医院出院后直接上火车站径返辽宁，我要求在中央组织部招待所住几天，看看熟人，也遭到无理拒绝。

在林彪、"四人帮"肆虐的动乱时期，总理要顶着他们这一伙的压力，继续处理党和国家的日常工作，尽量减少"文化大革命"造成的损失，其处境之艰难是一般人难以想象的。"文化大革命"初期，总理几乎每天都要花许多时间接见北京和外地的群众代表和红卫兵，耐心地给他们做工作。东北地区的代表来了，有时总理让我先出面谈，然后他再接见。总理一天要工作十几小时甚至20小时，实在太疲劳了。我目睹他在人民大会堂步履艰难地从这个厅走到另一个厅，两厅之间的距离并不远，中途还要坐下来休息一次到两次。看着这情景，真是使人心痛啊！林彪、"四人帮"一伙挑动和分裂群众，制造种种事端，处处刁难和折磨总理，到1974年，丧心病狂的"四人帮"居然明目张胆地打着"批林批孔"的旗号批起总理来了。这时，总理已重病缠身，但他仍置个人安危于不顾，排除干扰，以坚强的毅力，抱病坚持工作，在病房接见外宾，处理党和国家的重大事务。我1974年被"解放"，虽说名字出现在报上属"参加的还有……"之列，但总算有机会能在国庆宴会上远远地望一望总理。望着他那消瘦的身影，我思绪万千，忧心如焚。我多么想去看看敬爱的总理，以表达对他的敬意和慰问，但是又怕干扰他的休息，影响他的健康，同时也为了不给"四人帮"一伙对总理进行刁难的借口，只是通过一位老同志给邓大姐捎了一封信，请大姐转达我对总理的崇高敬意和亲切慰问。在总理不幸逝世之前，未能亲自去看望他，是我终生的一件憾事。

原山东省委第一书记谭启龙的回忆

"文化大革命"中，我是遭受冲击比较早的地方领导干部之一。从受冲击，被打倒，到重新工作大约十年的时间里，周总理曾三次指示把我接到北京保护起来，三次与我面谈，还有五次在关键时刻通过各种途径指示有关同志对我采取保护性措施。如果没有总理的保护以及许多同志的帮助，在无法无天的运动的冲击下我能否生存下来，能否继续为党和人民做一些工作是很难预料的。

1966年11月初，学生要求参加省委为传达中央工作会议精神召开的全省三级干部会议，劝阻无效，学生冲击会场，并押我上北京，这就是济南的"一一·三"事件。同去的有许多学生，中途在德州停下等待获准进京，第三天才到北京。接待站安排我和红卫兵住在国家经委礼堂。刚住下，红卫兵即向中央提出几点要求：（一）要求在天安门广场召开10万人大会批判谭启龙；（二）要求在京游行（即游街）；（三）要求拨给经费和两辆宣传车。对此，周总理作了明确答复：（一）10万人大会不能开；（二）游行不能搞；（三）委托陶铸、谭震林同志出面处理。

陶铸、谭震林同志按照总理指示，在人民大会堂接见红卫兵代表，我也参加了。会议商定在国家经委礼堂开一个"批判反动路线大会"，陶铸、谭震林同志指示不准武斗，要谢华同志在场做监督，并明确指出，"谭启龙同志我们了解，没有什么大问题，是个好同志"。会后有的红卫兵见了我也称起"同志"来了。这次事件，在周总理、陶铸、谭震林等中央首长的直接干预下平息了。

然而"树欲静而风不止"，往后的事愈演愈烈，在一片"火烧""炮轰"中，省委已不能进行正常工作。12月18日，以王效禹为首的青岛造反派把我及省委调查组主要成员押往青岛。他们的策略是一面把我困在青岛，一面组织力量去济南夺全省大权。这样，我便在青岛一直被关到1967年2月3日。2月7日，我被押回济南，向"革命委员会"履行"报到"手续。此后，我被关押在山东医学院的教学楼，睡了两夜的课桌。第三天晚上10点钟，杨得志司令员派人来接我，车开到军区五所，未做停留，当即换车直达飞机场。这时，来接我的军人才告诉我："周总理打电话给杨司令，指示把你从造反派那里接出来，负责护送到飞机场。明天早晨7点派飞机来接你。"接着安排在机场就餐、洗澡。次日晨7时，飞机准点起飞。到京后，我住进了京西宾馆九楼的套间。

在京西宾馆，由中办工作人员负责与我们这一批各大区及各省、市、自治区被保护在北京的部分书记的联络工作，例如送文件、看病、通知亲属探望等等，时间长达两年之久。

当时，江华、江渭清、张体学等同志已被接来北京。不久，叶飞、杨尚奎、刘俊秀等同志也陆续来了，都住在九楼。我们这些老同志碰在一起，就互相摆龙门阵，"交流"戴高帽子、坐喷气式的"经验"。其间，李先念、谭震林等领导同志来看望我们。谭震林同志还详细地询问我们挨斗的情况，并说他要向毛主席打个报告。后来这篇报告竟被"四人帮"诬为"二月逆流"的一条"罪状"。

王效禹为了把我要回山东进行批斗，耍花招欺骗周总理说，山东开了一个很好的会，地委书记、厅局长都参加了，有一部分干部能解放出来，希望叫启龙同志回去听听意见，做个检讨，也是一个很好的机会。

1967年4月24日下午4点多，电话听筒里传来周总理亲切而清晰的声音："是启龙同志吗？有个事同你商量。王效禹提出，山东省革委正召开地市委书记及厅局长会议，要求你回去参加这个会议，听取意见，亮亮相，你看怎么样，能去吧？"我立即回答总理："我回去没有问题，听中央决定。"总理听后说："那好，你去吧。有什么困难？"我略思索一会儿，想到回去之后，难以预料会发生什么事，心中升起渴望见总理一面的念头，于是说："别的没什么，只是要求走之前能约个时间见见您，哪怕5分钟也行。"总理当即回答："那可以，晚上12点到我家里来。"放下话筒，我内心激动不安，一会儿想见到总理该谈些什么呢？得有个准备。一会儿又想起全国夺权浪潮汹涌，局面很乱，总理日理万机，要抓生产，要保护老干部，又要应付造反派无休止的纠缠，这时去占用他宝贵的时间，太不应该了。

深夜12点，我准时到达周总理住处——中南海西花厅时，总理还未回来。见到邓颖超大姐略谈一会儿，待邓大姐去休息了，我继续等待。凌晨两点，总理在人民大会堂接见红卫兵后回来了，看上去很累。握手问候后，总理问我的身体和年龄，我回答53岁，身体还好。总理说："那好啊，你还可以工作20年。"总理谈到"文化大革命"的形势时说："文化大革命"的形势，原打算明年搞出个眉目，现在情况比较复杂，很难说，要有长时间的精神准备。原来设想社会主义革命比民主革命能少花一点代价，现在看来不一定。

接着总理便谈干部问题。他说，全国干部问题还解决不了，站不出来。据王效禹讲山东形势很好，你去听一听也有好处，对于解决干部出来工作的问题，山东的做法也可能是一条路子。他还讲，这几年华东形势不错，工农业生产搞得比较好，对国家贡献大。原来设想华东干部出来工作好解决一点，现在看也不行。

回去以后怎么办？总理交代主要是听取意见，不要随便表态，不要讲自己的成绩，先否定自己，多作些自我批评，承认自己有错误，成绩让别人讲。他举例说，有位同志作检查，摆了自己很多成绩，效果就不好。

总理对我怎样回去也作了具体安排。他告诉我："我已通知王效禹，明天早上你和王效禹、杨得志同志坐同一架飞机回济南。我已交代他们回去后只准提意见、批判，不准搞武斗，不要围攻。"

谈着谈着，两个小时过去了，时针已指向凌晨4点，窗外天色已微微泛白。为了让总理早些休息，我赶紧告辞。总理送我到客厅门口，我请他留步。但总理却说他还要到院子里走一走。总理与我一起穿过院子，一直送我到门口。临上车时，他握着我的手又交代了一句："回去后有什么困难，可以给杨得志同志写条子。"

总理看着我上了车。车子启动了，透过车窗还看得见总理伫立着的身影。破晓前的夜色笼罩着他的全身，使我感受到他双肩承受着的那种沉重的压力。

两天后，我怀着一颗沉甸甸的心飞回济南。

杨得志同志因军委开会没有返济，我与王效禹同机。一下飞机，早已布置好的8辆大卡车押送我游街到南郊宾馆，下车后即逼我下跪批斗。当晚又在南郊宾馆俱乐部开批斗大会，在一片"打倒"的口号声中，我被挂上"反革命修正主义分子"的牌子。开完大会从会场回住处，一路拖了我几百米，不断有拳脚偷袭，我的肋骨被打伤。从此之后，大小会批斗天天不断，甚至三五人闯入我的房间，扭住便斗。这种行动后来被革委会的军队代表闻知，出面制止才略有收敛。

批斗持续到5月初。由于王效禹等人忙于策划所谓"冲击省革委会"事件，挑动派性斗争，负责我安全的同志，才设法把我转入省立第一医院休息了二十几天。由于形势很乱，安全没有保证，因此他们商量后，与中办同志通了电话，报告了我在济南的情况。几天后，对方回电话说，经请示总理，同意谭启龙同志返回北京。

当时，被保护在京的地方负责干部有二十余人，已由京西宾馆迁至中直招待所。住在里面的老同志可看文件、报纸，有的由子女或秘书陪伴，可以串门子，互相往来与交谈。

我住进中直招待所不久，该住处就受到红卫兵两次冲击。一次是四川造反派"红卫兵成都部队"冲进招待所，把李井泉、程子华、廖志高、杨超等四川领导同志劫走。总理得知消息后立即派一个加强连从中南海赶来加强守卫并与造反派交涉，令他们立即放人。另一次是武汉事件爆发后，所谓"北航红旗"越墙冲进院内，把张体学、张平化、叶飞同志劫去批斗。当晚总理令其立即放回，并指示剩下的人转移到中南海暂住一夜。第二天，我们回到中直招待所，当天夜间有车带我们在北京城里兜了几个大圈子后转移到一个秘密地点。从那时起，除了有关同志照顾我们的身体和传递信息之外，我们与外界完全隔绝了。与我同室住的老同志先后有王其美、程子华、黄火青同志。有一次，我发烧去中南海医院看病，才知道我们的住地是南苑机场办公楼。我在南苑机场住了三个多月后，形势进一步恶化。康生及王、关、戚对我的问题一再升温，并向周总理施加压力，再次要我回省接受批斗。

我回济南前，总理派人向我转达，只去两周时间，东西不要带回去；并向王效禹交代：只准文斗，不准武斗。然而，王效禹大耍两面派，当面答应总理，回到济南，对我批斗得更凶了。除了大会批斗之外，小会轮番斗，不时被一群群的人拉到黑暗的小房间饱以拳脚。我终于被打成了重伤，躺在床上不能平卧，只能长时间地趴着，经常呕吐黄水。这次王效禹等造反派是下了决心的，"政治上斗不垮，就把身体斗垮"。那时大会小会批斗我倒不怕，就怕被人拖进小房间殴打，万一发生不测，造反派反咬一口说"畏罪自杀"，就什么事都说不清了。因此我下决心一定要向周总理报告。

在有关同志的帮助下，我与大儿子见了一面，要他代我写了一封详细的信，通过中办同志转交给周总理。

这封信很快到了总理手中。总理读后，即打电话给王效禹，责问为什么打我。当王抵赖时，总理严厉地批评了他。后来在一次会议上总理又当面批评他："你们不按我交代的办，这种做法是不对的，错误的。"

为了确保我的人身安全，总理具体指示杨得志同志派部队保护我，杨司令立即下令派了一个班监护我。每次批斗时，均有两个战士陪同，站的时间长了，战士拿个凳子让我坐着听。由于总理有了明确的指示，杨司令等军区领导坚决执行，在战士的具体保护下，武斗被制止了。此后，在济南重点大企业、大专院校及省级召开的各系统批斗会上，没有再发生武斗。

但是，王效禹仍以"态度不好，群众通不过"为由，拒不放我回北京。同时，他在背地里加紧追查是谁向总理报告的。在查不清的情况下，给我扣了一顶"诬告造反派"的大帽子。从此，我一直被关押在山东。直到1968年12月毛主席、周总理在八届十二中全会上再一次提到我之后，王效禹无法向党交代，才不得不对我解除隔离，转移到南郊宾馆，开始允许亲属探望，一直到九大召开。

过了一天，党中央派飞机先到南京接张才干同志，再路过济南接我去北京，参加九届一中全会。会后，在五一节晚上观礼时，我被周总理带到天安门城楼休息厅见到了毛泽东主席。主席、总理都问："你身体好吗？"我回答："感谢主席、总理的关怀。"后来，决定让我留在北京新华印刷厂参加劳动锻炼，接受"再教育"。

当时被保护在京的各地老干部已分散进入8341部队主管的"六厂二校"。在新华印刷厂我见到了杨尚奎、霍士廉等同志。叶剑英元帅也不时来厂里劳动，见到我还关照"今后可以到我那里去看文件"。邓颖超大姐也每周来厂一次。她每次来厂都来看望我，并带来了周总理的关怀。有一次，大姐问起我爱人的情况，得知她尚未"解放"，仍在农场劳动后，报告了总理。在总理的关怀下，总理办公室打电话向杨得志同志询问，杨司令很快组织人进行复查"解放"，并派人送她来北京。

1970 年 6 月份，总理约我去谈分配工作的问题。总理首先询问了我在工厂的情况。当他听说我爱人已来到北京住在中直招待所，我每天坐公共汽车上下班，来往于工厂与招待所之间，认路、买票已不成问题时，总理爽朗地大笑，说道："你现在自由了，要是在济南就没有这么自由。"接着总理说，"现在有三个地方要你去：一个是山东杨得志、袁升平要你回去；一个是河南省；还有一个福建韩先楚同志也要求你去工作。主席说，不回山东了，换个地方好，考虑到韩先楚同志要求很迫切，决定让你到福建去协助他工作。"同时还具体指示：（一）看文件；（二）检查身体；（三）离厂前与工人开个座谈会。我照办了。座谈会开得很融洽，许多工人师傅都流了泪。军宣队、厂党委将工人座谈的情况向中央写了报告，总理看了很高兴，说："评价不错。"

这样，我便被分配去福建省担任省委副书记、省革委副主任。走之前，邓颖超大姐到中直招待所看望我们并赠言："谦虚、谨慎、戒骄、戒躁，坚持党的三大作风。"并说，"坚持就是胜利。"

原江西省委书记刘俊秀的倾诉

"文化大革命"中，林彪、"四人帮"猖獗作乱，疯狂迫害革命老干部，妄图篡党夺权，建立法西斯封建王朝。敬爱的周总理为着党和国家的命运，日夜操劳，彻夜不眠，采取种种措施，与林彪、"四人帮"作坚决斗争，千方百计地保护党和国家的宝贵财富——革命老干部。我就是周总理保护下来的老同志之一。每当我回忆起当时的情景，真是百感交集！

1966 年秋，天空乌云翻滚。林彪、"四人帮"打着极"左"的旗号，推行反动的蒙昧主义和无政府主义，挑动受蒙蔽的群众，开始冲击各级党政机关，围攻各级领导。当时江西省委也毫不例外地受到了冲击，各项工作无法正常开展。中央虽有过"要文斗不要武斗"的文字规定，但不久，中央文革那个"顾问"在回答江苏省委的电报请示中却说："戴高帽子、挂黑牌子、坐喷气式、下跪等，既不算文斗，也不算武斗。"就这样，在林彪、"四人帮"的怂恿、支持和指使下，揪斗领导干部之风在全国各地迅速蔓延开来。

随着时间的推移，局势越来越混乱。江西省委的领导同志轮番地受到围攻和冲击，我也多次被揪斗。他们逼我承认是"走资派，挑动群众斗群众的罪魁祸首"，还把我揪到北京天安门一带游斗。当时还有其他省的领导同志也被揪在那里游街。沿路群众对这种丑化和污辱革命老干部人格的非法行为非常反感。这些恶劣的做法，被周总理的联络员发现了，立即向总理作了汇报。总理听后很气愤，当即派联络员，个别通知被游斗的中央部委和一些省、市的领导同志第二天上午到人民大会堂开会。第二天，被揪到北京的二十多位省委书记，加上中央部一级的领导同志，有四十多人，都在人民大会堂心急火燎地等待着周总理的到来。总理来了，我们立即站起来和总理握手。此时此刻，能够亲眼看到我们的好总理，大家都很激动。总理一边招呼大家坐下，一边向同志们问候，而后明确指出：中央没有叫各省、市的领导同志来北京，他们那样乱揪乱搞，在首都大街上游斗，是违背中央指示精神的，是错误的行为。总理转向几位联络员同志说："你们马上分头到几个大学，找他们的头头说明白，乱揪各省领导同志到北京，这种搞法是不对的，要严肃地批评教育他们。""对在北京的各部委领导同志，也不能满街游斗。还要按毛主席说的，要文斗不要武斗，有理说理嘛！告诉他们，各省的领导同志在三天之内回省，不能阻拦。"接着，总理还向我们询问各省的运动情况，着重问到了基层干部和当前的农业生产情况。我们反映：层层揪"走资派"，一直揪到生产队队长，冬季生产和春耕准备工作谁也管不了。周总理听到这里，立即站了起来，态度极其严肃地说："基层干部就是要抓好农业生产，不搞好农业生产，工人、农民吃什么？穿什么？我们的国家怎么办？！要制止他们到农村串联。搞乱了农村，农业这个基础就要动摇，国民经济就要遭到破坏。"敬爱的周总理还一再嘱咐我们：要注意保重身体，力争在三天之内都回省。遵照总理的指示，我抱着对运动能够正常发展的希望回到了南昌。然而，现实并不是我所想象的那样。

1967年年初，揪斗"走资派"的声势越来越大。2月17日，大街上到处张贴着"海报"："2月19日在八一广场批斗走资派刘俊秀"。就在这关键的时刻，周总理办公室来了紧急电话指示，要杨尚奎同志和我立即前往北京。但有的坏头头不肯，直接电告周总理：要批斗完刘俊秀后再去北京。周总理当即严厉地回答说：这是党中央的指示，一定要在19日送到。

总理当机立断，粉碎了林彪、"四人帮"在江西的亲信和爪牙们的伎俩。但他们仍不死心，竟派两名心腹，名为护送，实为监视，与我们同乘19日的飞机到北京。总理的联络员在北京机场接到杨尚奎同志和我，一看另外还有两个人，既不是秘书，也不是警卫员，便对他们说：总理指示，把人交给我们，没有你们的事了，你们可以走了！然后，联络员把我们送到中央办公厅招待所住下，并对我们说："在这里你们可以安心了，总理希望你们好好休息，保重身体，以后更好地为党工作。"我们都同声回答："感谢党中央、毛主席、周总理的关怀！"

刚住下不久，招待所又不断受到冲击。为了安全，总理把一些同志转移到中南海，我和另外几位同志被转移到京西宾馆。在京西宾馆期间，总理还经常派人来看望和慰问我们。在总理的关怀与保护下，我在京西宾馆住了一年零一百天，身体才逐渐有所好转。1967年国庆那一天，在周总理的亲切关怀下，我光荣地在天安门城楼上参加了国庆观礼。总理对我的关怀使我联想到在延安时期，我家里很困难，生活维持不下去，当时总理虽在重庆，但他知道了这个情况后，曾两次要组织上给我永新老家寄钱。1938年上半年寄了五十块大洋，第二年又寄了一百块，事后我才知道是周总理亲自关心这件事，使我深受感动。这些钱，不仅在当时对解决我家生活困难起了很大作用，使我们全家得到了党的温暖，给了我前进的力量，更重要的是体现了总理一贯无微不至地关心干部、爱护同志的深厚的无产阶级感情。

1968年8月初，我从北京回到南昌。回想在北京这段难忘的日日夜夜，我内心久久不能平静。由于周总理的深切关怀和精心保护，才使我和其他许多老同志一起得以幸存。可以想象，如果没有敬爱的周总理做中流砥柱，把党的一大批领导干部从林彪、"四人帮"打倒一切的法西斯专政下解救和保护下来，还不知道有多少同志要被迫害致死，我们的党和国家也就不可能有今天。

原黑龙江省副省长杨易辰如是说

"文化大革命"开始以后，黑龙江省遭受严重破坏，一大批为党的事业奋战多年的领导干部被揪斗、关押。我也遭到严重迫害，三进三出，几经反复。在这期间，总理对解决我的问题多次作过指示，支持我出来工作。如果没有总理的保护，我肯定会遭受更加严重的迫害。

1966 年 9 月，奉行极"左"路线的当时黑龙江省主要领导人，为了达到揽权的目的，制造事端，分裂省委，迫害同他持不同意见的其他省委领导同志。我被扣上"挑动工人斗学生""给'文化大革命'泼冷水，把轰轰烈烈的革命运动压下去"等罪名，被造反派关押起来。在遭毒打、戴高帽、游斗 12 天后，一个造反派头头宣布我被解放了。我开始时还不明白是怎么回事，后来才知道，是总理了解到我的处境，保护了我。总理在一次有当时省委主要负责人和三派造反派头头参加的会上说，杨易辰是干工作的，是顾全大局的，困难时期支持中央，应该让他出来抓生产。我知道这个情况后，对总理的感激之情是难以用语言来表达的。10 月初，中央召开工作会议。这是一次打通思想的会，要求各省来两名领导干部参加，一名是支持"文革"的，一名是对"文革"不理解的。我自然是不理解的代表，也是参加这次工作会议的人中最早戴高帽、游街的领导干部。当时的形势很乱，全国一片狂热，各色各样的造反派组织蜂拥而起，红卫兵到处揪斗所谓的"走资派"，像我这样公开表示对"文革"不理解的干部更是在劫难逃。总理知道我心直口快，不说违心的话，对我尤为关切，关心我在这种混乱局势下的遭遇。但是，在当时的情况下，他又能说些什么，做些什么呢？一次大会散后，总理身边的工作人员在门口递给我一张条子，上面是总理亲笔写的几个字："易辰同志，散会后你留一下，我有事情和你谈。"一会儿，总理就来了，陶铸和李先念同志也参加了这次谈话。总理谈话的主要内容是，黑龙江的国防地位很重要，千万不能乱。×××才到黑龙江不久，你是老省委的人，要支持他的工作，不要把关系搞得太紧张了，不能眼看着生产垮下来。现在黑龙江抓生产的人很少，你应该出来抓工作，不要因为在对"文革"的态度上想不通而被造反派揪住不放，要创造条件，集中精力抓好生产。总理的意思，我是明白的，他是为了稳定黑龙江省的局势，不使生产垮下来，尽可能减少"文革"造成的损失；同时也是为了保护我，要我振奋精神，不悲观失望，学会在当时那种特殊情况下，保住为党和人民工作的机会。从感情上说，我对总理的话是深信不疑的，但也有一种不满足的感觉。特别是对总理要我支持执行极"左"路线的 ××× 的工作有些想不通，觉得总理应该更加旗帜鲜明地对"文革"进行抵制。只是到了后来，通过对"文化大革命"形势的冷静思考和观察，我才真正理解到总理作为伟大的无产阶级革命家的远见卓识和高超的斗争艺术。我当时的想法可谓是感情深，认识浅。总理才真是想得深，看得远，他无时无刻不在为我们的党和中华民族的命运和前途着想啊！"文化大革命"中，在老一辈党和国家领导人纷纷被打倒的严峻形势下，正是周总理利用自己起作用的地位，忍辱负重，力撑危局，同林彪、"四人帮"的篡党夺权阴谋进行了特殊形式的斗争，保护了一大批党、国家和军队的重要干部，尽力减少了"文化大革命"给中国革命和建设事业造成的损失。我当时对"文革"的复杂性和斗争的艰巨性，确实认识不足。现在看来，可以说是有勇无谋。如果当时总理也像我那样，恐怕早就被打倒了，也就难以起到保护干部、稳定局势的作用了。小平同志在谈到总理时曾经说过："'文化大革命'时，我们这些人都下去了，幸好保住了他。在'文化大革命'中，他所处的地位十分困难，也说了好多违心的话，做了好多违心的事。但人民原谅他。因为他不做这些事，不说这些话，他自己也保不住，也不能在其中起中和作用，起减少损失的作用。他保护了相当一批人。"邓小平同志的这段话，是非常实事求是的，是十分正确的。经过"文化大革命"，我对总理的认识进入了一个新的高度，觉得在思想感情上同周总理贴得更近了。在我心目中，总理的崇高威望和我对总理的衷心拥戴从来没有动摇过。

1966年的中央工作会议以后，在总理的一再过问下，当时的黑龙江主要领导人只得让我出来工作。但由于我对他奉行的极"左"路线极为不满，对"文革"也没有真正地"理解"，经常与他发生顶撞。他便处心积虑地对我进行排挤、打击。1967年成立省"文革"核心组时，他将我甩在一旁，靠边站了。一次，他找我们几个省委的老同志谈话，将我们训了一通，话不投机，我一气之下，拂袖而去。不久，造反派就把我第二次关进"牛棚"。过了一段时间，我又被送到柳河"五七干校"进行劳动改造。总理对黑龙江省的形势和我的问题一直十分关注。1971年5月，中央召开会议讨论黑龙江省的问题，总理在会上严厉批评了那位领导人的错误做法，总理说：现在黑龙江都被你搞乱了，你还容不得对你有不同意见的同志。杨易辰是支持你工作的，但是你把他甩开了，群众能服吗？杨易辰这个人比较爽快，有什么想法就公开讲出来，不背后搞鬼，争论起问题来，在我面前也敢吵，但中央定了以后，他是坚决照办的，这种干部你不喜欢，你就喜欢说你好话的人。在总理的直接干预下，这次会议后不久，我第二次被"解放"，结束了"劳动改造"。但是在当时"文化大革命"还没有得到彻底纠正的情况下，我仍然不能出来工作。不久，有人要我在一份犯了"走资派"错误的结论上签字。

由于我坚持拒不签字，很快被发配到哈尔滨的一个工厂接受工人阶级再教育，直到 1976 年，我才第三次被"解放"。

也就是在这一年的 1 月 8 日，敬爱的周总理离开了我们。噩耗传来，我和家人悲恸欲绝，茶饭不思，整天守着电视机，想多看一眼总理的遗容，且每看必哭。我在家里挂上了总理的遗像，全家人一起动手，精心做了一个小花圈，摆在遗像前。全家人都换上素装，两岁的外孙女没有素装，老伴临时找来块蓝布赶做了一件给她穿上。28 岁的儿子原定在 1 月份结婚，也因为总理逝世推迟了半年婚期。当时，"四人帮"一伙不让追悼总理，不许戴白花、黑纱。在总理追悼会那天，省委常委都集中到常委会议室，我和任仲夷同志提议，每人都应戴上白花，并给总理的遗像披上黑纱。但是，当时省委的主要负责人坚决反对这样做。我们的心情十分沉痛，有的满含泪水，有的失声痛哭。人民的总理人民爱，人民对总理的感情是任何人也禁锢不了的。在北京，十里长街泪落倾盆雨，纪念碑前白花成海洋。当时，哈尔滨市最繁华的第七百货商店门前也出现了从报纸上剪下来的总理遗像，遗像前摆着一个小白花圈，成为轰动一时的"小白花事件"。在追查这件事时，尽管搞这件事的人所在单位派性严重，情况比较复杂，有人知道是谁干的，但没有一个人说出去，可见人心所向。正是周总理的伟大形象和崇高品德，把当时不同观点、不同派别的人们联结在一起，共同抗争"四人帮"的倒行逆施。在家中，我和家人把白花缝在内衣上，黑纱戴在内衣袖上。在那个年代里，我们全家只能用这些无声的语言，表达对总理的无限热爱和崇敬之情，寄托对总理不尽的哀思。

……

周恩来对各大区，各省、市、自治区领导干部的保护，招致了江青等人的强烈不满。对此，当时任北京卫戍区司令员并受周恩来之命保护干部的傅崇碧有一段精彩的回忆：

> 1967 年夏天，住在中直招待所的李井泉等几位老同志，先后被人抓走游斗。我们把这个情况报告了总理，总理很为他们的安全担心，指示我们派出部队，保护他们的安全；还让我们把住在招待所的王任重、江渭清等二十多位大区和省、市委负责同志，立即送到卫戍区部队的一个安全的住所保护起来，并嘱咐我们要严格保密。江青一伙听说找

不到这些同志了，竟当着总理的面声色俱厉地问我，把人弄到哪里去了？接连两天吵吵闹闹。我见总理不理睬他们，也就不吭声。追问紧了，我就说了句："上面知道。"后来我见到毛主席，向他报告了对这些同志的保护措施，主席赞同地说："总理做得好！你们卫戍区保护得好！"第二天，江青一伙又来拍着桌子追问，我理直气壮地说："你们去问主席吧！"他们一听，不敢再追问了，只问我为什么不早说。我说我不是早就说过上面指示的吗！事后我把向主席汇报的情况报告了总理，总理爽朗地大笑起来。那二十多位大区和省、市委的负责同志被保护在卫戍区部队营房以后，总理还专门指派了一位同志，每隔一天去探望一次，了解他们的生活情形，给他们送文件，发现问题，及时解决。

7 保护民主人士

毛泽东给了周恩来一把尚方宝剑，周恩来趁机开出了一份特殊保护名单。民主人士感慨地说："总理好比是棵大树，荫庇了许多人，真是大树荫深荫弱苗。"

一张特殊的保护名单

从 1966 年 6 月开始的"文化大革命"，其波及面之广，打击面之宽，斗争方式之残酷，时间之长久，是我们党的历史上罕见的。"文革"初期，由于林彪、江青反革命集团煽动、蛊惑而掀起的红卫兵运动，像汹涌的浪潮席卷中国大地。一大批年轻、幼稚的红卫兵在"左"倾错误指导下，弃党的领导、党的政策于一旁，横行无忌地乱揪、乱斗、乱抄、乱抓。大批党外朋友被卷入了这场灾难的旋涡。

8 月 1 日至 12 日，党的八届十一中全会在北京举行。在这次会议上，中央文革小组的成员围攻了中央统战部部长徐冰同志。徐冰开完会回到统战部，即成为部内造反派的众矢之的。接着中央统战部被诬为"资产阶级司令部"，党的统一战线政策和统战工作全部被否定，党的统战工作处于停顿状态。

8 月 18 日以后，红卫兵运动迅猛发展，其"造反行动"从学校里扩展到社会上。在林彪、江青反革命集团的所谓"破四旧""横扫一切牛鬼蛇神"口号的煽动下，一些幼稚、无知的青少年向我们党的统战工作对象发起了狂暴的冲击。红卫兵对各民主党派机关发出"最后通牒"，"勒令"各民主党派自行解散。大批民主党派负责人，无党派爱国人士，工商业者上层代表人物以及少数民族、宗教、华侨的头面人物，非党高级知识分子被抄家、被揪斗。红卫兵中的一些不良分子趁机打家劫舍，令人发指的残忍行为到处出现。恐怖气氛笼罩着各大城市。

面对党的统战政策遭到破坏的严重局面，周恩来明确指示中央统战部：中央统战部对统战政策不要动摇，不要撒手不管。统战工作必须坚持下去。

1960 年 4 月，周恩来在西花厅会见全国人大代表、全国政协委员郑铁如（前排左二）、章士钊（前排左三）、费彝民（前排左七）和他们的家属

1966 年 8 月 12 日夜间，北京大学经济系红卫兵大约三十人闯入原人大常委、政协常委章士钊的住宅。他们手持"红宝书"向章老全家宣读毛主席语录，旋即，开始了一场所谓的"革命行动"。在查抄过程中，直至发现了毛泽东与章士钊的合影及写给章士钊的信札后，情势才稍稍缓和。章士钊在这场惊吓之后，立即给毛泽东写信，反映了红卫兵来抄家的粗暴情景，恳求毛泽东在"可能范围内稍稍转圜一下，当有解铃之望"。

30 日，毛泽东收到这封信。阅后，他在信上作了如下批示：

送总理酌处，应当予以保护。

毛泽东

8 月 30 日

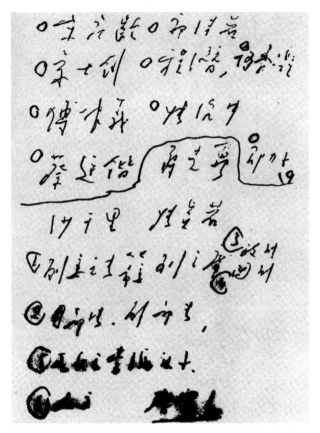

1966 年 8 月 30 日，周恩来拟写的应予保护干部的名单

当天，章士钊的信和毛泽东的批示送到了周恩来手中，他严厉地批评了有关人员，并对章士钊采取了三条保护措施：（一）把抄走的东西送还章士钊；（二）派警卫部队的两位同志到章士钊家，劝阻再来抄家的红卫兵；（三）将章士钊秘密送到三〇一医院予以保护。同时，周恩来想到了与章士钊处境相同的大批党内外干部和统战朋友，对这些同志也需要立即采取相应的保护措施。

就在 30 日这天，周恩来亲笔开列了"一份应予保护的干部名单"。这张名单首先提到了 13 位高级民主人士，他们是：宋庆龄、郭沫若、章士钊、程潜、何香凝、傅作义、张治中、邵力子、蒋光鼐、蔡廷锴、沙千里、张奚若和李宗仁。同时，也包括了国务院、人大常委会、政协等首脑机关的主要领导干部。

周恩来开列的这份名单很快就送到了中央统战部。当时任中央统战部副部长

的金城回忆了当时的情景：

8月底的一天，中央统战部和全国政协的造反派在政协礼堂斗争徐冰同志。我那时尚未被揪斗，还能坐在台下看台上造反派们的表演。正当斗争大会进行的时候，我部干部处副处长程浩同志忽然来找我。

"你看，"程浩同志递给我一个文件，高兴地对我说，"这是周总理的亲笔批示。"

我接过文件一看，是公安部转来的，果真是总理的亲笔字，写的是应予保护的党外高级干部的名单、范围、原则和具体办法。我记得名单上已开列的有："宋庆龄、郭沫若、章士钊、程潜、何香凝、傅作义、张治中、邵力子、蒋光鼐、蔡廷锴、沙千里、张奚若。"除此之外，总理又指出应该迅速给予保护者的原则，其范围是，人大常委会副委员长、人大常委、国务院部长等。在这份名单的末尾，又添上了李宗仁先生的名字。我看过名单后，问程浩："这张名单是谁送来的？"程浩回答说："是公安部的工作人员送来的。他们要徐冰按照周总理划的范围，把党外人士的名单开出来。可是徐冰还在台上挨斗，怎么办？"

我说："这个名单开得太好了，真及时啊！这是件大好事，不要等徐冰了，你先和沙里同志回部里，按照总理划的范围把名单开出来，等徐冰回去让他签个字就是了。"

"好吧。"程浩答应了一声，就去找沙里了。

斗争徐冰同志的大会快要结束时，我提早退场，赶回部里，找到了程浩和沙里。他们已经按照总理划定的范围把名单拟好。我看了一遍，没有遗漏的，就同程浩、沙里一道，站在办公楼门口等徐冰回来。等了一会儿，统战部的人陆陆续续回来了。最后，徐冰的车开进部里。我们立即迎了上去。徐冰一下车，我们就把总理亲笔写的名单和我们拟定的名单拿给他看。刚刚挨斗归来的徐冰，一见周总理的亲笔批示，眉宇间顿时浮现出欣慰的神情，连声说："太好了，太好了。"他毫不犹豫地拔出钢笔，在名单上签了字，并嘱咐我们说："尽快送给公安部转报中央。"

总理最后批准的名单，使一大批民主党派、无党派领袖及高级干部得到了保护。有关部门按照名单，给每个保护对象每家派去两名解放军战士守卫。周总理还指示解放军三〇一医院，接纳章士钊、程潜、傅作义、蔡廷锴、李宗仁等入院，以便更加安全地把他们保护起来。

因人而异的保护方式

周恩来对民主人士的保护，绝不仅仅是这张名单。实际上，"文化大革命"一开始，周恩来就密切关注着民主人士的安危，他凭着多年革命斗争的经验，有意识地做了一些工作。当时，正值酷暑时节，张治中等几位老先生在北戴河避暑疗养，周恩来马上想到他们若回到北京，可能会碰上红卫兵抄家这种事。因此，他及时派中央统战部一位负责同志到北戴河去，向几位老人打招呼，让他们在思想上有所准备。这实际是保护性工作的开端。

毛泽东的批示下达后，周恩来办这些事就更有把握了。他多次找有关人员商量具体办法，根据被保护人的不同情况，对他们采取了多种形式的保护措施。

周恩来考虑到，这些人年事已高，体弱多病，性格倔强，不堪受辱，若在家中，万一照顾不到，发生意外，会给党带来很坏的影响。因此，他委托可靠的同志去做说服工作，动员这些人暂时离家避一避；同时，通知三〇一医院准备接收这批人住院，对他们加以保护。在医院里，他派部队的同志做警卫，安排医务人员照顾他们的生活。为了防止红卫兵追踪而来，他特别嘱咐要秘密护送。总理办公室的同志到被保护人家中接人时，不告诉其家属到什么地方去，只允许一名秘书跟随照顾，并要求被保护人改用假名字。对张治中、程潜、章士钊、李宗仁都采取了这种保护办法；对郭沫若亦采取相同措施护送到外地，直至形势好转才将他们送回家中。

对思想不通或因其他原因不肯离家的人，周恩来改换方式加以保护。他派解放军战士或公安人员身着便装，臂戴红袖章，到被保护人家中劝阻前来抄家的红卫兵。同时，与当地派出所和所在机关的同志取得联系，请他们予以协助。对傅作义、邵力子、蔡廷锴、蒋光鼐、沙千里等都采取了这种保护措施。

关于周恩来对张治中的保护，曾任张治中机要秘书的余湛邦回忆说：

　　"文化大革命"初期，红卫兵抄家闹得很凶，当时张老在北戴河。周总理考虑到张老个性刚强，回北京碰上这种事情容易出问题，便马上通知统战部派一位负责同志到北戴河跟张老等打招呼，解释毛主席为什么要发动这场"大革命"。这种做法实际是让张老这批人有思想准备。

　　我们8月底回京，刚到家红卫兵就来了。幸亏周总理已采取了保护措施——卫戍区派了一个连队和一个营部住在张老家附近。当时住在这一带的还有许多高级民主人士。战士们身着便服，佩戴红袖章与前来的红卫兵周旋。红卫兵先后到张家五次，第一次是来抄家，张老躺在沙发上不作声。第二次来抄家时，张老正好从医院回来，躺在靠椅上休息，红卫兵指着张老的鼻子质问：你是什么人，是什么历史？张老没有碰到过这种粗暴的事，因此很生气地从靠椅上颤抖着站起来说：我的历史你们可以去问毛主席和周总理！当时房间里的气氛十分紧张，但由于我们事前做了准备，让警卫员、服务员保护性地围在张老身边，他们没敢动手。张老被抄家后，周总理在一次接见红卫兵的讲话中说：你们年轻人不知道，张治中三到延安。重庆谈判时，张治中先生亲自迎送毛主席，保证了主席的安全。他是我们的朋友，不是敌人，你们不要再去了。这实际是保张老过关。但是这些红卫兵由于受林彪、江青反革命集团唆使，三番五次要揪张老。总理感到这样下去不行，必须采取措施，于是就让周荣鑫找了一位负责同志把张老送到三〇一医院保护起来了。当时只允许我同他联系。

　　1967年，在全国揪叛徒高潮中，林彪、江青反革命集团诬陷从新疆回来的那批人是叛徒，康生在某场合说：新疆回来的那批人是叛徒集团，他们是和张治中勾结起来隐瞒历史回延安的。康生之流明明知道这件事是总理出面委托张老办的，却硬要这样做，实际就是要利用这件事整总理。所以虽然张老被保护起来，但他们仍不死心。他们知道我和张老的关系，就把矛头对准我，想从我这里找到整张老和总理的材料。那时我每天去三〇一医院向张老汇报情况，送报纸。他们就派人跟踪我，找到我的家。抄了家之后又把我揪到学校，让我交代历史，最后又以所谓《公安六条》精神为理由坚持要赶我走。我怎么解释都没用，只好给总理办公室值班室打电话，并请张老给总理写了信。总理立即派一名联络员给红卫兵做工作，说：他是我们的朋友，不是敌人。这样，我才被保下来。同时，总理在一次接见红卫兵的讲话中驳斥了林彪、江青反革命集团的诬蔑之词，指出：新疆那批同志出狱是党中央提出来，我向张治中要求，由张治中先生的部下送回延安的。这批同志没有问题，党中央是作了结论的。他还提到：朱总司令曾亲笔写信感谢张治中先生，并赠送了延安的羊皮筒子和毛线。至此，这件事才平息下去。总理不仅保护了革命干部，也保护了张老，保护了我。

张老的身体原来一直很好，"文化大革命"开始后，精神上的摧残使他的身体很快垮了。那时他心中满是问号，找不到答案，因此整天郁郁不乐，一言不发。大概是 1968 年国庆节，他在天安门城楼上见到毛主席时就对主席说：主席呀，你跑得太快，我们跟不上了，现在打倒的不止百分之五了吧？这时他已身患重病。不久，张老病危，他十分思念亲人，我们就请示总理能否让张老女婿（当时张老的两个女婿和一个女儿都被隔离审查）出来见见面。总理马上派人与专案组交涉，使张老在病逝前与家人团聚。1969 年 4 月 6 日，张老去世，总理亲自主持了告别仪式并致了悼词。以后总理又从我手中将张老的许多机密文件索去妥善保存起来。

程潜的夫人郭翼青在回忆周恩来对程潜的保护时说：

"文化大革命"初期，我和程老从湖南回到北京。当时政协召开过一次会议，向大家打了招呼：如果红卫兵到家里来，要允许和欢迎他们帮助你们"破四旧"。因此对红卫兵的抄家行动我们已有准备，把一些不合时宜的照片、资料全部都烧毁了。红卫兵来后觉得我们家没什么问题，破得很好，只是说我们家住的房子大了些。秘书向他们解释：这房子不是程老私人的，是国家分给他们住的。程老年岁大，来往人多，所以住这样的房子。因此红卫兵很快就走了。不久以后国务院来了一位同志要接程老走，他不报姓名，不讲工作单位，不允许家人相随。因为不认识这个人，外边又那么乱，所以我很害怕，就悄悄地让程老的司机去看看（司机常与程老外出活动，认识的人很多）。司机回来说是总理办公室的人，我们才稍放心。临出门时，那位同志又叮嘱程老将名字改一改，后来就用程老的小名。当时，我们并不知道他是将程老护送到三〇一医院保护起来了。这个时期我们不能和程老见面，衣服、用品都是他们派人来取的。后来在电视中我们看到他和毛主席一起在天安门检阅红卫兵，知道他没有问题，才安下心来。程老在三〇一医院住了三个月，在一次接见红卫兵时，他向主席提出要回家，主席同意了。程老回来后，总理还派了两名市公安局的同志住在家里，保护程老的安全。

程老逝世后，总理非常关心程老的安葬问题。程老生前一直想在死后用棺木安葬，在湖南老家已为自己准备好了一副棺木。"文化大革命"中棺木的一角被造反派劈坏了，但修一修还可以用。我劝程老不要迷信棺木，还是火葬为好，给他做了不少工作。他想了想觉得有道理就同意了。因此程老去世后，我家提出了火葬。但总理是了解程老心思的，他派人来与我们商量：听说程老生前一直想用棺木，这是可以的，你们不要有什么顾虑，我们给湖南方面拍个电报让他们送来。我说，已和孩子们商量妥了，我们都同意火葬。总理一直不放心，四次派人来商量，最后一次才决定火葬。我们全家为此深受感动。

曾任中国民主建国会中央委员会副主席的胡子昂感慨地说：

周恩来在非常复杂、极其困难的情况下，不顾个人安危，千方百计地保护了一大批党政军干部和党外人士。为了使横遭批斗侮辱的民主党派中央的负责人得到保护，他巧妙地决定把这些负责人的学习改在家中自学，并指示有关部门予以保护。他又在1969年5月4日发出关于保护民主党派领导人的一封信，信中明确规定"机关革命造反派的任务是清理机关的干部队伍，而不要去批斗民主党派的领导人，即他们的中央委员、省市党部委员。如果他们中间出现了现行的反革命分子，自当别论，但也需先报告军管代表，得到中央或省、市革委会同意后，方能采取行动"。我们民主党派领导人，包括我个人在内，要不是得到了周恩来同志的关怀和采取果断措施加以保护，后果恐难想象。

决不能忘记对祖国和人民有贡献的人

早在新民主主义革命时期，周恩来在国民党统治区的那些时间里，就曾亲身感受到那些爱国民主人士在中国共产党最困难时所给予的无私的可贵的帮助。更重要的是，周恩来是一个重感情、重信誉的人，他总是说：共产党什么时候都不要忘记那些过去帮助过我们的人、那些对中国革命有过贡献的人。

宋庆龄，这位在新民主主义革命时期帮助过共产党并对中国革命有贡献的伟大人物，周恩来对她一直关怀备至、非常尊敬。

"文化大革命"开始后，宋庆龄也受到冲击。1966 年 8 月，宋庆龄父母在上海的墓地被当地农民砸毁。宋庆龄得悉后泪痕满面，极度悲伤，把此事转告周恩来。在周恩来亲自过问下，墓地很快修复了，还重立了墓碑。宋庆龄看到修复后的墓地照片时，很是感激，说她对周恩来永生不忘。周恩来遵照毛泽东 8 月 30 日关于保护章士钊的指示，当即开列出一份应予保护的干部名单。名单上的第一位就是宋庆龄。周恩来还请她住进中南海，加以保护。与此同时，周恩来严厉地批评了到宋庆龄家贴大字报的人，郑重地指出：

"宋庆龄是孙中山的夫人。孙中山的功绩，毛主席在北京解放后写的一篇重要文章《论人民民主专政》中就肯定了的。他的功绩也记在人民英雄纪念碑上。南京的同学一定要毁掉孙中山的铜像，我们决不赞成。每年'五一''十一'在天安门对面放孙中山的像是毛主席决定的。孙中山是资产阶级革命家，他有功绩，也有缺点。他的夫人自从与我们合作以后，从来没有向蒋介石低过头。大革命失败后她到了外国，营救过我党地下工作的同志，抗日战争时期与我们合作，解放战争时期也同情我们，她和共产党的长期合作是始终如一的。我们应当尊重她。""到她家里贴大字报不合适。她兄弟三人姐妹三人就出了她一个革命的，不能因为她妹妹是蒋介石的妻子就要打倒她。她的房子是国家拨给她住的。有人说，'我敢说敢闯，就要去。'这是不对的，我们无论如何要劝阻。"

周恩来和宋庆龄

由于周恩来的保护，宋庆龄在北京和上海的住所均未受到大的冲击。

曾经对西藏和平解放有过贡献的阿沛·阿旺晋美，在"文化大革命"开始后也受到冲击。周恩来得知后，对阿沛采取了一系列保护措施。对此，当时任西藏军区负责人的任荣回忆说——

1966年9月27日，周恩来打电话到拉萨，指示说：中央明天派专机去拉萨，把阿沛·阿旺晋美夫妇接到北京，以便保护他们的安全。阿沛夫妇被护送到北京后，周恩来亲自安排了阿沛夫妇的住宿和警卫工作，随即指示为了阿沛儿女的安全要动员他们来北京学习、工作。阿沛夫妇非常高兴，将儿女调到北京，有的上学，有的工作，都能够健康地成长。1968年8月，西藏在北京办学习班，筹备自治区革委会的成立。一天，周恩来对我说：你们要给群众做工作，让阿沛出来担任自治区革委会副主任，要告诉大家，阿沛是个好人，他爱国，相信共产党。他的主要表现：一是1951年，他在和平解放西藏的协议上签字，是立了功的；二是 1956 年，他陪同达赖喇嘛访问印度时，有人煽动要他和达赖喇嘛留居印度，他当即严词拒绝，而且力劝达赖一同回到了祖国；三是他始终相信共产党。按照周恩来的指示，我们在做好群众工作的基础上，安排阿沛到学习班上直接同群众见面。由于阿沛对和平解放西藏有着特殊功勋，并且他对西藏人民态度诚挚，因此他得到了群众的欢迎和信任。在此期间，周恩来十分关心阿沛同群众的见面情况，一天两次打电话询问。当周恩来知道了群众的态度后，高兴地说："阿沛是个好人，要信任他。"后来，阿沛副委员长和夫人阿沛·才旦卓嘎深有感触地说："'文化大革命'中，如果没有总理的关怀和保护，我们的处境是不堪设想的。"阿沛副委员长还说："总理对我的关怀不是一般的关怀，他是我一生中最值得感激的人。"至今，在阿沛夫妇卧室的墙壁上仍然挂着周总理的大幅照片。

对于那些曾经帮助过中国共产党、对中国革命有过贡献的爱国民主人士和朋友在"文化大革命"中受到冲击，周恩来忧心忡忡。他担心这些人突然受到这么大的冲击，处理不好，容易对执政党产生误解。他一直想找个机会同各民主党派领袖、高级民主人士谈谈心，向他们说明和解释一下"文化大革命"的方针政策，但总难以找到适当的机会。

1966 年 9 月底，"文化大革命"开始后的第一个国庆节即将来临。为了表示中国共产党的统战政策没有变，也为了保护民主人士，周恩来邀请了一大批民主人士参加国庆观礼，并让工作人员通知统战部，观礼结束后，准备分三批同这些民主人士谈谈心。但遗憾的是，由于后来突然有事，周恩来的这一愿望没能实现。当时任中央统战部副部长的金城对此事有详细的回忆：

> 10 月 1 日，新中国迎来了第十七个生日。上午 9 时左右，我站在天安门城楼上靠西侧进观礼台的入口处，欢迎党外朋友们的到来。我按照总理的指示范围，通知他们：观礼仪式完毕，请暂留步，总理要和大家见面，开个座谈会。这些高级民主人士一听我传达的通知，立即喜上眉梢，有的人连声说："好！好！"
>
> 记得当时被邀请的人有：人大常委会副委员长杨明轩、程潜、张

治中、周建人等；人大常委会委员贝时璋、卢汉、史良、庄希泉、许广平、华罗庚、严济慈、邵力子、王昆仑、茅以升、罗叔章、季方、胡子昂、胡厥文、胡愈之、章士钊、梅龚彬、蔡廷锴等；国防委员会副主席傅作义；政协的沈雁冰、许德珩、李德全等；国务院各部委的党外正部长、主任刘文辉、蒋光鼐、朱学范、沙千里、张奚若等；还有著名爱国人士、前国民党代总统李宗仁。

盛典开始前，民主人士们聚集在城楼的东休息厅休息。这时，大家日思夜想的周总理来了。总理绕着整个休息厅中间走了一圈，和大家打招呼，并一一握手，微笑致意。总理走到李宗仁面前，握着他的手说："德邻先生，我看你还是到三○一医院去住几天吧，红卫兵是些年轻人，有革命热情，但不大懂党的政策，你可能也会受到他们的干扰。"李宗仁却执拗地回答："我不去，我住在家里很好。"总理问："你那里有没有红卫兵去闹呢？"李宗仁说："没有。他们要来我也不怕。"总理哈哈一笑，赞扬他说："好！你倒想得开，我也放心了。"

周总理同胡子昂同志握手时，关切地问："子昂，你怎么样啊？听说你们工商联和民建会有不少人挨斗啦。"胡子昂连忙说："我没挨斗。"总理说："那就好。"

总理走后，我问胡子昂："胡先生，你不是在两会被斗了吗？怎么对总理说没挨斗呢？"胡子昂叹了一口气，说："总理太操劳了，我不忍心再让总理为我担心，所以说了谎啊！"

庆典进行了几个小时，游行结束后，党内高级干部都走了。各民主人士又聚到东休息厅休息，等候周总理来讲话。可是，等了半个多小时，仍不见总理来。大家知道总理是最尊重他人、最遵守时间、最讲究礼貌的领导人，他若不能按约定时间来，肯定是有意外的事情使他无法脱身。大家只好陆续离去。

为什么周总理说好要接见民主人士，而后来又不接见了呢？直到第二天打开《人民日报》才明白其中原因。10月2日的《人民日报》报道说：毛主席走下天安门城楼，跨过金水桥，来到群众中间，和群众亲切握手。可想而知，毛主席下了天安门城楼，总理必定会跟着下去，保护毛主席的安全。这正是总理"失约"的原因之所在。

把温暖扩及民主人士的家庭

周恩来关心民主人士的工作并没有停留在安全保护上，而是从各方面关怀他们。他不仅邀请他们参加各种社会活动，在政治上给以信任，而且在他们病时积极组织力量治疗和抢救，在他们去世后妥善处理后事，并且对他们的遗属关怀备至。这就使党的温暖浸透了他们每一个家庭。其中最感人的是对傅作义先生及其夫人的关怀。

1973 年，傅作义病情严重，周恩来亲自劝他住进医院。为让他心情愉快地配合治疗，周恩来请他以个人名义邀请商震回国，并且安排他会见美籍教授、专栏作家赵浩生等。通过这些，他精神振奋起来，更加感到应该多做一些工作来报答党的关怀。

1974 年年初，傅作义病情恶化，周恩来指示卫生部组织医疗小组抢救。他常常在深夜去找大夫，询问傅的病情，商量医疗方案。在决定为傅做腹部开刀插管术时，他叮嘱医生一定要仔细，不要引起感染。这一时期，正是周恩来处境最困难的时期。一方面，江青、王洪文等开展所谓"批林批孔运动"，矛头所指人人皆知；另一方面，他本人的病情日益加重，身体十分衰弱。但是，为了革命的利益，他全然不顾自己。4 月，傅病情转危，他闻讯立即赶到医院。在病床前，他拉着傅的手亲切地说：傅先生，毛主席说，你对北平的和平解放是有功的。在那是非颠倒的年月里，在即将辞世的老人的心灵中，有什么比得到这样公正的评价更为宝贵呢？傅眼含泪花，点点头，一句话都说不出来。傅去世后，周恩来拖着病体主持了追悼会。会后，邓大姐代表周恩来看望了处于极度悲痛中的傅夫人——刘芸生。周恩来不仅安置了她的生活，解决了生活费和住房问题，并且在政治上关心她。1974 年 9 月，周恩来在病卧在床的情况下，亲自给中央写信，提请傅作义等 4 位起义将领的夫人参加国庆招待会。这件事在国内外很有影响。

程潜的女儿程熙回忆说：

> 父亲死后，有关部门发给我家五百元钱就不管了。在我家感到最困难的时候，我收到了王海容寄来的一封信，让我到外交部去一趟。

我应约而去。见面后她告诉我是总理让她找我的，首先问了我家的经济情况，有什么困难。我谈了湖南老家的东西问题。因工作关系，我们在湖南、北京两地都有家，父亲私人所有的东西都在湖南，而北京家中的用具都是公家的。这次搬家不能动公家的东西，又无钱购买，想从湖南要一些自己的东西，但湖南方面不但不给反而训了我们一顿。我们的家产全部"捐"公，只退给了母亲9元7角钱（东西都被造反派干部们瓜分了，最近落实政策才从这些人家中收回一些破损的家具）。另外，1948年国民党将我全家转迁到香港做人质，曾给我家一笔安置费，我母亲把这些钱都存在香港了。父亲起义后，我们回到父亲身边，一直未动此款。"文化大革命"中父亲曾写信给毛主席请示能否拿回这笔钱（因孩子多，家庭生活感觉困难）。主席说：能取就取回来，取不回来我们共产党还养不起你吗？后来陶铸同志帮助取回这笔钱，但因银行冻结，一直未能取用。此外还谈到我的工作问题。王海容将这些情况向总理作了汇报，总理马上让国务院管理局解决我家的困难，批准发给我母亲和姨母每月各100元，无工作的两个孩子每月各20元。总理还说这笔生活费就固定下来，孩子有了工作后仍照发。但总理去世后，就只发给母亲每月100元了。至于我的工作，因当时社会太乱，总理让我暂在家中等候，以免出意外。1970年我结婚，爱人也无工作，总理就让卫生局给我爱人分配了工作。我的工作问题总理一直想着，过一个时期就了解一下情况。1971年，总理通过国务院根据我的特长，将我分配到"图博口"系统的明清历史档案馆工作。总理心很细，他派王海容来我家联系，了解生活中的困难，并及时予以解决。王海容看到我母亲有心脏病，住七层楼上很不方便，就汇报给总理。我分配工作不久，在总理的亲切关怀下，我们全家搬进了红霞公寓。

原国民党司法院副院长覃振在抗日战争时期同情并帮助过中国共产党。周恩来没有忘记这些在困难时帮助过我党的朋友。"文化大革命"中，覃振的女儿覃瑞被造反派扣上"为亡父反动政客覃振翻案"的罪名批斗。周恩来知道后，就致电南京有关领导人说，"覃振确在抗日时期与我党有统战关系"，覃振生前不是共产党的敌人，而是同情共产党的朋友。这样才使覃振的女儿渡过了难关。溥杰的妻子嵯峨浩在"文化大革命"中受到冲击，她说："周恩来总理不知从什么地方得到了消息，立即对我们采取了保护措施。在漫长的'文化大革命'期间，是周总理的关怀拯救了我们一家。"

周恩来在林、江反革命集团煽动极"左"思潮的疯狂岁月中，能排除各种阻力，进行统一战线工作，并且能在极度混乱中为民主人士排忧解难，是与他深刻地认识到社会主义时期也必须坚持统一战线这一原则分不开的。周恩来认为：我们与党外朋友既然过去一道共事，现在进行建设，就应该继续团结下去，社会主义建设搞成以后，将来一同进入共产主义。"文化大革命"中，他坚持这一认识，他在多次谈到要保护这些人的原因时，特别强调了这一点。这种对历史的唯物主义观点是周恩来提出保护政策的重要思想基础。

周恩来认为，党外各方面的代表人物，都联系或影响一定的阶级、阶层和群众，通过同他们的合作，可以团结一大批人促进我们革命事业的发展。因此，新中国成立后，他多次讲过统一战线工作不但不能停下来，而且要有新的发展。

周恩来在"文化大革命"中坚持了"统一战线还要继续搞下去""不要动摇，不要撒手"。他所起的作用，正如胡耀邦所讲：使许多朋友理解和原谅了我们的许多失误，增强了对我们党的同情和信念。今天，当我们看到那些在"文革"中受到保护的朋友和他们身后一大批人活跃在社会主义建设和对台工作的舞台上时，心中不禁升起对周恩来的怀念之情。

三、力挽狂澜稳大势

8 面对红卫兵运动的狂潮

面对红卫兵运动的狂潮，周恩来要把这股"洪水"纳入河道。一个绝妙的"骑手"骑在一匹"脱缰之马"的背上。

"文化大革命"开始后不久出现的由林彪、江青一伙在一旁推波助澜并暗中操纵的红卫兵运动狂潮犹如一股汹涌的洪水，又像一头癫狂的怪兽，把偌大的中国大陆搅得天翻地覆、动荡不安。为了把这股"洪水"纳入河道，稳定局势，周恩来对那些"无法无天"的红卫兵进行了一般人难以做到的耐心说服和教育，付出了很多心血。

迪克·威尔逊在他的《周恩来传》中这样描述："周恩来像个绝妙的骑手试图骑在一匹脱缰之马的背上，并最终制服它。"

把"洪水"纳入河道

1966 年 8 月下旬，当红卫兵运动开始冲击社会时，周恩来指示北京新市委在劳动人民文化宫成立北京市大、中学校红卫兵联络总站。

为什么要成立联络总站？联络什么？周恩来是想把红卫兵的"洪水"纳入河道。

8月24日，北京新市委根据周恩来的指示，在劳动人民文化宫成立了北京市大、中学校红卫兵联络总站。8月26日，召开了联络总站成立大会。在联络总站成立的当天，周恩来亲自出席了成立大会，并作了重要讲话。周恩来说，设立联络总站的主要任务是宣传解释党的政策。党中央、国务院在总站内设立办公室，及时解决红卫兵提出的问题。紧接着于9月1日和9月10日召开了两次红卫兵座谈会。在这两次会上，周恩来首先倾听同学们提出的意见和问题，然后，他有针对性地宣传、解释党的政策。他说：现在的红卫兵组织不严密，容易被坏分子钻空子。第一步是组织起来，第二步是联合起来。否则，就会组织涣散，领导无力。红卫兵既是战斗队，又是学习队、宣传队，要学习、宣传党的政策。

从8月下旬总站成立到12月中旬的3个多月时间里，周恩来为教育引导青少年按照党的政策办事，亲自参加红卫兵组织召集的大型汇报会、座谈会等在40次以上。小型的、个别的约见谈话就更多了。无论是大型会议，还是小型个别会见，周恩来都不失时机地向青少年宣传、解释党的政策，做了大量工作。有些会议长达四五个小时，有些会见谈话则是通宵达旦进行的。他唇焦舌燥，反复讲解党的政策，要文斗不要武斗，不能怀疑一切、打倒一切，不要随便抓人、抄家、砸毁文物，对新中国成立17年来党和政府的工作要分清主流与支流，对干部要区别两类不同性质的矛盾，不能说党政机关的领导都是走资本主义道路的当权派，应当说大多数干部是好的和比较好的，犯了错误的干部也不等于是"黑帮"，等等。

在联络总站成立之前，北京市内已掀起了破"四旧"的浪潮，从8月下旬到9月下旬，形成全市性的高潮。据9月5日的统计，到8月底止，全市共打死上千人，被抄家的有1万多户。许多被斗、被打、被抄家的家属等到联络总站申诉。一些学校的校长、教员、支部书记被斗致死，不少学校的校长、教师被编入"劳改队"。革命烈士董振堂的女儿董光苔是女三中的支部书记，刚刚生下一个女儿，就被拉出去强迫劳改（后经毛泽东批示由联络总站负责营救出来）。在抄家的同时，发生了驱赶市民的情况，从8月23日到9月9日，仅崇文区被迫搬迁出市区的就有四千余人，随迁的家属六千多人。红卫兵在一些服装店、理发店张贴了"最后通牒"，说他们搞了奇装异服、奇怪发式，勒令关门停业；有的红卫兵在荣宝斋张贴了对联，"遗老遗少杂七杂八大毒草，黑诗黑画妖风鬼雨蛇神窝"，横批是"鬼聚堂"。那时，人民的生命财产受到了严重威胁，恐怖气氛笼罩着北京城。

对社会上出现的严重情况，联络总站均以简报形式，分别向党中央、中央文革、国务院作了汇报。当时主管"文化大革命"运动的中央文革，对联络站上报的情况，表面上未置可否，但实际上已经不满，认为联络站的观点、立场不对。9月5日，中央文革发了一期破"四旧"的简报，标题是"把旧世界打得落花流水——红卫兵半个月来战果累累"。简报称"红卫兵是无产阶级革命的先锋队"，战果是"把资产阶级打得威风扫地"，"扫除了封建迷信"，"消灭了资本主义"。紧接着，在后来的天安门大会上，林彪公开表扬革命小将的"革命行动""好得很"，说什么，革命的洪流正在荡涤着旧社会遗留下来的污泥浊水，改变着我国整个社会的面貌。林彪、江青一伙对红卫兵的这种"表扬""鼓励"，其实是在煽动红卫兵抛弃党的政策，把整个社会的秩序搞乱，就连红卫兵中一部分人，也在思考为什么这样干，并且焦躁不安地寻求解答。

正是在这个关键时刻，周恩来于9月1日、10日、13日，三次长时间听取红卫兵的意见，并向他们反复耐心地宣传解释党的政策，力求把红卫兵的热情引导到正确的轨道上来。在谈到武斗打人问题时，周恩来说：我们是无产阶级专政的国家，政权在我们手里，有政权，有武装，人有错误，可以批评，犯了法可以关起来，可以送去劳改。至于杀他们的威风问题，那也有人民的威力，有解放军的威力。所以，我们提倡要文斗，不要武斗，不要动手打人。就是斗争那些走资本主义道路的当权派、斗争那些地富反坏分子，也应该是这样。在谈到对待五类分子问题时，周恩来说：我们要团结大多数，特别要争取团结中间力量。敌人总是少数，朋友总是多数，打击面太大，就会失掉中间派的同情。不是所有地富反坏右出身的都要打倒，我们要打击的是那些暗藏的反革命，现在还在搞反革命活动的，有民愤、有血债、查有证据的反革命。右派分子，只要摘了帽子就不叫右派。对资产阶级，我们要批的是他们的思想体系和违法行为。对一般的资产阶级上层人士，我们也要采取教育改造的方针，不能动不动就搜查、抄家。即使对逃亡地主，他们原有的土地已经被分了，到这里已经落户了，也不需要再把他们赶走，不能把一切人都赶走。要派出所把名单交给你们，由你们去赶，那也不一定好。如果这样做，我看就是派出所想卸包袱，派出所把名单交给你们了，你们就把这些人往火车上一赶，以为就完事了，其实没那么简单。不能把一切属于黑五类的人和他们的家属子女都清除掉，这是无政府主义思想，不是毛泽东思想，毛

1966 年 9 月，周恩来同即将赴外地串联的北京中学生红卫兵座谈

主席历来主张要改造他们。对知名人士，一定要慎重对待。宋庆龄是我们革命的长期合作者，到她家里去贴大字报就不恰当。这只是说贴大字报，若进一步超过这个范围，如打人、搜查、抄家，那就属于法律制裁问题了。十五中同学同我谈话时说，理发馆都是资产阶级的，不要了。我反问他们，北京几万理发工人怎么办呢？他们一家子的生活怎么去解决呢？有的同学说留长辫子不行，但短辫子有什么不可以呢？这就算资产阶级思想吗？他们一下子被我问住了。在谈到宗教信仰问题时，周恩来说：不能把清真寺都办成学校，都作为公共的机关。像新疆一些地方，宗教信仰和民族习惯是结合在一起的，你要改变那个习惯，需要时间。宣传是可以的，强制就不对了。针对一些人破坏公共设施、烧毁文物等，周恩来提出：要保护国家财产，保护群众利益。有些东西国内不能用的，可以出口，有人说是资产阶级的东西，不能出口，非毁掉不可，其实卖出去可以换取外汇，买回我们所需要的机器嘛！

这些苦口婆心的讲话，在当时很有针对性，联络总站和下属分站，立即用各种形式和办法，分别向各学校进行了传达。据 9 月 24 日统计，听传达的大、中学校的师生达数万人次。联络总站组织传达之后，下面反映很好，普遍认为周恩来的报告像一场及时雨。有的同学还说，这些问题我们都争论过，周恩来好像都知道一样。

针锋相对，四处"救火"

1966年秋末冬初，"文化大革命"的势头更加猛烈。学校"停课闹革命"了，幼稚的青少年冲向社会，开始了遍及全国城乡的大串联。他们到处造反，导致生产混乱，社会动荡。对这些被推上历史舞台的青少年是因势利导、苦口婆心地批评教育呢？还是推波助澜、心怀叵测地蒙骗、利用？两种态度，两种做法，反映了一场争夺青少年的斗争。

江青多次借接见红卫兵之机，口蜜腹剑地吹捧小将们的"革命"行动和"伟大"作用。所谓的理论家陈伯达，更怀着不可告人的目的大做文章，胡说什么：同学们的发言水平很高，在"文化大革命"中进步很快，逐步地用毛泽东思想把自己的头脑武装起来了，这是我们无产阶级专政制度巩固的保证，是社会主义制度、社会主义革命和社会主义建设胜利的保证，是防止我国出现修正主义的保证，是我国能够成为世界上最强大的无产阶级专政国家，把那些帝国主义、修正主义国家远远甩在后面，使我们站到前面的保证。很显然，林彪、江青、陈伯达等反革命野心家、阴谋家为了篡党夺权，无耻地把无知的青少年当作炮灰和工具加以利用，唆使红卫兵四处"放火"。而周恩来凭着强烈的责任感，奋不顾身地去"救火"，以尽可能减少不必要的损失，尽可能控制全国的混乱局面。为此，江青一伙公然指责周恩来是"救火队长"。

"文化大革命"初期在对待青少年的问题上，周恩来与林彪、江青一伙针锋相对，形成了鲜明的对照。周恩来在9月10日对红卫兵的讲话中，先引用了毛主席的话："世界是你们的，也是我们的，但归根结底是你们的。……希望寄托在你们身上。"接着，他语重心长地说，你们具有朝气蓬勃的精神，但必须保持有组织、有纪律的战斗作风，你们要学习解放军的组织性、纪律性。因为你们还很年轻，你们的知识毕竟有限，你们知道的各方面情况和党的政策并不是很完全的。一个新事物出现，你们的好处是善于接受下来。但要从实践中检验你们这样做是不是对，对的就坚持，错的就改正，这样的精神，你们是应该有的。周恩来还多次指出红卫兵是战斗队、学习队、宣传队。他特别强调学习任务，强调只有学习好才能宣传好，学习是为了今天，也是为了明天。

周恩来针对青少年正在成长中的特点谆谆教导说：从学校走到社会，你们已碰到很多不熟悉的事情，要想自己少犯错误，就要抓好两头。首先要学习毛主席的书；另一方面要练好基本功，先进行调查研究，这就得深入群众，接触广大不熟悉的群众，了解他们的情况。对任何事情，都要先做学生，要做一个勤勤恳恳的小学生，人民永远是我们的先生。周恩来的这些话，不止讲过一次，特别是在大型的集会上，他曾多次对红卫兵反复讲这些思想。他那循循善诱、诲人不倦的精神十分令人感动。

1966年9月13日，周恩来参加了在先农坛体育场召开的首都大专院校红卫兵万人大会。在大会上，周恩来着重讲了红卫兵既是战斗队，又是学习队、宣传队。讲到战斗队时，周恩来又特别讲了两点：一是要用文斗，不要武斗；二是要区别两类不同性质的矛盾。当周恩来提到有人问犯了路线、方向性错误的人是不是黑帮的问题时，他十分明确地说，不能那样讲；并说不应当滥用"黑帮"这个名词。还有一次，也是在接见各地代表的大会上，正当周恩来讲话时，会场的一个角落忽然响起一声"打倒刘少奇！"接着又有几个人与之呼应。会场里人头浮动起来。正循循善诱地讲着话的周恩来听到后，脸色骤然严峻起来。正当大家不知如何是好的时候，只见周恩来毅然决然地转过身去，背向会场。这个明显的动作表明不同意这个口号的鲜明态度。周恩来这一举动震撼了大会，使险些混乱起来的会场立刻平静下来，全场千万双眼睛重新把目光投向了周恩来。少顷，周恩来转过身来，面容依然十分严肃。他说，犯了路线错误能不能就说他不革命？不能这样说。我们只要回顾一下党史就清楚了，在我们取得全国胜利以前，党中央曾发生过四次路线错误——遵义会议以前，曾经胜利过，也失败过；发展过，也缩小过。周恩来列举了四次路线错误的简况后说，从1924年到1935年年初，也不能说当时的中央是不革命的，更不能说是反革命的。他们主观还是革命的，但犯了极其严重的错误，给中国革命造成了极大损失。党在那以后，还是领导人民前进的。所以，犯了错误的同志，不能说他是不革命的，更不能说他是反革命的。这和反革命集团、独立王国、分裂出去组织另一个党是不同的，要区别开。周恩来最后更为严肃地说，我是过来人，在长征以前，我犯过路线上的错误，但是，毛主席并不因此不让我改正错误。上面讲的，是我的亲身体会，如果有的同志有不同意见，我愿意与他坐在一起说理、辩论。这时，会场安静肃穆，一直持续到周恩来讲完散会。

在此之前，即 8 月中旬召开的十一中全会闭幕之后，毛泽东的《炮打司令部——我的一张大字报》的内容已在一些人中传开。9 月 10 日，在周恩来亲自主持召开的红卫兵第二次座谈会上，有个别红卫兵递条子问他毛主席写了大字报的事，说是从一位权威的人那儿听来的，问情况是否属实。周恩来严肃地回答说：现在你们中传说着《炮打司令部——我的一张大字报》，我要正式声明，主席的文件，只有根据主席授权，党中央机关、新华社、《人民日报》、《解放军报》、人民出版社发表的，才是正式的。任何传说，不管有什么根据，都不算数。今天我声明，不能把"炮打司令部"这句话，看成是对一切领导都打。否则，就成了一切党政机关都不能相信了，主席从来没有说过这种话。

对于毛主席的大字报内容是怎样流传出去的问题，中央文革还贼喊捉贼地追查了一阵，胡说是某某高干子弟首先传开的。但事隔不久，林彪、江青一伙为了陷害刘少奇，终于按捺不住，公开跳了出来。关锋、戚本禹在中宣部会见北航和地质学院的红卫兵时，戚本禹说了一段蛊惑人心的话，恶毒地攻击刘少奇，他说：毛主席批评一些东西，就是因为有错误的东西，1945 年有人要交出武器，合作化时解散合作社（关锋插话：还有四大自由），不是一般的问题。……那是有地位的人。很多事不能讲了。高岗、饶漱石早就公开了的。这几年，1962 年"三自一包"，困难时期，斗争非常激烈。那时候我们伟大的舵手若是不在，稍微离开，那我们国家就很危险。那时主张包产到户的，不是底下的同志，不是基层干部，而是从上面一条线贯下去的。1962 年至 1966 年，有些党内问题不能公开讲。你们可以好好看看党的公报，可以看懂的。戚本禹这段话，既是明枪也藏暗箭。这是中央文革成员公开出来做政治大煽动，还提供了那么多的炮弹。《炮打司令部——我的一张大字报》之所以流传得如此之快，紧接着出现打倒刘少奇的口号，这绝不能认为是一种巧合。10 月 25 日，林彪在中央工作会议上提出"毛主席的大字报就是指的刘邓路线"，"经过这几天，同志们已经比较清楚地知道了这个来源"……林彪这里所说的经过这几天才比较清楚的来源，其实早在 10 多天前，他们就已经在红卫兵中故意泄露出去，煽风点火，必欲打倒刘少奇而甘心。这可谓司马昭之心，路人皆知。

1966年9月，周恩来和陶铸、李富春、谭震林等接见来北京串联的各界群众和红卫兵代表

林彪、江青一伙为达到不可告人的目的，炮制了"文艺黑线专政论"，把矛头指向广大文艺工作者和更多的知识分子，又有意混淆当权派与走资派、领导干部与资产阶级修正主义分子的界限，以致"文化大革命"初期"黑帮""黑线"被滥用，并由"一小撮"很快扩大为"一大批"，把矛头直接指向各级党政军领导干部。在起草《中国共产党中央委员会关于无产阶级文化大革命的决定》（即《十六条》）的过程中，林彪、江青一伙曾经塞进了"黑帮""黑线"的内容，由于周恩来和陶铸的坚决反对，并经毛泽东同意后，才被删去，他们的阴谋未能得逞。但他们在《十六条》公布后，继续在他们控制的刊物上登载与《十六条》相违背的文章，使用"黑帮""黑线"的叫法，诸如什么"在林枫大红伞保护下，众多黑帮分子始终不同大家见面"，什么"周扬、田汉黑线下的大毒瘤"等。文革小组成员戚本禹在长辛店二七机车车辆厂大讲："你们的主要任务就是反吴文彬（厂负责人）这条黑线。"在他们的蛊惑煽动下，"黑帮""黑线"的叫法，到处可以听到、见到，揪斗"黑帮分子""黑线人物"之风，不仅在首都，在各

省市也都越刮越猛。为此，周恩来在红卫兵的几次大型集会上都专门谈到了这个问题，告诫大家，不要滥用这个字眼，要学会分清两类不同性质的矛盾。

9月10日，周恩来和陶铸同志在接见哈尔滨工大的三个红卫兵组织的代表时，听取了他们的汇报。当汇报到省一级的领导除潘复生外，大多挨斗戴了高帽子游了街，省委已经瘫痪不能工作，厅、局长一级干部200多人中有100多人都挨斗戴了高帽子，这些被斗对象，有的被称为"走资派"，有的被称为"黑帮分子""黑线人物"时，周恩来打断他们的汇报说：这就不是一小撮，而是一大批了。同学们，要冷静地想想这个问题。周恩来接着说："黑帮""黑线"，现在中央不讲这个话了，我跟北京红卫兵讲了，这个说法不容易把界限定准。"黑帮"，到底这个"帮"有多大，越搞"帮"越大；"黑线"，这个"线"有多长，越摸"线"越长。这不是毛泽东思想，不是马列主义的科学语言。所以，主席考虑之后，在《十六条》上没用这个话，本来草案上有"黑帮""黑线"，后来，主席考虑后还是决定不用。接见结束，三派代表一致表示，回去之后，要贯彻周恩来及陶铸同志的讲话精神。

9 "二月抗争"中的特殊作用

怀仁堂中，两军对阵。周恩来以他特殊的斗争方式参与"二月抗争"，又以他人无法替代的特殊作用掩护大闹怀仁堂的战友们。

面对空前的呼啸而来的打击、迫害老干部的恶浪，面对阎红彦、陶勇、张霖之、卫恒等的惨死，一大批老干部怎么也想不通、跟不上了。一场在党内高层所发生的，对"文化大革命"极"左"错误和林彪、江青一伙的倒行逆施的大规模抗争由此开始了。

1967 年 1 月，几乎是在一月夺权狂潮迭起的同时，一股空前的打击、迫害老干部的恶浪呼啸而来。

1 月 4 日，中共中央政治局常委陶铸被突然以莫须有的罪名打倒。

同日，解放军总政治部副主任刘志坚被康生冠以"刘邓资产阶级反动路线在军队的代表"的罪名打倒。

陈毅、叶剑英这两位中央军委副主席被指责为"军内资产阶级反动路线的代表"，遭造反派围攻。

1 月 7 日前后，成千上万的红卫兵连续包围并多次冲入中共中央、国务院所在地中南海，要揪斗刘少奇、邓小平、陶铸和陈毅、谭震林、李富春、李先念、余秋里等。

1 月 8 日，中共云南省委第一书记、昆明军区第一政委阎红彦上将被陈伯达、江青所逼，留下"我是陈伯达、江青逼死的"字条，含冤自尽。

1 月 21 日，东海舰队司令员陶勇中将突然不明不白地死于司令部招待所花园的一口井里。

1 月 22 日，煤炭工业部部长、党组书记张霖之被残酷迫害致死。

1 月 29 日，中共山西省委第一书记、省长卫恒连续惨遭揪斗，自杀身亡。

短短的一个月内，这么多党、政、军高层领导含冤身亡。这些老干部过去出生入死，没有倒在日本侵略者和国民党反动派的枪口下，却死在了……

就说张霖之吧。他1929年参加革命，同年加入中国共产党。1935年发动盐民暴动，组织红军游击队。抗日战争时期，任中共山东省委委员、组织部部长，在黄河以北领导抗日斗争。解放战争时期，历任晋冀鲁豫区党委书记、纵队政委、第二野战军兵团副政委，参加了挺进大别山、淮海战役、解放大西南等战役。新中国成立后历任南京市副市长，重庆市委书记，第二、三机械工业部副部长、部长，电力机械工业部部长、党组书记，煤炭工业部部长、党组书记。"文化大革命"开始后，康生、江青一伙说张霖之是彭真线上的人，是彭真的死党，煽动造反派揪斗张霖之。1966年年底，张霖之正在东北深入矿区检查煤炭生产情况，被煤炭部和北京矿业学院的造反派揪回北京批斗。在江青、戚本禹的直接指挥下，张霖之在短时间内被残酷地批斗了五十多次。由于他性情刚烈，宁折不弯，造反派对他进行了非人的折磨。

下面是当年参加批斗张霖之的人保存下来的日记：

1966年12月28日

张部长被送至台上，强行按倒跪下。他使劲抬头，李××、戴×猛扑上前，用力压。接着又有四个人一齐踩在他的小腿上，让他无法再站。又有一些人拿着一根钉着木牌的棍子插进衣领，张部长拼力反抗，他的耳朵、脸、鼻子都被划破了，顺着脖子淌血。会刚开完，李××和一群人扭着张的胳膊穿过大、小礼堂游斗，后又到院里、大门口斗。张部长站在一把凳子上，上衣被扒光，在零下17度的严寒里冻着。他遍体鳞伤，双手举着木牌，又气又冻，全身哆嗦。有几个家伙说他站得不直，就用小刀子捅他、割他……

1967年1月12日

汾西矿务局的李××来京，还带来一个特制的六十多斤重的铁帽子。

……

斗争会一开始，几个小子就拎着铁帽子往张部长头上扣。他双腿打战，脸色蜡黄，汗珠直往下掉。不到一分钟，铁帽子就把他压趴在台上，口吐鲜血。这么折腾了三四次，张部长已奄奄一息，昏死过去。

这一幕幕的血腥惨剧怎能不叫广大的老干部义愤填膺，拍案而起！

周恩来是在张霖之惨死之后才得知消息的。极度悲愤之中，周恩来眼含泪水，拿着张霖之遍体鳞伤的照片，激愤地质问造反派："你们把张霖之部长扣押40多天，不让他回家，也不向我报告，批斗几十次，刑讯逼供，是谁给你们的权力？别说对一个部长，就是对一个普通老百姓也不能这样啊！如果连一个部长的生命安全都没有保障，国家还有什么希望？真是无法无天了！"

国务院会议上，周恩来为自己没能保护好张霖之而深感内疚。他悲愤地说："霖之同志就这样不明不白地死了，他是国务院的一位部长，是中央候补委员，叫我怎么向党中央交代啊！"

在场的李富春、陈毅、谭震林、李先念、谷牧等看着周恩来那悲戚的面容，听着他那激愤的声音，无不为之动容。

如果说，在1966年下半年的几个月里，广大老干部出于对毛泽东的尊敬和崇拜，是在对"文化大革命"的不理解中被动地紧跟，那么，面对阎红彦、陶勇、张霖之、卫恒等的惨死，一大批老干部就怎么也想不通、跟不上了。

当时任李先念秘书的蒋冠庄、郝志学回忆说：

> 1967年1月4日，刚刚上任几个月的中央政治局常委、国务院副总理陶铸，因不同意"文化大革命"的错误做法，并坚持抓生产，被突然打倒。……对此，李先念和陈毅、谭震林等同志十分困惑，就到李富春家，想问问当时的中央政治局常委李富春知不知道事情的原委。李富春说他也不知道，常委没有讨论过。后来又听说周总理和陶铸本人事先也不知道。这激起了他们强烈的不满，义愤填膺。李先念和陶铸是老战友，早在抗日战争时期就一起开辟中原根据地，新中国成立后又在中南局一起工作过，所以对他的遭遇更难容忍。此时，国务院处境更困难，周总理和几位副总理苦苦支撑的局面也很难维持。陈毅几次到李先念的住处东花厅，李先念也多次到陈毅、谭震林的办公室一面谈工作，一面谈"文革"的遭遇。他们三人还曾在李富春处研究工作时，议论"文革"中出现的各种反常现象，表示对文革小组不满。

于是，一场在党内高层所进行的，对"文化大革命"极"左"错误和林彪、江青一伙的倒行逆施的大规模抗争由此开始了。

1月19日，中央军委在北京京西宾馆召开扩大的碰头会，讨论军队搞不搞"四大"的问题。中央文革小组成员也参加了会议。

会上，江青、陈伯达、康生等蓄意制造混乱，一个劲地嚷着要军队支持革命群众开展"四大"，说"军队不能搞特殊，要和地方一样搞文化大革命"。

叶剑英、徐向前、聂荣臻等老帅坚持军队必须保持稳定，不能像地方一样搞"四大"。他们认为：军队有战备任务，军队稳不住，一旦敌人入侵，就无法应付。如果军队开展"四大"，必然出现无政府主义，什么个人服从组织，下级服从上级，都将变成一句空话。军队没有铁的纪律，命令不服从，打起仗来"放羊"，军队就不成其为军队了。这样搞下去，军队怎么能担负起保卫国家的重任？

两种意见，针锋相对。相持不下之际，江青、陈伯达、叶群突然向到会的总政治部主任萧华发起攻击，企图从总政打开缺口，搞乱军队，打倒老帅，窃取军权。

叶群给萧华强加了种种罪名，要他向军队院校师生作检查。

江青指着萧华的鼻子逼问："今晚在工人体育场召开十万人大会，你敢去不敢去？"

陈伯达扯着嗓子喊："你萧华是绅士，而不是战士。你要把人民解放军变成资产阶级军队。"

叶剑英、聂荣臻实在看不下去了，没等会议结束，就愤然退出会场。

晚上，周恩来看到叶剑英关于军委扩大会议情况的报告，打电话告诉叶剑英："没有我的命令，萧华不能去大会检查。"

不料，会议内容不慎泄露。当天晚上，得知消息的北京军区战友文工团等单位的造反派连夜对萧华发起突然袭击，冲到景山东街要抓萧华。多亏萧华机灵，闻得风声后从后门跑出，到西山叶剑英住所躲了起来。但造反派还是抄了萧华的家。

第二天上午，军委扩大的碰头会在京西宾馆继续进行。

坐在叶剑英左侧的江青见萧华没到，阴阳怪气地火上浇油："总政治部主任失踪，躲到哪里去了啊？"

叶剑英压了压火气，未予理睬。

不一会儿，萧华来了。知道内情的徐向前问："昨晚你到哪里去了？"

萧华讲了昨晚被抄家的经过。

"啪！"徐向前怒火冲顶，狠劲一掌击在桌子上，茶杯盖震起老高，又在桌面上弹了两下，滚落地上摔了个粉碎。

这时，叶剑英针对江青的明知故问，高声怒喝："萧华昨天半夜里跑到我那里去了，是我把他收留下来的。如果有窝藏之罪，我来担当！"说着，叶剑英"啪"的一声，也朝桌子猛击一掌。由于用力过猛，他右手的掌骨都骨折了。

这就是后来名震一时的"大闹京西宾馆"。

几位老帅"大闹京西"拉开了1967年"二月抗争"的序幕。

毛泽东批评中央文革、"三老四帅""大闹怀仁堂"。面对面地生死搏斗，周恩来义无反顾地支持之余，内心又深藏着难言的苦衷。

也就在这个时候，毛泽东在他召集的两次常委会上连续批评了江青、陈伯达等人打击老干部的做法。

在2月6日的常委扩大会上，毛泽东说：你们文化革命小组，毫无政治经验，毫无军事经验。老干部通通打倒，你们掌权掌得起来？陈伯达对我是不接触、不谈心，就是送一点文件来。江青眼睛向天，天下没有几个她看得起的人。对干部要宽大一点。犯了错误就打倒，就要打到自己头上来了。你们就不犯错误？陶铸是犯了错误，可是一下子就捅出去，不同我打招呼，也没有同林彪同志、总理打招呼，上脱离，下没有同干部群众商量。对干部，不要不许革命。徐向前，我保，住到我这里来。江华、江渭清、杨尚奎、刘俊秀、谭启龙这些人还是要保！

2月10日，毛泽东继续召集有林彪、周恩来、陈伯达、康生、李富春、叶剑英、江青、王力等参加的常委扩大会，当面批评陈伯达、江青：你这个陈伯达，你是一个常委打倒另一个常委（指打倒陶铸）！过去你专门在我和少奇之间投机。我和你相处这么多年，不牵涉到你个人，你从来不找我。你这个江青，志大才疏，眼高手低！你眼里只有一个人。打倒陶铸，别人都没有事，就是你们两个人的事！别人要不就是没有到，要不就是没有说话，只有陈伯达讲了话，江青插了话。

看来，毛泽东对打倒陶铸是知道的，但他不赞成陈伯达、江青那种将陶铸置于死地的做法。毛泽东的思维有他特有的豁达和潇洒，他多次表示，打倒一下，"烧"一下，有什么关系，无非是贴两张大字报。过一段时间承认错误，作个检讨，再重新站出来就是了。只要不是反党反社会主义，就不会真正被打倒。但林彪、江青一伙正是利用了毛泽东的这种想法，把事情推向极端，企图置广大老干部于死地。

考虑到维护中央文革的威信，毛泽东还交代：江青、陈伯达的问题，就在常委范围里头讲，在文革小组批评，不要扩散到别的地方。

尽管如此，参加会议的李富春、叶剑英还是按捺不住兴奋，回去后，把毛泽东对陈伯达、江青的批评告诉了几位副总理和几位老帅。

几位副总理和老帅欢欣鼓舞。他们更加痛恨中央文革一伙，同时自然也陡增了同他们斗争的信心和勇气。

接下来就有了"三老四帅""大闹怀仁堂"。

2月11日，周恩来在中南海怀仁堂主持召开政治局碰头会。桌子的一边坐着李富春、谭震林、陈毅、叶剑英、聂荣臻、李先念、余秋里、谷牧等，另一边坐着陈伯达、康生、张春桥、姚文元、王力等中央文革小组成员。两军对阵，分外鲜明。

会上，叶剑英拍案而起，怒斥中央文革一伙："你们把党搞乱了，把政府搞乱了，把工厂农村搞乱了，你们还嫌不够，还一定要把军队搞乱，这样搞，你们想干什么？"

徐向前也拍着桌子说："军队是无产阶级专政的支柱。你们这样把军队搞乱，还要不要这个支柱！难道我们这些人都不行啦？要蒯大富这类人来指挥军队吗？"

谢富治说："军队不是你徐向前的。"

叶剑英说："上海夺权，改名上海公社，这样大的问题，涉及国家体制，不经政治局讨论，就擅自改变名称，又是想干什么？"

说着，叶剑英嘲讽地问陈伯达："我们不看书，不看报，也不懂得什么是巴黎公社的原则。请你解释一下，什么是巴黎公社的原则？革命，能不要党的领导吗？能不要军队吗？"

陈伯达面红耳赤："叶帅，你这样讲，我就无地自容了。"

关锋则气势汹汹地摔起了皮包："要这样讲，我还有很多话要说哩！"

最后，周恩来出来收了场："今天的时间到了，你们愿意争论，可以以后再说。"

出会场时，陈毅激动地朝叶剑英竖起了大拇指，小声地说："剑公，你真勇敢！"

五天之后，一场更为尖锐激烈的斗争，把老一辈无产阶级革命家的二月抗争推向了高潮。

2月16日下午4时，周恩来照例在中南海怀仁堂召集政治局碰头会。会议的原定议程是"抓革命，促生产"。

冤家路窄，前来参加会议的谭震林和张春桥在门口相遇了。

1月6日，张春桥一伙操纵上海造反派，打倒了上海市委书记陈丕显、市长曹荻秋，篡夺了上海市党政大权，在全国掀起了"一月夺权"的狂潮。不少省、市、自治区的负责人被游街、遭揪斗。周恩来根据毛泽东的意思，顶着林彪、江青一伙的压力，把一部分受冲击的省市委负责人接至北京保护起来，但仍有一部分省市委负责人被造反派以种种理由扣住不放而未能来京。陈丕显就是其中一个。

谭震林一见张春桥，就想起了陈丕显，问："陈丕显来了吗？"

张春桥斜了斜眼，从喉咙深处挤出了一点声音："群众不答应啊！"

"群众？党组织可以做工作嘛！"谭震林压着怒火。

"党？党不管用了！在上海，科长以上的干部通通靠边站了！"

说话间，谭震林和张春桥进了会议室。

谭震林当着大家的面，盯住张春桥不放："陈丕显同志从小参加革命，是红小鬼，他有什么问题？一些大区书记和省委书记有什么问题？为什么不让他们来北京？"

张春桥推脱说："我们回去同群众商量一下。"

"什么群众？老是群众、群众，还有党的领导哩！不要党的领导，一天到晚，老是群众自己解放自己，这是什么？这是形而上学！"谭震林再也抑制不住心中的冤屈和怒火，痛快淋漓地向中央文革一伙打出了"排炮"，"你们的目的，就是要整掉老干部，把老干部一个一个打光。老干部一个一个被整，四十年的革命，落得家破人亡，妻离子散。高干子弟通通挨整，见高干子弟就揪，这不是反动血统论是什么？蒯大富是什么东西？就是个反革命！搞了个百丑图。这些家伙，就是要把老干部通通打倒。这一次，是党的历史上最残酷的一次，超过历史上任何一次！江青要把我整成反革命，她是当着我的面说的。"

一旁的谢富治插话："不要这么说嘛，江青和文革小组的同志多次保你。"

"我不要她保！我是为党工作，不是为她一个人工作。"

谭震林说着，愤怒地站起来，拿起衣服和文件就往外走："照这样搞，让你们这些人干吧，我不干了！砍脑袋，坐监牢，开除党籍，也要斗争到底！"

周恩来见谭震林要退出会议，喝令他回来。

陈毅也说："不要走，留在里边斗争！"

陈毅还说：这些家伙上台，就是要搞修正主义。延安整风的时候，有人整老干部整得很凶，挨整的是我们这些人，总理不是挨整的吗？历史不是证明了到底谁是反对毛主席的吗？以后还要看，还会证明。

余秋里也拍案而起："这样对待老干部，怎么行？现在是全国范围内的大逼供信。联动怎么是反动组织呢？十七八岁的娃娃，能是反革命吗？"

谭震林说："我从来没有哭过，现在哭过三次。哭都没有地方哭，又有秘书，又有孩子。"

李先念说："我也哭过几次。"

男儿有泪不轻弹，何况是革命几十年、经历了太多的血与火考验的老革命家！然而，谭震林、李先念说的一点也没有夸张。据当事人回忆：有一次，周恩来召集国务院碰头会研究生产问题，李富春、谭震林、李先念三位副总理都到了，但主管工业生产的国家计委副主任余秋里被造反派揪走迟迟未到。焦急等待之中，周恩来看到国家被搞成这个样子，革命一辈子的老干部（余秋里为了革命的胜利已经献出了自己的一条胳膊）被整成这样，双眼默默地流泪了，三位副总理也流泪了。

谭震林继续说："我不是为自己，是为了所有的老干部，是为整个党。"

李先念说："从《红旗》第 13 期社论开始，全国就开始大规模在群众中进行两条路线斗争，还有什么大串联，老干部通通被打倒了。"

《红旗》第 13 期社论是指 1966 年 10 月 1 日发表的《在毛泽东思想的大路上前进》。该社论称："有极少数人采取新的形式欺骗群众，对抗《十六条》，顽固地坚持资产阶级反动路线。""对资产阶级反动路线，必须彻底批判。"此后，大批老干部就在全国各地批判"资产阶级反动路线"的喧嚣中被打倒。

周恩来当即问康生："这篇社论，你看了吗？"

康生说："没有。"

周恩来气愤地说："这么大的事，你们也不给我们打个招呼，事先也不叫我们看看！"

在副总理和老帅们"大闹怀仁堂"的过程中，周恩来没有过多地发言和插话，而是以一种近乎"沉默"的态度，静观事态的发展。但作为会议主持人，周恩来没有起来批评那些拍案而起、奋起抗争的老同志，没有制止他们的发言，没有阻止会议的继续进行，这样一种无声的支持是不言而喻的。

周恩来一百周年诞辰之际，当年参加会议的谷牧回忆"大闹怀仁堂"时，说："周总理的态度也是很明确的，就是大闹那一天，大家七嘴八舌说个没完，总理就在场，总理没有起来批评，说哪个元帅、哪个副总理说怪话。总理只是讲一句话，反复地讲，说你们有意见可以提啊，大家不要发牢骚嘛，只讲这么一句。"

说周恩来支持"大闹怀仁堂"，是从历史和人物的复杂心理过程中提取的历史结论。如果不具体深入到历史和人物的复杂心理过程，仅停留于简单的结论表述，就有可能、也难免使后来人对周恩来当时没有像几位副总理和老帅那样拍案而起，同中央文革一伙进行面对面的斗争感到遗憾，甚至难以理解。

应当说，周恩来当时采取这样一种态度，其心理内涵是复杂的。

一方面，从思想和感情上来说，周恩来与这些"大闹怀仁堂"的老同志是相通的。实际上，当出于反修防修初衷的"文化大革命"演化为一场社会大动乱后，周恩来一直以他特有的方式，进行着同大批老干部相同目的的抗争。这种抗争，举不胜举，这里仅举一件事实。

就在"大闹怀仁堂"会议结束后不到两个小时，周恩来连续接见了两批群众组织代表，对中央文革一伙操纵造反派乱党乱军、打击迫害老干部的行径发出了怒吼。

晚上9时半，周恩来接见内蒙古自治区造反派代表，说：你们公开在街上骂解放军，这是给解放军脸上抹黑。有人冲军区大院，贵州还有人要缴军区的械；长沙不仅冲了，而且进驻了军区大楼；北京冲三座门，抄了萧华主任的家，要找徐向前副主席辩论，这样完全是对解放军不信任。我们在去年二三月份做梦也没有梦到现在这样的局面，我们不是先知先觉。你们可以看一看你们的那些口号是不是合适，什么砸烂××狗头，新疆甚至有人号召解放军要举起枪来，这说轻点是天真，说重点是误入歧途了。如果外敌入侵，冲锋陷阵的还是几百万解放军和几十年的老干部。军队搞乱了，怎么保卫"文化大革命"？怎么保卫无产阶级专政？

次日凌晨2时半，周恩来接见财贸口造反派代表，向他们发出了严厉的警告：

我要提醒你们，你们要走到邪路上去了！……怎么能把老干部通通撤掉呢？把老干部一概打倒行吗？老干部都打倒，我们都靠边站，把国家大事都交给你们，你们能承担得起吗？如果让你们这样做，我就要犯罪。现在到了关键时刻，我不能不说话。不能这样无休止地搞下去了。对外经委的方毅同志入过狱，中央审查过没有问题，他的工作做得很好。但他被停止工作斗了一个多月。对干部一斗就是几十天，张霖之死了，他被捕过，煤炭部造反派、矿业学院造反派就是抓住他不放，斗了四十多天，他是怎么死的我还不知道。我心里很难过。你们把段君毅（时任一机部部长）、王磊（时任商业部副部长）抓走，这样搞怎么行？必须把抓走的人交出来。我们感到，你们是以敌对的态度来对待领导干部，几十年的战友，你们不感到我感到了。残酷斗争、无情打击，主席一向反对。现在这样的斗争也是残酷斗争、无情打击。戴高帽、挂黑牌、搞喷气式，并把照片登报纸、传单，给外国记者。我想到这些心里就难过。我是不会流泪的，任何时候我都能挺下去。

就在这次接见中，周恩来下令当场逮捕了操纵造反派"砸烂"财政部党组，要打倒李先念，抢夺财政部业务大权的财政部副部长×××。

可以说，周恩来的上述言论和行动，其精神实质与"大闹怀仁堂"的老同志是一致的，只不过在表现方式上不一样。

以上是周恩来对"大闹怀仁堂"所持态度的心理内涵的一个方面。

还有另外一个方面。从抗争方式和斗争策略上考虑，周恩来根据自己对情况和局势的了解与分析，他又不希望这几位副总理和老帅同中央文革小组的人发生这样面对面的斗争。因为周恩来非常清楚，同中央文革一伙的矛盾与斗争，既是尖锐的，然而又是极其错综复杂的。

复杂性就在于党的领袖毛泽东的严重失误与林彪、中央文革一伙肆虐横行的错综关系。

中央文革，这一极"左"的历史怪胎，大唱"革命"高调，擅玩阴谋诡计。他们迎合和利用毛泽东的一些错误认识和错误决策，在毛泽东的心目中骗取了相当程度的信任。

毛泽东希望通过"天下大乱"达到"天下大治"。林彪、江青一伙表面上十二万分地支持毛泽东的这一思想，实际上是与毛泽东的想法背道而驰。他们不是要以"天下大乱"达到"天下大治"，而是要真乱，越乱越好，最终目的是在乱中篡夺党和国家的最高领导权。

但是，毕竟在"天下大乱"这一阶段，林彪、中央文革一伙跟上了毛泽东的思想节奏。

因而，林彪、中央文革一伙的某些"大乱"活动，得到了毛泽东本人的认可和支持。而林彪、中央文革一伙正是以此为"尚方宝剑"，有恃无恐。谁要反对他们，就给谁扣上"反对毛主席、反对无产阶级文化大革命"的罪名，以至于"谁反对中央文革，就打倒谁"，成了当时的一条重要"刑律"。

毛泽东虽然也批评过中央文革的有些做法，也批评过江青、陈伯达打击老干部的行为，但并不意味着他否定中央文革。

相反，在毛泽东看来，对他亲自发动的"文化大革命"，中央文革是积极的，倒是老干部的思想中还存在着相当大的阻力。

而毛泽东的性格是，对他自己以为正确的重大决断，他是决不让步和妥协的，而是要排除一切阻力努力去实现它。

因此，对于以周恩来为代表的一些老同志的正确思想和主张，毛泽东有时支持，有时非但不支持，而且还给予严厉的批评和压制。

在2月初的一次政治局常委会上，毛泽东就表示过，要中央文革小组代替中央书记处。

在这样的情形下，与中央文革小组发生正面冲突，批评"文化大革命"，容易导致毛泽东的不满且不说，更不利的是会给随时都想置老干部于死地的野心家提供在毛泽东面前挑拨是非，并借机打倒老干部的口实和把柄。如果这样，党和国家更多的权力将落到林彪、江青一伙的手中，他们更加可以肆无忌惮，为所欲为。到那个时候，代表党内正义力量的老干部想与他们作斗争，也恐怕是心有余而力不足了。因为一旦被林彪、江青一伙借机打倒，即使有幸生存下来，也失去了合法的斗争权力。

像李富春、陈毅、谭震林、聂荣臻、李先念、徐向前、余秋里等，是周恩来在动乱中与中央文革一伙周旋、斗争，维系党和国家工作基本运转可以依靠的重要力量和得力助手。周恩来就是担心几位副总理和老帅因一时不慎，被中央文革一伙抓住把柄借机打倒，那他就真正成了"光杆司令"，只能孤军奋战。

留得青山在，不怕没柴烧。

周恩来正是基于对如此错综复杂的斗争形势的冷静分析和估量，从维护毛泽东的威信和党的团结着想，从党和国家的利益着想，以超群的胆识和智谋，选择了一种不知要比拍案而起艰苦多少倍的迂回的、曲折的、有韧性的、在特殊历史时期的特殊斗争方式。同时，他也希望在他身边工作的老同志也能够采取这种斗争方式，以保存足够的力量，与林彪、江青一伙抗衡，以便共同支撑这个危局。

周恩来的许多举动都表明了他的这一良苦用心。

周恩来的秘书周家鼎回忆说：

"文化大革命"全面发动之后，在林彪、江青一伙的操纵下，极"左"思潮泛滥，出现打、砸、抢、抄、抓的违法行为，到处揪人、武斗、夺权，弄得人心惶惶，朝不保夕。许多老同志包括一些老一辈革命家，对"文化大革命"的意见越来越大，不时流露出一些愤懑情绪，有的人按捺不住，不顾场合地大发议论。周恩来知道后，非常焦急，生怕这些老同志发泄不满，会带来麻烦，他就很难为他们说话、"保驾"了。他亲自给几位老帅和副总理写了一封信，信的内容大意是：运动方兴未艾，欲罢不能，大势所趋，势不可当，只能因势利导，发气无济于事。要十分注意你们的言行，谨慎从事，不要说过头话，不要做过头事，不要节外生枝，增加"文化大革命"的困难，不要被人抓住把柄，造成被动。要他们"戒慎恐惧"，遇事三思……他嘱我亲自送给几位老同志看，一定交给本人，不要转手，阅后由本人签字带回。我拿着信先后到过陈毅、贺龙、李富春、李先念、谭震林、余秋里等同志那里。他们看过信后，深受感动，有的人掉了眼泪，认为这是总理在那非常时期，对他们的最大关怀和爱护。

遗憾的是，这封信签名回来周恩来看过后，就被销毁了。

不过，在档案部门沉睡的几万件档案中，还保存着这样一封周恩来的亲笔信，同样反映了周恩来的类似苦心。

1967 年 2 月 2 日，也就是在几位老帅"大闹京西宾馆"后不久，周恩来给陈伯达、江青并中央文革小组写了一封信——

伯达、江青同志并文革小组各同志：

（一）提议今后每星期一、三、五晚十时起在钓鱼台开碰头会，以文革为主，我参加，讨论形势和政策及有关文件草案，其他有关同志按问题性质临时通知参加。明日（3日），我提议讨论初中和小学开学文件、工业生产问题（文件在印发），下一次讨论农业。

（二）提议今后每星期二、四、六下午三时半在怀仁堂或国务院会议室开碰头会，以常委四同志（周、陈、康、李）为主，副总理（陈、李、谭、聂、谢）和剑英参加。务请文革江青同志或指定的同志参加，分别讨论党政一些业务问题。

敬礼！

周恩来

2月2日

周恩来的这封信，目的是想把国务院碰头会和文革碰头会分开，其用意是很明显的：

一方面，他试图把"文化大革命"与党和政府的业务工作分开，以减少"文化大革命"运动对生产业务工作的干扰和冲击。

另一方面，鉴于几位老帅"大闹京西宾馆"，几位副总理的火气也越来越大，随时都有可能与中央文革一伙闹翻脸的态势，也有尽量减少他们与中央文革一伙的正面接触，以避免发生面对面冲突的用心。

但是，周恩来的提议，毛泽东没有同意。毛泽东在周恩来的信上批："此件不用，退周。"

事情也巧，好像周恩来有预感似的。几天之后，就发生了"大闹怀仁堂"。

虽然周恩来不希望副总理和老帅们采取这种拍案而起、阳刚硬抗的斗争方式，但事情既然已经发生了，他也就不好当着中央文革一伙的面来责备这些老同志，只能暗中支持这些老同志。

"大闹怀仁堂"的老同志是可钦可佩、可歌可泣的。

但是，在当时那种特殊的历史环境下，周恩来是为"大闹怀仁堂"的这些老同志捏着一把汗的。

周恩来的担心是，中央文革一伙肯定会到毛泽东那里去告黑状。

以往每次开完碰头会，周恩来都要向毛泽东汇报，或到毛泽东处当面口头汇报，或写信向毛泽东书面报告。但这一次会后，周恩来既没有到毛泽东处当面汇报，也没有书面报告。对此，谷牧同志是这样解释的："这一次总理没有去，三天没有去。江青、张春桥就到毛主席那里去告状。毛主席不高兴了，说过去每次开会，你周恩来都来讲讲，怎么这次不来。因为总理去不好讲，他实际上是支持我们的，但是他又不敢说支持啊，他想拖，看看能不能拖过去。"

然而，事情还是没能拖过去。接下来发生的事证明周恩来对"大闹怀仁堂"的担心和忧虑并非多余。

谭震林给林彪写信：真比武则天还凶，总理已被他们整得够呛了。
江青、张春桥告黑状，林彪火上浇油。毛泽东盛怒难挡：如果文化大革命失败了，我和林彪再上井冈山打游击。周恩来被迫检讨。二月抗争的失利，使周恩来陷入了更为艰难的处境。

2月16日怀仁堂会议结束后，擅搞政治阴谋的张春桥、姚文元当即与王力一起核对整理了一份会议记录，并逐条向江青汇报。

江青一听，暴跳如雷，大叫"这是一场新的路线斗争"。她要张春桥、姚文元、王力连夜向毛泽东报告。

当然，他们知道毛泽东最不爱听、最忌讳的是什么，也知道什么样的话能激怒毛泽东。哪些该详细说，哪些该简略，都有一番谋划。

江青还给毛泽东写了张纸条，"主席：张、姚有重要情况报告，盼速见。"

毛泽东当夜召见了张春桥等三人，听他们汇报。

张春桥先是汇报了谭震林责问陈丕显的事，说老同志有情绪。毛泽东只是笑了笑，没当回事。老同志不理解也是正常的。

接着，张春桥使出了撒手锏，详细地添油加醋地汇报了陈毅的"黑话"："陈毅说，延安整风冤屈了许多人，这次文化大革命也将冤屈许多人。他还说斯大林晚年重用赫鲁晓夫，斯大林在世时，赫鲁晓夫吹捧得最起劲，斯大林死后，赫鲁晓夫就焚尸扬灰……"

毛泽东脸上的笑容顿时消失。"斯大林晚年"的曲笔之意，是晚年毛泽东最忌讳的话题，而当时毛泽东重用林彪，有意让林彪来当接班人。延安整风总体上是正确的，但其中也有些彼此心照不宣的敏感问题。

毛泽东被激怒了。

张春桥继续说："总理对《红旗》第13期社论没有送给他看有意见。"

毛泽东说："党章上没有这一条，党报党刊社论要经常委审查！"

……

王力曾回忆过当时的汇报情况，他说："我注意到汇报前面其他情况时，主席光笑。当讲到陈老总发言的时候，主席变了脸，不再笑了。主席开始是当笑话听的，听到这里，板起面孔，从此以后再也没笑。主席以后讲的问题，话都比较厉害。……主席已当成很大的问题了，但还没有发脾气。"

次日，林彪又在毛泽东面前火上浇油。

这天，谭震林给林彪写了一封信，痛斥中央文革一伙。信中写道：

> 昨天碰头会上我是第三次反击，第一次是前天在电话中，第二次是昨天一早写了一封信。我之所以要如此，是到了忍无可忍的地步。
>
> 他们（指江青一伙——作者注）不仅不听主席的指示，还当着主席的面说"我要造你的反"。他们把主席放在什么地位，真比武则天还凶。
>
> ……大批老干部，省级以上的高级干部，除了在军队的，住在中南海的，几乎都挨了斗，戴了高帽，坐了飞机，身体搞垮了，弄得妻离子散，倾家荡产的人不少，谭启龙、江华同志就是如此。我们党被丑化到无以复加了。北京百丑图出笼后，上海、西安照办。真正的修正主义反革命分子无人过问，他们有兴趣的是打倒老干部，只要你有一点过错，非整死你不可。
>
> 我想了很久，最后下了决心，准备牺牲。但我绝不自杀也不叛国，也绝不允许他们如此蛮干。总理已被他们整得够呛了，总理心襟宽，想得开，等候下去。等候，等候，等到何时？难道等到所有老干部下去了再说吗？不行，不行，一万个不行！这个反我造定了。下定决心，准备牺牲，斗下去，拼下去。

林彪看了谭震林的信后，恰好江青来到神秘阴森的毛家湾，向林彪状告"大闹怀仁堂"的老同志。

可以想象，当江青看了谭震林的信后，会是怎样的暴跳如雷。

于是，谭震林的信被立即转送给毛泽东。

林彪还在谭震林的信上批道："主席，谭震林最近的思想意识糊涂堕落到如此地步，完全出乎意料。现将他的信送上，请阅。"

2月19日凌晨，毛泽东召集政治局会议。参加会议的有周恩来、李富春、叶剑英、李先念、康生、谢富治、叶群等。

会上，毛泽东严厉批评"大闹怀仁堂"的几位老同志：中央文革小组是执行八届十一中全会决定的。十一中全会你们都是举了手的，讨论进行文化大革命的决定，你们都是投了赞成票的，为什么现在又反对？文革小组错误是百分之一、二、三，百分之九十七是正确的。谁反对中央文革，我就坚决反对谁！你们要否定文化大革命，办不到！叶群同志，你回去告诉林彪，他的地位也不稳当哩！如果文化大革命失败了，我和他再上井冈山打游击。你们说陈伯达、江青不行，那就改组文革小组，让你陈毅来当组长，谭震林、徐向前当副组长。我和林彪马上走！陈伯达、江青枪毙！康生充军！力量还嫌不够，就把王明、张国焘请回来。你陈毅要翻延安整风的案，全党不答应。你谭震林也算是老党员，为什么站在资产阶级路线上说话呢？

毛泽东这次的确是大动了肝火。据康生后来说："我跟主席这么多年，从来没见过他发这么大的脾气。"

周恩来事先虽有一定的心理准备，但也没料到毛泽东会把话说到这种地步——把话说绝了。他心情十分沉重。

明摆着，如果这时硬要起来论个我是你非，党就要分裂，军队就要分裂，国家和民族将陷于万劫不复之中。

顾全大局，相忍为党。这是当时的历史空间留给周恩来的唯一选择。

这时，必须有人出来承认"错误"，以缓和毛泽东的气头，使毛泽东平静下来。

除了周恩来，没有任何人能够做到。为什么说周恩来在"文化大革命"中起到了特殊的缓冲作用？为什么说周恩来在"文化大革命"起到了他人绝难替代的作用？这就是其中一个生动感性的实例。

周恩来一边劝毛泽东不要生气，一边诚恳地自我检讨，大意是：怀仁堂会议的事，主要责任在我，我作为会议主持人，没有掌握好。会后，几位老同志也感到这样做不对，找我作了检查，我没有及时向主席汇报。他们自己也感到讲了些对不起主席的话，想找个机会当面向主席检讨。

毛泽东的怒气和缓了一些，他说：恩来同志，我建议这件事要开会认真讨论，一次不行就开两次，一个月不行就开两个月，政治局解决不了，就发动全党来解决。

于是，会议决定由周恩来出面主持政治局"政治生活批评会"，对陈毅、谭震林、徐向前等进行批评，陈毅、谭震林、徐向前三人"请假检讨"。陈毅的工作，由周恩来亲自做，亲自找他谈。

从 2 月 25 日到 3 月 18 日，根据毛泽东的意见，周恩来被迫在怀仁堂主持召开了七次"政治生活批评会"。

会上，中央文革一伙扯大旗当虎皮，借机以"资产阶级复辟逆流"（又称"二月逆流"）的罪名对陈毅、谭震林、徐向前等"三老四帅"进行批斗围攻，并把矛头指向周恩来。

康生说："这是十一中全会以来发生的一次最严重的反党事件！是一种政变的预演，一种资本主义复辟的预演！"

江青说："你们的目的就是想为刘少奇、邓小平翻案！保护老干部，就是保护一小撮叛徒、特务……"

陈伯达说："反对文化大革命，炮打以毛主席为首的无产阶级司令部，这是自上而下的资本主义，这是颠覆无产阶级专政！"

……

各种帽子、棍子一齐飞来，什么"俱乐部""黑干将""联络员"等等。由于李富春是协助周恩来处理国务院日常工作的，几个副总理常因工作需要到他家里讨论问题，因此他被诬为"二月逆流"的"俱乐部主任"；协助周恩来抓经济工作的余秋里和谷牧被诬为"俱乐部"的"联络员"。

这样一说，周恩来不就是"二月逆流"的"总后台"吗？

这正是中央文革一伙的险恶用心，由此逼周恩来作检讨。

不得已，周恩来只好自我检讨，检讨自己"在路线斗争问题上不敏锐，迟钝"。

不光自己违心地检讨，周恩来还要说服"大闹怀仁堂"的老同志检讨。

据童小鹏回忆，周恩来当时对几位副总理和老帅们提出："第一，要心安气静，吃好睡好，不要住院，要与他们奉陪到底；第二，要坚守自己的岗位，一定要抓工作，自己的阵地不能放弃，放弃阵地，就是退却、逃兵；第三，该检查的就检查，要讲点策略和斗争艺术，不能匹夫之勇。这样做并不是怕谁，过去打天下时，为了人民，可以把生死置之度外，现在为了把住人民所给的权力，受点侮辱、批判又算得了什么？"

周恩来所选择的斗争道路，从一开始就注定了既是一条充满荆棘和旋涡的艰难之路，也是一条痛苦之路。周恩来是一个非常看重道德人格的政治家，自己有时不得已的违心之举，对他来说是痛苦的；有些人甚至连有些并肩战斗几十年的老同志也对此不理解，周恩来就更为痛苦。但为了党和国家的利益，为了民族的安危与前途，他不得不抛弃个人的荣辱得失而忍辱负重。

老一辈无产阶级革命家大义凛然的二月抗争的失利，使周恩来陷入了更为艰难的处境。

原本可以协助周恩来处理党、政、军、文革工作的几位副总理和老帅失去了发言权，连参加政治局会议的资格也被剥夺了。

原由周恩来主持，几位副总理和老帅及有关负责人参加，处理党和国家大事的中央碰头会被迫中断，由中央文革碰头会取代。

中央文革碰头会虽然还是由周恩来主持召集，但成员多是江青一伙。周恩来势单力薄。

江青一伙公开逼周恩来交权。中央文革碰头会上，江青、张春桥几次公然对周恩来说："主席已经讲过了，文革小组代替了书记处。以后总理要像对待书记处一样对待文革小组。"

在掀起所谓反击"二月逆流"的黑风恶浪之前，江青、张春桥几次提议要把"二月逆流"的材料发下去。毛泽东亮了底："不能发，因为牵涉到总理。"五一节刚过，周恩来给陈毅、谭震林、李先念、余秋里、谷牧（并告李富春）写了一封措辞严厉的"警告"信。

可以这样说，二月抗争的失利，使中央文革从周恩来手中攫取了党和国家的相当一部分权力。

江青一伙还不满足，他们还想打倒周恩来，攫取更大的权力。

3月，江青、张春桥提议要把"二月逆流"的材料发下去，毛泽东没有同意。他们不甘心，又几次提出。最后，毛泽东亮了底："不能发，因为牵涉到总理。"

江青一伙不甘心，通过各种渠道故意把"二月逆流"的材料公之于众，欺骗不明真相的群众，在全国掀起大规模的所谓反击"二月逆流"的黑风恶浪。

3月14日，首都北京街头出现了声势浩大的十万人游行示威。他们高喊"打倒二月逆流的黑干将""打倒谭震林、陈毅、叶剑英、李富春、李先念、徐向前、聂荣臻""揪出二月逆流的黑后台""用鲜血和生命保卫中央文革"等口号，把所谓反击"二月逆流"推向了第一个高潮。

面对所谓反击"二月逆流"的黑风恶浪，在极为艰难的处境下，周恩来竭尽全力，保护所有与"二月逆流"脱不了"干系"的老同志。

谭震林、陈毅、徐向前被打成是"二月逆流"的"黑干将"，受到最严重的批判和冲击。周恩来对陈毅、徐向前的保护，在本书的其他章节另有叙述，这里仅说说对谭震林的保护。

当时任中央警卫局负责人的李树槐曾回忆说：

> 1967年批所谓"二月逆流"之后，一次，一批红卫兵聚集在中南海的西大门，叫喊要抓谭震林，把大门敲得咣咣响。我那天正好值班。在八九点钟的时候，他们把大门冲开了，人也冲了进来。我们派了一个连在门口堵住，使他们不能再往里进。我打电话向总理请示，总理说，你让那个头头接电话。总理问他叫什么？能否负责？那人说能。总理就对他说：马上把人都撤出中南海去，如果撤不走出了事，你要负完全责任。下午3点，把你们的负责人都找来，我在西花厅接见你们。结果这人连大气都不敢出，放下电话吹起口哨，大喊向后转，把人都撤出去了。下午3点，总理真去接见他们，我也跟去了。总理对他们苦口婆心讲了半天，最后才把问题解决了。

当时担任周恩来卫士的乔金旺谈到了周恩来保护谭震林的另一个细节：

> 一次，在人民大会堂批谭震林。一开始，造反派倒还守规矩，可中间总理有个电话，离开会场去接电话。造反派一看总理走了，就上了台，开始动手动脚，又是让谭震林低头，又是让哈腰。总理接完电话回来一看，很生气，批评造反派说："你们这像什么话！我们事先

达成协议了嘛，不许搞体罚，不许侮辱人格的嘛！我还在场嘛！"慑于总理的威严，造反派只好从台上退了下去。

对因"二月逆流"受冲击的李先念、余秋里、谷牧等人，用周恩来自己的话说，是"再三地保"。

3月21日凌晨，周恩来接见财贸系统的造反派。

一造反派提出："我们要把炮轰李先念的大字报贴到街上去。"

周恩来气愤地回答："你如果非要问我，我告诉你，我是不主张大字报上街的。但我是难以限制你们的，现在是大民主嘛！现在街上许多大标语，并不都是我同意的。李先念是国务院副总理，中央还信任他嘛。你们总说我和中央文革的口径不一样，就是不一样嘛！财贸口要开李先念同志的检讨大会，我一定要参加。"

同日晚上12时，周恩来接见邮电部、交通部、铁道部群众组织代表和各部党组成员。

有群众代表问："外面大街上贴出了打倒余秋里、炮轰谷牧的大标语，这是怎么回事？请总理解释一下。"

周恩来说："群众写大字报嘛，我怎么好下命令叫群众不要写呢？有些口号我不能干涉，但我是不同意的。有些口号绝对化。有人也贴我的大字报。只要是善意的，即使有些过头也不要紧。蒯大富也贴过我的大字报嘛！"

又有代表问："有人说李先念、余秋里、谷牧不是毛主席司令部的人，我们搞不清楚。"

周恩来说："不是毛主席司令部的人，我今天能够带他们到这里来开会吗？要实事求是，不能像外国记者那样去相信外面的大标语。"

"对他们的错误可以批判吗？"

"批判错误可以，要打倒他们我不同意。现在有人非要一批就倒，批判不一定就要打倒嘛！"

4月6日，周恩来接见要揪斗余秋里、谷牧的国家计委、经委、建委的造反派代表。李富春、李先念、余秋里、谷牧都参加接见。

经委的"遵义公社"代表提出："目前经委斗薄一波斗不起来，阻力来自余秋里和谷牧。我们认为，要斗倒薄一波，先要斗倒谷牧、余秋里。"

周恩来回答说："你们说要斗倒薄一波，必先斗倒谷牧、余秋里，这个逻辑是不通的。"

计委造反委员会的代表说："我们也认为斗争薄一波的阻力来自余秋里、谷牧，余秋里、谷牧是斗争薄一波的绊脚石。薄一波的爪牙都是余、谷包庇的。"

"你们这样搞，开会我不能去。"

计委的造反派又说："余秋里的检讨至今一个字也没有。"

周恩来说："他现在身体不好。身体不好就写不好。谷牧、先念同志的检讨也放在我这里。"

周恩来接着从肯定成绩入手充分肯定余秋里，说："17 年的建设和革命一样，主流同样是毛主席的革命路线。1965 年搞的 1966 年计划，是小计委主持计委工作的主要成绩，不能否定。苏联撤走专家，三年困难时期，调整、巩固、充实、提高，主席提 5 年为期，结果 3 年就实现了，编制了第三个五年计划。你怎能说成绩不是主要的？余秋里是毛主席提出来的，你总不能说毛主席选将选错了吧！"

周恩来这一招的确厉害，问得造反派哑口无言。

周恩来最后说："余秋里、谷牧的材料先给你们，让他们再准备一下，然后再去检讨。他们还要工作。你们看经济战线上抓工作的现在连我一共只有 5 个人嘛！把你们提拔上来能行吗？"

在此后的一次接见财贸口群众组织代表的大会上，周恩来对不听劝阻，执意在天安门召开所谓"打倒大叛徒头子李先念"大会的造反派头头，进行了严厉批评。他说：不能造这个谣，我要辟谣。这不是打倒、炮轰的问题，是关系世界的大事。我倒不担心李先念同志，他 59 岁了，总是奋斗一辈子，打了一辈子仗。过雪山一、四方面军会合时，毛主席一眼就看出这个同志有政治头脑，年轻优秀。我奉劝有些人不要把派别斗争联系到抓叛徒的问题上，这个很危险。你抓一个，我抓一个，砝码不断增高，这是赌博式的危险的作风，不是主席的作风，不是实事求是的作风。

周恩来的最后这几句话，也是对江青一伙出于其不可告人的目的，操纵红卫兵以抓"叛徒"的卑劣行径，打击迫害老干部的严厉谴责。

对因"二月逆流"受冲击、批判的老同志，周恩来除了直接出面力保外，还通过各种途径将这些老同志的"错误"淡化，并抓住一切机会创造条件，让这些老同志"过关"。

4 月中旬，中共中央召开军委扩大会议。

会前，周恩来找徐向前、叶剑英、聂荣臻三位军委副主席商量，说由于"三支两军"是仓促上阵，大家没有思想准备，没有经验，难免犯错误。这次开会，就着重总结前一阶段的经验教训，以利改进工作，不辜负毛主席的期望。会议不要追究个人的责任。

然而，林彪、江青一伙在会上煽风点火，批判所谓"带枪的刘邓路线"，再一次围攻参加"大闹怀仁堂"的老同志。

就在林彪、江青一伙对这些老同志的"错误"无限上纲、妄加罪名时，4月24日，周恩来参加了军委扩大会议。在他亲自起草的讲话提纲中，把"二月逆流"写为"二月的乱子"，认为此事"错在对群众的关系上"，"主观上是拥护主席"，"想搞好，但立场有时没有站对，思想方法旧，所以连犯错误，我们应该给以帮助"。"几位同志（指参加"大闹怀仁堂"的老同志）的自我批评，也算是一种经验的总结"，"希望你们既能沉得住气，知错就改，又能勇于负责，把各地无产阶级文化大革命推向前进"。

当然，周恩来对这些老同志能够得以保护，毛泽东的默许和支持是至关重要的条件。

周恩来知道，毛泽东虽然严厉地批评了"大闹怀仁堂"的老同志，但对他们还是有感情的，绝无打倒之意。

4月29日，"文化大革命"开始后的第一个五一国际劳动节前夕，毛泽东在人民大会堂118室召集周恩来和被指责参与"二月逆流"的老同志李富春、陈毅、谭震林、徐向前、叶剑英、聂荣臻、李先念等开了一个团结会。

关于这个团结会存在不存在，目前党史界还有争议，说法不一。有的说有这么一个会，有的认为没有这么一个会，还有的干脆回避这个问题。

笔者根据有关档案材料和最近有些老同志的回忆，专此作了一些考证。

"文革"期间在李先念同志身边任秘书的蒋冠庄、郝志学回忆："4月30日晚，毛主席在比较了解怀仁堂会议的实情后，曾把'二月抗争'中的几位老同志找在一起，表示不要再讲二月逆流了，说他们是搞阳谋，不是搞阴谋。"

1959年到1972年在陈毅身边任秘书的杜易回忆说："1967年4月29日下午3时至5时，毛泽东邀请周恩来、李富春、陈毅、叶剑英、徐向前、聂荣臻、谭震林、李先念、余秋里、谷牧等到他的住处聚会。这是毛泽东2月给陈毅回信说'见面有期，少安毋躁'以来，陈毅同毛泽东第一次见面。"

查1967年周恩来的工作台历，有这样的记载：4月29日下午3时，主席在

118 开会。

据此，笔者认为：团结会是存在的，只是时间不是一般所认为的 4 月 30 日晚上，而是 29 日下午，地点不是在中南海毛泽东的住处，而是在人民大会堂 118 室。

团结会意味着毛泽东对"大闹怀仁堂"的老同志的气头已基本过去了。

五一节在即，按惯例，在京的党政军领导人在五一节那天要登上天安门"亮相"，与首都人民同欢。在当时那种特殊岁月的氛围里，这样重大的节日能否有资格上天安门，成了判定某个人有无"问题"的显著标志，关系重大。一般来说，这个人能参加这类活动，名字一见报，就意味着此人政治上没什么问题，不在打倒之列。

周恩来抓住团结会的机会，草拟出五一节上天安门观礼的党政军负责人名单送毛泽东批准，所有因"二月逆流"受指责的老同志都在这名单之中。

5 月 1 日晚上，这些老同志都登上了天安门，与毛泽东等一起同首都群众欢度五一节。次日的《人民日报》作了报道。

尽管这样，这些与"二月逆流"有关的老同志还是被认为犯了严重的错误。

在毛泽东的心中，那些"大闹怀仁堂"的老同志还没有回到他们"大闹"前在他心目中的位置。

据 5 月 2 日的《人民日报》报道：5 月 1 日中午 12 时半，毛泽东和林彪乘坐敞篷汽车来到劳动人民文化宫，而后又来到中山公园，同首都三百万群众，一起欢度五一节。在毛泽东和林彪乘坐的敞篷车后面，分乘三辆敞篷汽车的还有周恩来、陈伯达、康生、李富春、谢富治、萧华、杨成武、粟裕、江青、王力、关锋、戚本禹、叶群等。

"大闹怀仁堂"的一些老同志没能与毛泽东一起游园。

对此，王力是这样分析的："五一节上午，主席在劳动人民文化宫集合了几个人——林彪、周恩来、陈伯达、康生、李富春、江青、王力、关锋、戚本禹、叶群（张、姚被主席派到济南去了），坐敞篷汽车见群众，因为事先没有布置，人太挤，汽车开进中山公园就被包围，无法继续前进，就回来了。主席不要其他常委和政治局委员参加，以上面这些人作为无产阶级司令部的代表。主席那时一面叫一些老同志上天安门，一面又怕模糊了'界限'，另搞了这个。"

王力的分析权且仅作参考。但是，从当时的局势来看，毛泽东虽然与"二月逆流"的老同志开了团结会，但前景却并不太乐观。

这种局势的微妙和复杂，有些老同志可能未必明白，但周恩来看得比较清楚。

因此，5月5日，五一节刚过，周恩来给陈毅、谭震林、李先念、余秋里、谷牧（并告李富春）写了一封措辞严厉的"警告"信。

信中说："五一团结，不要又造成你们五位同志的错觉"，重犯过去"错误"，否则，"那就又要来一个新的反复"，甚至"走入绝路"。"专此警告，勿谓言之不预。"

周恩来所写信"警告"的这5位老同志正是没能参加五一节上午毛泽东召集的游园活动的老同志。

周恩来的这封信，类似前面提到的周恩来秘书周家鼎回忆的，周恩来在"文革"开始后不久告诫副总理和老帅们说话要小心谨慎、不要让人抓住把柄的那封信。

仅此，周恩来对这些老同志的呵护跃然纸上，可敬可叹。

王力对毛泽东当时复杂心情（既让这些老同志上天安门，又没有把他们完全放入到"无产阶级司令部"）的推测，昭示了林彪、陈伯达、江青、康生、张春桥、姚文元一伙的内心盘算。

周恩来对这些老同志的担心和忧虑所针对的也正是林彪、江青一伙的心理盘算。

后来的事实证明，周恩来的这种担心和忧虑并非多余。

1968年10月，八届十二中全会召开之际，林彪、江青一伙重又煽起批判"二月逆流"的黑风，并在会上围攻、批斗参加二月抗争的老同志。谭震林连参加会议的资格都被取消了。

1971年11月14日，林彪事件整整两个月之后，毛泽东接见参加成都座谈会的李大章、张国华等。当叶剑英走进会场时，毛泽东指着他对到会人员说："你们再不要讲他'二月逆流'了。'二月逆流'是什么性质？是他们对付林彪、王（力）、关（锋）、戚（本禹）。那个王、关、戚和'五一六'，要打倒一切，包括总理、老帅。老帅们有气嘛，发点牢骚。他们是在党的会议上，大闹怀仁堂嘛！"

1981年3月18日，邓小平同《关于建国以来党的若干历史问题的决议》起草小组负责人谈话时说："所谓'二月逆流'，不是逆流，是正流嘛，是同林彪、'四人帮'的反复斗争嘛。"

从这个意义上说，陈毅、谭震林等是二月正流的"红干将"，周恩来则是名副其实的二月抗争的"红后台"。

10 在"七二〇"事件前后

林彪、江青合谋，武汉三镇刀光剑影。周恩来急赴武汉稳大局，飞机上坐满了荷枪实弹的警卫团官兵。

受命赴武汉

1967 年 7 月 13 日，毛泽东在人民大会堂 118 厅召集在京的中央政治局委员和中央文革小组成员开会。

散会后，在回家的路上，周恩来对警卫员高振普说："毛主席要去武汉看看，准备再去长江游泳，会上决定让我先去一趟。你们也准备一下。"

高振普意识到这是叫周恩来为毛泽东去武汉先行安排一下。

在全国处于"文化大革命"的非常时期，人们以对领导人的观点不同而分为不同的派系，派与派之间，人与人之间有着难以调和的矛盾。这种矛盾有时会转化，但多数是随着时间的推移，越积越深，闹得人们互不信任，甚至于家庭分解，夫妻离异。

那时党组织不起作用，政府机关被冲垮，公安机关已瘫痪，是以派代政。

武汉的情况更为突出，"百万雄师"和"三钢、三新"两大派别，主宰着武汉的局面，当地驻军也被卷入。在这种形势下，能不能保证毛泽东在武汉的安全和顺利再游长江，谁也没有把握。毛泽东决定了的事也不会改变。谁能与这两派群众说上话，谁说了话他们才会听，除毛泽东的最高指示，当时就数周恩来了。只有周恩来去一趟，亲自安排，才能确保毛泽东这次行动的安全。周恩来也想借这个机会亲自看看武汉的情况，解决武汉的问题。

14 日凌晨 2 点钟左右，周恩来坐上了空军专机。4 点以前飞机抵达武汉。当时的武汉空军副司令刘丰前来迎接。周恩来一行乘车到达武汉空军司令部时已是早晨 5 点多钟了。天虽已大亮，但官兵们还没有起床。

周恩来到武汉，为何刘丰来接？时任武汉军区司令员的陈再道后来说：

毛主席和周总理到武汉，使林彪、江青、康生一伙极为恐慌。7月13日，总理决定到武汉，中央文革不通知武汉军区，却由吴法宪通知刘丰，说夜里有一架一级专机要到汉口机场降落，让刘丰等人做接机准备。专机具体什么时间到，坐的什么人，都没有告诉。飞机降落后，总理见没有人接他，还以为我和钟汉华同志被造反派弄走了。刘丰把总理接到武空司令部后，总理问刘丰：陈再道、钟汉华到哪里去了？刘丰张口结舌答不出来。总理这才让刘丰通知我们，叫我们赶去。总理到武汉，中央文革和吴法宪把持的空军不通知武汉军区，这是极为反常的。

吃早点时，周恩来只吃了一个用盐水煮的鸡蛋，就由刘丰等陪同去省委招待所（即东湖宾馆）。

时间尚早，路上行人不多，周恩来很快就到了东湖宾馆百花一号楼。这栋楼周恩来过去住过，那是1961年和刘少奇、邓小平同住在这座楼里。

周恩来等走进楼房，服务员三三两两正在聊天，看到总理进来了，他们感到有些突然，看来事先没有接到通知。周恩来主动上前与他们一一握手问候。他们的紧张情绪消除了。他们把周恩来请进了一个会议室，室内很热，高振普看看温度表是34摄氏度，似乎更加感到透不过气来。他看看手表，是早晨8点多钟，心想，早晨8点多钟就这么热，到了中午会热成什么样子啊！问一位服务员有没有冷气，他说发电厂今日不送电，哪里来的冷气，什么时候送电他也不知道。

周恩来召集李作鹏、陈再道、钟汉华、刘丰等还有军区、空军的负责人开会，详细布置了毛泽东来武汉的住地，以及游长江的安全工作。后来周恩来又把宾馆的负责人和服务员叫去，叫他们把梅岭一号的卫生搞好，房间布置好，准备迎接毛泽东的到来。周恩来一再要求他们不能有派性，要把工作想得周到，安排得细致，要绝对保密，不能出问题。

下午5点钟，周恩来到梅岭一号亲自查看为毛泽东准备的房间。

他看到守卫在门外的哨兵已被汗水湿透了衣服，便握着哨兵的手说："你辛苦了。"哨兵激动得一时说不出话来。

周恩来又关切地说："你可以站在阴凉处有风的地方。"

哨兵急忙回答："谢谢总理，我不热。"

周恩来走进房间。

房间内都是按毛泽东的习惯布置的，很多东西都是毛泽东过去来时用过的，就是室内温度太高。毛泽东是晚上九点多钟到，如果房内温度太高，就不能住这里，只能住在火车上，周恩来当时也作了这个安排。周恩来对驻军的负责同志说："你派人去电厂，了解一下停电的原因，告诉电厂，就说是我在武汉，请他们尽快排除故障，恢复向这个地区供电。"

电厂负责人听说周总理来到武汉，要他们供电，很快答应晚8点可以排除故障，准时送电，请总理放心。六点多钟，电厂提前送了电。

周恩来在武汉，不顾天气炎热，带领武汉军区、武汉空军以及武汉航运的负责同志，亲自到长江岸边察看地形，确定下水地点、游泳时的路线和在什么地方上船等，分析会出现的问题，对应采取什么抢救措施等都作了很细致的安排。他指定气象部门掌握这几天的天气情况，及时通报，还用了很多时间约地方省、市、军区的领导同志开会，了解武汉的情况，研究武汉的问题。

陈再道回忆说：

> 7月15日开始至18日，总理召集武汉军区领导同志和驻汉师以上支左单位负责同志开会，连续四天听取我们的汇报。这个会议谢富治、王力一直参加，杨成武、余立金、郑维山以及李作鹏、刘丰和作战部长们也断断续续参加了。18日下午，总理作了总结讲话，大意是：军区支左有错误，甚至很严重，但责任由军区主要领导同志来承担。建议陈再道、钟汉华同志主动承认支左犯了方向路线错误，给工总平反，迅速放掉朱鸿霞，支持造反派。工总起来之后，可能对百万雄师进行报复，这个工作由中央来做。军区要对部队进行教育，群众组织都要进行整风，好好学习。总理在讲话中肯定了军区抓革命促生产的成绩，并且为军区承担责任，说我们解散工总，是受了他一次讲话的影响。这个总结讲话的提纲，据说是总理亲自拟的，并且送主席审阅过。当时，我们没有体谅总理的难处，不承认犯了路线错误。总理苦口婆心地说：文化大革命是史无前例的，没有经验，因此犯了错误。错了就检查，

就改正，改了就好。要你们承认错误，写检讨，是为了保护你们，不是为了打倒你们。总理为了消除我们的顾虑，在汇报会召开之前，就告诉钟汉华同志说：主席临动身时讲了，要到武汉去，保陈再道去。"

7月17日晚，周恩来对身边的工作人员说："这里的工作都安排好了，我们可以回去了。"说完他轻轻地舒了一口气。

7月18日上午，周恩来回到北京。

再赴武汉稳大局

7月20日下午，周恩来在钓鱼台16楼开会。16楼是当时中央文革碰头会的会址。

三点多钟，高振普在西花厅接到卫士长张树迎的电话："你赶快准备行装，再陪周恩来去趟武汉，一会儿总理回来见一下邓大姐就走。你先报告大姐。详细情况回来再说。"

高振普报告了邓大姐。大姐听后也很着急，说是刚回来怎么又去？是毛主席在武汉有什么事？她怪小高没在电话里问清楚。

不一会儿，周恩来回来了，邓大姐跟着周恩来走进办公室。周恩来向大姐交代了几句，就带着工作人员乘车去了西郊机场。

机场上停着待飞的三架飞机，有一架是周恩来经常坐的飞机，另外两架已关上机舱门，机舱内坐满了中央警卫团的官兵，他们是奉命随周恩来去武汉执行保卫毛泽东任务的。

周恩来的座机的前半部，也都坐满了荷枪实弹的中央警卫团的战士们。看到这种场面，高振普真是有些紧张，不知武汉发生了什么事。

飞机很快起飞了，张树迎对高振普说了武汉发生的事情：谢富治被围攻，王力被抓走，毛泽东的游泳计划也被迫取消。总而言之，武汉很乱。中央对毛泽东的安全很不放心，所以还是请周恩来去一趟，把毛泽东接出来。

飞行了大约40分钟，机长向周恩来报告，接地面报告，武汉的大街已贴出了欢迎周总理亲临武汉，解决问题的大标语，同时说，王家墩机场跑道上，停放着好多辆满载红卫兵的卡车，飞机无法着陆，只好改降备用的山坡机场。

周恩来说："到时看看再说。"

飞临王家墩机场，飞机降低了高度，机长看到机场跑道上的人群像一条长龙，只好改降山坡机场。这是一个军用机场。飞机着陆后，没有合适的梯子，周恩来只好从飞机自带的小梯子上走下来。他没有进休息室，说是要先打个电话。机场负责人把他引进一个帐篷，里面有一部军用手摇电话机。他让那位负责人要通了刘丰的电话，询问了一些情况，同时了解到王家墩机场的群众还没有离开。

一位同志为周恩来送来了一杯开水。周恩来接过杯子想喝，因水太热不能喝。高振普赶忙接过水杯，又要了一个杯子来回折，这样水会凉得快一点。周恩来指着同来的中央警卫团的战士，对那位机场负责人说："给战士们搞点水，要凉一些的。"

战士们站在飞机的一旁。他们的衣服被汗水浸透，有的脱下军帽在扇风。

机场负责人立即派人去搞水。

十几分钟后战士们就喝上了汽水。

刘丰等从王家墩机场赶到山坡机场。周恩来与他们商量进城的办法。他们不同意坐汽车，理由是路途太远，更不同意调直升机来，因为武汉很久没有直升机飞越上空了，万一有人在下面开枪，就会危及生命安全。

周恩来说："先休息一会儿，等天黑下来再说。"

太阳渐渐落下山去，但天仍是亮的。周恩来走出帐篷，坐在一个板凳上，一边摇着扇子，一边向机场负责同志了解他们的生活训练情况。天不作美，一点风都没有，加上着急，在场的每个人都像洗过澡一样。

电话铃声打断了他们的谈话。电话是王家墩机场打来的，说是那里的人们已离开机场向城里的方向去了，飞机可以降落了。周恩来听后很高兴："全体登机，返回王家墩机场。"

王家墩机场休息室里已坐满了人，他们向周恩来详细报告了7月20日发生的事件的经过：7月20日凌晨，满载红卫兵的十几辆卡车，冲进了东湖宾馆的大院，他们很快涌向谢富治住的百花二号楼。王力等也住在里面。

谢富治、王力等是从重庆来的，他们是以中央文革成员的身份来武汉的。在一次接见红卫兵的集会上，他们对问题的表态倾向性地支持了"三钢、三新"派，压制了"百万雄师"派。这一派的红卫兵就冲进了东湖宾馆，要找谢富治、王力辩论。他们对王力在华中工学院的讲话中明显的支持一派、压制一派的做法极为不满，要他们重新表态。这派群众冲进了楼房，拥挤着把谢富治与王力分开，谢富治被挤到一个房间，混乱之中，他们抓走了王力。陈再道后来回忆说，是军队造反派抓走的。

看样子他们是有目的地只抓王力，如果想抓谢富治也不成问题，大概因为谢富治是国务院副总理，怕把问题搞得太大。

王力是中央文革小组的主要成员。王力的被抓，惊动了中央文革小组，中央文革小组在北京紧急开会，研究武汉发生的事情。他们把围攻谢富治、抓走王力视为对中央文革的态度，是对中央文革的攻击，是明目张胆地反对中央文革。反对中央文革就是反革命。"百万雄师"被中央文革定性为反革命组织，黑后台是军区司令陈再道、政委钟汉华。他们把矛头指向军区。

这样做使武汉的局势更加动荡不安，两派斗争更加尖锐，敌对情绪不断升级。武汉三镇像开了锅，数百辆卡车满载着工人、农民、学生和一部分解放军官兵，分成几路涌上街头，举行大规模示威，武汉形势急剧发展，孕育着一场不可估量的武斗。毛泽东在武汉的工作和安全都受到严重威胁。

把毛泽东从武汉安全接出来的重任，很自然地又落到周恩来的肩上。当时，也只有周恩来才能说服那派群众把王力放出来。周恩来到武汉去这一行动本身，也可以使那里的群众情绪稳定，有利于缓解矛盾，所以周恩来再去武汉是十分必要的。

周恩来不能停留在机场，要尽快去见毛泽东。在场的同志认真地研究着周恩来怎么由机场去宾馆的事情。城里交通很乱，曾发生过一位军区负责同志乘坐吉普车时，被手持长矛的人捅了一下的事情。幸而长矛从这位同志腋下穿过，没有伤着他。他们为周恩来进城的安全担心，一时想不出好办法。

周恩来很果断地说："天黑下来后，坐吉普车进城。"

为了缩小目标，周恩来指定成元功、张树迎、乔金旺、张洪德和高振普几位负责安全的同志及医生张佐良、护士许奉生跟他分乘两辆吉普车，由空军的一位作战科科长带路，先行进城，其他人员半小时后再走。

天黑下来，两辆吉普车飞快地向城里开去。武汉市区的秩序确实混乱，不时看到被打碎玻璃的公共汽车横在马路上，成群的人手持长矛在马路上走来走去，好像在寻找出击的目标，口号声、高音喇叭的呼叫声震耳欲聋。

东湖宾馆的一号楼内，谢富治和当地的负责同志，以及随谢富治去的全国有名的北京院校的造反派头头已等在那里。他们看到总理到了，都抢着向总理叙说7月20日的事情。

周恩来先招呼几位负责同志到了一个小会议室，研究确定了保证毛泽东安全离开武汉的详细办法，对毛泽东出发的时间，乘坐什么车辆，行车路线以及由哪些人负责护送，都作了周密细致的布置。会议结束后，周恩来去看毛泽东，当面报告了请毛泽东离开武汉的安排。毛泽东接受了周恩来的建议，决定当晚乘专机离开武汉去上海。

周恩来在百花一号楼约请当地各方面的负责人开会，指出：抓走王力更会引起武汉两派的严重对立，把问题搞得更加复杂化，以后会围绕着抓王力事件展开无休止的争论。最后，周恩来请军区的同志劝说抓王力的那派群众，尽快把王力放了。

周恩来之所以这样做，是因为他一心想把武汉的局势稳定下来。

卫士虚惊一场

毛泽东乘飞机离开了武汉，周恩来才松了一口气。这时有人报告说，王力已被放了出来，被转移到空军的山坡机场。

此时，已是凌晨两点多了。周恩来对工作人员说：事情都已解决，我们休息一下再走。周恩来上床休息。张树迎、高振普、乔金旺三个人守在房外警卫，很快就听到周恩来的鼾声。

突然，楼外传来了一阵嘈杂声。张树迎他们忙向外张望，楼外的路灯较暗，透过窗子可以看到院内有很多人在走动，还有人在搬梯子。他们三人原有的睡意，被这出乎意料的行动惊跑了。可能是职业的本能，他们误以为是被人包围了，就作了最坏的准备。

张树迎急切地对高振普说："小高，下去看看。"

高振普警惕地来到楼下，看了看，不像是有人包围他们，就上前问个究竟。

原来是毛泽东离开武汉时专门留下十几名战士保护周恩来。他们在清理楼房外的场地，把梯子搬到离楼房较远的地方。

一场虚惊过去了，周恩来已睡了两个多小时。按照睡前的约定，张树迎他们把他叫醒。

他们向周恩来坦白地说："总理，我们晚叫了您10分钟。"周恩来笑了笑问他们："你们三个都没睡呀？"

"回北京一块睡吧。"

周恩来问："你们都准备好了吗？"

"准备好了，现在可以走了。"

天还没有亮，周恩来等仍由空军那位作战科科长带路，按原定计划，先去山坡机场，接上王力一起走。这是周恩来得知王力被放出后，为防止再生事端，亲自布置的。

经过两个多小时的行驶，他们在天亮时到了山坡机场。王力已躺在一个房间里，这个中央文革小组的成员，也自食了他们一手炮制的"文攻武卫"的味道。只见他身上多处被扭伤，一只脚腕肿得很粗，护士们正为他敷药。

王力看到周恩来来了，有些激动，起身与周恩来握手，向周恩来叙说被抓挨斗的经过。

周恩来说："现在事情都已解决，今天可以回北京了。"王力由护士和几位战士抬着上了飞机转到王家墩机场。

7月22日下午4时40分，周恩来离开了武汉，并先行到达北京的西郊机场。只见机场上站满了欢迎的群众，原来是中央文革安排欢迎谢富治、王力等人的。群众看到周恩来走下飞机，以高昂的口号声迎接周恩来。

几分钟后，谢富治、王力的飞机降落了。王力被扶着一拐一拐地走下飞机，这扭伤的脚变成了王力这个"英雄"的"资本"。

周恩来拖着疲乏的身子回到了西花厅。

事情并未结束

周恩来拖着疲乏的身子回到了西花厅。但"七二〇"事件并没有结束。

按照周恩来的想法，是想让"百万雄师"、武汉军区及其他群众组织各派代表来京商谈，进一步解决武汉的问题。

在临回北京的那天下午，周恩来在王家墩机场召集武汉军区副政委叶明、武汉军区副司令员孔庆德及李作鹏、刘丰等人开会，要叶明、孔庆德暂时主持武汉军区的工作，并要叶明、孔庆德转告陈再道和钟汉华：要赶快表态，争取主动，这样我才好说话。

周恩来还特意当着刘丰的面交代说：武汉空军仍是双重领导，要听军区的话，不能随意表态。

显然，周恩来没有把"七二〇"事件看成是"反革命政变"，更没有把陈再道、钟汉华看成是"罪魁祸首"。

然而，就在周恩来回京的当天晚上，林彪亲自主持会议，中央文革全体成员参加，听取谢富治的汇报。会上，林彪把"七二〇"事件定为"反革命暴乱"，陈再道、钟汉华是"主谋"。接下来的事，陈再道事后有详细的回忆：

> 林彪的决定，把总理处理"七二〇"事件的打算全部推翻了。
> ……
> 7月23日凌晨3点钟，我们收到了林彪以中央名义调我们进京"开会"的电报。5点20分，中央人民广播电台连续三遍播放谢富治和王力"胜利回京"的消息。尽管如此，武汉军民声讨王力的游行队伍还是连绵不断。当二十九师师长率领两卡车战士护送我们去机场时，见战士们佩戴着"百万雄师"的袖章，振臂高喊着"打倒王力"的口号。一路上通行无阻，顺利地到达了机场。我们到了之后，牛怀龙、蔡炳臣（独立师政委）、巴方廷（武汉市人武部政委）和其他进京"开会"的人也陆续到达，一共是15人。刘丰这天进进出出，发号施令，已经俨然是一个了不起的人物了。他规定我们不准离开屋子，并且召集我们的秘书、保卫干事开会，要他们和我们划清界限，对我们采取一定的防范措施。实际上是把我们软禁起来了。
> 7月24日凌晨3点多钟，我们飞抵北京，住进了京西宾馆。总理交代宾馆的工作人员：要严守纪律，注意保密。为了保护我们，总理还下令给京西宾馆增派了警卫部队。但是，林彪、江青一伙，又策划了新的阴谋。我们一到，吴法宪就找到刘丰，对他说："你们这次要旗帜鲜明，狠斗他们！"上午，北京文艺口的造反派冲进京西宾馆，要"找

陈再道辩论"。我们刚住进京西宾馆，造反派就知道了，并且冲了进来，这显然是有预谋的行动，傅崇碧同志派人把我们藏进电梯，熄了灯，让电梯悬在半中腰。总理知道这个情况后问傅崇碧同志，这样保不保险，有没有办法叫造反派退去？傅崇碧同志说，造反派不听我的，我没有办法了，看谢富治有没有办法。总理找到谢富治，要他动员造反派撤出京西宾馆，负责保证我们的安全。总理声色俱厉地对谢富治说："我不管了，如果他们出了问题，你们去向主席交代！"谢富治一出面，造反派很快就撤走了。总理这天上午还打电话给吴法宪和戚本禹，要他们分别去做三军造反派和文艺口造反派的工作，不要冲击京西宾馆。戚本禹接到总理的电话后，马上打电话给吴法宪，说："总理的指示不好办！"根本不做工作。而吴法宪则告诉总理，说他接到电话后，找了三军造反派的头头，做了工作，但三军造反派不仅不同意总理的意见，反而要求总理把陈再道、钟汉华等人交给三军造反派批斗。

7月26日上午，我们接到通知，说下午召开扩大的中央常委碰头会。

扩大的中央常委碰头会在京西宾馆第一会议室召开。名义上是讨论问题，实际上是斗争我们。会场有意布置过，武汉军区的位置分成三排，面朝会场，斜向主席台。我和钟汉华、牛怀龙、蔡炳臣、巴方廷五人指定在第一排"就座"，但只准站着，就和接受审问一样。参加这次会议的有：中央政治局委员，中央文革成员，各总部、军兵种负责人和各大军区、省军区在京的负责人。整个会议室坐得满满的。

会议开始，谢富治首先发言说："七二〇"事件是陈再道一伙操纵独立师、公检法、人武部和"百万雄师"搞的"反革命叛乱"，矛头是对准毛主席、林副主席和中央文革的。

谢富治讲完，吴法宪发言。这天早上四点多钟，叶群打电话给吴法宪，要他开会之前同张秀川串联一下，发言时一定要"涉及"徐帅，同徐帅划清界限，让徐帅对"七二〇"事件表态，把揪徐帅的"旗帜"抢到手，不要为三军造反派抹黑。吴法宪受到指使，气势汹汹地说：陈再道是武汉"反革命暴乱"的罪魁祸首，是镇压革命、屠杀革命群众的刽子手，是刘邓的打手、干将和帮凶，是刘邓复辟资本主义的急先锋。陈再道同贺龙、陶铸、刘志坚都有密切关系，是中国的苏哈托，是现在的张国焘，是钻进革命队伍里的蒋介石，是解放军的败类。蒋介石办不到的事情，陈再道办到了。陈再道盘踞的武汉军区是个奸贼窝。……吴法宪的话完全是信口胡说，总理三次打断他的话，要他讲主要的，但他仍然滔滔不绝，并攻击徐帅说：徐向前早在2月份就给陈再道打包票，说陈再道不是三反分子，有错误也打不倒。武汉问题，徐向前是要负责任的，这个责任应当追究。徐帅听到这里，气愤地站起来，说：这个话我讲过，是根据当时的情况讲的，如果有出入，可以调查了解嘛！说完，徐帅写了张条子递给总理，愤然离开了会场。据说陈毅和谭震林同志没有发言，也是中途离开会场的。

会上，我申辩说：如果搞兵变，我总不能没有几个人，总不能不开个会吧？说我搞兵变，可以找人对证嘛！吴法宪不等我把话讲完，领着刘丰和几个打手冲过来，抓掉我们五个人的领章帽徽，拳打脚踢，不许我们讲话。会议中间休息时，受到指使的一些不明真相的服务人员对我们进行武斗。总理在休息室听了秘书周家鼎同志的报告，气愤地说："真是荒唐！"并且跑着赶了过来，想制止他们，但这时人已经溜掉了。总理后来批评吴法宪搞武斗不对，而江青却表扬吴法宪，说"吴法宪是造反派，有造反派的精神"。中央常委的扩大会议搞武斗，这在党的历史上是空前的。

由于林彪一伙对武汉"七二〇"事件的阴谋诬陷，社会局势进一步剧烈动荡。中央文革又趁机打出了"揪军内一小撮"的旗号，鼓动红卫兵和造反派到处"揪陈再道式的人物"，军队受到严重冲击。

周恩来的处境更加艰难了。

11 敲掉江青的"车""马""炮"

周恩来决计打掉江青的"车""马""炮",紧急召见杨成武。毛泽东说：王、关、戚不是好人。钓鱼台里风云突变,中央文革元气大伤。

给狂妄的中央文革一个打击

"文化大革命"中,有一个名噪一时而又令一般人闻而生畏的特殊权力机构,这就是中央文革小组。这个由陈伯达、江青、康生掌管,名义上隶属于中共中央政治局常委的特殊小组,实际上掌握着对包括一部分中央政治局委员、常委在内的党政军高级领导干部的生杀予夺的大权。"文化大革命"初期,正是江青等人操纵中央文革小组对刘少奇、邓小平、朱德、陶铸等一大批德高望重的老一辈革命家进行肆无忌惮的污蔑和攻击。

1967年2月"大闹怀仁堂事件"后,中央文革小组实际上取代了中央政治局,更是不可一世,到处煽阴风,点鬼火。

王力、关锋、戚本禹是中央文革的三员"干将",江青手下名副其实的"车、马、炮","文化大革命"中不可一世的风云人物。他们实际上是江青、陈伯达、康生的代言人和代行人,许多江青不便说或不便做的都是由他们去说和去做的。由于他们有中央文革成员的特殊地位,更仗着他们与江青、林彪的关系,在当时的政治气候下,如果要拿掉这三个人,稍有不慎,就有可能被扣上反对毛主席、反对中央文革、反对"文化大革命"的帽子。

"七二〇"事件本来是一件由许多因素所促发而成的事件,其中,作为中央文革小组代表的王力本人有不可推卸的责任。但是,林彪、江青却各怀不可告人的目的,借此大做文章,向武汉军区领导人和"百万雄师"施以高压手段;与此同时,没有什么名气的中央文革成员王力也一时间名声大噪,成了"正确处理"武汉问题的"光荣的中央代表""'七二〇'事件的英雄"。林彪、江青等为王力大肆吹嘘，在天安门广场召开几十万人的欢迎大会，发文章，播放电视，拍摄新闻影片，大造声势。

王力返回北京后，在林彪、江青等人的吹捧下，俨然以"功臣"自居，更加积极地为江青一伙效劳。

武汉"七二○"事件后，林彪、江青一伙没能阻止周恩来安排老帅们出席八一建军节招待会，很不甘心，便又掀起了矛头对准老帅们及军队高层领导的"揪军内一小撮"的恶浪。这其中，又是王力、关锋、戚本禹充当"急先锋"。

7月25日，由关锋执笔、康生审定的新华社新闻稿《首都百万军民集会支持造反派》中，提出了"坚决打倒党内、军内一小撮走资本主义道路的当权派"的口号。8月1日，中央文革把持的《红旗》杂志发表了一篇题为《无产阶级必须牢牢掌握枪杆子》的社论，号召"要把军内一小撮走资本主义道路的当权派揭露出来，从政治上和思想上把他们斗倒"，并说"这是当前斗争的大方向"。社论清样印出来后，王力迫不及待地命令新华社向全国全世界广播。

此后，全国许多地方发生了冲击军事机关的严重事件。

8月7日，王力到北京外国语学院发表了臭名昭著的"八七讲话"。在这个讲话的煽动下，8月16日，外国语学院造反派和外交部造反派夺了外交部党委的大权。

有恃无恐的造反派在夺了外交部党委大权之后，又制造了火烧英国驻华代办处，围攻苏联驻华使馆等一系列严重的涉外事件。

8月22日晚，被极"左"的狂潮支配的外事口造反派以及北京一些高校红卫兵，突破卫戍区人员的防线，开始冲击英代办处围墙。随即，北京外国语学院红卫兵率先突入西墙。22时40分，大批群众组织冲击代办处正门；10分钟后，一些高校红卫兵又越过北墙。不多时，从三面进入英代办处院内的群众已达数百人。

造反派突入英代办处东、西两院后即开始点火。顷刻间，烈焰升腾，东院的门窗、地板、汽车房、油库及7辆汽车均被大火吞噬；西院楼内3个卧室、档案室及2辆汽车也都被烧毁。混乱中，英代办处的多名外交人员从大火中撤出，少数人逃离代办处到附近使馆和公寓避难。经赶来救火的卫戍区消防人员奋力扑救，大火于零时许熄灭。

英国驻华代办处被焚烧，是新中国成立以来发生的最严重的一起涉外事件，给我国的国际声誉带来了难以挽回的巨大损害，成为新中国对外关系史上的一个

"冰点"。

周恩来对这种极端无政府主义的行径表示了极大愤慨。

8月23日凌晨，大火刚被扑灭两个多钟头，周恩来立即紧急召见外事口各造反派组织的头头，代表党中央、国务院向他们宣布：

（一）外交部"夺权"是非法的，不算数的。党中央多次申明外交、国防、财政等大权在中央，不能夺，你们在外交部"夺权"，是目无党中央、国务院。

（二）"打倒刘、邓、陈"的口号是错误的，以"外交部业务小组"的名义向驻外机构散布这个口号更是错上加错。

（三）封副部长办公室，随意点名，发"勒令"，造成数日外交工作失控，甚至"斩而不奏"，这是头脑发热，目无中央，如果再不向你们指出这一点，我们就要犯罪了。

（四）火烧英国代办处一事说明现在已不能控制局势，这是典型的无政府主义，对外关系中的任何大步骤，如提抗议、发警告等，都是应由政府决定的行动，不能由群众说了算。火烧英代办处，就使我们在外交上输了理。

（五）你们中有人"炮打"我，搞我的材料，我不怕被打倒。尽管现在批评你们，但对于这些天外交工作上的失误，还需要由中央负责。这个责任，我是不会推的，要报告主席，我们犯了错误，没有领导好。

就在这次召见中，有些造反派头头仍显得很不服气，他们甚至公开顶撞、打断周恩来的讲话，竟有人抬出王力的"八七讲话"，极力为自己的极端行为辩解、打掩护。

王力的"八七讲话"和外交部造反派的夺权行动，影响到国务院其他各部，北京的形势日趋混乱。

与此同时，中南海内部的造反派与外面的揪刘少奇、邓小平、陶铸大军串通一气，揪斗刘、邓、陶和他们的夫人……

面对这混乱的局势，周恩来感到有点独木难支。他心急如焚。很明显，造反派的这些行动，都与中央文革有着密切的关系，有的就是他们在背后操纵的。

怎么办？

周恩来心里很清楚：中央文革一伙利用毛泽东通过"天下大乱"达到"天下大治"的想法，欲图打倒一切，搞乱一切，乱中夺权。但毛泽东的本意也绝不允许中央文革这样一种极端无政府主义的乱法。乱到什么程度，毛泽东心里还是有考虑的。

物极必反，作恶者必自毙。周恩来决心抓住这一契机，给狂妄的中央文革一个打击，先给王力、关锋、戚本禹一点颜色。

单独召见杨成武

周恩来叫身边工作人员把王力的"八七讲话"的记录稿和关锋炮制的"揪军内一小撮"等材料收集起来。同时，把跟随毛泽东南巡刚从上海赶回北京的中国人民解放军代总参谋长杨成武召来单独谈话。

在谈了各省情况、王力8月7日讲话煽动外交部造反派夺外交部的权、火烧英国代办处、围困中南海揪斗刘少奇等情况后，周恩来忧心忡忡地说："这样下去怎么得了？我担心的是连锁反应。现在一个是中央的领导不能动摇，一个是解放军的威信不能动摇。"

周恩来从桌上拿起装有王力的"八七讲话"和关锋的"揪军内一小撮"等材料的档案袋，郑重地交给杨成武，说："你把这些材料交给主席，并把我刚才所说的情况向主席汇报一下。"

杨成武赶回上海，向毛泽东作了汇报。

毛泽东当时没有表态，只说了句：知道了。

毛泽东整整考虑了两天。他对王力的"八七讲话"愤然批示：大、大、大毒草。

两天后，毛泽东派秘书把杨成武找来，说：我考虑好了，你回去告诉总理，王力、关锋、戚本禹破坏"文化大革命"，不是好人。你单独向总理报告，把他们抓起来，要总理负责处理。你现在就去准备，叫总理马上办。

毛泽东说这些话时很平静。而此刻，他的心情很复杂。

杨成武记了毛泽东的话。临上飞机前，他又到毛泽东处问是否还有别的指示。毛泽东补充说：先抓王力、关锋，把他们分割一下，看戚本禹有无转变。

杨成武乘空军的专机回北京后，直奔中南海西花厅。

周恩来也在焦急地等待着毛泽东的裁决。当杨成武兴冲冲地走进办公室，传达了毛泽东的指示，并做了个抓的手势后，周恩来略为沉思了一会儿，当即果断地说：事不宜迟，马上开会。

8月30日，周恩来在人民大会堂召集中央文革碰头会，宣布了毛主席的命令，当场把王力、关锋隔离审查。以后，又逮捕了戚本禹。

隔离审查王、关、戚，是周恩来同林彪、江青一伙较量的一次阶段性的胜利，迫使中央文革一伙不得不有所收敛。在当时来讲，这是一件绝密级的事。由于种种原因，当时没有对外宣布，在社会上也没引起什么大的震动，一般的人只知道王、关、戚一下子从报纸电台中消失了。但这件事在林彪和中央文革一伙中却不亚于10级地震。因为有毛泽东的"最高指示"，江青也只好"丢车保帅"。更为可笑的是，此时的江青、康生、陈伯达竞相"指责"王、关、戚是"刘少奇、邓小平安插在中央文革的钉子"。

有学者评论说，周恩来将中央文革王、关、戚这几个不可一世的人物果断地实行处置，拆去了中央文革这座"阎王殿"的一角，使江青一伙痛失"车、马、炮"，标志着中央文革这个怪物走"背运"的开始。

四、忍辱负重撑危局

12 忍辱负重斗群贼

> 不分日夜苦撑危局已是不易，还得随时对付来自江青一伙的无端刁难与攻击。周恩来"如履薄冰、如临深渊"，忍辱负重作斗争。

在"文化大革命"十年浩劫中，林彪、江青反革命集团到处煽风点火，篡夺权力。祖国大地顿时沧海横流，风雨如晦，党和国家陷入动乱和分裂的严峻局面。在此关系到党和国家存亡的危急关头，周恩来忍辱负重，力挽狂澜，始终坚持自己的岗位，与党和人民同呼吸共命运，在他力所能及的范围内，尽最大的努力稳定局势，消除动乱。他既要维持国家各方面工作继续运转，又要尽量减少"文化大革命"所造成的损失。这些努力引起林彪、江青一伙的极大忌恨，他们把矛头指向周恩来，对他的攻击和诬蔑不断升级。周恩来与他们作了不懈的斗争。

在工作组存废问题上的抗争

运动伊始，林彪、江青一伙就把矛头指向周恩来。

"文化大革命"开始不久，就发生了"工作组事件"。以往历次政治运动中，党常用派工作组的方法加强领导，发动群众。"文化大革命"初期派工作组，则是维持党的领导和社会秩序所必须采取的措施；在组织上也是符合党的集体领导制度的。这次派工作组到一些单位领导运动，原是中央政治局常委扩大会议的决定，并且事先请示过在外地的毛泽东，征得了他的同意。中央文化革命小组当初不但没有表示异议，陈伯达还当了全国第一个工作组——中央派往人民日报社临时工作组的组长。不久，这事却被毛泽东和中央文化革命小组指责为镇压群众，破坏"文化大革命"，成为刘少奇下台的直接导火线。

决定在"文化大革命"中派工作组，始于 1966 年 5 月 29 日中央政治局常委扩大会。经刘少奇、周恩来、邓小平及有关领导同志研究，决定由陈伯达率工作组去人民日报社，由河北省委书记张承先去北京大学。当时经周恩来向正在杭州的毛泽东请示，获得同意。第二天，又由刘少奇起草，刘、周、邓联名写信给毛泽东书面请示派工作组去人民日报社一事："拟组织临时工作组，在陈伯达同志直接领导下，到报馆掌握报纸的每天版面，同时指导新华社和广播电台的对外新闻。"毛泽东在信上批示："同意这样做。"5 月 31 日，陈伯达率工作组进驻人民日报社。张承先于 6 月 1 日率工作组进驻北京大学，新华社并于 6 月 3 日向全国作了报道。此后，北京和全国各地区陆续派出工作组加强对运动的领导，以克服有关单位正在急骤蔓延的无政府状态和日趋严重的混乱局面。

工作组受到各校大多数师生的欢迎，也遭到少数造反派的反对。由于"文化大革命"本身的不合理性和在中央第一线工作的同志同毛泽东对运动的指导思想有分歧，注定了工作组必然要犯错误。江青和陈伯达、康生一伙这时趁机煽动，从中捣鬼，鼓吹"造反有理""打倒一切"，致使群众在如何对待工作组的问题上，分成了两派，有些学校发生赶工作组的现象。这个时候毛泽东在派工作组问题上的态度有所改变。6 月 9 日，他在杭州忽然对前去汇报运动情况的刘少奇、周恩来、邓小平说："派工作组太快了并不好，没有准备。不如让它乱一下，混战一场，情况清楚了再派。"实际上，这时需要派工作组的地方都已经派去了。

6 月 18 日，北京大学发生了"六一八"事件。这天上午，北京大学几个系的一些学生，将四十多名校、系领导干部和教授带上"斗鬼台"，采取了挂牌子、抹黑脸、戴高帽子、罚跪等极端行动。工作组当即加以制止，扭转了局势。绝大多数师生员工同意工作组的做法，极少数造反派则认为这次事件是"革命行动"。刘少奇于 6 月 20 日将驻北大工作组关于这次事件处理情况的《北京大学文化革命简报（第九号）》转发全国。中共中央的批示说："中央认为工作组处理乱斗现象的办法，是正确的、及时的。各单位如果发生这种现象，都可参照北大的办法处理。"但是，在武汉的毛泽东却认为"六一八"事件不是反革命事件，而是革命事件。毛泽东在工作组问题上的变化，陈伯达和康生、江青是清楚的。这时中央文革小组同刘少奇、周恩来、邓小平等中央领导同志之间在工作组问题上的分歧加深了。

6月20日，即在北京不少院校师生和造反派学生驱逐工作组并已知道毛泽东态度改变了的时候，陈伯达代表中央文革小组在中央政治局常委汇报会上提出一个书面建议，其中说道："建议全国大中学校、机关单位在适当的时候成立文化革命小组，领导文化革命运动。"他主张撤出派到各学校和各单位的工作组。

在工作组存废去留的问题上，与会的大多数同志都不同意陈伯达的意见，会上没有讨论陈伯达的这个建议。

这天深夜，陈伯达气急败坏地回到钓鱼台，谈起此事唉声叹气，满腹牢骚。他说：我这个小组长不能干了。今天晚上邓小平同志主持会议，我在会上写了一个条子，提出取消工作组。他对我的意见根本不理，把字条往旁边一扔，不在会上讨论。我这个组长还怎么当？

陈伯达撤销工作组的意见，以"撂挑子"相威胁的计谋没有奏效，在中央的会议上遭到反对，他并不认输（因为他已摸清了毛泽东的"底"），又在7月13日、19日、22日的中央会议上，连续三次对工作组提出非议。当时与会的大多数人都不同意立即撤出所有的工作组，陈伯达的意见被否决。

毛泽东于7月18日从武汉回到北京后，情况发生了变化。7月24日，他在钓鱼台12楼找中央文革小组成员和大区书记谈话时说："工作组一不会斗，二不会改，只会起阻碍运动的作用。""许多工作组（当然不是一切工作组），都是阻碍运动的，都要把它撤出来。"7月26日，中央政治局扩大会议根据毛泽东的意见决定撤销工作组。

这个时候，江青和康生、陈伯达把派工作组的责任推得干干净净，并把工作组说得一无是处。在中央的会议上，周恩来对派工作组的事承担了责任。他说，派工作组的问题，留在北京中央工作的我们几个人都要负责。他同时保护性地说："工作组绝大多数的干部都是好的。"

江青迁怒于周恩来

在"文化大革命"中，江青一伙始终把周恩来看作他们篡党夺权的巨大障碍。他们强烈反对周恩来的情绪，随时随地流露出来。

1966 年 11 月 12 日是孙中山一百周年诞辰。人民出版社为了纪念这位一代巨人的华诞，重印了 1956 年初版、宋庆龄题签书名的两卷本《孙中山选集》，同时出版新编选的周恩来题写书名的一卷本《宋庆龄选集》，出版社将这两部书各送中央文革小组成员每人一套。11 月初的一天晚上，文革小组在钓鱼台 16 楼开会，办公室趁机发书。秘书刚把《宋庆龄选集》放在江青面前的桌子上，她一眼看到封面上总理的字，就像疯了似的，伸手把书扔到地板上，抬起双脚践踏。她一边用劲踩，一边哎哎不休地说："总理真是！……还给她题字！"同时大肆咒骂宋庆龄，给她乱扣许多大帽子。12 日在人民大会堂举行的孙中山一百周年诞辰纪念大会，江青也拒绝参加。

江青如此咬牙切齿地咒骂宋庆龄并且迁怒于周恩来，绝不是偶然的，可以说既有"积怨"又有"新仇"。

原来，在此以前，毛泽东曾派江青探访宋庆龄，向她解释"文化大革命"。在深受这场浩劫伤害的宋庆龄心目中，江青只是一个"报复心强而又权欲熏心的女人"。这时处于鼎盛时期的江青自命不凡，目空一切，完全采取教训人的腔调，把红卫兵捧上了天。宋庆龄向她建议："对红卫兵的行动应有所控制，不应伤害无辜。"江青的脸立刻沉下来，结果不欢而散。宋庆龄的冷漠和批评，使她不能容忍，时思报复而又受阻于周恩来的"保护名单"（周恩来 8 月 30 日开列的保护干部名单上宋庆龄是第一位）。她对周恩来极力保护宋庆龄免遭冲击极为不满。有一次，在中央文革小组碰头会上，江青曾经放肆地对着周恩来叫嚣："这个你也不让批，那个你也不让斗，你的的确确打击了群众和红卫兵的积极性。"

在那是非颠倒、黑白混淆的年代里，周恩来殚精竭虑，努力保护他所能保护的党内外干部。他以高超巧妙的斗争艺术保护许多人过关，使他们在惊心动魄的风浪里得到安全。至于他极力保护陈毅、贺龙等老一辈革命家的事迹，更是众所周知，令人感动。他在当时环境下做了自己能够做到的一切，挫败了江青一伙打倒一切、改朝换代的险恶阴谋。

挫败江青镇压"联动"的阴谋

"文化大革命"初期，周恩来支持红卫兵西城区纠察队（简称"西纠"），曾派国务院秘书长周荣鑫和纠察队联系，指导他们的活动，动员他们尽力把混乱的局势稳定下来。尽管这个组织如同其他许多群众组织一样，难免在人员上鱼龙混杂，"西纠"及其他地区的纠察队里有人做了些不利于稳定的事，但是总的说来，"西纠"等组织在抑制混乱方面起过一定作用。最初中央文革小组也不反对它的活动。8月6日，最早组织纠察队的西城区和清华附中等学校的红卫兵在天桥剧场开会时，中央文革小组成员全都到会。江青想要拉拢他们，故意和他们套近乎，还曾把几个学校的红卫兵负责人找到一间化妆室里，诡秘地对他们说："你们现在要注意，现在我们站在前台来支持你们，但是背后有人给你们捅刀子。你们要知道，中央内部也不一致啊。"8月31日，林彪还曾戴着"西纠"的红袖章参加毛泽东第二次接见红卫兵的活动。但当他们日益认清了林彪、江青篡党夺权的真面目，组成"联动"（即首都红卫兵联合行动委员会），起来造"中央文革"的反，张贴反对林彪、江青的大标语时，江青一伙就翻脸不认人，站到他们的对立面，残忍地把这些稚气未脱的中学生打成"反革命"，把"资产阶级反动路线"的大帽子扣到这些青少年的头上，并对周恩来进行突然袭击。

12月16日，由江青一伙策动，在工人体育馆召开"北京市中学批判资产阶级反动路线誓师大会"。那天，中央文革小组的几个头头都去参加大会。在这次大会上，江青活像一个泼妇，竟对"小将"们撕破脸皮，破口大骂。她威吓说："对于一小撮杀人犯、打人的、破坏革命的，这样一小撮，我们要坚决地实行专政！"她事先未向周恩来打招呼，突然当场点了国务院秘书长周荣鑫、副秘书长雍文涛和不在场的中央文革小组副组长王任重的名字，诬陷他们是"保守组织"的"后台"，还逼周荣鑫、雍文涛到前台低头认罪，并且指着他们的鼻子说："我希望你们对于青年的、犯了错误的同学们，采取'惩前毖后，治病救人'的态度；对于中年的、老年的，坚决死不回头地执行资产阶级路线的人，斗倒、斗臭、斗垮！"

面对江青的突然袭击，周恩来异常震怒，但仍然尽力克制。人们看到，从来不抽烟的周恩来，伸手拿起一支香烟，默默地抽着，神色十分严峻。主持会议的同学觉察到了会场上的紧张气氛和总理的愤慨。

在陈伯达讲话后，周恩来从容自若地走到台前。针对江青对"西纠"声色俱厉的指责谩骂，他关注地说："总结这四个月的经验，成绩是主要的，新生事物在成长过程中，不可能没有毛病，没有缺点，没有错误。这是事物发展的规律。像一个新生的孩子，刚从胎里出来，毛手毛脚的，长一个疮呀，长一个包呀，把它割去就是了，新生的力量总是要成长起来的。"这个时候，全场响起了长久不息的热烈响亮的掌声，说明了人们的意向。

江青一伙策划这次会议的背景是：这时从中学到大专院校的红卫兵中，早已兴起来势凶猛的反对中央文化革命小组的怒潮。12月5日成立的"联动"组织，把斗争矛头直指"中央文革"，贴出"中央文革某些人不要太狂了！""联动敲响了中央文革的丧钟！"的标语，震撼了江青一伙。12月12日，《红旗》杂志专门发表社论，提出"斗争矛头对准什么，这是大是大非问题"；13日，康生恶狠狠地说："对反对中央文革的反革命分子要实行严厉的镇压！"14日，康生再次恫吓："对反革命分子实行镇压，这是最大的民主！"这天江青在台上这番咬牙切齿的谩骂，不过是这种恫吓伎俩的继续。实际上，对"联动"的镇压行动已经开始："西纠""东纠"和海淀区纠察队都有许多人被捕。周恩来讲到那些被捕红卫兵的时候沉痛地说："因为他们是青年，只要他们诚心悔过，交代出犯错误的原因，就应该得到宽大处理，这样也可以更好地教育我们大家。"

同时，周恩来深知，江青一伙是什么伤天害理的事都能做得出来的。他唯恐这些青少年继续遭受他们的镇压摧残。周恩来出于真诚的爱护，在第二天接着召开的"誓死捍卫毛主席的革命路线、夺取新的伟大胜利誓师大会"上，为了尽早解除江青一伙镇压的口实，劝告各纠察队马上自动解散，他说：我提议现在各个学校最好取消纠察队这个名字，我希望你们自动取消。纠察队的名字是你们自己起的，我们采取民主的方法，你们自己取消。

江青一伙心毒手狠，悍然下令对"联动"进行大规模的残酷的镇压，他们狡猾地躲在幕后，唆使大学生来斗中学生。就在第二天，12月18日，江青、张春桥、关锋、戚本禹、姚文元等及谢富治，在人民大会堂接见首都红卫兵第一、二、三

3个"司令部"和首都兵团以及一部分大专院校红卫兵代表，煽动他们镇压西城、东城的红卫兵纠察队。

本来，11月20日中共中央刚向全国批转的《北京市委重要通知》说："任何厂矿、学校、机关或其他单位，都不许私设拘留所、私设公堂、私自抓人拷打。这样做是违犯国家的法律和党的纪律的。"同时规定："如果有人在幕前或幕后指挥这样做，必须受到国法和党纪的严厉处分。"江青自恃特殊，完全无视这个通知，继续在"幕后指挥"，还把国务院副总理兼公安部部长谢富治找来，一起给这三个"司令部"的非法抓人的犯法行为出点子，使它转为"合法"化。江青说："听说你们抓了很多人，我很怕你们走向反面，犯错误。抓来的人，你们可以交给公安部，让他们替你们管，告诉公安人员管好，随叫随到，发生问题由他们负责。"

提起红卫兵纠察队，江青咬牙切齿地说："红卫兵的纠察队不管是什么样的，都要解散。"她还恶狠狠地说："北京的这股歪风一定要镇压下去，给全国做个示范。对于那些打人多的，态度不好、年纪大一点的，可以镇压，一定要判死刑；年轻的可以判死刑缓期。"关锋说："把西城区纠察队的后台查出，严重的枪毙！"

有了尚方宝剑，三个"司令部"的"司令"立即对红卫兵纠察队——"联动"大举镇压。谢富治指挥蒯大富、聂元梓等，先后数次调动数以万计的大专院校学生，配合谢富治下令调派的警察，连续对许多中学进行大包围、大搜捕。最多的一次，1月25日下午4时，谢富治指挥蒯、聂之流调动3万余名不明真相的群众，把"八一"学校围得铁桶一般，把这座具有光荣历史的中学砸得稀烂，逮捕了32名同学。两名同情学生的教师也被当作"联动"投进监狱。这次疯狂的搜捕，逼得大批青年南下逃亡，举国哗然。这些被江青所追捕的青少年都是革命后代，周恩来异常痛惜，忧心如焚。有一百多名十几岁的"联动"成员，被他们当作"专政对象"关进北京半步桥第一监狱囚禁了三个多月。直到4月22日，才把监狱大门打开，把他们释放出来，送到人民大会堂东大厅的会议室，等候总理接见。

看到周恩来总理走进来，孩子们全都站起来，都像受了委屈的儿女见到了亲人，顿时哭声喊声交织一片。周恩来一边招手，一边审视着这群衣衫褴褛的"小囚犯"，眼睛也湿润了。周恩来挥手让大家坐好，先问："董良翮在不在？"又问："谁是孔丹？"他们都满眼热泪，默默地站起来。董良翮是国家副主席董必武的儿子，是董老严守组织纪律，老老实实交出去的（这天董良翮回到家里，董老对他说的第一句话就是："你是替我去坐牢呀！"）。孔丹的母亲许明是总理的秘书，已因不堪江青的迫害凌辱含恨而死（死后江青还恶狠狠地指控她是"联动"儿子的"后台"）。周恩来对孔丹说："你父母的情况我都了解，你不要难过，你们是党和人民一手抚育大的，你们是党和人民的孩子，受了挫折不要灰心，要继续跟着党，跟着毛主席干革命。"周恩来讲话的声音十分低沉。人们看到，他那深沉的目光里饱含着对革命后代的爱怜和一种难言的痛楚。

下令搜捕他们的祸首江青和陈伯达、康生及戚本禹也都在一旁坐着。这次是根据毛泽东的命令释放的。江青等人虽不甘心认输，却也无可奈何。周恩来生怕孩子们再受折磨，这时面向大家，明确地告诉他们说："你们回去后，不要搞向毛主席请罪的活动，这样不好，这也是毛主席一贯反对的，应当以实际行动跟着党干革命！"

"灭火"与"放火"的斗争

"文化大革命"期间，林彪、江青一伙鼓动不明真相的群众怀疑一切，打倒一切，到处煽风点火，制造混乱，以便为他们浑水摸鱼、篡党夺权的阴谋制造条件。周恩来为了稳定局势，维持国家机构的正常运转，保护一大批老干部过关，就处处为他们"灭火"。这一"放火"与"灭火"的斗争，一直持续到周恩来积劳成疾，因病逝世。

周恩来每次出席较大的群众集会或接见群众代表的时候，都要事先通知中央文革小组派人参加，可是每次他们都找借口不来，或者是故意拖延时间，让周恩来等候很久。周恩来每天工作繁重，日理万机，尤其是在那个史无前例的年代，有时几乎连吃饭、睡觉的时间都挤掉了，时间对他来讲是非常宝贵的，可是江青一伙就是这样百般刁难周恩来。1966年12月24日晚上，总理要到北京体育馆参加国家体委批斗贺龙的大会。在这之前，江青、康生鼓动红卫兵到处揪斗贺龙，连他的家也被冲击了，弄得贺老总无处安身，周恩来多次出面保护，还曾把贺龙夫妇接到中南海西花厅自己的家里保护起来。这次在体育馆召开的批斗贺龙的大会，是要保护贺龙"过关"的。讲好大会是7点钟召开，可是到8点多钟，周恩来仍坐在休息室等候中央文革的人来，直到他们来了，才一同进入会场。

　　1966年12月中旬的一天，北航"红旗"一批红卫兵要冲击国防部大楼，叶剑英、陈毅等几位老帅听到这个消息都急了。11月8日，曾经发生过一起外地造反派冲国防部大楼的事，后来被劝阻了。这次北航"红旗"又要冲击，是江青一伙人在背后煽动的。国防部是国家军机要地，万一被这伙红卫兵冲击进去，来一番打、砸、抢，后果将不堪设想。周恩来知道后非常着急，一面打电话劝告冲击国防部的红卫兵赶快退出去，又以他的名义起草一封信函，指出冲击国防部是要犯严重错误的。经过多方耐心的工作，才平息了这次事件。

　　自从"文化大革命"开始，中央政治局常委碰头会几乎天天开，会议内容也几乎全是研究解决中央文革在社会上和各个单位里挑起的各种事端。当时形成了这样一个局面：江青、张春桥、康生在钓鱼台"放火"，周恩来等中央常委在人民大会堂"灭火"。这个碰头会在刘少奇、邓小平被打倒后就由周总理主持，每次会都开得非常艰苦。当时张春桥经常列席常委碰头会。可是每当他们暗中鼓动群众闹事，给周恩来和老帅们出难题的时候，张春桥就转入幕后，不来参加碰头会了。

　　"文化大革命"期间，江青、张春桥、康生等一伙人尽力"放火"，周恩来千方百计地去"灭火"，使一伙野心家不能称心如意地实现他们篡党夺权的阴谋，因而他们对周恩来恨得要死。江青在背后多次恶狠狠地讽刺周恩来是"灭火队长"。1967年2月间，一次江青歇斯底里大发作，放肆地当面指着周恩来说："你一贯地跟中央文革分庭抗礼，长期搞一个政治局碰头会，还有国务院碰头会，把中央文革里的常委拉到你那边去，你成心拆散中央文革。"她还威胁周恩来说："要知道，我们中央文革不出面保你，你周总理也会被打倒的。"一副无赖泼妇的嘴脸，充分流露出了她对周恩来的仇恨。

　　初期的中央文革小组，成员还比较齐全，被江青一伙视为"异己"的人，尚未被他们排挤和打倒。可是，随着他们的阴谋逐渐暴露，小组内部意见分歧的事就多起来了。可是，尽管有不同意见，但是他们采取偷梁换柱的做法，背着有不同意见的人，暗中兜售他们的私货，给群众造成一种错觉，好像中央文革小组是一致的。特别是江青一伙人给周恩来的工作制造种种刁难时，更是采取这种手法。1967年1月13日，周恩来针对中南海贴出打倒刘少奇的大字报一事，召集中央办公厅的同志们讲话，明确指出应当保护刘少奇。这个讲话的内容戚本禹是知道的，而他就没有告诉后来去看这张大字报的文革小组的其他成员。事实上，打倒刘少奇的大字报正是在戚本禹的指使下贴出的。

有人做过一个不完全的统计，仅从 1966 年 8 月到同年 12 月的 3 个月中，周恩来参加的红卫兵大型汇报会、座谈会在四十次以上（未计入无数小型的汇报和个别的约见）；从 1966 年 7 月到 1967 年 1 月的半年多时间内，周恩来亲自接见红卫兵、处理由红卫兵引发的突然事端及起草有关红卫兵的各种文件达 230 次之多。毛泽东 1966 年 8 月 18 日到同年的 11 月 26 日，在天安门 8 次接见来自全国各地的红卫兵和群众组织的代表，总共约 1100 万人。每次接见，从始至终，都是由周恩来亲自安排。从毛泽东的安全保卫、行车路线，直至红卫兵的食宿、军训等等细微琐事都由周恩来亲自过问。就是这样，还要受到江青一伙人"横挑鼻子竖挑眼"的刁难，他们给周恩来的正常工作设置了许多意想不到的障碍。

1966 年 10 月 18 日，正当毛泽东第四次接见红卫兵之前，突然发生了蒯大富为首的"三司"带头闹事的"口号事件"。事情的起因是组织这次接见的大会指挥部拟好的一份标语口号，因其中一些口号太长，中央宣传部负责处理此事的同志怕群众呼口号时不便，因而删去了一些，由此就引起了这次闹事。蒯大富的"三司"串联北航"红旗"，数万学生上街游行，冲到天安门，高呼要揪出"篡改"口号的"黑手"，高呼"打倒刘少奇"的口号，形势十分严峻。周恩来为了平息这次事件，18 日凌晨在人民大会堂召集会议，商讨处理办法，并指出绝不能因闹事干扰当天的毛泽东接见活动。因为周恩来一夜未休息，加上精神极度紧张，神情显得很疲惫。会议开始后，他正要讲话，突然谢富治带着一种明似关心，实则幸灾乐祸的阴暗心理，阴阳怪气地对周恩来说："总理可要爱护身体呀，你又一夜没睡觉了吧，这样可不行呵……"谢富治的话还没有讲完，周恩来带着无法抑制的愤怒，双眼紧盯着谢富治，斥责他："你这是什么意思，故意刺激人的感情……"当时与会的人都吃惊了，他们还从来没有见过周总理发这么大的脾气。谢富治当时面红耳赤，无言以对，不敢抬头。周恩来对谢富治发火不是偶然的，是他早已洞悉了谢富治的心态，谢明明知道正是林彪、江青迫使周恩来和老帅们没有片刻安宁，被折磨得身心交瘁，却假惺惺地表示"关心"，正是这种虚情假意的"关怀"，激发了周恩来长期压抑着的愤慨。

"文化大革命"初期，江青、陈伯达就攻击周恩来"和稀泥""搞调和""折中主义"。1966 年 10 月 31 日，姚文元在纪念鲁迅逝世 30 周年大会上讲话时，指桑骂槐地影射攻击周恩来，是"那些貌似'公正'而实际上站在旧势力一边的

'正人君子'"，叫嚣要"撕掉那些新式的'正人君子'们折中主义的假面具"。在江青、康生、陈伯达的授意下，由王力、关锋执笔的《红旗》杂志社论《纪念我们的文化革命先驱鲁迅》中，更露骨地指责："在你死我活的阶级斗争中，搞折中主义，实际上就是站到敌人一边。"

周恩来在充满传奇色彩的一生中，经历了许多惊涛骇浪和极为复杂惊险的政治斗争，这些斗争都没有像"十年浩劫"中他所面临的这样艰难、这样复杂。当这场风暴铺天盖地席卷而来的时候，周恩来力挽狂澜，委曲求全，苦撑危局，始终坚守岗位，顽强搏斗。他以高超的斗争艺术，和林彪、江青一伙周旋，力排干扰，消除动乱，竭力想把党和国家从危难和困境中解脱出来。

13 面对江青刺来的暗剑

江青公然把"叛徒"的套索甩向周恩来，周恩来愤然反击。江青"项庄舞剑"，意在"周公"。周恩来临终前签署了一份重要文件。

政治局第四号人物陶铸突然被打倒，周恩来当着江青、陈伯达的面说：我心里很难过。陶铸是中共八届十一中全会选出来的，我没有根据不信任他。

1967 年 1 月 4 日中午，一辆苏制吉姆轿车疾驶在长安街上。

司机老杨尽量把车开得平稳些，好让坐在后座上批阅文件的周恩来舒服一点。

周恩来刚刚在工人体育场接见完文艺界、教育界、体育界和新闻出版界的群众组织代表，又急匆匆赶往人民大会堂。按本日工作日程安排，下午两点，周恩来在人民大会堂要召集一个有中央文革小组成员和全军文革小组成员列席的政治局会议。

在大会堂，周恩来草草地吃了点炒饭，便和陶铸在一起商谈政治局会议需要议定的有关事项。

此时，陈伯达、康生、江青等中央文革小组成员正在大会堂的另一个会议室接见"武汉赴广州专揪王任重造反团"的造反派。

陈伯达说，陶铸到中央来并没有执行以毛主席为代表的革命路线，实际是刘、邓路线的忠实执行者。刘、邓路线的推广是同他有关系的。中南局是有后台老板的，一个后台老板就是陶铸。他在北京接见你们的态度是完全错误的。他是文化革命小组顾问，但对文化革命的许多问题，从来没有跟我们商量过。（江青插话：他独断专行。）他独断专行，不但背着文革小组，而且背着党中央。你们揭得好，给我们很多支持，感谢你们！

康生说，你们把材料整理出来。有材料摆出来了，你们就胜利了。

周恩来和陶铸商谈完工作后，正是下午 1 时 30 分。

周恩来又给广东省省长陈郁打了个电话, 告诉陈郁: "我已通知蒯大富向'武汉赴广州专揪王任重造反团'传达主席的意见, 不要把王任重同志揪到北京来, 让王就在武汉检查。"

政治局会议开始的时间快要到了, 陈伯达、康生、江青等中央文革小组成员还没到, 周恩来就亲自来到陈伯达他们接见造反派的会议室, 一来抓紧这十几分钟的时间听一听, 二来催促陈伯达他们及时结束来开会。

周恩来进去时, 接见已是尾声。陈伯达他们诬陷陶铸的话已经讲过了, 周恩来没有听到。

开完政治局会议后, 周恩来在大会堂东会议室接见军队院校的群众代表, 劝说他们取消将在5日召开的矛头指向叶剑英、陈毅的"批判资产阶级反动路线"的大会。接见一直持续到深夜。

晚上8时, 周恩来中断与军队院校学生代表的谈话, 到毛泽东处开会。

会后, 毛泽东突然问周恩来: "江青说陶铸镇压群众, 这是么子回事? "

周恩来知道, 江青说的是四天前的那件事。他向毛泽东汇报了事情的经过。

那天晚上10点多钟, 专程来京的"武汉赴广州专揪王任重造反团"在中央文革一伙的策划和怂恿下, 突然闯到中南海西门扬言: 要陶铸立即接见。否则, 就全体绝食。

在当时"要保护革命小将"的旨意下, 一些造反派动不动就以绝食来要挟中央领导人。

陶铸也无可奈何, 只好去接见。地点在国务院小礼堂。

一进会场, 陶铸就发现气氛不对。没有欢迎的掌声, 没有被接见的敬意与笑容, 只有一种批斗"走资派"时才有的疯狂与粗野。人群骚动着、激颤着, 像被困的饿狼望见了群羊。

接见开始时, 陶铸提出: "你们要求我在许多问题上表态, 我是即席讲话, 有些问题考虑不很周全, 传出去不好。因此我提三点建议。一是不要搞录音, 会后双方协商搞一个谈话纪要; 二是让被揪来京的中南局书记李一清参加; 三是派出代表提问, 集中回答问题。"

然而, 有恃无恐的造反派一条也不接受, 故意和陶铸对着干。

在乱哄哄的喧嚣声中, 一造反派头头跳上前来, 指着陶铸叫嚷: "陶铸, 今天是我们叫你回答问题, 而不是你接见我们。所以, 对我们提出的所有问题, 你必须老老实实回答！"

陶铸强压着怒火，严正地说："同学们今天对我采取这样的形式是不恰当的，我是政治局常委，我坚持认为今天的会是接见会。"

"你有什么资格来接见我们？我们勒令你立即回答问题！勒令！"

……

不论陶铸怎么说，造反派就是不答应。陶铸还不知道，他今天所做的一切忍耐和努力都是徒劳，因为造反派今天来的目的根本就不是来听陶铸回答问题，而是想方设法激怒陶铸，使他落入中央文革一伙事先设好的圈套。

冲突越来越尖锐，陶铸终于被激怒了。他愤怒地说："你们这样强迫我，我们还有什么商量的余地？我以个人的身份，向你们这种做法提出抗议！"

造反派一触即跳，他们有的胡呼乱喊，有的强行冲上前抢夺录音带，有的甚至上前要揪走陶铸。会场秩序乱成一片。

现场警卫人员见状，担心出现意外，忙上前维护秩序。按照警卫制度，他们身上是带着武器的。

拥挤之中，造反派触摸到了警卫人员挂在身上的枪。于是，造反派借机扩大事态，当即一片尖声鼓噪：

"枪！他们身上带着枪！"

"陶铸动用武力对付我们革命群众了！"

"陶铸拿枪对准了手无寸铁的革命群众！"

……

整个会场，陷入一片混乱。

此时，周恩来正在另一地方接见哈尔滨"红色造反团"。他接到工作人员的报告后，很不放心，即以电话通知李富春，要他立即赶到会场去。

周恩来还派自己身边的工作人员赶往会场帮助做工作，说："要保护好陶铸同志，千万不能让红卫兵揪走。"

后来，陶铸被迫承认自己"态度不冷静"，给了造反派一个台阶，这场长达6个多小时的接见才得以结束，陶铸才得以脱身。

周恩来见毛泽东询问这件事，心中顿时明白了江青等人在毛泽东面前告了陶铸的阴状。在向毛泽东汇报完事情的经过后，周恩来平静地回答说："不是镇压群众，是陶铸受了胁迫，压不住火，态度有些不好。"

"哦！是态度有些不好。"毛泽东也就没再说什么。

从毛泽东处出来后，周恩来边走边琢磨毛泽东就陶铸之事的询问。他心中有一种不祥的预感。

陶铸是在"文革"初期从广东省调来中央担任中共中央书记处常务书记兼中宣部部长的，在八届十一中全会上补选为中共中央政治局常委。

八届十一中全会前，中央政治局和中央书记处由刘少奇、邓小平主持。八届十一中全会"炮打司令部"后，刘少奇、邓小平虽然还是政治局常委，但实际上已经靠边站了，党和国家的重任就压在了周恩来的身上。鉴于这样一种局势，在讨论政治局常委的分工时，周恩来建议由陶铸来协助他处理党和国家的日常事务。

周恩来和陶铸有过长期的接触，深知陶铸的才干、品德和作风。他性格耿直，旗帜鲜明，办事干脆，敢于"放炮"。1961年10月11日，他在中南区高级知识分子座谈会上疾呼："我们老是讲人家是资产阶级知识分子，我看要到此为止了。现在他们是国家的知识分子、民族的知识分子、社会主义建设的知识分子。因此，我建议今后在中南地区一般不要用'资产阶级知识分子'这个名词了，这个名词伤感情。"周恩来对陶铸放的这一"炮"颇为赞赏。

毛泽东采纳了周恩来的建议，并在审阅政治局常委名单草案时，亲自用红笔把陶铸的名字勾到周恩来的名字之后、陈伯达的名字之前。此后，陶铸在搏击"文化大革命"的狂风恶浪中成为周恩来的得力助手。

——八届十一中全会讨论《关于无产阶级文化大革命的决定》（又称《十六条》）时，周恩来和陶铸坚持删掉了原稿中"黑帮""黑线"一类的提法，加入了不少限制性的政策条文，如：严格区分两类不同性质的矛盾，对干部要区别对待，好的和比较好的是大多数，要团结95%以上的干部和群众；要文斗，不要武斗；不要把运动和生产对立起来；保护科技人员等等。

——当运动开始影响整个社会秩序、打乱党和国家工作部门的正常工作时，陶铸遵照周恩来的指示，在1966年8月底以中共中央、国务院的名义起草了一个《关于文化大革命一些具体问题的通知》。《通知》把军队、军事机关、公安部门、外事部门，中央和各省市广播电台、电视台、新华社，各级党政机关电台、机要部门，中央和各地档案部门，航空场站、铁路交通、大电站、大电厂、变电站，尖端企业和尖端科研部门，中央和各地的银行、金库，城市重要公用事业机关（如自来水公司、公共汽车公司等）等列为要害、机密部门和单位；要求："在运动中，对于党和国家的要害、机密部门和单位，必须坚决进行保护。"各级党组织和有关部门负责人应当主动地向广大群众和师生进行教育，使他们自觉协助党和国家对要害机密部门做好保护工作。

——当运动冲击正常的工农业生产，影响到国计民生时，根据周恩来的指示，陶铸在 1966 年 9 月组织起草了人民日报社论《抓革命，促生产》，强调运动不能影响生产。11 月，又组织起草了人民日报社论《再论抓革命、促生产》，再一次给"文化大革命"亮起了"红灯"。中央文革一伙指责这两篇社论"是以生产来压革命"，"是批评革命"。

……

还有，陶铸性格耿直，说话不拐弯，敢于向中央文革一伙"开炮"。

为此，陈伯达、江青等中央文革的人对陶铸大为不满，多次刁难陶铸。

他们先是唆使造反派大造揪出陶铸的舆论，继而又在会上明目张胆地围攻陶铸。

于是，一些造反派有恃无恐地包围中南海，贴出了"把中央第四号人物揪出来"等攻击陶铸的标语口号。

为此，在 1966 年 11 月 8 日，周恩来把北京大专院校红卫兵第一、第二、第三司令部的代表召集到一起，提出严厉批评。

周恩来说："你们把中南海的两个西大门都包围了，还贴了大字标语，说陶铸'青云直上'，这是封建主义思想。陶铸同志是很老的同志，是中央委员，为什么不能来中央工作？你们还说'把中央第四号人物揪出来'，这是什么口号？你们是怎样看待毛主席的学生和战友的？你们这样写，我不同意。"

一造反派起来大声嚷嚷："陶铸说卫生部党委不是黑帮，这是错误的！"

周恩来说："陶铸讲卫生部党委不是黑帮，这句话并没有错误，你们为什么还抓住不放？大民主也有限度，有民主，还要有集中。陶铸是十一中全会新选举出来的中央常委，难道毛主席亲自领导主持的十一中全会也不对吗？现在中央和国务院的两个大门被围得不好开了，毛主席住的地方，大门都开不了，走小门，我看了很难过。"

1966 年 12 月 27 日，遵照毛泽东的指示，周恩来主持政治局会议。中央文革的全部人马都来了。会议的议题本来是给王任重提意见的。

王任重，原本是湖北省委第一书记，深得毛泽东的赏识。中央文革小组成立时，被调来京担任中央文革小组副组长，但很快被中央文革一伙视为异己而遭打击。陶铸为了给王任重解脱困境，给毛泽东写了个报告，建议王任重不再担任中央文革小组副组长职务，回中南局去工作。毛泽东在报告上批示："王任重同志是文革小组副组长，要离开文革小组，请政治局和文革小组开个联席会，对任重提提意见。"

会议开始时，中央文革一伙给王任重提了点意见，但很快矛头陡转，把火烧向了陶铸。先由王力、关锋、戚本禹打头阵，然后是张春桥、姚文元一阵横扫，最后是陈伯达、江青、康生等主将出马，"重炮"轰击。这回他们是老账新账一起算，批判陶铸派工作组镇压群众，保走资派，并第一次给陶铸扣上了两顶大帽子："中国最大的保皇派""是没有刘、邓的刘邓路线代理人"。

参加会议的其他政治局委员一看这样一种阵势，都明白这是事先早就布置好的政治预谋。

主持会议的周恩来神色严峻，只是听着。待中央文革一伙"炮轰"完后，周恩来意味深长地看了李先念、李富春一眼，说："其他同志呢，也说两句吧！"

李先念、李富春等明白，周恩来是暗示他们说两句话，为陶铸解脱。

"老陶的问题，我看是工作方式方法的问题。"李先念说了一句。这就是说，陶铸不是路线问题。

"我看让老陶回中南局工作算了。"李富春稍停了下，又寓意深长地说，"你写给主席的报告，分明是保任重同志的，你保得了他吗？"

李富春的批评，是想给陶铸一个台阶。

陶铸压不住心头的怒火，借着李富春的话，抒发在胸中积压多时的闷气："这个样子，人家还在那里怎么工作嘛！身体又那么不好。我可不是那种落井下石的人！能帮总要帮人一把嘛，这是做人最起码的一条。"

这就是陶铸的本色。

中央文革一伙又不依不饶，揪住陶铸不放："陶铸，你说清楚，谁是落井下石的人？……"

堂堂的政治局会议被中央文革一伙闹成了吵架会。周恩来双眉紧蹙，只好宣布散会。

毛泽东得知江青等人的所作所为后，亲自出面保了陶铸，批评了江青。

那是在两天之后的一次政治局常委扩大会议上，毛泽东对陶铸说："陶铸，你为什么不说你是犯了'很不理解'这一条错误呢？"毛泽东又对在场的其他与会人员说："陶铸到中央后，工作是积极负责的，忙得很，做了很多工作。陶铸是中央政治局常委，江青未经中央正式讨论，就说他犯了方向路线错误，随便在会议上批判，是违反组织原则的。"

在场的周恩来听了，轻轻地长舒了一口气。

然而，仅仅过了三天，江青状告陶铸"镇压群众"的事为什么又使毛泽东关注起来了呢？周恩来不得不颇费思量。

应当说，弥漫在周恩来心头的不祥预感是敏锐的。几个小时之后，周恩来的不祥预感就成了触目惊心的事实。

周恩来回到大会堂东会议室，继续刚才中断的对军队院校学生代表的接见。

此时，在中南海西门，乱哄哄地炸开了锅，人头攒动，数千人的声浪和汗腥气一起翻卷。

传单飞舞。造反派向过往行人散发一张印着通栏大标题"打倒中国最大的保皇派陶铸"的传单。传单上面写的是1月4日下午中央文革小组的陈伯达、康生、江青等接见"武汉赴广州专揪王任重造反团"时诬陷陶铸的讲话。

高音喇叭一遍又一遍地大喊："打倒陶铸！""陶铸是中国最大的保皇派！"并宣读传单上的讲话。

陶铸此刻不在家。等他忙完工作从外头回到中南海时，已是深夜12点了。家中忐忑不安的夫人曾志赶忙诉说了中南海西门所发生的一切。

望着曾志托人要回来的那张传单，陶铸被这突如其来的打击击蒙了。他连忙打电话给周恩来询问是怎么回事。

周恩来正在人民大会堂召集首都工作小组会议，同有关负责人商谈做好接待红卫兵工作和北京卫戍区看管被"打倒"的干部问题。

尽管早已有不祥的预感，但接到陶铸的电话，周恩来还是大吃一惊。陈伯达、康生、江青等接见"武汉赴广州专揪王任重造反团"的事，他是知道的。但他压根不知道他们来了这么一手。

事情太突然了，周恩来需要先了解一下情况。他安慰陶铸说："别着急，我正在同有关同志开会，会议结束后我再打电话给你。"

开完会后，周恩来迅即向有关方面了解了情况，证实了陶铸所反映的已是事实。

周恩来的心情像灌了铅似的沉重。他对陶铸的境遇深为担忧，更为自己又要失去一位得力的助手而忧心忡忡。

凌晨 5 时，周恩来打电话把陶铸召到了西花厅。

周恩来神情沉重地说："江青他们的讲话我也是刚刚了解了一下才知道的。昨天，我们分手后，我去给陈郁同志打了个电话，后来见他们接见红卫兵，我坐下来听了一会儿，陈伯达、江青、康生他们话已经讲过了，我没有听到。"

"主席是否知道？"陶铸的眼中闪着最后的一丝希望。

"不知道。不过，昨天我去主席那里，主席曾问我，江青说陶铸镇压群众，这是怎么回事？我向主席汇报了那天事情的经过，我说不是镇压群众，是陶铸态度有些不好。主席说：'哦，是态度有些不好。'也就没再讲什么了。"

陶铸的眼神黯淡了。他明白，江青他们向毛泽东告了那天接见"武汉赴广州专揪王任重造反团"一事的状。

周恩来关切地嘱咐陶铸："这几天你就不要出去了，在家好好休息，外面的红卫兵正要揪你，不要惹出麻烦。"

送走陶铸，周恩来来到中南海西门接见要揪陶铸的造反派。这时，已是凌晨五点半。

周恩来对造反派说："天快亮了，同学们大家都没有睡觉。我心里很难过，因此没法谈问题。你们各单位派代表留下你们的地址，我一定在两天内同你们见面，这个地方实在没法谈问题。你们在这个地方也很冷，你们不走我也没法睡觉。你们的大喇叭不要再喊了，吵得毛主席没法睡觉，我一直不赞成在北京装大喇叭。"

"那陶铸的问题怎么办？"一个造反派头头说。

"陶铸的问题我还要向毛主席请示，还要经过中央讨论。陶铸同志还是中央政治局常委，你们现在这样做不合适。"周恩来严正地说。

当年由身边工作人员记录保存下来的周恩来工作台历上，有这样的记载：

1 月 5 日晨五时半，见揪陶铸的代表。

晨六时半，见揪陶铸的工人。

1 月 7 日晨一时半，见文教系统揪陶铸的代表。

在陶铸被打倒的最初日子里，周恩来连续 3 次接见要揪斗陶铸的代表，劝阻他们的揪陶行动，尽自己最大的努力保护曾与自己搏击狂风恶浪的战友。

周恩来反复对造反派强调："陶铸同志是中央政治局常委，现在你们举行批判陶铸的大会不合适，因为中央常委对这个问题还没有讨论。"

在1月23日接见首都大中学生代表时，周恩来当着江青、陈伯达的面说："陶铸是中共八届十一中全会选出来的，我没有根据不信任他。"

然而，周恩来在艰难的处境中心有余而力不足。陶铸最终还是落入了江青一伙的魔掌。1969年4月3日，周恩来从中央警卫局的报告中得知陶铸病重，立即追问并责成有关部门写出报告。4月5日，周恩来在中南海门诊部送来的《关于陶铸的病情报告》上批："拟同意送入三〇二医院，进行保密治疗。即呈主席批阅。我是看了4月3日警卫局的报告才知陶的病状较重，经追问后，送来这一报告。"陶铸的病被确诊为胰腺癌后，周恩来又指示要积极治疗，并指定上海第一医学院的董芳宗主任担任手术主刀，三〇一医院的陆准善主任为第一助手，阜外医院的麻醉科主任负责麻醉，北京医院的内科主任也参加医疗小组。这样阵容的医疗小组，在当时国内确是第一流的，也是很不容易的，体现了周恩来对陶铸的苦心关怀。——这是后话，暂不多叙。

堂堂的一个政治局常委转眼之间就这样不可思议地被打倒了。陈毅、谭震林、李先念等来到政治局常委李富春家，询问这是怎么回事。李富春回答说：我也不知道，常委没有讨论。

这四位副总理你看看我，我看看你，心中已明白了事情的八九。他们激愤地议论说："这些家伙把老干部打倒，把几个副总理和老帅打倒，下一步就要打倒周总理了。"

几位副总理的眼光是敏锐的。

造反派头头读了姚文元的一首诗后在笔记本上写道：夺总理的权，与总理的斗争要公开化了。北京街头出现了打倒周恩来的大字报和大标语。李先念说：批"二月逆流"，是整哪个？也是整总理。要搞总理，先要整一下副总理。北京一个晚上贴出反总理的大字报，那是有预谋的。

中共八届十一中全会选出的中共中央政治局常委的阵容是：毛泽东、林彪、周恩来、陶铸、陈伯达、邓小平、康生、刘少奇、朱德、李富春、陈云。

政治局委员除上述 11 个常委外，还有董必武、陈毅、彭德怀、刘伯承、贺龙、李先念、李井泉、谭震林、徐向前、聂荣臻、叶剑英等。

刘少奇、邓小平、陈云名义上是政治局常委，实际上已靠边站，没有中央决策的发言权了。朱德、董必武、罗荣桓、刘伯承等年高体弱，基本上是"赋闲"在家。

彭德怀、贺龙已经被"打倒"。

林彪、陈伯达、康生是一个鼻孔出气的。

那么，中央决策层内能够制约林彪、江青一伙，并与其倒行逆施相抗衡的，除毛泽东外，只有周恩来和陶铸。此外，还有围绕在周恩来左右的李富春、李先念、谭震林和陈毅、徐向前、聂荣臻、叶剑英等"三老四帅"。

因此，在扳倒陶铸之后，江青一伙的下一个目标就是周恩来。此时，他们更加感到周恩来是他们实现政治野心的最大障碍，他们比以前任何时候都更加迫不及待地要打倒周恩来，搬掉他们篡党夺权路上的最大"绊脚石"。

于是，江青一伙对周恩来的刁难和攻击由暗处跳到了明处，由偷偷摸摸转为公开化了。

他们公然叫嚣："现在是新文革与旧政府的斗争，要打倒以国务院为首的第三个司令部。"

江青还说：除了主席、林副主席和中央文革外，都可以打倒。

1967 年 1 月 7 日，陶铸被打倒的第三天，江青在一份情况反映上批道：总理，群众要斗争周荣鑫和童小鹏，应随传随到。

陈伯达也劲道十足地批了两个大字：同意。

周恩来一看就明白，江青的矛头是奔自己而来的。

周荣鑫是国务院秘书长，童小鹏曾是国务院副秘书长兼总理办公室主任，当时刚调任中共中央办公厅第一副主任。他们两个人是周恩来的"救火队"（"文革"初期，林彪、江青一伙出于乱中夺权的政治野心，处处"点火"。为此，周恩来千方百计组织人四处"救火"。江青在背后多次恶狠狠地讽刺周恩来是"灭火队长"）的主要队员，是协助周恩来处理"文化大革命"中党中央和国务院繁重的日常工作的得力助手。

为此，江青一伙千方百计要打倒周荣鑫、童小鹏。他们要打倒和铲除所有协助周恩来与他们的倒行逆施做斗争的老干部，使周恩来成为"光杆司令"，这是他们阴谋打倒周恩来的一大策略。

1966 年 12 月 16 日，由江青一伙策动，在工人体育场召开"北京市中学批判资产阶级反动路线誓师大会"。周恩来也到会参加接见。

会上，江青歇斯底里，对周恩来搞突然袭击。

她事先未和周恩来打招呼，当众点名批判周荣鑫，并逼他到前台低头认罪。

江青讲话才开了个头，就突然尖声恶气地说："周荣鑫就是'西纠'的后台！你们认不认识他？让他站出来，大家看看！"

西城纠察队（简称"西纠"）是个中学生的群众组织。"文化大革命"初期，大中学校的红卫兵组织如雨后春笋，在毛泽东接见全国红卫兵，上千万的红卫兵涌进北京的情况下，需要有人维持秩序；这么多红卫兵的吃、喝、拉、撒、睡，需要帮助接待和安排，西城纠察队就是在这样的背景下成立的。"西纠"的成立实际上是周恩来支持的，周荣鑫奉命为他们提供了房屋等条件。"西纠"成立后，做了许多好事，但后来也做了一些过火的事。江青此刻公开点名批评周荣鑫"是'西纠'的后台"，显然是醉翁之意不在酒。

说着，江青扭头对正在听康生布置任务的周荣鑫喊道："周荣鑫，你站到前台来，让大家看看你！"

同时被江青点名批判并逼到前台认罪的还有国务院副秘书长雍文涛。

江青指着周荣鑫和雍文涛的鼻子训斥说："我希望你们对于犯了错误的同学们，采取'惩前毖后、治病救人'态度；对于中年的、老年的，坚决死不回头地执行资产阶级路线的人，斗倒、斗臭、斗垮！"

在那种年月，被江青在大会上点名批判，这就等于宣布被打倒了。

据当时在会议现场的穆欣回忆说：

　　面对江青的突然袭击，周恩来异常震怒，但仍然尽力克制。人们看到，从来不抽烟的周恩来，伸手拿起一支香烟，默默地抽着，神色十分严峻。主持会议的同学觉察到会场上的紧张气氛和总理的愤慨。

周荣鑫的子女周少华回忆说：

　　散了会，我父亲扭头看总理，只见总理一言不发，收拾皮包抬腿就走。我父亲赶紧追过去，总理上了车，我父亲也上车并嘱咐司机说：
"跟着总理的车。"只见总理的车朝毛家湾林彪的方向开去，猜想他
准是找"林副统帅"提意见去了。我父亲只得先回家。

周少华的回忆还是比较准确的。在周恩来的工作台历上，清清楚楚地记载着：

> 12月16日下午二时，出席中学生造反兵团大会（工人体育场）。
> 下午五时，到林总处。

晚上，周荣鑫来到中南海西花厅，问周恩来他该怎么办。

周恩来叹了口气，说："工作恐怕是暂时不能干了，看看情况再说。"

看来，周恩来下午到林彪处抗议江青打倒周荣鑫，没有达到所希望的效果。

"你就待在中南海休息，不要出去。"周恩来知道，江青点名后，周荣鑫的处境很危险，红卫兵一定会四处揪斗他。

果然，江青一伙打倒周荣鑫还不满足，还要从肉体上消灭。他们唆使红卫兵说："揪出西城纠察队的后台来就枪毙！"

于是，红卫兵立即发出了召开批斗周荣鑫的大会的通知，准备会后就拿周荣鑫开刀。

周恩来派出的联络员火速将这一消息报告了周恩来。

周恩来找到会议的组织者，发出了严厉的警告："不许召开批斗周荣鑫同志的大会，否则，一切后果你们自己负责！"

组织者心虚胆怯了，会议没有开成。

江青一伙还不甘心，他们也知道周荣鑫被周恩来保护在中南海，于是又唆使大批的造反派聚集在中南海西门、西北门、北门，架起高音喇叭，鼓噪着要周荣鑫出来接受群众的批判，交代问题。据当时的《情况反映》记载：西门有三四千人，西北门有三四千人，北门有一千多人，新华门有两百多人。

然后，江青以此为由，亲自出马，给周恩来下了一个通牒。这就是前面提到的江青批给周恩来的关于"群众要斗争周荣鑫、童小鹏，应随传随到"的批示。

"江青逼人太甚，岂有此理！"想到江青的丑恶表演，周恩来怒火中烧。

然而，善于克制的周恩来又很快地使自己冷静下来。与江青之流的中央文革

一伙的斗争，需要的不仅仅是直面是非的勇气，更需要沉得住气、压得住火的韧性和睿智。

周恩来转动着手里的铅笔，凝神沉思了一会儿，随即在江青批来的材料上批道：周荣鑫、童小鹏应该深刻检讨，但请注意不说"随传随到"，改说"批判必到"，因如"随传随到"，我要找他们问事办事，将无法找到人了。

周恩来给了江青一个不软不硬的钉子。

后来，周荣鑫一直在中南海住到1969年局势基本平静才出来。

一波未平，凶波又迭起。

1967年1月10日，陶铸被打倒的第五天，陈伯达在接见造反派时，别有用心地说："在毛主席身边的刘、邓路线者，除了陶铸之外，是否还有别人呢？可能还有个把子，至少！"

陈伯达的险恶用心昭然若揭。政治嗅觉并不迟钝的造反派不难悟出：刘少奇、邓小平、陶铸被打倒了，能在毛主席身边的几个常委，除了林彪、陈伯达、康生外，就只有周恩来了。

2月，李富春、谭震林、李先念等三位副总理和陈毅、徐向前、聂荣臻、叶剑英等四位军委副主席先后在京西宾馆和怀仁堂拍案而起，怒斥中央文革一伙。

中央文革一伙趁机在毛泽东面前告黑状，把"三老四帅"的抗争诬为"资产阶级复辟逆流"（后称"二月逆流"），企图打倒围绕在周恩来左右一起搏击"文化大革命"的狂风恶浪、与他们的倒行逆施做斗争的"三老四帅"，使周恩来孤掌难鸣。

在中央文革一伙看来，实施了对"三老四帅"的打击，就等于突破了周恩来外围的最后一道防线。

大闹怀仁堂事件后，中央文革取代了政治局。"文革"以来，一直由周恩来主持，有"三老四帅"及有关负责人参加，处理党和国家大事的政治局碰头会开不成了，周恩来不得不一趟一趟地去参加成员大多是中央文革一伙的中央文革碰头会。

在对"三老四帅"的7次批斗会上，中央文革一伙把批判矛头同时指向周恩来。周恩来被诬为"二月逆流的总根子"，是"为资产阶级反动路线复辟的总代表"。

为此，姚文元得意扬扬地写下了一首诗，题为《贺北京反逆流初步胜利》。

这首诗传到了北航造反派头头韩爱晶的手中。他读后认为：诗意，是可以反周恩来了。又在笔记本上写道：夺总理的权，与总理的斗争要公开化了。

说公开就公开。

在4月到5月间，北京街头出现了打倒周恩来的大字报和大标语。主要内容是：

"炮打周恩来是当前运动的大方向。"

"周恩来是资产阶级反动路线的制定者和执行者之一，绝不是毛主席、林副主席的亲密战友，绝不是毛主席司令部的人。"

"炮打周恩来绝不是炮打无产阶级司令部。"

"不仅要揪出中国的柯西金，而且要揪出中国的米高扬。"

"要把矛头直指周恩来这个大黑窝。"

……

与此同时，一些造反派还公然在大小会议上振振有词地宣扬"炮打周恩来"的所谓依据和理由：

"总理是老保，保这个，保那个，结果保的都是坏人。"

"不扫除来自总理的阻力，就不可能打倒陈毅。"

"17年来，总理主管外事，有很多东西是违反毛泽东思想的。"

"许多副总理都垮了，这个难道是偶然的吗？与总理没有关系吗？"

"总理是二月逆流的总根子。"

"总理的多次讲话，与中央文革小组成员的讲话相差很远。"

……

江青里应外合。在一次中央文革碰头会上，周恩来提出："鞍钢乱起来了，生产受到严重影响，是不是请富春同志去处理一下。"

江青当即发难："你总是生产、生产，你只要生产，不要革命。"

周恩来分辩道："不搞生产，人民吃什么，用什么！总不能去喝西北风嘛！"

江青一触即跳，歇斯底里："你一贯跟中央文革分庭抗礼，长期搞一个政治局碰头会，你成心拆散中央文革。"

周恩来平心静气地反驳："你说的不是事实。除了文化大革命，还有大量的工作要做。就是文化大革命，也还有许多具体事务。毛主席接见一千多万红卫兵，吃、住、行，中央文革没管一个，都是各部、北京市、军队安排的嘛！"

江青哑然片刻，随即又指责："你这个也不让批，那个也不让批，你的确打击了群众和红卫兵的积极性，你就是不相信群众。"

周恩来也激动地站起："你们敢保证吗？已经逼死的，你们谁出来做个交代？再逼死人，谁负责？"

……

1979年7月18日，李先念在第五次驻外使节会议上提到"二月逆流"时讲了一段话：

> 在"文化大革命"中，起作用最多和最辛苦的是总理。"四人帮"反总理也不仅仅是在1973年的政治局会议上，批"二月逆流"是整哪个？也是整总理。当然，要搞总理，先要把副总理搞一下子。大闹怀仁堂嘛。多次闹，不止一次就是了。批"二月逆流"之后，又有"五一六"，北京一个晚上贴出反总理的大字报。那是自发的？不是的，是有预谋的。

横眉冷对"阴风"指，俯首甘为孺子牛。5月15日，周恩来在接见外事口造反派时，说："拿我个人来说，你们搞全面材料也行，向我提抗议也行，贴大字报也行。我不怕打倒！干了几十年革命，还怕这个？除非我自己摔跤，走向反面。"

江青一伙绞尽脑汁，寻找能够给周恩来以致命一击的机会。有了炮制"六十一人叛徒集团"的"大获全胜"和"成功经验"，江青肆无忌惮地把"叛徒"的套索甩向周恩来。

周恩来毕竟太非同寻常了。凭他在党内、军内的威望，凭他与毛泽东历史形成的关系及毛泽东本人对他的依靠和信任，要打倒周恩来，绝非易事。

就在中央文革一伙借"二月逆流"在社会上煽起打倒周恩来的黑风时，毛泽东在一份反映社会上出现一股攻击周恩来之风的《情况简报》上批示："极'左'派的观点是错误的，请文革同志向他们做说服工作。"

为此，江青一伙挖空心思，绞尽脑汁，寻找能够给周恩来以致命一击的机会。

在"文化大革命"那种人妖颠倒的年月中，野心家们得出的一条重要"革命"经验是：一个人如因新中国成立后17年或在"文化大革命"中犯了"资产阶级路线错误"而被打倒，往往是打而不倒，或倒而不死；但如果这个人因有"历史问题"而被定为"叛徒""特务"，那将被彻底打倒，永世不得翻身。这正是林彪、江青一伙在"文化大革命"中排除异己，打、杀、迫害老干部，实现篡党夺权阴谋的一大伎俩。

在康生、江青等人的授意下，从1966年8月起，各地相继成立了"揪叛徒"组织。他们指使这些组织去查找国民党统治时期的旧报纸，从其中寻找"叛徒"。他们还批准这些组织以"中央特许"和"中央专案组"的名义到各地任意抄家、抓人、审讯和查阅机密档案；或把历史上早有正确结论的事件重提出来，把水搅浑；或无中生有，随意栽赃，制造了大批冤假错案。

笔者接触到当年康生、江青倍加赞赏的南开大学造反派组织"八一八"留下来的一份原始材料，发现了其中有这样一段记载：

> 我们派出了几十个抓叛徒小分队、几百个专案调查组，调查人员出动了几万人次，行程约150万公里（其长度可绕地球37周半）。从海南岛到黑龙江，从天山脚下到东海之滨，从云贵高原到福建前线，从大江南北到长城内外，除台湾、西藏外全国二十多个省、几百个城市都留下了我"八一八"战士的足迹，共计调查了北京、太原、济南、武汉、开封、南京、苏州、杭州、保定等12个敌伪反省院材料……

仅窥此一斑就可以想象到当年那场祸及全国的"揪叛徒"运动的声势之浩大。在"揪叛徒"运动中被迫害的十二级以上的各级领导干部，仅当时南开大学的"八一八"和"卫东"两大派组织宣称的就达一千二百余人。

在这场惨绝人寰的大迫害中，薄一波（时任国务院副总理兼国家经委主任）、刘澜涛（时任中共中央西北局第一书记）、安子文（时任中共中央组织部部长）等一批为新中国奋斗几十年的老干部首当其冲。

历史的镜头摇回到血雨腥风的革命战争年代。

1931年，薄一波、刘澜涛、安子文等我党的一批干部不幸被国民党反动派逮捕，关押在北平军人反省院（即草岚子监狱）。他们在狱中有组织地和反动派做了长期不懈的坚决斗争。1936年，日军侵占我国华北，全国抗日救亡运动的形势日益高涨。中共中央北方局急需一批干部以开展工作。当时受中共中央委派到北方局主持工作的刘少奇向北方局询问干部情况，组织部部长柯庆施回答说：

北平军人反省院关押着我党的几十名干部，但他们坚持不在《反共启事》上签名，出不来。

刘少奇认为，如果日本侵略者打进北平，这批被关押的干部必然遭杀害。这些干部经过长期考验，是好同志，可以用假自首的方式获得出狱。

于是，刘少奇、柯庆施代表北方局向中共中央报告，建议立即采取措施，营救这些同志出狱，可以用假自首的方式，即按国民党的规定履行出狱手续，在《反共启事》上签字后出狱。

中共中央批准了北方局的建议。

这样，根据组织决定，当时用假自首的方式获得出狱的干部共有薄一波、刘澜涛、安子文、杨献珍等61人。

这件事，本来早已经中共中央多次审查，一直认为是毫无问题的。这一批出狱的许多干部在后来的抗日战争中成了领导骨干。

然而，"文化大革命"开始后，康生出于其不可告人的罪恶目的，重新把这件历史上早已有正确结论的事翻了出来。他先是要彭真专案组对此事进行所谓"调查"，而后，又别有用心地指使红卫兵去翻查当年北平的旧报纸，说"在那里能查出一大批叛徒"。

根据康生的指使，南开大学的红卫兵组织"八一八"经过"调查"，"发现"了一个由61人组成的"叛徒集团"。

1966年9月16日，康生迫不及待地写信给毛泽东，说："我长期怀疑少奇同志要安子文、薄一波等人'自首出狱'的决定。""最近我找人翻阅了1936年8月、9月的北京报纸，从他们所登的'反共启事'来看，这一决定是完全错误的，是一个反共的决定。"并随信附上1936年有关报纸的影印件。

此时，毛泽东并没有理睬康生的居心。

但康生等人并不甘心，继续怂恿红卫兵和造反派揪住这批老干部不放。

1966年11月，南开大学的"卫东"红卫兵跑到西安，伙同西安"炮打司令部战斗队"揭发刘澜涛同志1936年"自首出狱"有问题。对此，中共中央西北局于23日电告中央，请示如何处理。

周恩来阅电后，为中共中央起草了一份给西北局的复电：

二十三日电悉。请向南开大学卫东红卫兵和西安炮打司令部战斗队同学说明，他们揭发的刘澜涛同志出狱的问题，中央是知道的。如果他们有新的材料，可派代表送来中央查处，不要在大会上公布和追查。

电报拟好后，周恩来送毛泽东批发，并附短信注明："这一集体自首案牵连人甚多，而当时确为少奇同志代表中央所决定，七大、八大又均已审查过，故中央必须承认知道此事。否则，震动太大。"

周恩来还在信封上写明：请徐业夫同志面陈主席阅批，特急件！

毛泽东用铅笔在"主席"两个字上画了个圆圈，然后拖出一杠，再写下两个黑粗的大字："照办。"

显然，毛泽东此时对薄一波、刘澜涛等"自首出狱"这件事是很清醒的。

然而，阴差阳错，三个月之后，在康生等人的一再诬陷下，毛泽东改变了他原来的看法。

1967年2月3日，毛泽东会见外宾卡博、巴卢库，说：有些过去是共产党，被国民党抓去，然后叛变，在报上登报反共。那个时候，我们不知道他们反共，不知道他们所谓"履行手续"是一些什么东西。现在一查出来，是拥护国民党，反对共产党。

3月16日，中共中央印发了《薄一波、刘澜涛、安子文、杨献珍等六十一人的自首叛变材料》，错误地把薄一波等61人打成"叛徒集团"。

这是"文化大革命"中轰动国内外的一起重大冤案，也是江青、康生一伙在其一手导演的"揪叛徒"狂潮中操纵、利用红卫兵打击、迫害老干部的一次"大捷"。对此，江青一伙颇有些得意扬扬。

4月12日，江青在中央军委扩大会议上，兴高采烈地说："要大胆地选用革命小将。你看，要是没有他们，怎能搞出那个叛徒集团来啊？有六十几个人。他们都占了重要的领导岗位。小将的这个功勋可大啦！"

也许是有了炮制"六十一人叛徒集团"的"大获全胜"和"成功经验"，江青一伙更加肆无忌惮，竟把"叛徒"的套索伸向了周恩来。

1967年5月，南开大学"揪叛徒"的红卫兵在查阅1932年的上海旧报纸时，发现2月18日至21日的《新闻报》《申报》《时事新报》都相继刊登了一则《伍豪等脱离共党启事》，全文如下：

　　敝人等深信中国共产党目前所取之手段，所谓发展红军牵制现政府者，无异消杀中国抗日之力量，其结果必为日本之傀儡，而陷中国民族于万劫不回之境地，有违本人从事革命之初衷。况该党所采之国际路线，乃苏联利己之政策。苏联声声口口之要反对帝国主义而自己却与帝国主义妥协。试观目前日本侵略中国，苏联不但不严守中立，而且将中东路借日运兵，且与日本订立互不侵犯条约，以助长其侵略之气焰。平时所谓扶助弱小民族者，皆为欺骗国人之口号。敝人本良心之觉悟，特此退出国际指导之中国共产党。

伍豪等二百四十三人启

　　伍豪，是周恩来早期从事革命斗争时使用过的一个化名。这一所谓的"伍豪等脱离共党启事"是30年代由国民党反动派和党内叛徒顾顺章合谋伪造的，其目的是想诬陷周恩来和瓦解我党在白区的革命力量。

　　历史回到惊心动魄的1931年。

　　这是中国共产党及其革命事业生死存亡的历史转折关头。

　　这是周恩来叱咤风云、临危不乱，对党和革命事业作出特殊历史性贡献的时刻。

　　这年4月25日，时任中共中央政治局候补委员、担负中共中央情报保卫工作的顾顺章在武汉汉口被捕，旋即叛变。由于顾顺章被捕前是我党中央情报保卫工作的具体负责人，掌握着我党中央的大量重要机密，对只有极少数人才知道的党中央及其负责人的住址一清二楚，也非常熟悉我党的各种秘密工作方法，因此他的叛变，给我党中央各机关的安全造成了前所未有的极大威胁。

　　国民党反动派对此如获至宝。顾顺章向国民党当局建议：以突然袭击的方式将中共中央机关和主要领导人一网打尽。

　　形势千钧一发，万分危急。

　　如果党中央机关被敌人一网打尽，中国革命事业的前程将不堪设想。

　　历史的必然性往往就是由一些重大历史关头的偶然性连缀起来的。

　　顾顺章叛变以及国民党当局所要采取的行动这一机密又机密的重要情报，碰巧被我党打入国民党中央组织部调查科当机要秘书的地下党员钱壮飞截获，并以最快的速度报告给党中央。

问题的严重性足以使一般人产生可以理解的惊慌失措，而局势的紧迫性又容不得周恩来有丝毫的迟疑和犹豫。这需要一种何等钢铁般的意志和计算机般的冷静头脑！

在陈云等人的协助下，周恩来以惊人的冷静、周密、机智、果断和神速，抢在敌人袭击党中央之前，采取了一系列紧急有效的措施：

销毁大量机密文件；

迅速将党的主要负责人转移，并采取严密的保卫措施；

尽快把一切可以成为顾顺章侦察目标的干部转移到安全地方或撤离上海；

切断顾顺章在上海所能利用的重要关系，废止顾顺章所熟悉的所有秘密工作方法；

……

当国民党特务在顾顺章的指引下，凶狠地扑向中共中央机关和主要领导人的住址时，他们所看到的是一幢幢空楼和一堆堆还在冒烟的文件灰烬。

革命局势转危为安，我党中央机关及许多领导人避免了一次灭顶之灾。

然而，顾顺章叛变后还不到两个月，即 6 月 21 日，时为中共中央总书记的向忠发在上海不听周恩来的劝阻，擅自外出过夜，被人认出，遭敌人逮捕后叛变。

周恩来经过又一番惊心动魄的精心组织，再一次粉碎了国民党当局企图将我党中央机关和主要领导人一网打尽的阴谋。

国民党当局也知道，是周恩来使得他们在有利条件下的种种图谋一再破灭。他们对周恩来又恨又怕，于是，在 9 月 1 日下令以 2 万大洋悬赏缉拿周恩来的人头；11 月，又在上海各报刊登《顾顺章悬赏缉拿杀人凶手周恩来等紧急启事》，企图以金钱收买叛徒告密。

然而，要缉拿到周恩来又谈何容易！在上述这些招数都未能奏效后，国民党当局又在 1931 年 2 月间使出了更为卑鄙狠毒的一招：伪造所谓的《伍豪等脱离共党启事》在上海各报连续刊登，目的是想在中国共产党内部和工人群众中造成思想混乱，进而使中共自行涣散解体。

此时，周恩来早已不在上海，而在中央苏区江西瑞金。他是根据党中央的决定于 1931 年 12 月上旬离开上海经福建进入中央苏区的。在上海的临时党中央在陈云等的组织下当即采取了种种措施，反击国民党当局的卑劣行径。

2 月 20 日，我党在上海广为散发了一张由中共江苏省委宣传部署名、题为《反对国民党的无耻造谣》的传单。传单指出："最近《时报》《新闻报》各反动报纸中所登载的伍豪等二百四十三人脱离共党的广告，就是帝国主义走狗国民党无耻造谣的一例。""无论这些狗东西怎样造谣诬蔑，并不能动摇共产党在劳苦群众中的威信。"

鉴于当时在上海影响最大的《申报》也刊登了伪造的伍豪启事，我党又利用与《申报》的关系，在 2 月 22 日的《申报》上，以曲折的笔法公开刊登了一则辟谣启事，全文如下：

> 伍豪先生鉴承于本月 18 日送来广告启事一则，因福昌床公司否认担保，手续不合，致未刊出。申报馆广告处启。

明白人一看，便知这是一条别有寓意的启事。按一般情况，报刊如不同意刊登某一启事，直接告诉本人就可以了，用不着也绝不会在广告栏内这样答复。再从时间来看，伍豪要登而未能登出的启事是 2 月 18 日送给《申报》的，而当时从 2 月 16 日开始，《时报》《新闻报》等先后登出《伍豪等脱离共党启事》，《申报》也在 2 月 20 日、21 日连续两天刊登这一启事，22 日《申报》又刊发了拒绝刊登另一个"伍豪启事"的声明。人们从这样的前后过程中不难联想到，这另一个"伍豪启事"肯定是为否认《伍豪等脱离共党启事》而写的，只是慑于国民党的淫威，《申报》不敢刊登罢了。

这是当时我党在国民党统治下所能做到的公开否认国民党反动派伪造的启事的一种方法。

四十年之后，亲身经历的陈云同志仍非常清晰地记得这一举措。1972 年 6 月 13 日，陈云同志在谈到国民党伪造的《伍豪等脱离共党启事》时说："当时临时中央设法登了一个小广告，用报馆回答伍豪先生的方式，间接说明伍豪有一个否认并揭穿国民党造谣的声明，但因为保人关系，不能登出。用这个小广告使白区和全党同志知道国民党的阴谋，不受欺骗。"

为了进一步公开揭穿敌人的造谣，澄清问题，我党继续在党内党外采取了各种明确有力的辟谣措施。

1932 年 3 月 4 日，我上海临时党中央以周恩来的另一别名周少山的名义，用重金托常年在《申报》担任法律顾问的法国律师巴和，在《申报》上登出了一篇《巴和律师代表周少山紧要启事》。《启事》说：

> 兹据周少山君来所声称：渠撰投文稿曾用别名伍豪二字。近日报
> 载伍豪等二百四十三人脱离共党启事一则，辱劳国内外亲戚友好函电
> 存问。唯渠伍豪之名除撰述文字外绝未用作对外活动，是该伍豪君定
> 系另有其人，所谓二百四十三人脱离共党之事，实与渠无关。

与此同时，在中央革命根据地，党中央也曾以中华苏维埃临时中央政府主席毛泽东的名义，发布了中华苏维埃临时中央政府布告：

> 上海《时事新报》《时报》《申报》等于 1932 年 2 月 20 日左
> 右连日刊登"伍豪等二百四十三人"的冒名启事，宣称脱离共产党，
> 而事实上伍豪同志正在苏维埃中央政府担任军委会的职务，不但绝对
> 没有脱离共产党的事实，而且更不会发表那个启事里的荒谬反动的言
> 论，这显然是屠杀工农兵士而出卖中国于帝国主义的国民党党徒的造
> 谣诬蔑。

至此，国民党当局热热闹闹的一番算计，又只不过是竹篮打水一场空罢了。

据当时在国民党中央党部调查科任驻沪调查员的国民党中统特务、曾因捕获顾顺章而受到蒋介石嘉奖的黄凯在 1953 年 6 月供称：这个所谓的《伍豪等脱离共党启事》，是他和当时任国民党中央党部调查科情报股总干事的张冲合谋伪造的。由张冲执笔，黄凯派人送往上海各报刊载。这个伪造启事"丝毫未达到预期的效果"，"好久并无人来向各机关秘密自首"。

"度尽劫波兄弟在，相逢一笑泯恩仇。"当年伪造启事的捉笔人张冲和被诬陷的周恩来，后来在民族危亡的紧要关头，捐弃前嫌，为抗日救亡事业，为国共第二次合作，携手共进，风雨同舟，为世人演绎了一个从昔日的政敌对手到后来的私交密友的动人故事。1941 年，当年仅 38 岁的张冲（字淮南）不幸染上恶性痢疾病逝后，周恩来感情激动地挥笔写下了"安危谁与共？风雨忆同舟！"的挽联，并在《新华日报》上撰写了两千余字的悼念文章《悼张淮南先生》："我识淮南先生甚晚，西安事变后，始相往来。""我与淮南先生初无私交，且隶两党，

所来往者亦属公事，然由公谊而增友谊，彼此之间辄能推诚相见，绝未以一时恶化，疏其关系，更未以勤于往还，丧及党格。这种两党间相忍相重的精神，淮南先生是保持到最后一口气的……"

然而，九泉之下的张冲做梦也想不到，当年他执笔伪造、没能打倒周恩来的伍豪启事，这样一件历史上早已澄清、共产党内外许多人都很清楚的事情，竟在周恩来主政中国的时代被江青当作射向周恩来的一发毒弹。

红卫兵知道伍豪是周恩来的别名后，立即将这一启事抄下来送与江青。

如果说，年轻的红卫兵不知道国民党伪造的伍豪启事的真相，还情有可原，那么，从延安过来，又是长期在领袖身边生活的江青应当很清楚这一事件的真相。1943 年在延安整风审干时和中央工作会议上，周恩来都作过汇报和说明。

但这时的江青却如获至宝，以为这是打倒周恩来并置之于死地的绝好材料。

在与中央文革一伙经过一番密谋后，江青采取突然袭击的手段，于 5 月 17 日突然给林彪、周恩来、康生三人写了一封信。信中阴险地说："他们查到一个反共启事，为首的是伍豪（周恩来），要求同我面谈。"

江青此举，实际上是逼周恩来的一个通牒：你必须就此作出交代！

江青的险恶居心，我们还可从康生的举动中得到印证。

作为当年上海中央特科负责人的康生，对国民党伪造伍豪启事的前前后后是一清二楚的。1962 年 10 月 31 日和 1963 年 12 月 27 日，康生在两个提到《伍豪等脱离共党启事》的材料上批过："这完全是造谣诬蔑……实际上，当时周恩来同志早已到苏区去了，根本不存在这样的事。""当时在上海的同志都知道这件事。"

然而，此时的康生深知江青欲置周恩来于死地，竟装聋作哑，一声不吭。

面对江青的叵测居心，周恩来断然予以反驳。毛泽东批示：此事早已弄清，是国民党造谣诬蔑。

当江青一伙在策划陷害周恩来时，周恩来正忙于处理内蒙古问题。

自 2 月以来，在内蒙古自治区，军队与红卫兵的矛盾持续恶化，局势一度失控。成千上万的群众拦阻火车，上京告状，甚至发展到到中南海新华门前集体静坐，其中还有部分军人。

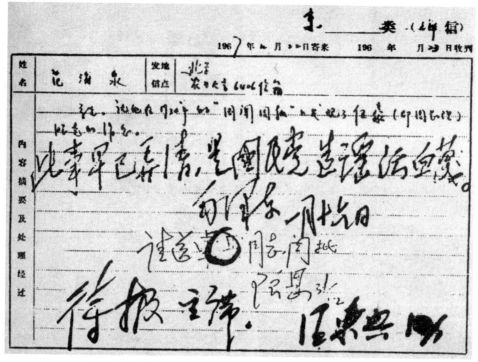

1968 年 1 月 16 日，毛泽东对北京一学生反映"伍豪启事"来信的批语

5月11日、12日，呼和浩特市数千名群众（其中有数百名内蒙古军区的机关干部和战士）闯入中共内蒙古自治区委机关并发生武斗。周恩来紧急约集中央军委常委和内蒙古军区有关负责人在京西宾馆开会，处理内蒙古问题。

在此前后，周恩来为处理内蒙古问题先后接见赴京的内蒙古各方代表达十几次，常常是通宵达旦。

不分昼夜苦撑危局已是不易，还得随时对付江青一伙的无端刁难与攻击。可以想象，当周恩来收到江青用心险恶的信后，是怎样的一种悲愤心情！

面对江青的叵测居心，周恩来断然予以反驳。他在江青的信上愤然批道："《伍豪等脱离共党启事》纯属敌人伪造。只举出二百四十三人，无另一姓名一事，便知为伪造无疑。我当时已在中央苏区，在上海的康生、陈云等同志均知为敌人所为，故采取了措施。详情另报。"

然而，周恩来深知，对江青一伙，仅仅作这样简单的说明和反驳是不起作用的。江青、康生一伙一手制造的"六十一人叛徒集团"冤案就是前车之鉴。

试想一下，薄一波等人"自首"出狱这样一件中央知道并在党的两次代表大会上作过结论的事，在这伙别有用心的阴谋家的一再诬陷下，转眼间就被定性为"叛徒集团"，那么，谁又能保证"伍豪等脱离共党启事"不会演绎成第二个"叛徒集团"？江青一伙正是基于诬陷制造"六十一人叛徒集团"的"大获全胜"，才敢明目张胆地以"伍豪事件"来诬陷周恩来。更为要紧的是，如果周恩来在这个时候被打倒，并不单是他个人的事，而是关系到党和国家前途和命运的大事。在目前这种特殊的历史环境下，周恩来负有一种别人无法替代的责任与使命。陶铸被打倒了，几位老帅和三位副总理也因二月抗争失利而被迫靠边站了，唯有他有条件争得毛泽东的支持，同党内正义力量一起，与林彪、江青两个反动集团相抗衡。一旦他被打倒，林彪、江青两个集团将更加肆无忌惮，党和国家的前途安危不堪设想。此时此刻，此情此景，周恩来又怎能不慎而又慎、防而又防？

就个人来说，周恩来不怕被打倒。但为了党和人民的利益，周恩来又不得不考虑自己被打倒的后果。

5月19日，接到江青信后的第三天，周恩来断然放下手头各事，亲自调阅了1932年上海各种旧报，将1931年至1932年的有关事件编为《大事记》，并亲自给毛泽东写了一封信——

主席：

连日因忙于四川和内蒙古问题，并同内蒙古军区请愿战士分批谈话，直到今天才抽出一天工夫翻阅上海各报，江青同志也于昨日转来各件，现在弄清楚了所谓"伍豪等启事"，就是1932年2月28日的伪造启事，它是先在《新闻报》2月28日登出的。登后，同天，上海临时中央方面就向申报馆设法，结果，《申报》20日、21日登出伪造的启事，22日登了广告处给伍豪先生另一广告启事的拒登回答，大概这是当时所能做到的公开否认伪造启事的办法。在我记忆中，有通过申报馆设法否认的处置，但结果不明，16日午间已向主席这样说了。不过我原来将伪造的伍豪启事记在通缉杀人凶犯周恩来、赵容（即康生）之前，现在证明是我记错了，查遍1931年顾顺章、向忠发相继叛变后的上海各报，并无另一个所谓伍豪启事，而红卫兵也未发现另一启事。可见在我记忆中的伪造启事和通过申报馆设法的处置，均在我到江西后发生的，所以我只能从电报和来信中知道，也就不全了然了。

现在，把四中全会后与此有关的编为《大事记》送阅，同时，送上报道最详的上海《时报》1931 年 11 月、12 月合订本一册，《申报》1932 年 1 月、2 月合订本两册，请翻阅。

此事需否专写一报告，待主席、林彪、康生、江青各同志传阅送上各件后，请再约谈一次，好作定夺。

敬礼！

周恩来

5 月 19 日夜

附件一：

大事记

1931 年 1 月，中央开六届四中全会。

4 月，顾顺章送张国焘、陈昌浩等经武汉入鄂豫皖苏区，顾留汉口被捕，向蒋介石自首。

上海当夜得到消息，中央有关机关全部转移。

5 月，中央决定消灭顾顺章家属 10 人（作者注：当时，顾顺章的家属掌握和了解我党的许多绝密和领导同志的情况以及中央机关地址，顾顺章叛变投敌后，经过我们侦察，取得了他们准备向敌人告密的可靠证据。他们还给顾顺章写信报告我党中央机关迁移后的新址，对我党的安全造成极大的威胁。为了保卫党的安全，中央特科采取了非常措施，将顾顺章的家属秘密处决。对于顾顺章的幼女，由我工作人员谭钟玉送回顾的家乡上海宝山县代为抚养）。

6 月，向忠发捕后叛变，处死。有两处机关破坏。

9 月，"九一八"沈阳被日寇侵占。

11 月，特科王世德（老先生）被捕，供出顾顺章家属被消灭。

11 月 21 日，国民党下令发掘尸身，在法租界姚主教路爱棠村 37 号、33 号，胶济路，武定路，德坊 6 号，在新闸路，麦特赫斯脱路陈家巷 91 号，从 21 日至 28 日先后掘出男女尸身各 8 具，共 16 人。

报上登出的有：

《时报》（22 日至 25 日，27 日至 29 日 7 天）；

《申报》（23 日至 28 日 6 天）；

《新闻报》（22 日，24 日至 29 日 7 天）；

《时事新报》（24 日至 30 日 7 天）；

《民国日报》（24 日至 27 日 4 天）。

登得最详并附照片的为《时报》。（附一专讯）

11 月底至 12 月初

《顾顺章悬赏缉拿杀人凶手周恩来等紧要启事》（全文附）。

报上登出的有：

《时报》（11 月 29 日至 30 日，12 月 1 至 2 日 4 天）；

《申报》（11 月 29 至 30 日，12 月 1 日 3 天）；

《新闻报》（11 月 29 至 30 日，12 月 1 至 2 日 4 天）；

《时事新报》（11 月 29 至 30 日，12 月 1 至 3 日 5 天）；

《民国日报》（11 月 29 至 30 日，12 月 1 至 2 日 4 天）。

12 月上旬周离沪，经汕头，从永定进入中央苏区。在闽西得知 12 月 14 日宁都暴动五军团起义成功。

20 日左右，周抵瑞金叶坪。

1932 年 1 月，王世德发表叛变声明（全文附）。

上海登 1 月 11 日《申报》，其他报未见。

据报，南京《中央日报》登 1 月 2 日。

1 月 28 日，淞沪抗战。

2 月，18 日起至 21 日，上海报上先后登出敌人伪造的《伍豪等脱离共党启事》（全文附）。号称 243 人，并无另一姓名，就此一点，断然为敌伪造无疑。

上海报上登的有：

《新闻报》（2 月 18 日，19 日）；

《申报》（2 月 20 日，21 日）；

《时事新报》（2 月 20 日，21 日）；

《时报》未登。

《民国日报》未找到。

2月22日，《申报》在广告栏目登出如下启事：

"伍豪先生鉴承于本月18日送来广告启事一则，因福昌床公司否认担保，手续不合，致未刊出。申报馆广告处启。"

这种广告处启事，登在广告栏内很少先例，而又在伪造脱党启事登报的同天，当时一望而知是否认脱党启事的，故未能登出。这想是当时党中央所采取的公开否认办法。

毛泽东看了周恩来的信及所附的材料后，批示："送林彪同志阅后，交文革小组各同志阅，存。"

显然，毛泽东没有搭理江青的企图。

1967年年底，北京有一学生给毛泽东写信，重提"伍豪等脱离共党启事"。毛泽东明确批示："此事早已弄清，是国民党造谣诬蔑。"

忍字心上一把刀，天若有情天亦老。周恩来身边的秘书被迫隐姓改名，总理值班室被撤销，全是江青"项庄舞剑"的得意之作。周恩来表面平静，内心却汹涌如海。

由于毛泽东的直接表态，江青一伙企图以"叛徒"罪名打倒周恩来的图谋不得不有所收敛。

然而，事情并没有就此结束。在"伍豪启事"这件事上，江青压根就没死心，而是把它作为一颗不定时的"定时炸弹"攥在手中，一次又一次地紧拧"发条"。

——1967年10月，江青在钓鱼台住地同吴法宪等人谈话时说："我这里什么人的材料都有……这一口袋是周恩来的材料。"在此同时，江青、张春桥把持下的上海市革委会的《抓叛徒》简报中，还列入了"伍豪等脱离共党启事"一条。

——1968年5月，上海档案馆的一造反派头头受命将诬陷周恩来的材料密封起来托吴法宪转交江青。

——1968年7月，在江青一伙的指使下，两个行动诡秘的人到绍兴、上海、南京、淮安等地，搜集诬陷周恩来的黑材料，被群众发现扭送到公安机关。

——1969 年 5 月，"九大"结束后，当上了政治局委员的江青得意扬扬。她把张春桥、姚文元、黄永胜、李作鹏、邱会作等召到自己的住处吹风："周总理，行政领导、组织才能有一些，但他掌握大方向、大原则不行，不会挂帅。文化大革命，单独搞一个中央常委碰头会，不支持中央文革。常委碰头会垮了，才来依靠中央文革解决问题。"说到此，江青神秘兮兮地拍拍自己的中山装下衣兜，"嘻嘻，总理还有不少材料掌握在我的手里。"

……

周恩来注意到了江青一伙的不良居心。1967 年 9 月 1 日，在北京市革委会扩大会议上，周恩来当着陈伯达、江青、康生、张春桥等人的面，说：我知道有些人专门对我进行研究，把我历史上多少年的东西都找出来。我倒要感谢他们，如果是好意给我提出来的话。我加入中国共产党以来，犯过不少错误，说过不少错话，但是，我总是跟着毛主席走的，有的时候跟得不紧就改正嘛！现在，我说明，对你们的帮助我是欢迎的，但是，如果拿根本不存在的事来要挟，来煽阴风点鬼火，搞阴谋，那我是坚决反对的。

1967 年 10 月和 11 月，周恩来先后将载有伪造《伍豪等脱离共党启事》的报纸和他 5 月 19 日给毛泽东的信以及毛泽东的批示等材料拍照存档。1968 年 1 月 10 日，周恩来又给江青写了一封信，告知她已将有关材料拍照存档的事。信中说："此事在 1931 年、1932 年，凡熟悉上海政情和共运的，均知其为伪造。我在 1943 年延安整风、下半年开的中央座谈会上已原原本本谈过，今年有暇，我当在小碰头会上再谈此事，并予录音，记入中央档案。"

也许是因为鬼把戏被人看破的做贼心虚，也许还因为眼看得意的阴谋难以得逞，江青看了周恩来的信后，越发恼羞成怒，直接找周恩来的岔子一时找不着，就玩起了"项庄舞剑"的把戏。

在短短的三个月之内，江青两次大肆撒泼，狠整周恩来身边的工作人员，以此来刁难和攻击周恩来。

对江青第一次撒泼的情况，当时任周恩来卫士长的成元功回忆说：

> 那是 1968 年 3 月中旬，由周总理主持召开讨论解决东北问题和宋任穷同志出来工作问题的会议。会议定在下午 4 时在大会堂接见厅开，那时我是警卫局警卫处副处长，负责这次会议的现场警卫工作。在三

点半左右，江青的警卫员孙占龙同志打电话给我，说江青刚起床，还没有吃饭，要我在大会堂准备吃的，在会议室旁边找个房间先吃饭后参加会议，要吃鸡蛋饼、鸡汤面、两荤两素四个小菜。我找大会堂党委书记刘剑同志，尽快按要求备好了吃的，放在旁边小山东厅里。此时，党中央、国务院、军委、中央文革等有关同志都到了，就等着江青了。此事我向在场的中央办公厅主任兼警卫局局长汪东兴作了汇报。我们两人站在会议厅门外迎接江青。江青大约晚到了15分钟，汪东兴给她敬了个礼，我对她说：开会在这个厅，你的饭在小山东厅，要不要先吃点东西？她没说话，斜了我一眼，就进了会议室。那时大家出于对她的尊敬都站了起来，她却不理睬，径直走向总理，以质问的口气说，你们在开什么会？为什么叫成元功在门口挡着不让我进来？当着与会者的面大吵大闹起来。总理解释她不听，会也开不成了。

为了照顾影响，总理宣布休会后，同江青、汪东兴、杨成武、李作鹏等人来到小山东厅。江青继续吵闹不休，硬说是总理安排我在门口挡着不让她进去，意思是总理背着她在搞什么活动。总理就让汪东兴叫我进去当面说清楚。当我走到门口时，听见总理大声说："我是个老同志，你应该相信我们这些老同志，根本没有的事。"我推门进去后，总理说："你们查对吧，我不参加。"说完总理就到走廊里去了。这时汪东兴要我把情况说一下，我就把她的警卫员来电话说的原原本本讲了一遍。江青一拍桌子，说："根本没有的事，去把我的警卫员叫来。"汪东兴把孙占龙叫去，孙说："是我打电话让成元功准备饭的。"江青勃然大怒，拍着桌子说："你们都给我滚出去，不要你们在这里工作，你们去给总理说去。"

我出来违心地对总理说：总理，今天我们工作没做好。总理没有说什么，又进了小山东厅。后来江青又和总理大吵大闹了一个多小时，说什么孙维世是一条狼，成元功是一条狗，骂不绝口。我心里清楚，她是醉翁之意不在酒，她是把矛头指向周总理，拿我们开刀的。总理身边的工作人员中受江青迫害的还有周家鼎、杨德中同志，尤其是杨德中同志，江青限他4天内离开北京。

几天后，一个深夜，江青又把总理、汪东兴叫到钓鱼台，让秘书们也参加。江青说：成元功历史上就是个坏人，曾多少次限制我，多少次阻挡我和总理接触……总理说：不会的，成元功14岁参加革命，从小在这里长大的。江青斩钉截铁地说：那至少也是变了质的坏分子。随后，她又把警卫处其他同志指责了一番，骂了一通。

这样一来，警卫局的领导就不好办了。汪东兴和几位局领导找我谈话，说你先到学习班学习一段时间再说，以后不要再到首长处去了。我于1968年3月24日进了学习班，又在1969年1月5日去了江西中央办公厅"五七"干校，直到粉碎"四人帮"前夕才回到北京工作。

成元功遭难被迫离开周恩来两个月后，按捺不住"倒周"之心的江青再次向周恩来撒泼发难。

事情的缘起是江青批示传阅的一份电话记录。

5月31日，四川省革命委员会成立，并举行盛大的成立大会。同日，四川省革委会主任张国华的秘书打电话报告中央文革小组办事组。办事组接电话的人记了一个电话记录，大致内容是：（一）今天四川省革委会成立庆祝大会的规模和盛况，会议开得很好，没有发现问题和死亡事故；（二）明天梁兴初司令员、李大章等准备去重庆参加6月2日该市革命委员会成立大会；（三）省革委会委员准备明天到金牛区学毛主席著作，参加劳动。

这完全是一个例行公事式的电话，没什么实质性的重要内容。因为四川省革委会成立前已经过中央批准，中央领导层都知道。但江青为了显示一下权力欲，大笔一挥，把电话记录批送给毛泽东、林彪、周恩来、陈伯达、康生传阅。

周恩来签阅后，顺手将这份文件与另一份文件用曲别针别住，放进他办公时常用的皮夹子里。中央办公厅秘书局来询问这一文件时，秘书周家鼎怎么也找不到这份文件。待周家鼎找到这份文件退中办秘书局时，已是6月2日了，隔了一天。当天的《人民日报》在头版头条以醒目的巨长标题《毛主席伟大预见"四川很有希望"鼓舞七千万人民前进，四川省革命委员会在剧烈的阶级斗争风暴中胜利诞生》，报道了四川省革命委员会成立的消息。

因此，秘书局值班人员询问总理值班室：此件毛主席已阅，6月2日《人民日报》已发消息，是否还需要传阅？

秘书局值班人员的意思是用不着再传阅了。

总理值班室的秘书也认为可以不用再传阅了，但还是留了一句：还要不要传阅，可请示一下中央文革办事组。

不料，江青借此事大做文章，指责周恩来纵容他的秘书，目无中央文革，看不起她江青，等等。而后，她又气冲冲地在传回的电话记录上批了一段很长的文字："如果总理的秘书和中办秘书局认为可以不传阅了，那么，请只送毛主席、林副主席、伯达同志，其他同志可以不传。不过，政治责任应由总理的秘书和中办秘书局负。"

完了，江青又把电话记录批送毛泽东、林彪。

林彪阅后，又批给周恩来，并加了一句："今后江青同志及中央文革其他同志批传的文件及电话记录必须按批送的范围及时传阅。"

康生、陈伯达也附和：完全同意林副主席的批示。

文件又重回到了总理值班室。秘书们一看给总理捅了个大娄子，心情沉重而又紧张。

周恩来天快亮时才拖着疲惫的双腿回到西花厅。心事重重的周家鼎赶紧连检讨带报告："总理，我们犯大错误了……"

周恩来看了江青、林彪的批语后，沉思了半天没说一句话。许久，周恩来才缓缓地说了一句："家鼎啊，你们顶不住，告诉我，我写几句话，由我来负责就是了。"

周恩来的意思是，当时文件找不到，可以告诉他，由他出面去解释。

说罢，周恩来在文件上批道："我将另有一检讨意见送上。"

然而，周恩来的检讨并没有使这件事情了结。江青抓住这件事胡搅蛮缠，没完没了，说总理值班室的眼中没有中央文革，要解散，等等。

总理值班室有两个秘书、三个干事，一共才五个人。而"文化大革命"中的忙和累使得在工作上从不轻易喊累的周恩来也不堪重负。

周恩来当时曾对阿尔巴尼亚外宾说：我很坦率地说，现在比三年解放战争时忙得多，真正打仗时也不这么忙，每天都遇到问题，时间总是不够用。人手不是多了，而是少了。

周恩来还曾对秘书说：现在什么事都要我批，没有人替我顶一顶。我现在一过 4 点（指拂晓），就出现早跳心慌，靠氧气维持，一睡下就起不来，疲劳不堪。

显然，对于比以往任何一个时期都要忙的周恩来来说，五个人的值班室本来就人手不够。但江青一伙出于对周恩来"整不倒也要把他累垮"的企图,打起了总理值班室的主意。

此后不久,总理值班室被迫撤销。周恩来身边除留下一个秘书外（以后又增加了一个）,其他人下放基层"支工""支农"。周家鼎当然也就被迫离开了总理值班室。

周家鼎后来回忆说——

> 在我们向总理告别时,总理讲了三条:（一）到最基层锻炼;（二）不要担任任何领导职务;（三）改个名字。我们在总理的长期教育下,习惯提出自己的意见。我当时冒昧提出:"四清"时,为"扎根串联",改名换姓,不是都受了批评吗?我们要不要改名字?当时,邓颖超大姐在场,说:"总理让你们改就改嘛。"指着我说:"你就改名叫贾汀好了。"事后才知道,总理担心我们得罪过江青,日后一旦为她发现,会借手造反派整我们;另外,也考虑到我们同首都和全国各地的造反派联系较多,以原名出现会招惹麻烦。足见总理对我们的关心和爱护。谈话后,我改名贾汀,到铁道部二七机车车辆厂蹲了5年。

总理值班室撤销后不久,周恩来在接见阿尔巴尼亚代表团时说:我现在只有两个秘书,其他的都支工、支农去了。每天24小时,一个人得工作12小时。我不能不让他们休息。晚上我让他们走,有些事情我自己写,自己办。

周恩来还对外宾说:如果"文化大革命"完成了,我还没有死,还没有被打倒、被免职,我一定陪科列加同志去参观长江大桥和黄河三门峡水电站。

从这些言辞中,我们不难体察到周恩来的心境:面对江青的无端刁难和险恶居心,周恩来表面平静似水,内心却汹涌如海。

周恩来忍辱负重斗群贼,这需要一种何等的韧性!

天若有情天亦老。

14 身边工作人员的遭遇

> 忍字心上一把刀。国务院副秘书长被迫害致死，总理值班室被撤销，秘书隐姓改名，全是江青的"得意之作"。周恩来表面平静，内心汹涌如海。

林彪、江青等人直接找周恩来的岔子找不着，就绕道整周恩来。其手段之一是先整在周恩来身边工作的人。许明被迫自杀事件就是例证。

许明是个有才华有能力的女同志，任国务院副秘书长，分管文教工作。她在延安社会部工作时就受过表扬。"文化大革命"前，江青曾任中宣部电影处处长，审查电影时要许明去参加。在批判电影《武训传》以及讨论其他影片时，许明同江青有不同的看法，江青又怀疑许明在周恩来面前讲她的坏话，所以一直怀恨在心。

"文化大革命"开始后，中央政治局的许多权利逐步被中央文革小组取代。毛泽东要周恩来主持中央政治局和文革小组"碰头会"，讨论并决定"文化大革命"和党、政、军的许多重大问题。那时刘、邓、陶相继被打倒，政治局委员参加碰头会的只有周恩来与叶帅、徐帅和李先念。有时林彪也来参加，他一来就贯彻他那套极"左"的方针。因会前、会中和会后都有许多具体事务要做，周恩来就要周荣鑫和童小鹏在会上协助汪东兴工作。

有一次开碰头会前，童小鹏碰到江青，她板着一副凶恶的面孔问童小鹏："许明是彭真安插在总理身边的'钉子'，你知不知道？"童小鹏如实回答："我不知道。"童小鹏还说："许明调到总理办公室的事情我是知道的。她原来在中央社会部工作，进城后在海关总署当办公室主任。她是由中央组织部按正常的调动程序调入总理办公室的。她分工管文教，与彭真没有直接往来。当然，彭真是中央书记处书记，有时开会，总理派许明去旁听，许明回来要向总理汇报。这是正常的工作关系，我看不出是彭真安的'钉子'。"

因为话不投机，江青很不高兴，气呼呼地走了。

周恩来和邓颖超与身边的工作人员在西花厅合影留念

江青一伙罗织许明的"罪证",说许明是彭真安插在周恩来身边的"钉子",实际上是想把彭真与周恩来联系起来,因为彭真当时是中央点名的"反党集团"首要分子,江青一伙的用心十分险恶。

红卫兵联络总站成立后,周恩来让许明到西安门国务院接待站去负责搞接待工作。陈伯达、戚本禹经常到接待站来,向红卫兵宣传他们那一套。当时在红卫兵中流传着这样一首打油诗:"老子英雄儿好汉,老子反动儿浑蛋。龙生龙凤生凤老鼠生儿会打洞。"戚本禹听了很高兴,但许多红卫兵听了不同意,说是"唯成分论",两派的红卫兵因此在接待站展开辩论。戚本禹就将打油诗进行改动,并告诉许明是陈伯达改的。当红卫兵质问为何改动打油诗时,许明告诉他们是陈伯达改的。这下许明闯了大祸,陈伯达知道后十分不满,以陈伯达到接待站,许明不热情接待为由,向江青告了许明一状,江青又将此事告到毛泽东那儿,毛泽东指示周恩来:此人(指许明)不适合做接待工作。

许明知道主席的指示后,心里害怕极了。加上当时她的丈夫孔原在调查部被揪斗,被监视、关押,一个儿子因参加"西纠",被打成保皇派,也被抓走,家中的老母亲亦被红卫兵抓去，一个家被搞得支离破碎。许明精神压力本来就很大，江青状告她后，思想负担更重，终于被迫选择了自杀道路。临死前她留下遗书：我是无罪的，孔原与两个儿子是无罪的。

这样一个有能力有才华的妇女干部，没有死在战争年代的枪林弹雨之中，却在极"左"路线的迫害下悲惨地死去。

"文化大革命"之前，有人向毛主席反映周恩来秘书太多。毛主席讲了一句"不要什么事都靠秘书"。周恩来知道后就撤销了总理办公室，改称总理值班室，只剩下两个秘书、三个干事。"文化大革命"一来，周恩来更忙了，中央机关和地方的造反派常用保密机直接给总理值班室打电话。周恩来与外界联系的电话一天到晚不断，中南海总机人员建议：你们的电话太多，很难打进来，是否可以换一个号码。周恩来听后不同意，他生气地说："现在人民群众只有通过这架电话才能找到我，换了号码，他们怎么与我联系。因此，直至"文化大革命"结束，这架机子的号码也没有换。周恩来的日程表每天都安排得满满的。他逝世后，秘书整理27本台历交给党中央，那27本台历上密密麻麻地记录了周恩来的日程安排，几乎没有什么时间是属于他自己的。中央领导看后都掉下了眼泪。

江青等人还想着法儿累垮周恩来，最后搞得周恩来不得不把总理值班室也撤了，只留下一个秘书。

总理值班室是怎样被撤销的呢？

那是在全国各地纷纷成立革命委员会的时候。当时，凡是省革委会成立之前，要先开会，由中央文革、中央军委联合召开，会议代表有当地党政领导、军队方面代表、造反派几派的代表。开完会后，由中央文革办事组起草一个会议记录，送到毛泽东、林彪、周恩来、康生、陈伯达、江青那里传阅，尔后，再由中央形成文件。

有一次，四川、云南成立革委会的会议汇报记录先送毛、林看过后，送到总理值班室，周恩来签阅后顺手将这份文件放在两份文件中，用曲别针别住，放进他办公时常用的皮夹子里。中办来催讨文件时，秘书周家鼎怎么也找不到这份文件，一天多过去了，没有及时向他汇报。因为周家鼎认为文件的收发是秘书的职责，没有必要惊动周恩来，他更没想到这份材料会放在周恩来的皮夹子里。后来，文件找到了，周家鼎赶紧把文件送还中办。没想到这件事惹恼了江青，大骂总理值班室的秘书是干什么的，眼中根本没有中央文革，看不起江青，等等。江青将这份材料送到毛、林那里，林彪别有用心地在材料上写了一大段话，大意是要尊重中央文革的意见，不能拖延时间等。这份文件又一次转回总理值班室。周家鼎一看给总理捅了一个娄子，心情很紧张，也很沉重。当周恩来忙了一天，半夜回到办公室时，周家鼎把文件拿给他看，并说："总理，我们犯了大错误了。"周恩来看了文件后，没有吭气，到了天亮才对周家鼎讲了一句话：家鼎呵，你们顶不住，告诉我，我写几句话，由我来负责。周恩来的意思是：当时找不到文件，可以报告他，由他出面去向中央文革解释。

事情并没有了结。江青等人抓住这件事情，在钓鱼台 17 楼几次与周恩来胡搅蛮缠，说总理值班室的秘书眼中没有中央文革，要解散等。此后不久，在一次国务院办公会上，周恩来宣布，值班室撤销，周家鼎等人都下去锻炼，只留下钱嘉东。周家鼎走前向他辞行。周恩来对他作了三条指示：（一）到最基层去；（二）不担任任何领导工作；（三）改个名字。当时，周家鼎不理解为什么要让他改名，就说：总理，为什么要改名字呢？"四清"时不是有人改名受批评了吗？周恩来不吭气。这时，邓大姐穿着一件睡衣走过来说：叫你改你就改嘛！你就叫"贾汀"吧。周家鼎后来才知道，周恩来考虑家鼎已得罪了江青，怕江青又找家鼎的麻烦，还是躲着她点；再一个考虑就是避免别人说总理又把自己人派到什么地方去了。谈话后，周家鼎就改名贾汀，到二七机车厂去蹲了几年。周恩来真是煞费苦心来保护他们啊！

总理值班室撤销后不久，周恩来在接见阿尔巴尼亚的外宾时说：我现在只有两个秘书。每天 24 小时，一个人得工作 12 小时。我不能不让他们休息。晚上我让他们走，有些事情我自己写，自己办。

五、开创外交新格局

15 大批极"左"修复对外关系

"文化大革命"中，中国外交跌入一个寒冷的"冬季"。周恩来大批外事领域极"左"思潮，努力修复对外关系。

康生指责新中国 17 年的外交是"三降一灭"。天安门城楼上，毛泽东同许多外国驻华使节亲切地打招呼。周恩来大批外事领域的极"左"思潮，修复对外关系。

"文化大革命"开始后，新中国外交一度跌入了一个严寒的"冬季"。

在这个严寒的"冬季"里，康生、江青一伙凭借权力，控制舆论，插手外交工作，把极"左"思潮煽惑得像一头怪兽，上蹿下跳，使毛泽东、周恩来等开创的新中国外交迅猛地滑向悬崖。

1967 年 6 月，康生给新中国成立以来 17 年的外交工作扣上了"三降一灭"的大帽子。

康生在接见外事口造反派时说："最近我看了一些文件，发现不是'三和一少'的问题，是'三降一灭'，向帝国主义、修正主义、反动派投降，扑灭人民革命。"

这顶大帽子给外交工作带来了前所未有的冲击和压力。

当时任外交部副部长的乔冠华回忆说：

那一年，我印象很深，是罗马尼亚的毛雷尔来访问，还有原来的国防部部长。我们这边是总理、先念、康生和我接待，在钓鱼台与他们会谈。会谈完了，总理还没走，先念把我拉到一旁，说：老乔，这个"三降一灭"压得我们没有办法了！他说，现在康生也在这儿，你能不能跟总理讲一讲，请康生把这句话说清楚一点，指的是什么？因为先念那时管外经委，也有一个外贸问题。

当时，总理正在一个房间的卫生间洗脸，我就过去了，说：总理，刚才先念同志提到一个问题，我也有这个想法，康生提出"三降一灭"，这样一提，我们整个外交就都被否定了，我们怎么检查？没法子检查。

总理以很沉重的表情听我讲。我讲了以后，总理想了半天，他只一句评论："'三降一灭'，不通！"就不再讲了。这个事情我后来告诉了先念同志。但总理也没办法，我看总理处境非常困难。

周恩来一直是主管外交的。对康生的这一诬蔑，他曾当着康生的面表示过不满。他说："外交部总的政策不仅是我兼外长的时候，就是陈毅做外长，也要经过我的手，我都送毛主席看。对外政策基本上是主席讲的，主席讲了，我们才办具体事项。"

面对周恩来的质问，康生支吾着推说是指中联部的王稼祥。

否定了新中国17年的外交，康生他们主张的那一套是什么呢？

康生等人说：世界已进入毛泽东思想的新时代，宣传毛泽东思想是对外工作的中心任务。要斗字当头，不怕断交。

于是，各种各样的胡闹盛行开来。

许多驻外使馆人员、援外人员、留学生，乃至有些华侨就不看对象，不考虑驻在国的法律规定，强行发放毛主席语录、像章及"文革"宣传品，甚至同外国人会谈也要首先念毛主席语录。

有的驻外人员故意疏远当权派，亲近反对派。

请外宾吃饭，把下面的普通的外国人请到贵宾席上，真正的贵宾让人家站着，冷落贵宾，还说这就是"革命"，是"人民当家做主"。

……

为开创我国外交新局面辛勤工作的周恩来

这种种无奇不有的极"左"做法引起了驻在国的深深疑虑与强烈不满。

几乎所有的驻外使馆也都搞起了"文化大革命",驻外大使几乎全部被调回国内参加"文化大革命"。

中国的外交工作基本上处于停止状态。作为政府总理,举世公认的外交家周恩来,三年之内竟没能安排过一次正式出访。来中国访问的外国领导人也大大减少。

与此同时,在国内,极"左"思潮煽动下的造反派也制造了一系列各种各样的胡闹。

有的人在群众大会上公然高喊打倒外国政府的口号,有的甚至高喊要武力收回香港。

外交部部长陈毅受到造反派的"穷追猛打",不能正常工作。造反派把外交部所有部长、司长家里的电话都撤掉,还在外交部门口安营扎寨。外交部的大权一度失控。

更让人匪夷所思的是,1967年的七八月间,在首都北京发生了最严重的三起外交事件,当时叫"三砸一烧"。

"三砸",就是砸了缅甸驻中国大使馆,砸了印度驻中国大使馆,砸了印度尼西亚驻中国大使馆。造反派冲进这三个使馆,把人家的国旗撕烂,把人家的国徽砸烂。

"一烧",造反派放火焚烧了英国驻华代办处。

在极"左"思潮的肆虐下,短短的时间内,中国同已建交的或半建交的四十余个国家中的近三十个国家都先后发生了外交纠纷,有些甚至到了要断绝外交关系的边缘。这其中不乏过去一直同我们保持友好睦邻关系的周边国家。

在外国友人的心目中,一向以和平共处五项原则著称的新中国,突然变得那样蛮横和不可理喻。新中国的国际形象和国际声誉受到严重损害。

毛泽东对外宾说:有一段时间,1967年,我们控制不住我们的外交部,管不了。有那么两个月,天下大乱。烧大使馆就是在那两个月,都是极"左"派当权,自己向国外发电报,都是极"左"啊。

周恩来在艰难的处境中,扼住了外交领域极"左"思潮这头怪兽的缰绳,把新中国外交事业的车轮挡在了毁于一旦的悬崖之上,为经历了短暂"休克"与"冬眠"之后的新中国外交的全面复苏,争得了宝贵的回旋余地和条件。

中国外交毕竟是由毛泽东领导、周恩来亲自主管的，经历了一年多的无序和混乱后，从 1969 年起，在毛泽东的支持下，周恩来开始批判外交领域的极"左"思潮，有步骤地采取了一系列措施来消除外交上的不正常状态。

1968 年 12 月 5 日，周恩来就对外交工作中的"左"的做法提出批评。他在国务院各部委军管会、毛泽东思想宣传队负责人会议上谈到外交问题时说：不能看到和平共处四个字就认为是毒草，外交斗争是极其复杂的。外交工作不能停，外交工作最怕干扰，"右"的不好，"左"的也不好。

1969 年五一国际劳动节，一些外国驻华使节被邀请上天安门观礼，毛泽东在天安门城楼会见了他们，同他们进行了亲切友好的谈话。

毛泽东对印度驻华使馆临时代办拉杰西·米斯拉说："印度是一个伟大的国家，印度人民是伟大的人民。中印两国人民总是要友好的，不能老是这样吵下去的嘛！请问候你们的总统和总理。"

毛泽东握住缅甸驻华代办的手说："中缅两国人民是'胞波'，请代我问候你们的奈温将军。"

……

毛泽东这样做，是向外界传达中国愿意同世界各国改善和发展关系的信息。

周恩来趁机进行外交政策的纠"左"。

中国的驻外使节，自 1967 年年初召回国内参加"文化大革命"以后，一直没有再派出。自 1969 年 6 月开始，周恩来陆续重新派出一批又一批的驻外使节。6 月 4 日，周恩来在接见耿飚等几位即将赴任的大使时说：形势是乐观的，但要准备曲折。外交工作要有主动性，使馆要把调查研究工作作为主要任务，做到"心中有全局，手中有典型"。要教育外交人员谦虚、谨慎、朴素、不卑不亢。

同时，周恩来指示把驻外使馆的极"左"分子调回国内。1970 年 3 月 1 日，周恩来在批阅中国一个驻外使馆给外交部的电报时指出：我使馆中如有极"左"分子，应迅速调回。

同年 9 月中下旬，周恩来两次找外交部党的核心小组成员、副部长及有关地区司负责人谈话，指出：不要以为只有中国才行，就我们一家，眼里没有别人，光中国就把世界革命包办了，怎么能包办得了呢？在外事部门，还要继续批判极"左"思潮。对驻外使馆内部还热衷搞极"左"的人，要调回国内学习。今后，可以派一些在"五七"干校劳动过、精神面貌好的干部在外任职。我们使馆有些人，就是喜欢听人家说好话，不爱听批评的话；对我们的事就报喜不报忧，对人家的事就报忧不报喜。这些都是主观主义。我们应该学习人家的长处，不要只注意人家的短处。

1970 年 12 月 26 日，周恩来在同外事部门负责人谈话时提出外事部门应主动开展外交工作。他说：我们的外交工作大大落后于形势，自己主动开展的工作太少。要么就是极"左"，搞强加于人，大国沙文主义；要么就是闭门不出，等着人家来送东西。强加于人是"左倾"机会主义，闭门不出就属于右倾了。

当时，对外宣传中也出现大国沙文主义、强加于人的极"左"做法。比如，在出口商品的包装上印上毛主席语录、毛主席像，刷上一些政治标语和口号；许多驻外使馆人员、援外人员、留学生，不看对象，不考虑驻在国的法律规定，强行发放毛主席语录、像章及"文革"宣传品，给驻在国的工人、学生放映"文革"的电影，甚至同外国人会谈也要首先念毛主席语录；有的还强行要求外国人佩戴毛主席像章，否则就是反华。这些极"左"做法引起一些国家对我国的怀疑与不满，有的国家将收到的毛主席著作、语录和"文革"宣传材料或强行收回销毁，或丢弃在车站、广场等一些公共场所，对外宣传起了相反的效果。

对向外宣传中的极"左"做法，周恩来也多次提出严厉批评。

1970 年 10 月 4 日，周恩来在接见全国外贸会议的代表时批评说：如果将带有语录的包装商品出口，反而会被敌人利用。各省的同志可以去广州商品交易会，看一下商标、包装图案，都可以查出一些问题。另外在汽车上搞语录也是不严肃的，是对毛主席的不尊重。

12 月 23 日，周恩来在同外交部有关负责人谈话时，批评了外事工作存在的大国沙文主义和强加于人的做法。他说：不调查研究，不请教人家，主观主义，骄傲自满，背包袱，好像只有我们是革命的，人家都是不革命的，其思想根源是大国沙文主义。对于外国人，要看他是否懂得把马列主义的普遍真理同本国实际相结合。我们不能代替，更不能强加于人。有时需要我们提出意见，也只能看对方的认识如何。对兄弟党如此，对一个国家也是如此。不能要求人家什么都听我们的。新华社，连驻外使馆在内，从对兄弟党的关系到对外关系，存在的问题很多。外交部的极"左"思潮没有批透。

1971 年 1 月，长期致力于中日友好的日本乒乓球协会会长后藤钾二专程到中国邀请中国派代表团参加在日本名古屋举行的第 31 届世界乒乓球锦标赛。中国乒乓球协会在同后藤钾二会谈时，坚持要将台湾问题写入纪要，把遵守"中日关系政治三原则"的文字放在第一条。后藤二钾认为，他提出的会谈草案中已明确写有应当遵守"中日关系政治三原则"，这时中日关系还没有实现正常化，日本国内情况比较复杂，希望中方能体谅他的难处。但中方人员坚持不让。1月29日，周恩来找参加起草中日乒乓球协会会谈纪要的中方人员谈话，对会谈中中方人员的极"左"做法提出批评。他说：后藤的会谈纪要草案已经很好了嘛！后藤先生很早就想来中国，你们对这样的朋友要求太过分了！你们不要那么"左"嘛！会谈要看具体对象，台湾问题对后藤没有必要提，你们不要给他出难题。"三原则"还是按日方原来提出的放在第二条。

4月7日，周恩来在接见援外工作会议代表时就对外政策问题作了长篇讲话。在谈到"文化大革命"初期的外交工作时，他说：由于当时忙于对内，对外事注意不够，出了一些乱子。有一些坏人钻了空子，利用极"左"思潮，搞了极"左"行动，如火烧英国代办处、外交部夺权等。此后即集中纠正强加于人的极"左"口号和极"左"行动。

当时的对外宣传中的一些极"左"行为，有时真是到了不可思议的地步。

有这样一个故事。有一次，时间大约是在林彪事件前后，周恩来到北京饭店参加一个涉外大型宴会。宴会厅红柱彩顶，光照璀璨，场面十分隆重庄严。但在宴会大厅的正中央，悬挂着一幅巨大的标语"反对帝国主义、修正主义和各国反动派"，标语红底白字，十分醒目。周恩来看到后对有关负责人指出：在这样隆重的外交场合，挂出这样的标语是不合适的，今天出席宴会的许多客人是资本主义国家的驻华使节和外国朋友，他们看到这条标语会有什么想法？不能把国内的一些做法搬到外事活动中。周恩来还指示外交部和北京市联合组成一个小组，检查一下北京的涉外饭店是否有类似违背外交政策或极"左"的对外宣传的做法。发现问题，要及时提出改正意见。

外交部和北京市遵照周恩来的指示，组成一个联合检查小组，对当时北京的涉外饭店进行了检查，结果发现存在的问题还真不少。

当时所有的涉外饭店除了都挂着毛主席像和"文革"宣传画外，还摆放了一些"文革"色彩很浓的工艺品，如红卫兵的雕塑等。

最让人哭笑不得的是新侨饭店。

当检查组来到新侨饭店时，该饭店军代表介绍说：我们注意突出政治，大力向外宾宣传毛泽东思想，撤掉一切"四旧"的陈列品，收到很好的政治效果。

这位军代表还得意地举例说：每间客房都挂着毛主席的半身标准像，住饭店的日本商人为表达对毛主席的无限热爱，自己又买了许多毛主席的相片，贴在房间的墙上。

为了突出"成绩"，这位军代表还要领着检查组去当场验证。

然而，当检查组随着军代表进入日本商人所住的房间时，大家都惊呆了。

只见墙上并排贴着许多毛主席的相片和半裸体美女的照片。

看到这不伦不类的做法，检查组人员当时就气愤地下令取下毛泽东的照片。

检查组把检查中发现的问题向周恩来汇报，并建议涉外饭店应摆放一些传统的工艺品，挂点反映中华民族深厚文化底蕴的国画等装饰品。

于是，周恩来指示有关部门组织一批画家，专门为涉外饭店装饰作画。此事后来被江青一伙诬为"黑画"。

林彪集团覆亡后，周恩来更是加大了对极"左"思潮的批判力度。

1972 年 8 月 1 日、2 日，周恩来连续两天向回国述职的大使和外事部门的负责人作长篇报告，系统阐述对国际形势、内外政策、政治与业务关系等问题的看法。贯穿报告的一条主线就是"要批透极'左'思潮"。周恩来说：

"极'左'思潮是世界性的。中国也有极'左'思潮，在我们鼻子下面也有嘛，外交部也有，驻外使领馆也有。"

"极'左'思潮，就是夸夸其谈，不实事求是；就是形'左'实右、空洞、极端、形式主义，空喊无产阶级政治挂帅，很抽象。这是违反毛泽东思想的。关于这个问题，如果我们不好好做工作，还要犯错误。极'左'思潮不批透，右倾又会起来。"

"如果在驻外使馆现在还有人搞极'左'，就把他们调回来学习，不要妨碍我们的对外工作。"

周恩来还批判了林彪一伙放纵极"左"思潮的做法。他说："实际上各单位的极'左'思潮都是林彪放纵起来的。有几年他们利用'二月逆流'要把老干部都打倒，把所有政治局的老同志都搞掉，都换上他们的死党。他们打倒一切，破坏毛主席的威信和威望。林彪用极'左'的方法破坏主席的威信，把主席说过了头，什么'顶峰'呀，'一句顶一万句'呀，'第三个里程碑'呀，等等。其实这些都是假的，结果是要谋害毛主席。这样的人暴露出来是大好事。"

迫于"政治挂帅"的压力，许多人担心抓业务工作被扣上"以业务压政治"的帽子。周恩来说："运动就是要落实在政策和业务上。无产阶级的政治挂帅'挂'在什么地方呢？就是要挂在业务上。如果真正考察一个干部，说这个干部运动好，但业务不好，说明还没有落实。"

周恩来还强调了干部解放问题。他指出："各部门应该把老干部解放出来。有些部门解放老干部的工作做得不够好，你们应该好好想一想。"

周恩来的这篇讲话对极"左"思潮批判得痛快淋漓，在广大干部和群众中产生了巨大反响。许多在下面听报告的大使和外事部门的负责人觉得既解疑又解气，他们认真地聆听，认真地记录，出来后又把自己记下的给没有参加会议的人传看。

于是，周恩来的这篇讲话私下里在广大干部和群众中广泛地转抄和流传。它不仅对外事领域，而且对其他工作领域反对极"左"思潮也产生了重大影响。

在批判外交领域极"左"思潮的同时，周恩来积极采取一些行动，修复我国同一些国家的关系。

周恩来托人给金日成捎口信：不管红卫兵、造反派怎么说，这都不是我们党和政府的意思，我们对朝鲜的政策没有变。极"左"分子指责周恩来访问朝鲜是"为金日成抬轿子"。周恩来责问："你那个使馆极'左'的人到底有多少啊？"

中国和朝鲜山水相连，两国的关系是同志加兄弟的关系。

1950年，当美帝国主义入侵朝鲜，并不顾我国政府一再警告把战火烧到我国鸭绿江边时，毛泽东、周恩来等新中国领导人克服了共和国刚刚成立、经济千疮百孔的困难，毅然作出了抗美援朝、保家卫国的决策，派中国人民志愿军赴朝鲜，与朝鲜军民一同浴血奋战，抗击美国侵略者。毛泽东的儿子毛岸英因此也献出了年轻的生命。

两国人民和两国领导人也因此在血与火的战斗中凝成了非同一般的情谊。

周恩来说："中朝是唇齿之邦，唇亡则齿寒。"

有这样一个小故事足以见出中朝两国的亲密关系。

1961年，有朝鲜人要去鸭绿江中的一个小岛挖沙子。我们的边防部队忠于职守，不准朝鲜人去挖。朝鲜人心里很不愉快。

周恩来得知后，批评了我们的边防部队。他说："别说是沙子，就是金子也得让拉。"

的确，在周恩来心中，中朝两国人民之间有着比金子还贵重的东西，那就是用鲜血凝成的友谊。

然而，在"文化大革命"极"左"思潮的肆虐下，中朝之间同志加兄弟般的关系也被搅得不是那么愉快。

在极"左"思潮的驱使下，一些红卫兵在街上公然贴出了攻击金日成是"修正主义分子"的大字报，一些从朝鲜回来的华侨还到朝鲜驻华使馆搞游行，散发批判朝鲜劳动党和金日成的传单，并要朝鲜驻华大使和参赞出来辩论。

对此，周恩来曾提出过尖锐批评，并指示有关部门加以劝说和阻止。

吉林省长春市有一所中学是金日成青年时代曾经学习过的地方，那里有金日成的塑像和纪念馆。周恩来担心红卫兵冲击，曾亲自指示：不要把院内金日成塑像和室内金日成纪念馆搬走或毁坏。

但是，极"左"思潮使得红卫兵和造反派像着了魔似的。他们置周恩来的指示于不顾，把金日成的塑像给砸了。

在鸭绿江边，还有几名中学生红卫兵偷越边境，把用朝鲜文写的大字报贴到了朝鲜境内，说什么"朝鲜必须顺着毛主席指引的方向前进""朝鲜必须跟着中国闹革命"。

我国当时驻朝鲜大使馆也搞了许多极"左"的宣传，在使馆前橱窗内宣传"文化大革命"。

这一切，引起朝鲜政府的不满和防范。朝鲜政府派警察和便衣看着中国使馆的橱窗，还派人在橱窗前挖了一条两米宽的地沟切断人行道。中国进入朝鲜的东西要被检查，发现宣传品就没收。

对红卫兵和造反派的这些极"左"做法，周恩来提出过多次批评，还下令把驻朝使馆中的个别极"左"分子调回国内。

周恩来还通过有关渠道带信给金日成，说不管红卫兵、造反派怎么说，这都不是我们党和政府的意思，请金日成谅解。

1967年10月20日，毛里塔尼亚伊斯兰共和国总统达达赫来我国访问，周恩来同他举行了几次会谈。24日，达达赫离开中国前往朝鲜等国访问，周恩来在送达达赫去机场的路上，请达达赫帮忙给朝鲜金日成首相、柬埔寨西哈努克亲王、埃及纳赛尔总统捎转他的口信。

周恩来说：自从我国"文化大革命"以来，有时会出现一点误会。华侨在一些亚非国家有不少，他们向往祖国，我们不能阻止他们。我们一直是教育华侨要遵守所在国的法律，但对于他们的行动我们并不能掌握，使馆也不能全管。另外，我们的使馆在工作中也有一些偏差，我们并不掩饰这些偏差，随时可以改正。最近，毛主席在同刚果（布）总理谈话时，就说刚果（布）总统做得对，我们的使馆在工作中有偏差。帝国主义诬蔑我们，而实际上我们对朝鲜、柬埔寨的政策没有改变，我们一贯支持他们的反帝斗争。

中国驻刚果（布）使馆工作出现的偏差又是怎么一回事呢？

1967年国庆前夕，我驻刚果（布）使馆决定在10月1日举行国庆招待会，并由代办发表讲话。使馆根据国内报纸所载的一些文章和讲话起草了讲话稿。讲话稿高度赞扬了中国的"文化大革命"，揭露和批判了苏修与美帝勾结镇压亚非拉人民革命斗争的行径。9月29日，我使馆将邀请刚果（布）总统马桑巴·代巴等领导人参加国庆招待会的请柬和讲话稿一并送到了刚果（布）外交部。

10月1日下午，刚果（布）外交部部长约见我使馆代办，转达了刚（布）总统对代办讲话稿提出的三点意见：一是在庄严的节日，讲话应大概介绍中国人民的生活情况，使刚果人民更了解中国；二是讲话稿有针对另一国家（指对苏联"修正主义"的批判——作者注）的内容，刚果（布）是中立国，不允许中国攻击苏联或苏联攻击中国，中苏分歧不应在此地相互攻击；三是讲话稿中没有提总统的名字，却提了总理努马扎莱，这种情况会使刚果（布）内地人民产生分裂的感觉。刚果（布）外长还说，问题不在提总理的名字，如果你提了总统一、二、三次后，再提总理，这是正常的，否则，会使刚果（布）人民产生倾向性。

我使馆代办认为，"文化大革命"是中国人民政治生活中的大事，作为中国大使馆，有责任正确说明"文化大革命"的理论路线政策，揭露修正主义与美帝勾结镇压亚非拉人民革命斗争的行径。至于讲话稿提了总理努马扎莱，是因为努马扎莱正在中国访问，没有提总统访华，我们可以研究。

刚果（布）外长表示：你们的立场是不考虑总统的不攻击现代修正主义的意见，我回去向总统汇报。

同日下午5时，刚果（布）外长再次约见我使馆代办。

刚（布）外长说：我向总统汇报后，总统召集了政治局会议。总统认为泛指修正主义可以不要修改，直接攻击苏联的话要取消，政治局也要求取消。

我使馆坚持认为，这是政治原则问题，不能修改。

约谈没有取得一致结果。晚7时30分，我使馆如期举行国庆招待会，但刚果（布）总统和政府官员等都没有出席。

周恩来得知后，对驻刚使馆提出严厉批评："不参考我在接待努马扎莱宴会上的讲话（只提出现代修正主义，未具体点名），而采用我在接待谢胡宴会上的讲话，真是不看对象的极"左"倾向。"

毛泽东、周恩来后来在接见来华的刚果（布）总理努马扎莱时都表示道歉。

毛泽东坦诚地说："我们在你们那里的大使馆犯了错误，你们总统处理得好，我很赞成。有的中国人有大国沙文主义，强加于人，驻在人家国家里，人家接受不了的，硬要那么搞，这不是大国沙文主义是什么？要进行教育。"

周恩来也对努马扎莱说："毛主席接见你们时，把我国无产阶级文化大革命出现的问题告诉了你们，对我国大使馆大国沙文主义的做法作了尖锐的批评。既然是我们使馆的缺点，我们就作自我批评。"

那个时候，极"左"思潮使得我国同许多国家的关系陷入紧张。所以，周恩来请达达赫总统帮忙捎口信给朝鲜金日成首相、柬埔寨西哈努克亲王、埃及纳赛尔总统，以争取对方的谅解。

10月27日上午，达达赫总统结束对朝鲜的访问后前往柬埔寨，中途路过北京首都机场。周恩来特意来到首都机场迎送达达赫。

达达赫对周恩来说：金日成首相让我捎来四点口信给总理先生，作为对总理先生所捎口信的回答：

第一，朝鲜民主主义人民共和国对中华人民共和国的政策没有改变，将来也不会改变。

第二，我同毛泽东主席和周恩来总理有着深厚的友谊，并非常珍视这种在共同斗争中建立的友谊。

第三，双方存在某些分歧，但目前这些分歧并不严重。如果分歧变得更大的话，双方可以通过见面讨论寻求解决办法。

第四，我相信，如果朝鲜遭到进攻的话，中华人民共和国会同过去多次所做的那样，来帮助朝鲜。

金日成还是通情达理的，充分理解了周恩来的艰难处境。

1969年二十周年国庆，阿尔巴尼亚、越南、柬埔寨等都应邀派代表团来华参加观礼，唯独没有朝鲜代表团。一问，没有邀请朝鲜。周恩来说：中朝两国关系如此密切，怎么能够不邀请呢？还是要主动邀请。此时已经是9月30日了。周恩来把自己的想法报告毛泽东，毛泽东当即表示同意。周恩来当即打电话给金日成。金日成此时还在外地，他接到周恩来的电话后，当即决定派委员长崔庸健率朝鲜党政代表团来华庆祝中华人民共和国成立二十周年。

这说明朝鲜还是愿意与中国搞好关系的。后来的事实证明，周恩来提出邀请朝鲜代表团来参加国庆二十周年观礼是非常英明的。金日成后来说：中朝两国的一段不自然关系从崔庸健率朝鲜代表团来华时起就消除了。

9月30日晚上，周恩来亲自到机场迎接崔庸健率领的朝鲜党政代表团，并宴请他们。10月2日，周恩来又在京西宾馆与崔庸健进行会谈。

崔庸健代表金日成邀请周恩来在方便的时候访问朝鲜。周恩来愉快地答应了。

实际上，这个时候周恩来很难脱开身出国访问。自"文化大革命"开始以来，周恩来还没有出访过任何国家。但是，为了修复中朝两国的关系，为了中朝两国的友谊，周恩来还是接受了邀请。

冬去春来，转眼间就到了春暖花开的季节。

1970年4月5日，周恩来乘专机离开北京前往朝鲜访问。这是"文化大革命"以来周恩来的第一次出访。朝鲜也就成了周恩来出访中断了近三年之久后出访的第一个国家。

在朝鲜平壤机场，金日成、崔庸健等朝鲜领导人率数十万群众到机场热烈欢迎周恩来。

当天下午，周恩来拜会金日成。

周恩来对访问不及时表示歉意："本来应该早点来，但分不出身，晚了半年。去年10月2日就同崔委员长说了要来，当时崔委员长说首相同志欢迎我访问朝鲜。"

"11月，12月，1月，2月，3月，半年了。"周恩来边说边扳着指头算。

金日成风趣地说："不要紧的，虽然晚了一点，可是时候很好。来早了天气冷，欢迎群众还要受冻。"

对于周恩来的来访，金日成十分高兴。前两年发生的一些不愉快的事也就随之化解了。

金日成说："我们两国之间一段时间的不自然关系，从那时起（指崔庸健1969 年 9 月 30 日率朝鲜党政代表团来华）就消除了。我们的人民也感到高兴。事情本来就应该是这样。我们两国人民是用鲜血凝成的战友嘛！我们是唇齿相依的。听说周恩来同志要来，我们就等，等待总理来访。我们清楚总理同志很忙，这次能来，我们感到很高兴。我们很感谢总理同志接受了我们的邀请。"

周恩来说："双方领导人直接接触，问题都谈清楚，就好解决了。因为大家都看大局，看大方向。"

"对。我们也认为，我们两国之间没有解决不了的问题。"金日成表示赞同周恩来的意见。

当晚，金日成为周恩来举行盛大的欢迎宴会。周恩来发表讲话，赞扬朝鲜劳动党在以金日成为首的领导下坚持独立自主、艰苦奋斗，为保卫自己的国家和主权所做的努力，重申了中朝两国的深厚友谊。他说："中朝两国是山水相连的邻邦，中朝两国人民有着传统的战斗友谊"，这种友谊"是用鲜血凝成的"，"体现了我们两国人民唇齿相依、休戚与共的关系。共同的利害和安危，把我们两国人民联系在一起，团结在一起"。

周恩来在朝鲜访问期间，与金日成进行了四次正式会谈，就国际形势、亚洲地区局势和中朝两党两国关系等问题广泛地交换了意见。周恩来还代表毛泽东邀请金日成访问中国。

然而，极"左"思潮使一些人猖狂得忘形，连自己是干什么的都不知道了。

中国驻朝鲜大使馆的极"左"分子竟然攻击周恩来访问朝鲜是"为金日成抬轿子"，说什么宁可坐冷板凳也不抬轿子。

当年的极"左"思潮是何等猖狂！而且发生在毛泽东、周恩来一再对外交领域的极"左"思潮提出严厉批评之后，简直不可思议。

1970 年 9 月 24 日，周恩来同外交部党的核心小组和有关司局长、驻外大使谈话，严厉批评中国驻朝鲜使馆的极"左"分子。

周恩来问中国驻朝鲜大使："你那个使馆极'左'的人到底有多少啊？今天主席见范文同谈到了驻朝使馆。我们驻越南、驻朝鲜使馆写回来的一些报告，主席看了很不高兴。××在我看来就很'左'，还有人说他右。我们使馆有些人，就喜欢听人家说好话，不爱听批评的话，对我们的事就报喜不报忧，对人家的事就报忧不报喜，这都是主观主义。我们应该学习人家的长处嘛！"

周恩来又问："听说驻朝鲜使馆有一个×××，比××还'左'，调回来了没有？"

"还没有调回。"大使回答说。

"为什么还不调回国内？调他回来学习。他还说××右，说什么我去朝鲜是为金日成抬轿子，他宁愿坐冷板凳。荒唐！人家反对美帝和日本，团结他错在哪里？你说人家是修正主义，你自己才是修正主义。你说宁愿坐冷板凳，你坐冷板凳活该。"

大使说："他极'左'是有名的。"

周恩来问姬鹏飞："这个人你知道吗？"

姬鹏飞摇摇头："不知道。"

周恩来说："把这样的人派出去怎么行呢？为什么不派一些新手去？在五七干校劳动一年多、精神面貌好一点的有没有一些人呢？可以派一些这样的人出去嘛！要下决心，选一些青年、中年，文化革命中表现比较好、有朝气、有进取心、学习比较好的人出去。"

最后，周恩来要求一定要把驻朝使馆搞好。他指示：要派一个老中青三结合的小组去。这个小组能提出意见，各方面的情况都可调查，向大使提出建议，但不能直接发号施令，应回来报告核心小组。

9月30日，周恩来会见朝鲜政府经济代表团和贸易代表团。他对朝鲜客人说：如果你们发现我们的干部有大国沙文主义，就请告诉我们，我们把他调回国内。这对我们两国关系的发展有好处，对我们的干部也是个教育。

周恩来访问朝鲜6个月之后，1970年10月8日，金日成回访中国。

当时中苏两党关系紧张，而朝鲜与苏联还保持较好的关系，那么金日成访问中国是公开来访还是作内部访问？朝鲜方面感到有点不好向中国开口。中国方面充分理解朝鲜的难处。周恩来对我国驻朝鲜大使说：如果金首相公开来，我们欢迎。但中国充分尊重金首相的意见，是作内部访问还是作公开访问，由金首相定。

中国的灵活态度令朝鲜很感动。

10月8日，金日成来北京作内部访问。周恩来到机场迎接。中朝两国的关系得到全面恢复。

"都是极'左'啊！"毛泽东、周恩来亲自向缅甸总理奈温表示歉意。奈温说：不管他们对我们说了什么话，我们想这不是你们领导人的观点。毛泽东要韩念龙给奈温表演"喷气式"。

缅甸，是中国的友好睦邻。两国边民自古以来就结成了亲如手足的"胞波"关系。

缅甸，是非社会主义国家中第一个承认新中国的国家。1950 年 6 月 8 日，缅甸就同中国建立了正式的外交关系。

中缅两国领导人在友好交往中也结下了深厚的友谊。1960 年 12 月，周恩来和陈毅率中国代表团赴缅甸庆祝缅甸独立节。缅甸总统吴努授予周恩来"崇高、伟大、博爱和光荣的拥护者"最高勋章。

在欢乐祥和的气氛中，陈毅诗兴大发，赋诗一首："我住江之头，君住江之尾，彼此情无限，共饮一江水。"

然而，周恩来用心血浇灌出来的中缅两国人民深厚的"胞波"情谊，在"文化大革命"中几乎被浓厚的极"左"思潮所窒息，甚至到了要断绝外交关系的边缘。

事情的起因是这样的。

1967 年 6 月，我国驻缅甸人员不顾缅甸政府的劝阻，强行向华侨和缅甸国民散发毛主席语录和毛主席像章，引起缅方的不满和干涉。6 月 27 日、28 日，在缅甸首都仰光，缅甸民众包围并冲击我国驻缅甸大使馆。尽管缅甸政府调来了军队到现场劝阻，但还是有一些人冲入了大使馆，我国援缅的一经济专家被暴徒杀害。

应当说，事情发展到这等地步，我在缅人员对外宣传的极"左"做法要负相当的责任。

对于中缅双方政府来说，理智的做法是双方同时采取克制的态度，以避免事态的进一步发展。

缅甸政府一再表示，愿同我国保持友好关系，不愿意把关系搞得很紧张。

但在中国，极"左"思潮趾高气扬。

中央文革一伙扬言：报纸的调子可以高于政府声明，群众的调子可以高于报纸，要逼缅甸同我们断交。

6月29日，《人民日报》头版头条以醒目的容易刺激对方情绪的粗黑标题《缅甸政府唆使暴徒袭击我使馆杀害我专家迫害我侨胞，我国政府向缅甸政府提出最紧急最强烈抗议》，刊登了我外交部给缅甸驻华使馆的照会。

6月30日，《人民日报》头版头条继续以更醒目的粗黑标题刊登了《中华人民共和国政府发表声明，最强烈最严重抗议缅甸政府的反华排华的法西斯暴行》。

周恩来坚决阻止了逼缅甸政府同我国断交的极"左"做法。他说：不怕断交还可以说得过去，这是被动的。如果提逼他断交则变成我们是主动的。

从6月29日起，北京几十万群众连续在缅甸驻华大使馆门前举行声势浩大的游行示威。

在缅甸驻华使馆前，一支支抗议示威的队伍首尾相接，怒吼声震天动地。缅甸使馆外的墙上和门前马路两旁，贴满了密密层层的声讨大字报和大标语。

在那种极"左"的氛围里，群众游行示威和报纸上的高调宣传，周恩来难以阻止。但是，绝不能让示威群众"以牙还牙"，去冲击缅甸政府使馆。

为此，周恩来打电话给外交部和北京卫戍区司令傅崇碧：群众只许在使馆外面示威，绝不能冲入使馆，更不能伤害使馆人员。

在卫戍区部队的严密控制和疏导下，连续几天的群众示威没有出现冲砸缅甸使馆的情况。

7月初，又有一些造反派操纵部分群众准备冲击缅甸驻华大使馆，周恩来及时制止了这一行动。

在周恩来的努力下，虽然中缅关系的事态得到控制，没有进一步恶化，但还是留下了一些阴影。

1971年8月，缅甸联邦革命委员会主席、政府总理奈温偕夫人来我国进行友好非正式访问。毛泽东、周恩来分别会见了奈温，对当年的一些问题进行了解释，并真诚地表示了歉意。

8月7日，周恩来会见奈温。在回顾了1967年中缅关系那段不愉快的经历后，周恩来说："我之所以要说这一段情况，是想说明我们政府的政策是明确的，这是主要方面。在1967年，的确有极'左'思潮的干扰。"文化大革命"运动的发展，如果仅仅是在青年中产生极'左'思潮，那是可以得到说服和纠正的，问题是有些坏人利用这个机会来操纵群众运动，分裂群众运动，破坏我们的对外关系。这种人只有在事情充分暴露以后才能发现。发现以后，坏作用就起不了了。好在当时中缅关系发展到这个程度没有再发展下去。我们同英国的关系走得更远一点，时间更长一些，受到的破坏更多一些。"

当奈温谈到中文报纸的一些观点和对他的个人攻击时，周恩来解释说："我们当时都被攻击了，我也被攻击了，我们在座的没有一个例外。"

陪同接见的李先念插话说："贴我们总理的大字报，街上都有。"

奈温说："对我个人的攻击，我倒无所谓。外国报纸上登的东西我不十分理解。"

奈温的话是真诚的。不要说外国人，就是很多中国人，对那个年月报纸宣传的东西也有许多不理解的地方。

"外国朋友对我们的'文化大革命'不完全理解，这是可以理解的。"周恩来继续解释说，"但我要解释的是，我们的政策是始终一致的，问题是当时我们顾不了海外的事情。特别是我们的大使都回来了，那些低级官员和一般外交人员中有一部分发生了极'左'思潮。我们外交部有一个多月被夺权了，他们就向国外乱发电报。就是刚才提到的 1967 年 7 月我们驻缅使馆给你们外交部的照会不仅我不知道，我们外交部也不知道。"

奈温点点头："我们感觉到了这一点。"

周恩来还说："1967 年华侨学校的某些行动，我们也不赞成。年轻人、侨民有爱国心，他们学我们国内的样子去做，当然就不合适了。自从新中国成立以来，特别是万隆会议以后，我们对有华侨的国家都宣布，侨民应服从所在国的法令，不应该违犯所在国的法令，要按照所在国的习惯工作，因为在人家的国家嘛！"

周恩来这里说的是指缅甸华侨学校的学生因强行佩戴毛主席像章而引发冲突的事。

对于周恩来表示的歉意，奈温表示非常谅解。他说："关于 1967 年在你们这里发生的事，我表示我的谅解。我得到了有关这里发生的情况的报告，但消息很少。我记得你们外交部受到了两次冲击，所以我感到当时你们政府不能完全控制局势。"

周恩来说：基本上能够控制，主要依靠解放军和绝大部分好的群众。

谈话进行得非常真诚和坦率。

奈温说：不管他们对我们说了什么话，我们想这不是你们领导人的观点。有一段时间，甚至我也受到了压力，要我断绝同中国的外交关系，我拒绝了。

周恩来说：我们这里的坏人也是这样主张的。

奈温说：关于这个问题，据外国报纸报道说，不知是不是真的。有人问总理关于中缅两国外交关系有什么看法，总理回答说，中国的做法取决于缅甸的行动。缅甸走到什么程度，中国也走到什么程度。我们看出了总理还是想继续我们的外交关系，我们也是这样想的。我们不愿意断绝同中国的外交关系。因为要断绝很容易，要重建就困难了。

周恩来说：对。

奈温说：我记得 1959 年到 1962 年之间有一个时候，印度使馆要撤退，总理请他们留下。这个记忆对于我处理这件事有影响。

周恩来本人的外交风采，潜移默化地影响到另一个国家首脑对外政策的制定，这恐怕连周恩来自己也没有料到。

周恩来同奈温的谈话是从下午 4 点钟开始的。会见完后，已经是 6 点了。按计划，毛泽东在晚上六点半会见奈温。

于是，没来得及休息，周恩来又陪奈温来到毛泽东的住处，陪同毛泽东接见。李先念、韩念龙也陪同接见。

毛泽东对奈温说："有一段时间，1967 年，我们控制不住我们的外交部，管不了了。有那么两个月，天下大乱。你们大使馆还算好的，没有烧掉，英国代办处烧了。"

奈温插话说："是的。"

毛泽东吸了一口烟，缓缓地吐出，继续说："你有什么办法？现在我们给他们修。你烧了人家的大使馆，像什么话呢？你要好好赔啊！所以我们给他们造了一个，而且向他们赔不是，认错。"

奈温插话说："是的，就像中国驻仰光的大使馆的事也是这样。"

1967 年 6 月 27 日、28 日，在缅甸首都仰光，缅甸民众曾包围并冲击我国驻缅甸大使馆。

毛泽东继续沿着他的思路说："那时候也是无政府主义。不过我们烧（英国）代办处是在那两个月，都是极'左'派当权，自己向外国发电报。都是极'左'啊。所以，不是所有的中国人都是好人。"

奈温说："应该说，只有个别人要负责。"

毛泽东说：“他们有一个集团，一个阴谋集团，搞破坏的。”

说到这里，毛泽东问周恩来：“你们没有请外交部代部长跟他们见面谈话吗？”

“准备接见他们。他这几天有别的事。”说着，周恩来指了指在一旁陪见的韩念龙，“这几件事都是他参加的，他是外交部副部长，午门大会被冲击的一个。”

毛泽东饶有兴趣地问：“抓住他搞什么东西？喷气式？”

“喷气式”是当年红卫兵批斗老干部时用的一种体罚。

韩念龙回答说：“那天没有搞，没有要我们表态。那天同去的，还有耿飚。”

周恩来问奈温：“你懂得我们的喷气式吗？”

“不懂。”奈温摇了摇头。

毛泽东对韩念龙说：“你做一个给他看看。”

在大家一阵轻松的笑声中，韩念龙站起来表演“喷气式”。

“你那个样子不行。你做过喷气式没有？”毛泽东觉得韩念龙做的“喷气式”不太到位。

“没有。那天没有做。”

毛泽东风趣地说：“这是中国人的一大发明，是种很好的‘体操’。”

谈话在一片轻松的笑声中结束。毛泽东、周恩来亲自出面接见并作解释，使奈温非常满意。此后，中缅两国的友好关系得到恢复。

“外交毕竟是外交，不同写文章，不能把文章里的话搬到外交文件中来。”即使在中苏关系剑拔弩张的时候，周恩来也还是非常注意把握斗争的分寸，制止了在对苏关系上的一些极“左”做法，为缓和中苏两国关系留下了回旋的余地。胆大包天的接线员竟然拒绝接通毛泽东的电话。

在修复周边国家关系的同时，周恩来还亲自抓了中苏关系的缓和。

中苏两党两国曾经有过兄弟般的情谊。自20世纪50年代后期起，由于执掌苏联的赫鲁晓夫，以大国沙文主义和“老子党”的作风，一心想使中国成为苏联的附庸，特别是1960年赫鲁晓夫单方面撕毁合同撤走在中国的1000多名援华苏联专家，给中国的社会主义建设造成重大损失，严重伤害了中国人民的感情，中苏两党两国的关系严重恶化。中苏两党在意识形态上的分歧与对骂也日益公开化了。

虽然这样，但在国家关系上，周恩来还是为中苏两国关系的缓和有意识地留下了回旋余地。

1964 年，周恩来最后一次出访苏联时对苏联方面说：我们的门是开着的。

"文化大革命"开始后，红卫兵几次要冲击苏联驻华大使馆，周恩来都及时制止了。

1967 年 11 月 7 日，俄国十月革命胜利五十周年之际，周恩来写信给毛泽东，建议以全国人大常委会和国务院的名义致电苏联最高苏维埃主席团和部长会议，向苏联人民表示祝贺。毛泽东批准照办。

但是，到了 1969 年，珍宝岛的枪声使中苏两国的关系恶化到了战争的边缘。

1969 年 3 月 2 日，苏联边防部队入侵我国黑龙江省虎林县珍宝岛地区，我边防部队奉命对入侵者进行还击。3 月 15 日、17 日，遭到打击的苏联军队再次向我驻守珍宝岛的部队发动更大规模的进攻，被我国军民击退。

珍宝岛事件是对中国领导人政治智慧的一次考量。

关键的是要判断苏军这次入侵是否就意味着苏联要大举进攻中国。

20 世纪 60 年代末，国际形势发生重大变化，美国称霸世界的企图与其力量不足的矛盾日益暴露，不得不进行战略收缩；而苏联利用美国陷入越南战争之机，加紧发展自己的军事力量，走上霸权主义的道路。1968 年 8 月，苏联突然袭击捷克斯洛伐克。11 月，苏联领导人勃列日涅夫公然提出社会主义国家"有限主权论"。入侵捷克斯洛伐克、珍宝岛事件和苏联在中苏边境又大量增兵，这一切都给毛泽东、周恩来等中央领导层强烈的感觉：苏联有发动侵华战争的企图。所以，毛泽东和中共中央提出："要准备打仗。"1969 年 4 月 28 日，毛泽东在九届一中全会上说："要准备打仗。""我们是不打出去的。我说不要受挑拨，你请我去我也不去，但是你打来呢，那我就要对付了。"

但是，毛泽东、周恩来在强调战争的危险性并为此积极准备的时候，也并没有把战争的危险绝对化。当时，毛泽东、周恩来都有同样的判断：苏联还不具备进攻中国的条件。1969 年 3 月 14 日，周恩来在接见美国进步劳工党代表团时，外宾问道：最近中苏边境冲突是否有走向更大规模性的可能？周恩来回答说：苏联要进攻中国有困难。3 月 19 日，毛泽东召集中央文革碰头会成员开会时也说：我看他们是壮胆，晚上走路怕鬼吹口哨。小时候在乡下走路，怕鬼，怕老虎，就吹口哨。

因此，在做好军事斗争准备的同时，毛泽东、周恩来非常注意把握斗争的分寸，密切注视苏联方面的举动，相机缓和紧张的战争气氛，以便为中苏关系留下和缓余地。

这就是以两手对两手。毛泽东、周恩来的对策是"坚决反击，准备谈判"。

珍宝岛事件发生后，周恩来多次指示中国边防部队，要严格按照毛泽东和中央确定的有利、有理、有节的方针原则行事。

1969 年 3 月 4 日，北京、天津、上海等二十几个城市的军民举行游行示威和声讨大会，抗议苏联军队入侵我国珍宝岛。周恩来在修改中共中央、中央文革小组、国务院、中央军委《关于抗议苏修武装挑衅，组织群众游行示威的通知》时，要求各地军民在游行中严格遵守中央关于"五不""一划"的指示，即不冲、不砸、不烧、不抓、不打苏联驻华使馆和苏联在华人员，群众队伍同外国驻华使馆之间划清界限。

3 月 6 日，周恩来将宣传部门送审的原稿中"苏修边防军""苏修武装部队"中的"苏修"一律改为"苏联"。

3 月 22 日，毛泽东在同中央文革碰头会成员和几位老帅谈话时说：明天下午巴基斯坦宴会，是否一定要骂苏修？我看，外交缓和一点好。

后来的事实证明，毛泽东、周恩来作出的判断和所采取的对策是非常正确的。

中国不想和苏联打仗，苏联也不敢轻易发动侵略中国的战争。

1969 年的中国，真可谓既有内忧，又有外患。国内正处于"文化大革命"的全面动乱之中，一大批老干部被打倒，林彪、江青集团急于抢班夺权，国内政治很不安定。对外关系方面，极"左"思潮使得中国与许多国家发生外交纠纷，更紧要的是当时中国同时面临南北两个方面、两个超级大国的压力。南边在抗美援越，要对付美国的战争威胁；北面苏联在中苏边境陈兵百万，虎视眈眈。如果同苏联的紧张关系能缓和下来，就可以改变我们同时与世界上两个超级大国尖锐对立的被动局面，有利于维护我国自身的安全。

因此，不论是从国内政治安定需要考虑，还是从维护国家安全考虑、从外交战略考虑，都要求我们在对苏关系上以和为贵。

但是，中苏关系的多年交恶，加上"文化大革命"极"左"思潮的影响，使得当时有关方面在处理中苏关系的问题上，明显存在一些极"左"的做法。

珍宝岛事件发生后第三天，莫斯科方面把电话打到了苏联驻华大使馆，问他们：有没有中国领导同志的专线电话号码？有没有周恩来的电话号码？苏联驻华使馆回答说没有。

于是，莫斯科方面又把电话打到设在通讯兵部的北京国际电话站，询问有没有周恩来的电话号码和外交部部长陈毅的电话号码。

结果，北京电话站的接线员拒绝了莫斯科的要求。

莫斯科方面找周恩来的电话号码，无疑是想与中国领导人沟通情况。毕竟是两个大国的武装冲突，非同小可。莫斯科方面心里也是七上八下的。

3月21日晚上，苏联部长会议主席柯西金通过载波保密电话亲自要通了北京国际电话站，要求接通毛泽东的电话，结果被接线员大骂了一通。

从当时的电话记录我们可以看到，极"左"思潮的肆虐让一个普通的电话接线员也变得如此胆大包天，竟然视关乎国家安危的大事为儿戏。

> 莫斯科：北京，我是莫斯科，我把部长会议主席柯西金同志的电话接给你。
>
> 北京接线员：是要苏联大使馆吗？什么？我不懂。
>
> 柯西金：你用俄语讲话吧，好不好？
>
> 北京接线员：你用汉语讲话吧！
>
> 柯西金：我是柯西金，部长会议主席柯西金，请给我接毛泽东的电话。
>
> 北京接线员：你找谁？找谁？我不明白。
>
> 柯西金：我现在把话筒给翻译。
>
> 苏联翻译：这就是苏联部长会议主席柯西金，他请你转接毛泽东办公的地方。
>
> 北京接线员：喂，你是苏联电话站的翻译吗？
>
> 苏联翻译：是，我这里是莫斯科，苏联部长会议主席柯西金请你转接毛泽东办公的地方。
>
> 北京接线员：喂，你想要干什么呢？想要干什么呢？
>
> 苏联翻译：柯西金主席，他有事同毛泽东谈话。
>
> 北京接线员：柯西金他是个大叛徒。你有什么事跟我说。
>
> 苏联翻译：他有事情同毛泽东谈。

北京接线员：你跟我讲吧，叫他跟我讲。

苏联翻译：喂，柯西金主席请你转接到毛泽东办公的地方。

北京接线员：喂，喂，你要干什么呢？柯西金是个大叛徒，是个大坏蛋，是个赫鲁晓夫分子。

苏联翻译：你是谁啊？

北京接线员：我是北京电话站。你要干什么呢？柯西金是个大坏蛋。

苏联翻译：他要你把电话接到毛泽东办公的地方。

北京接线员：他有什么事跟我说，我可以向他讲。

苏联翻译：请你找你的上司来接电话，好不好？你的首长。

北京接线员：我就是首长啊。

苏联翻译：是吗？你是首长？

北京接线员：我就是首长。

苏联翻译：请你接中华人民共和国外交部部长。

北京接线员：你想要干什么呢？

苏联翻译：还有事情想同他谈谈。

北京接线员：不行啊，你是苏联情报部吗？你想在这里搞什么玩意儿啊？

苏联翻译：这里是莫斯科，苏联部长会议主席。

北京接线员：柯西金是个大坏蛋。

电话通了将近十分钟，柯西金还是一无所获。最后，非常恼火的柯西金要求把电话转接到苏联驻华大使馆。

柯西金在电话中告诉苏联驻华临时代办叶立扎维金：我想同毛泽东通电话，但电话站不予转接，接电话的是一个蛮横无理的人。你能不能通过中国外交部找到周恩来或陈毅的电话，告诉他们，我受苏共中央政治局和苏联政府委托，要同毛泽东通话。

叶立扎维金说：我们要接通周恩来同志、陈毅同志的电话很困难，他们不给接。但我们可以通过中国外交部，说我们很想同毛泽东同志通电话。

柯西金说：好吧。

叶立扎维金问：除了毛泽东之外，同周恩来通话也可以吧？

柯西金说：最好是毛泽东。如果毛泽东不能讲的话，也可以同周恩来讲话，其他任何人都不行。

放下电话后，叶立扎维金立即向中国外交部提出有紧急问题要约见外交部副部长。

外交部答复说：外交部副部长有事，没有时间接见，苏欧司副司长可以见。

3月22日零时，外交部苏欧司一个副司长与叶立扎维金见面。没有寒暄，没有问候，双方的对话一开始就都充满了火药味。

副司长：首先我要向你严正指出一个问题，我在3月13日约见你，乔冠华副部长在3月15日约见你，你都拒绝来见。你作为苏联驻华使馆临时代办，完全有义务应约来见。我不知道你们采取这种做法究竟是为什么？

叶立扎维金：苏联部长会议主席柯西金受苏共政治局的委托，在今天几个小时前，用高频率电话想同毛泽东同志联系。因为中国接电话的工作人员拒绝柯西金同志同毛泽东同志联系，所以我受柯西金的委托，紧急拜会外交部，并转告他的建议。我想知道，柯西金同志想用电话同毛泽东同志进行联系，是不是可能？如果由于某些原因，不能同毛泽东同志谈话，柯西金同志能否同周恩来同志谈话？柯西金同志要我报告这次会见的结果，我怎样报告莫斯科？

副司长：我们中国共产党是伟大的马列主义政党，毛泽东主席是我们党的伟大领袖，我们的党同你们的党没有任何关系。你们的党已经堕落成了修正主义叛徒集团的党。柯西金想用政治局的名义，同我们中国共产党联系，那是对我们党的莫大侮辱。对你这种无礼要求，我坚决拒绝，并提出坚决的谴责。至于柯西金要同周总理联系，我可以报告。

叶立扎维金：就这些吗？

副司长：就这些。

叶立扎维金：我坚决抗议你在讲话中对苏共的诬蔑，这是第一。第二，我也表示抗议，你们在报纸上歪曲事实，说我们拒绝约见。我不需要听你们的教训。

说罢，叶立扎维金站起来就走。

约见不欢而散。我外交部把柯西金要求通电话的事报告了周恩来。

苏联搞热线电话联系的方式我们不太赞成，但是，如果他们是真诚希望两国领导人进行对话接触，这还是应当肯定的，因为这对缓和两国箭在弦上的紧张关系是有利的。当然，在当时战争一触即发的紧张历史环境下，苏联领导人急于与中国领导人接触是他们真诚的愿望还是故意放出的烟幕，一时还难以下结论。

不管怎么样，我们不能把门关死。

基于这样的考虑，周恩来接到报告后，连夜召集外交部有关负责人开会，商定以备忘录的形式回复苏联驻华临时代办。备忘录说："从当前中苏两国关系来说，通过电话方式进行联系已不适用。如果苏联政府有什么话要说，请你们通过外交途径正式向中国政府提出。"

会后，周恩来给毛泽东写信，汇报了柯西金想同毛泽东通电话和苏联驻华临时代办约见我外交部苏欧司负责人的情况，并把复苏联驻华临时代办的备忘录送毛泽东审批。

毛泽东批示：同意备忘录的立场，即准备外交谈判。

3月22日下午，毛泽东同中央文革碰头会成员和陈毅、徐向前、聂荣臻、叶剑英等几位老帅谈话，对北京电话站接线员的态度和我们有关部门的"左"的做法提出批评。

毛泽东说：柯西金打电话究竟是怎么回事？我们接电话的人很厉害，把他骂了一阵，说他是叛徒。把人家的总理（注：苏联部长会议主席相当于政府总理）都骂了一顿，人家说是不尊重我。我看应该给他转一下。

周恩来插话说：两国交兵，不斩来使。

毛泽东继续说：两国交兵，使者其间。法国大使叫人家帝国主义的大使，苏联大使叫人家是修正主义的大使。我们在有些场合揭露是必要的，但有时不要这样骂人。我们同蒋介石谈判也不骂人。我们现在孤立了，没有人理我们了。

毛泽东又问：我们不同柯西金通电话是不是不礼貌？

周恩来说：我们已经给他们一个照会，说通电话不方便，有事请通过外交途径，不搞热线活动。

毛泽东说：热线活动不能搞，他们喜欢搞这一套。你们去一下，要不要通电话。

毛泽东还对在场的几位老同志说：你们这几位老同志为国家做工作，不要只管一个部门，要管宽一些，军事、政治、国内、国外。你们这些年纪大的人，多吃几年饭，经验多一些，小萝卜头看不起你们，说你们老了，没有用了。我不赞成。小萝卜头有用，但没有经验。

毛泽东的话，对周恩来纠正外交工作中的极"左"做法是很大的支持和鼓励。

3月26日，周恩来就外电报道说苏联驻华使馆受到中国公民的骚扰和威胁并导致苏联使馆人员受伤一事批告外交部有关负责人和公安部部长谢富治：请查明有无此事，并请谢（富治）告卫戍区司令部和公安局，对聚集在通过苏联使馆路上的人群，劝其走开，对其所采取行动，加以劝阻和干涉。

对冲击苏联驻华使馆的极"左"行为，周恩来一贯是坚决反对的。此前，红卫兵几次要冲击苏联驻华使馆，周恩来坚决制止了这种行径。

当时任北京卫戍区司令员的傅崇碧回忆说：

> 一次，造反派煽动十多万群众要冲苏联驻华大使馆。总理把卫戍部队调来，亲自守在苏联大使馆旁边的一个电影院里控制局势，守了整整一个晚上没睡觉。总理担心，大使馆有枪，有机枪，你要冲，他就可以开枪，这样会打死很多人。总理亲自做工作，在那个电影院里找造反派一块谈，说在大使馆外面游行可以，不能冲进大使馆，不能逼他逼得太急了，逼急了不行。总理真是苦口婆心。坐到半夜，我说总理你回去吧，有情况我向你报告。总理不放心，不回去。到天亮了，罗贵波副部长来了。我对总理说，我们两个负责，你回去休息吧。总理回去后，过5分钟又打个电话来，过5分钟又打个电话来，询问情况怎么样。我说，总理啊，你就休息吧。总理说：我回来睡不着，出了问题我怎样向主席交代呀！直到知道游行结束后，总理才睡觉。

由于采取了克制的态度，中苏武装冲突没有进一步扩大。1969年3月28日和5月24日，中苏两国政府先后发表声明，表示希望通过谈判来解决武装冲突。

然而，到1969年8月，在珍宝岛之战中没占到便宜的苏联边防军企图报复我边防部队，又在我新疆铁列克提地区挑起武装流血冲突。这无疑给还处于紧张状态的中苏关系雪上加霜，导致中苏两国关系更加紧张，也让中国领导人对苏联领导人要求接触和谈判的诚意产生怀疑。

不久，中国人民的好朋友、越南劳动党主席胡志明因病在河内逝世。

中共中央决定派与胡志明私交很深的周恩来前去河内吊唁。

9月4日，周恩来在叶剑英、韦国清的陪同下飞抵河内吊唁胡志明。与胡志明遗体告别后，周恩来当天就飞回了北京。

苏共中央派柯西金前往越南吊唁，并希望同周恩来接触。但当柯西金到达河内时，周恩来已经离开了。

周恩来此举引起了国际舆论的广泛关注。美联社华盛顿 9 月 5 日的电讯说：美国一个不愿透露姓名、地位不低的官员对周恩来避免与柯西金打交道离开河内，感到非常高兴。周恩来避免会晤柯西金，不表明中苏冲突有任何新变化，而表明冲突糟到什么程度。这说明整个中苏问题已经达到没有任何伸缩的余地……

然而，就在世界各方对周恩来河内之行作各种推测和议论时，9 月 10 日，我国驻河内使馆发回急电说，柯西金想在回莫斯科途中路过北京时，跟周恩来总理会晤，还说要等回话。

中共中央在接到电报后，考虑到当时的国际国内形势，决定同意周恩来与柯西金会面。

作出这个决策是很理智的，也是很不容易的。因为当时极"左"思潮还很盛行。

关键时刻，外交决策大权还是掌握在毛泽东、周恩来手中。

在周恩来看来，柯西金在苏共内部对中国的态度还是比较好的，也是比较冷静和现实的。据有关消息，苏联国防部部长安德烈·格列奇科极力主张使用几百万吨级的原子弹，"一劳永逸地消除中国的威胁"。而比较现实的柯西金等人不赞成这样的计划，认为大量的放射性尘埃不仅仅会杀死中国人，也会杀死远东的苏联公民和与中国接壤的其他国家的人民。苏联军方又有人提出用少量的核武器对中国的核力量施行"外科手术式的打击"。但柯西金等人也认为不妥，弄不好会使苏联卷入一场没完没了的战争，其后果也许比美国在越南的处境更糟。

周恩来还觉得，只要苏联方面愿意坐下来谈判，通过协商谈判来解决中苏冲突及边界争端问题是可取的，符合中国政府一贯坚持的和平外交立场。但是，我们对苏联领导人不抱幻想。

1969 年 9 月 11 日 10 时 50 分，周恩来在北京首都机场同柯西金举行了 3 个半小时的会晤。两国总理就中苏关系的紧迫性问题交换了意见。

周恩来说："约五年前，毛泽东同志对你说过，理论和原则问题的争论可以吵一万年。但这是理论的争论。对这些争论，你们可以有你们的见解，我们可以有我们的见解。这些争论不应当影响我们两国的国家关系，因为不同意见的争论，不要说现在，就是到了共产主义社会，一万年以后，社会也有矛盾，有斗争。中苏两国的问题，只要我们心平气和地来处理，总是可以找到解决的办法嘛！五年前我送你到北京机场途中也说过嘛！"

柯西金点头称是。1965 年 2 月，周恩来与访问越南途经北京的柯西金举行了接触性会谈。

谈到边界冲突问题时，周恩来说："在边界冲突问题上，中国是被动的。打开地图就会知道。今年发生冲突的地方，都是你们认为的"争议地区"。你们总说我们要打仗，我们现在国内的事还搞不过来，为什么还要打仗呢？"

周恩来讲的是肺腑之言。当时，那场"文化大革命"的内乱就足以使中国忙不过来。

"我国领土广大，足够我们去开发，我们没有任何军队驻在国外，我们也不会侵略别人。可是，你们调了很多兵到远东。你们说我们想打核大战，我们的核武器达到了什么水平，你们是清楚的。"

说到这里，周恩来显得有些激动，不由得提高了声调："你们说，你们要用先发制人的手段来摧毁我们的核基地。如果你们这样做，我们就宣布，这是战争，这是侵略，我们就要坚决抵抗，抵抗到底！"

最后，周恩来诚恳地提出：当务之急是在谈判解决问题之前首先采取临时措施，使双方武装力量在有争议地区脱离接触，避免武装冲突，维持边界现状。双方首先就此签订一个协议，进而恢复解决边界问题的谈判。

周恩来这一合情合理的建议有助于缓解中苏边境剑拔弩张、一触即发的紧张局势。柯西金明确表示同意，并同周恩来达成了谅解。

在这种气氛下，周恩来与柯西金还就恢复互派大使、扩大贸易、改善两国间的通车通航等缓和两国关系的具体措施交换了意见。

会晤快结束时，周恩来提议：以两国总理互致信件的形式作为双方政府间的换文，对这次会晤达成的谅解予以确认，即把会晤的成果肯定下来。

对此，柯西金表示同意。

对这次会晤的结果，周恩来和柯西金都感到满意。会晤后，周恩来设便宴招待柯西金等人。

柯西金在祝酒时对周恩来的接待表示感谢。他说：我这次来北京同周恩来总理进行了坦率的会晤，在友好的气氛中交换了意见，这对彼此是有益的。这是一个良好的开端。对于西方帝国主义国家来说，这是一个沉重的打击。中苏之间的合作是打击他们最有力的武器，任何其他武器，如原子武器等都是不能与之相比的。

9 月 18 日，按照事先商定好的办法，周恩来致信柯西金，归纳和概括了中国政府的有关立场及 9 月 11 日机场会晤时双方达成的谅解。主要内容是：在边界问题解决前，双方严格维持边界现状；双方各自的一切武装力量包括核武装力量不向对方进攻和射击；双方武装力量在中苏边界有争议地区脱离接触；等等。

周恩来还在信中说：各项临时措施，如能得到你来信确认，即作为中苏两国政府之间的协议，立即生效，并付诸实施。

然而，苏联领导层内部在对华政策问题上意见不一。有些人仍企图对我国实行军事政治高压政策，反对柯西金在北京机场与周恩来会晤达成的谅解。

不久，柯西金在给周恩来的回信中回避了 9 月 11 日会晤时达成的谅解，只是说苏联政府已采取措施，向边防部队下达了四点指示，以缓和边界局势。希望中国方面也作出类似安排。柯西金还表示，两国政府不必再换文了。

尽管这样，周恩来与柯西金三个半小时会晤的重要意义仍不可低估。这次会晤后，中苏边界的紧张局势得到缓和，中苏边界问题的谈判在北京恢复。

这一年的 10 月，中苏双方将要举行边界谈判时，周恩来在外交部上报的谈判文件上批示："在双方会晤中，如苏方态度好，我方亦应作相应对待。不要每次见面，都要挑起争执，更不要在争吵后，必喊打倒苏修，打倒社会帝国主义。谈判总要做得认真严肃，以理服人，而不是每谈必吵，每吵必骂，才算作针锋相对。"

周恩来的这一指示，为两国会谈能相对和缓地进行起到了重要作用。

20 世纪 70 年代初，我国向苏联购买一批运输机。我们的专家组到苏联验收时，发现苏方提供的备件不全，会谈时便向苏方提出。苏方说，原来签订的协定没有规定要提供。我方代表当即指责苏联是社会帝国主义。苏方谈判人员听了后立即离开谈判会场，把我方代表冷在那里。

周恩来听了汇报后，当即指出我方人员这样说不妥。他说："我们在谈判中应少说刺激的话，否则对方可以借口我们侮辱了他们一走了之。我们还是应该实事求是讲道理。我们在报纸上写文章那是可以吵架的。但是，办外交与写文章不同，不能把文章里的话搬到外交文件中来。即使对印度这样的国家，也不宜多说伤感情的话。外交终究是外交。外交场合还是要称先生、阁下，这是国际惯例。这点我们要注意。"

1971 年五一国际劳动节，又有许多驻华使节和外宾被邀请上了天安门观礼。

苏联驻华大使托尔斯季科夫也在被邀请之列。毛泽东还特意与他聊了几句。

毛泽东问候托尔斯季科夫："你好。"

托尔斯季科夫回答说："你好。"

毛泽东好奇地问："俄国话'你好'怎么说？"

"Здравствуйте。"托尔斯季科夫连说了两遍。

"很难讲。"毛泽东笑了笑，"你好"的英文脱口而出，并说了一句，"Very good。"

托尔斯季科夫也笑着说："Very good。"

周恩来又特意把当时在北京参加中苏边界谈判的苏联代表团副团长（团长回国去了）介绍给毛泽东。

毛泽东握住这位副团长的手说："我们应当好好谈判，谈出个友好睦邻关系来。要文斗，不要武斗。"

从1969年到1971年，在不到三年的时间里，中国同相邻的绝大多数国家恢复了友好关系和正常往来。新中国的周边环境比起1967年极"左"思潮泛滥时有了很大的改善。这种局面的形成，为进一步打开新的外交格局创造了很有利的条件。

更重要的是，中国同苏联关系的缓和，把美国总统尼克松的神经触动了，从而引发了中美关系的大解冻。

16　世界瞩目的握手

　　面对太平洋彼岸伸过来的那只手,周恩来表现出惊人的睿智和胆识,
高傲的美国总统第一次甘愿为中国总理脱衣拂尘,尼克松、基辛格感叹
面对的是一位外交巨擘。

　　1972 年 2 月 21 日中午,北京机场。中华人民共和国国务院总理周恩来与美
利坚合众国总统尼克松那震撼世界的历史性握手,使历史在一瞬间骤然隆起一道
高坎:中美关系乃至世界关系的一个时代结束了,另一个时代开始了。

　　完整地说,长期互相关闭的中美关系大门是在毛泽东、周恩来、尼克松、基
辛格这四双巨手的合力下缓缓开启的。

　　然而,在这四双巨手中,周恩来那双手的关键性作用是任何人也不能代替的。

　　基辛格说:中美两国在 70 年代谋求和解,这是世界环境决定的。但事情来
得这样快,发展又如此顺利,则是由于中国总理的光辉品格和远见卓识起了不小
的作用。

　　基辛格还说,要是周恩来拍着桌子要求美国停止对台湾的军援,断绝同蒋介
石的关系,否则就不同意同美国谈判,那么,今天的中美关系将是怎样还很难料定。

　　尼克松赞叹:周恩来是本世纪罕见的一个伟人。

　　无疑,周恩来个人的风度、品格、魅力以及他卓越的谈判艺术给了尼克松、
基辛格强有力的影响,这种影响反过来又对中美关系的进程起了重要的推动作用。

尼克松、基辛格发现他们面对的是一位外交巨擘

　　1969 年 2 月 17 日,中南海西花厅。一份公安部转来的广东省公安厅的急电
放到了周恩来那宽大的办公桌上。

　　急电说:2 月 16 日,在广东珠海附近的海面,抓到了乘游艇冲进我们领海

的两个美国人。请示如何处理。

周恩来久久凝视着电文，陷入沉思。按常规，这类事情无非是作为帝国主义向我国挑衅的靶子在报纸电台上揭露一番。自 1949 年以来，中美对立近 20 年了。

但是，如今情况有所不同了，美国政府的对华政策似乎出现了一些新的苗头。

周恩来的感觉是敏锐而准确的。他从美国政府的大量反共老调中看出了某些细微的变化。的确，自 1969 年尼克松入主白宫后，确实有调整对华政策的意图和举动。1 月，尼克松在他的总统就职演说中有意识地针对中国说："我们寻求建立一个开放的世界——对各种思想开放……在这个世界里，国家无论大小，它们的人们都不应生活在愤怒的孤立状态之中。"2 月，尼克松要国家安全事务助理基辛格研究对华政策，"试探重新同中国接触的可能性"。美国政府还声称，准备对中国放宽人员来往和贸易交流的限制。

尼克松这样做有他的考虑。这除了他自己要在任职期间搞点名垂青史的想法外，还有主动同中国和好以抗衡苏联的目的。美国由于在越南战争中陷入泥潭，实力受损，因此不得不进行战略收缩。而处于军事实力增强阶段的苏联则利用美国进行战略收缩的时机急剧向全球扩张，对美国的利益构成威胁。苏联武装挑起中苏边境的流血冲突更加引起了美国的警惕。如果中国失去了对苏联的威慑，那么美国对付苏联就更困难了。

就中国方面来说，如果尼克松真的有诚意和中国接触，那么，中国也应做出相应的姿态。这不仅是出于中国一贯谋求与世界各国和平共处的外交政策，而且，更重要的是从中国当前的利益来考虑。苏联在中苏边境陈兵百万，已构成了对中国安全的严重威胁。苏联至少有一部分实权人物在考虑对中国进行轰炸，或是进行"外科手术式的打击"。为了抗衡苏联，中国也需要改变同时与两个超级大国尖锐对立的局面。毛泽东对尼克松上台后美国对华政策的一些新动向也表示了极大的关注。

周恩来吩咐秘书，立即召集公安部、外交部的负责人来开会。他要公安部责成广东省公安厅派得力的人去搞清楚两个美国人乘游艇闯入我国领海的真实情况。在没有查清楚之前，不要在报纸上进行宣传，不要随随便便给戴上"美国中央情报局间谍"的帽子。（后查清这两名美国人是来香港旅游的大学生。）两个美国人的住宿、饮食要妥善安排好。

果然，美国方面也在密切注意中国对两个美国人闯入中国领海一事的反应。

但几天过去了，中国方面对此一直保持沉默。

7月21日，美国国务院宣布放宽对中国的贸易和到中国旅行的限制。

这就是尼克松上台后，中美之间第一次无声的对话。

1969年9月11日，苏联部长会议主席柯西金在越南河内参加胡志明主席的葬礼后，在首都机场同周恩来就中苏关系中的紧迫问题，尤其是缓和边界冲突问题进行了坦率的会晤。

中苏两国首脑的突然会晤，使尼克松受到震动。此事美国方面事先未得到任何消息。尼克松是从《华盛顿星报》上获悉这一消息的。尼克松担心周恩来与柯西金的会晤会导致中苏关系的缓和，这对美国来说非同小可。尼克松感到有一种坐失良机的感觉。他立即召见基辛格，要他急电美国驻波兰大使斯托塞尔尽快设法秘密接触中国驻波兰大使馆官员，试探能否恢复华沙中美大使级会谈。

尼克松决心采取主动，加快与中国接触的步伐。

这样，就发生了1969年12月3日美国大使不顾斯文在华沙穷追中国驻波兰使馆工作人员，吓得被追工作人员匆匆躲避的奇特一幕。在那种动不动就会被扣上"右倾""投降"帽子的年月，雷阳在没有接到国内指令的情况下绝对不敢擅自与美国大使接触。后来，周恩来曾半开玩笑地对基辛格说，华沙那一幕差点没让中国代办得了心脏病。

周恩来接到中国驻波兰使馆代办雷阳给外交部关于斯托塞尔追着要与中方接触的电报后，忍不住笑了。他要外交部电告雷阳，可以邀请美国大使到中国使馆做客。

因为在此之前，中国方面已先后收到美国总统尼克松委托法国、巴基斯坦、罗马尼亚领导人传递过来的美国愿意改善同中国关系的信息，并且注意到了美国政府在11月间为改善中美关系而采取的一个象征性行动——撤走了自1950年朝鲜战争爆发后一直在台湾海峡巡逻的两艘美国驱逐舰。

周恩来还指示外交部，对驻东欧使馆的人员与美国人接触应搞一个内部通报，以便使外事人员在精神上有所准备。

12月6日，周恩来在上报毛泽东后，又亲自批准释放2月16日因乘游艇误入广东海面而一直被拘留的两名美国人。

周恩来也通过巴基斯坦传话给尼克松，说中国释放这两个美国人就是对美国从台湾海峡撤走两艘驱逐舰的答复。

事后，基辛格称赞周恩来是杰出的外交家，把双方之间这一阶段的相互探询，称为"与中国人跳的一场错综复杂的小步舞"。

正当中美双方通过传递信息逐步走向高级接触时，1970年3月发生了美国入侵柬埔寨的事件，中国政府不得不中断刚刚恢复不久的华沙中美大使级会谈。

中美接触在沉寂了几个月后，双方又开始了新一轮试探。

1970年6月，尼克松要美国驻法国大使去接触中国驻法国大使馆官员，传达美国方面的意图：华沙这个论坛太公开，也太拘谨，美方希望另外打开一条保密通讯的渠道。

此时，尼克松和基辛格都感觉到华沙会谈容易受到美国国务院的干扰，而且每次都是互念经过批准的稿子，既耽误时间，又不解决问题。尼克松决定另辟渠道，同我国领导人对话。

7月，尼克松在接受美国广播公司评论员史密斯的采访时向中国发出了一个更为引人注目的信号：他赞成在外交上承认新中国。史密斯问："在苏联同中国闹翻的时候，我们为什么不同中国建立正常的外交关系而从这种局势中获得情报方面和外交上的最大好处呢？"尼克松坦率地回答："是的，我们应当这样做。"

中国方面在美军撤出了柬埔寨和尼克松再次发出愿意打破中美关系僵局的信号后，提前释放了1958年被捕的美国间谍詹姆士·华理柱，作了含蓄的回答。

10月，在周恩来的安排下，中国以另一种方式向美国发出了信号：国庆节这一天，周恩来请正在中国访问的美国记者埃德加·斯诺夫妇登上天安门城楼，站在毛泽东身边，检阅国庆游行队伍。

周恩来还对《人民日报》版面作了精心安排。毛泽东与斯诺夫妇在天安门城楼上观礼的照片发表在《人民日报》头版的显著位置。

遗憾的是，周恩来向美国发出的含蓄而饶有深义的信号竟被尼克松和他精于分析的顾问基辛格忽略了。事后，基辛格在回忆录中写道：毛泽东和周恩来"不幸对我们敏锐地观察事物的能力估计过高。他们传过来的信息是那么拐弯抹角，以致我们这些粗心大意的西方人完全不了解其中的真意。十月一日，中国国庆节那一天，周恩来把美国作家埃德加·斯诺和他的妻子领到天安门城楼上站在毛泽东旁边检阅一年一度的国庆节游行，而且照了相，这是史无前例的……我们在关键时刻理解不到他的真意"。

10月，尼克松又频频向中国发出更为明确具体的信号。他利用会见巴基斯

坦总统叶海亚·汗和罗马尼亚总统齐奥塞斯库的机会，托两位总统向中国领导人
转达他要同中国和好，不会同苏联合谋反对中国的口信，并表示愿派一位高级使
节秘密访问中国。

11月14日，周恩来在人民大会堂福建厅会见来华访问的巴基斯坦总统叶海
亚·汗，对尼克松捎来的口信作了答复。周恩来说："因为尼克松通过阁下转告
的是口信，我们也应该通过阁下口头回答尼克松总统。阁下清楚，台湾是中国不
可分割的领土，解放台湾是中国内政，不容外人干预。美国武装力量占领中国台
湾和台湾海峡，是中美关系紧张的关键问题，中国政府一直愿意以谈判来解决这
个问题。但是谈了15年还没有结果。现在尼克松总统表示要同中国和好。如果
尼克松真有解决上述关键问题（指台湾问题）的愿望和办法，中国政府欢迎美国
总统派使来北京商谈。时机可通过巴基斯坦总统商定。这就是我们的口信。"

11月21日，周恩来在接见罗马尼亚部长会议副主席勒杜列斯库时，对勒受
齐奥塞斯库委托转达的尼克松口信作了同样的答复。周恩来还补充说："不仅是
特使，尼克松自己来也可以。他可以到布加勒斯特、贝尔格莱德去，为什么不可
以到北京来啊。"

不久，巴基斯坦和罗马尼亚先后把周恩来的口信转给了尼克松。

正当尼克松在小心翼翼地试探通向中国的道路之时，根据毛泽东的决策，周
恩来精心导演了一幕震动世界的"小球转动大球"的"乒乓外交"，在中美关系
的沉重车轮上巧妙而有力地推了一把。

1971年3月末4月初，第31届世界乒乓球锦标赛在日本举行。中美两国都
参加了。毛泽东亲自决定：邀请美国乒乓球代表队访华。周恩来周密部署，强调
这一举措的政治意义大于体育意义。

4月14日，周恩来在人民大会堂亲切接见了美国乒乓球队全体成员。

周恩来意味深长地对代表团团长斯廷霍说："过去有很多美国朋友来过中国，
以后还会有不少朋友来。""你们这次来访，打开了两国人民友好往来的大门，
我们相信中美两国人民的友好往来会得到两国大多数人民的赞成和支持。"

周恩来的话弦外有音，既是讲给美国人民听的，也是讲给美国政府听的。

整个接见过程中，周恩来那潇洒的外交风度和谈话艺术，使在场包括有"嬉
皮士"气的科恩在内的每一个美国队员无不感到由衷地敬佩，并且对周恩来这样
的中国领导人产生了极大的好感。

消息传到白宫，尼克松、基辛格都惊呆了。

事后，基辛格评论说：这整个事情是周恩来的代表作。跟中国人所有举动一样，它有许多层意义，描绘得光彩夺目的表面是最不重要的部分。对这些美国青年的邀请的最明显意义是：它象征着中国已承担了和美国改善关系的义务。而更深一层的意义是：它保证——比通过任何渠道发出的外交信息都更有分量——现在肯定将被邀请的使节，将来踏上的是友好国家的国土。由于这些选手不可能代表某一种政治倾向，因此这做法更加具有吸引力，这样中国就可以在根本不可能刺激美国评论界的情况下表明它的真意。周恩来也懂得怎样做才不会遭到拒绝。在中国内部，这有助于使党政干部适应方针上即将发生的革命性变化。

举世瞩目的"乒乓外交"，充分展示了周恩来外交艺术的智慧与才华。尼克松、基辛格同时感到他们面对的是一个外交巨擘。

基辛格第一次中国之行的感叹

一幕"乒乓外交"一下子把中美双方的战略意图从幕后推到了台前。

周恩来抓住时机，再次向尼克松打出了一个漂亮而明确的"政治抽球"。

1971年4月21日，周恩来通过巴基斯坦总统叶海亚·汗向尼克松发出了一个重要口信：要从根本上恢复中美两国关系，必须从中国的台湾和台湾海峡地区撤走美国一切武装力量。而解决这一关键问题，只有通过两国高级负责人直接商谈，才能找到办法。因此，中国政府重申愿意公开接待美国总统特使如基辛格博士，或美国国务卿甚至美国总统本人来北京直接商谈。

周恩来的这个口信是继"乒乓外交"之后在中美关系问题上所采取的又一重大步骤。它的新意在于：中国通过正式外交途径向美国总统发出了邀请。

尼克松接到这个口信后很是高兴。他和基辛格都意识到：中美关系已经到了一个关键时刻，必须冒一点风险提出一个主要的建议，否则就有可能退回到另一轮长期的试探和摸索阶段。"迈出更大的步子和提议进行总统访问的时候已经到来。"尼克松作出了这样的决断。为此，他于4月29日、5月17日和5月22日通过巴基斯坦驻美大使连续向中国发出了三次口信，答复说：为了解决两国之间那些分歧问题，并由于对两国关系正常化的重视，他准备在北京同中华人民共和国诸位领导进行认真交谈。并提议：由基辛格博士同周恩来总理或另一位适当的中国高级官员进行一次秘密的预备会谈。基辛格在 6 月 15 日以后来中国。

尼克松、基辛格在焦急地等待中国方面的答复。他们担心双方前一时期的努力会不会因为中国内部有人反对中美接触而前功尽弃。

尼克松、基辛格的担心并非多余。当时的中国国内，的确存在着反对中美接触的势力。当时的中国"二号人物"林彪就暗中说：周恩来与美国人打交道，是要倒霉的。

5 月 26 日，周恩来主持召开中共中央政治局会议，会议全面讨论了中美关系和即将在北京举行的中美预备性会谈，并对可能出现的各种情况作了充分估计，拟出了各种对策。会议对党内部分同志对中美会谈抱有的种种疑虑和担心作了认真的分析和冷静的回答。

周恩来认为：美国在第二次世界大战后不可一世，什么地方有事它都要过问，而现在却不同了。越战不得人心，迫使它不得不把军队往回撤。美国在世界上的经济地位下降了，政治地位更加下降，在这种情况下，它要考虑，是继续向各面出击呢，还是收缩一下？综观全局，它首先要解决印支问题，就不能不同中国接触，就要同中国打开关系，而我国利用这一时机打开中美关系，将有利于反对扩张主义和霸权主义的斗争，有利于维护亚洲和世界和平，有利于我国的安全和争取祖国和平统一的斗争。

会议决定，以周恩来的名义捎给尼克松一个口信，并把这次会议的情况写成报告（即中央政治局关于中美会谈的报告），报毛泽东审批。可以说，这次政治局会议正式地、全面地确立了中共中央新的对美政策。

5 月 31 日，经毛泽东批准，周恩来给尼克松的口信送往巴基斯坦。口信说：周恩来总理认真研究了尼克松总统 1971 年 4 月 29 日、5 月 17 日和 5 月 22 日的口信，并向毛泽东主席报告尼克松准备接受他的建议访问北京，同中国领导人直接会谈。毛泽东主席表示，他欢迎尼克松总统来访。周恩来总理欢迎基辛格博士来华作一次秘密的预备性会谈，为尼克松访华作准备工作，并进行必要的安排。时间可定在 6 月 15 日到 20 日之间。

6 月 2 日，当巴基斯坦驻美大使希里拉把周恩来的口信转交给基辛格后，基辛格如释重负，长长地舒了一口气。他拿着用打字机打印了的口信兴冲冲地一路小跑去找尼克松。

尼克松也眉开眼笑。

"这是第二次世界大战以来，美国总统收到的最重要的信件。"说着，尼克松打破晚饭后不喝酒的惯例，斟了两杯白兰地，和基辛格兴冲冲地干杯以示庆贺。

基辛格意味深长地说："我想起了几百年前从西方去中国的马可·波罗。"

尼克松灵机一动："我们就给你的中国之行起个代号，就叫'波罗行动'。"

就在尼克松和基辛格紧张准备基辛格的"波罗行动"时，周恩来亲自掌握的一个工作小组住进了钓鱼台4号楼。这个工作小组的成员由周恩来亲自选定，报毛泽东批准。主要成员包括叶剑英、姬鹏飞、黄华、熊向晖、章文晋等。

为了准备即将来临的中美会谈，周恩来多次主持会议，反复讨论会谈方案，并对尼克松、基辛格的政治观点、个人历史、家庭生活，乃至爱好习惯都作了研究。周恩来还特地阅读了尼克松所写的《六次危机》，观看了尼克松喜欢的电影《巴顿将军》。

7月9日，北京时间中午12点25分，一架巴航波音707飞机平稳地降落在北京郊区的南苑机场。经过一番精心安排，基辛格及他的随行人员洛德等，躲过了记者们的视线，终于神秘地踏上了中国的国土。

周恩来派中共中央军委副主席叶剑英、即将出使加拿大的黄华、外交部礼宾司代司长韩叙和翻译冀朝铸到机场迎候基辛格一行。

中美双方官员的表情是严肃的、拘谨的，气氛也是冷峻的，握手也是例行公事式的。跟随基辛格左右的美国特工更是如临大敌。

基辛格忧虑重重，玳瑁宽边眼镜后的脸部肌肉紧张得没有一丝笑容。想到即将与周恩来举行会谈，基辛格更是觉得心里空洞洞的，没有底。尽管事前对中国人作了诸多研究，但还是感到那是纸上的材料，对他们还是不知深浅，觉得他们莫测高深。周恩来是个怎样的人？他会不会因为1954年日内瓦会议上杜勒斯拒绝与他握手而报复？也许开始就是一顿拍桌子的痛骂！

基辛格感到肩负重任，又觉得吉凶难卜。他机械地钻进了大红旗轿车。

基辛格的特别助理洛德在一旁悄悄地提醒说："头儿，你太紧张了。"

大红旗轿车风驰电掣般地驶向钓鱼台国宾馆。一路无阻。基辛格被当作贵宾，安排住在5号楼。

下午四点半，周恩来到了基辛格下榻处。这是极不寻常的礼遇。一般情况下，政府首脑是不会登门拜访来客的，尤其是一位不是政府首脑的客人。基辛格连忙

周恩来与基辛格会谈

招呼他的随员到客厅门口迎候。

基辛格等人在屏风前排成一行，对中国的神秘感使他们在即将见到中国领袖人物之前显得紧张和拘束。

轿车悄然驶到了 5 号楼门口，周恩来走下车来。基辛格后来在他的回忆录里对他第一眼看到的周恩来作了这样的描绘："他脸容瘦削，颇带憔悴，但神采奕奕，双目炯炯。他的目光既坚毅又安详，既谨慎又满怀信心。他身穿一套剪裁精制的灰色毛式制服，显得简单朴素，却甚为优美。他举止娴雅庄重，他使举座注目的不是魁伟的身躯（像毛泽东或戴高乐那样），而是他那外弛内张的神情、钢铁般的自制力，就像是一根绞紧了的弹簧一样。"

基辛格还未等周恩来走到跟前，就把手伸了出去，动作有点夸张。

周恩来会意地微笑了。他伸出右手和基辛格友好地握手，眼睛注视着基辛格，说："这是中美两国高级官员二十几年来第一次握手。"

基辛格也笑了笑："遗憾的是这还是一次不能马上公开报道的握手。要不全世界都要震惊。"

接着，基辛格将自己的随员介绍给周恩来。

"理查德·斯迈泽。"

周恩来握着斯迈泽的手，说："我读过你在《外交季刊》上发表的关于日本的论文，希望你也写一篇关于中国的。"

"温斯顿·洛德。"

周恩来握着洛德的手晃了晃："小伙子，好年轻。我们该是半个亲戚。我知道你的妻子是中国人，在写小说。我愿意读她的书，欢迎她回来访问。"

周恩来还跟特工人员雷迪和麦克劳德开起了玩笑："你们可要小心哟，我们的茅台酒会醉人的。你们喝醉了，是不是回去要受处分啊？"

周恩来的一席话，使基辛格一行紧张拘束的神态很快消失了。他们为周恩来的魅力所感染。

鉴于基辛格只能在北京待 48 个小时，双方都想到要抓紧时间，见面后，立即进入会议室开始会谈。

隔着一张铺着深绿台布的长桌，周恩来和基辛格相对而坐。在周恩来两旁的是叶剑英、黄华、章文晋、熊向晖、王海容、唐闻生、冀朝铸。在基辛格两旁的是霍尔德里奇、斯迈泽和洛德。

洛德将一本花了许多心血准备的材料汇编摆在了基辛格的面前。

周恩来只掏出一张纸放在茶杯边。基辛格用余光扫一眼，只见纸上只写着几行字，猜想大约是讨论的提要。

为了减缓自己的紧张情绪，基辛格首先对中国的热情接待表示感谢，并说："我也希望以同样的热情在美国招待周总理。"

"我没有去过美国，也没有到过西半球，但是我们是在同一时候工作，你们在白天，我则在晚上。"周恩来回答得自然大方，既未说去，也未说不去。他接着又说："按中国的习惯，请客人先讲。"

基辛格打开面前那本厚厚的材料汇编，十分谨慎而机械地念了起来。周恩来等静静地耐心听着。

在哈佛大学磨炼过口才的基辛格自己也感觉到这样照本宣科太枯燥。他硬着头皮把开场白念完，然后，索性丢开讲稿，要在周恩来面前显示一下自己的口才。他说："今天全球的趋势使我们相遇在这里。现实把我们带到一起，现实也会决定我们的未来。我们正是本着这种精神来到你们这个美丽而神秘的国家。"

周恩来摆了摆手："不，不，并不神秘，熟悉了就不神秘了。"

接着，基辛格说，尼克松总统给了他两个任务：一是商谈尼克松访华日期及准备工作；二是为尼克松进行预备性会谈。然后，基辛格谈了七个问题。在谈到台湾问题时，他从撤军问题谈起，着重强调：（一）美国政府拟在印支战争结束后撤走三分之二的驻台美军，并准备随着中美关系的改善减少在台湾余留的军事力量；（二）不支持"两个中国"或"一中一台"，但希望台湾问题能和平解决；（三）承认台湾是中国的一部分，不支持台湾独立；（四）美国不再指责和孤立中国，美国将在联合国支持恢复中国的席位，但不支持驱逐台湾代表。

在谈到印支问题时，基辛格说，保证通过谈判结束越南战争。他们准备制定一个从越南和印支撤走武装力量的时间表，但希望得到一个维护他们体面和自尊的解决办法。

基辛格发言告一段落后，已到了晚餐的时间。周恩来提议先吃饭。

"交谈嘛，何必照着本子念呢？"周恩来站起身来，善意地朝基辛格笑了笑。

"我在哈佛教了那么多年书，还从未用过讲稿，最多拟个提纲。可这次不同，对周总理我念稿子都跟不上，不念稿子就更跟不上了。"基辛格腼腆地说。

气氛一下子缓和了。基辛格和他的助手们轻松地交换了一下眼光。他们一直为台湾问题担心，担心会吵架敲桌子而谈崩。正如后来基辛格对黄华所说的："总统跟我不止一次地设想我们会谈的情景，以为你们会大声拍桌子叫喊着打倒美帝，勒令我们立即滚出台湾、滚出东南亚，不然就不能坐下来谈判。"

晚餐是丰盛而精美的。基辛格还没有见过如此丰盛精美的宴席。他和他的助手们经不住诱惑，抛开斯文，吃了个酣畅淋漓。

饭后继续会谈。周恩来针对基辛格提到的问题，用简短的时间，坦率地表明了中国的立场和态度。然后他话锋一转，谈到了尼克松在堪萨斯城的演说。

周恩来说："我是大致赞成尼克松总统7月6日在堪萨斯城演讲的观点的。总统讲到当今世界存在'五极'。"

"堪萨斯城？'五极'？"基辛格愕然。他只知道尼克松过去多次与他商量过中、美、苏三极即"大三角"的说法。他并不知道，7月6日，当他在印度新德里时，尼克松在堪萨斯城发表了一番关于"五极世界"的重要讲话。而且，基辛格怎么也没想到，在7月7日、8日两天还给他打来过电讯的尼克松竟忘了把这样一番重要讲话告知他。故此，基辛格对尼克松7月6日演说一事及其内容，一无所知，倒是周恩来先提了出来，这下子使基辛格陷入十分尴尬的境地。

基辛格的助手们也面面相觑。他们都在暗暗为基辛格着急。

周恩来敏锐地感觉到了基辛格对尼克松的堪萨斯城演说一无所知。他巧妙地替基辛格掩饰说："你们可能在路上没看到总统的讲话。"

基辛格只得尴尬地点了点头。

周恩来热情地为基辛格介绍尼克松的演说观点。他说："尼克松总统声明，本届政府'务必首先采取步骤，结束中国大陆与世界社会隔绝的状态'。他预见到世界上将出现'五个超级经济大国'，那美国、西欧、日本、苏联和中国，它们之间的关系将决定当代和平的结构。我们赞同你们总统的观点，却不赞同给中国戴上'超级大国'的帽子，也不参与大国的这场比赛。"

周恩来无意利用对方不利境地的真诚态度使基辛格及他的助手们长长地松了一口气。

第二天早餐时，周恩来以他特有的风度，派人将尼克松在堪萨斯城演讲的英文稿连同早餐一起送到了基辛格的面前。英文稿上还留有周恩来的亲笔注明："阅后送还，仅此一份。"

基辛格非常感动。他对他的助手们说："我看换了赫鲁晓夫，早就借此搞小动作了。"

基辛格对周恩来的信任与敬佩，就在这一些细节中开始形成。在第一次会谈中，周恩来侧重于把时间花在那些能增进相互了解的看不见摸不着的务虚问题上。那种谈笑风生的气氛，那些深入透彻的言谈，使会谈不像一场严肃的政治会谈，而更像两位朋友在进行一场关于政治、哲学的坦诚对话。基辛格后来回忆说："我们各自陈述对世界事务的观点，态度之坦率，即使在盟友之间也是很少能做到的，而内容之深刻，只有在一位伟人面前才会经历得到。"

第一次会谈结束后，周恩来立即去向毛泽东汇报。

7月10日下午4点，在基辛格一行游览了故宫后，周恩来和基辛格的会谈继续进行。这次会谈的地点轮换至人民大会堂。

在这次会谈中，各方摆出自己的观点。由于分歧十分严重，气氛变得紧张起来。在台湾问题、越南问题、亚洲问题等一系列问题上，双方的观点尖锐对立。

在这节骨节眼上，周恩来说："我们不如先去吃饭，烤鸭就要凉了。"

宴席上，周恩来把话题转到了中国当时正在进行的"文化大革命"。

基辛格在他的回忆录中是这样记述当时的情景的："午餐过后，周恩来把话题转到文化大革命。我委婉地表示，这是中国的内政问题，但周恩来继续说下去，坚持认为，如果我们要打交道，了解这出戏是有关键意义的。他的内心无疑很痛苦，但表情却显得很自然。他描述了中国既害怕官僚主义化又害怕过分狂热的思想感情，在这两者之间疑虑重重。他描述了那种在单一的思想信仰下成长起来的社会所处的困难，它一旦遇到许多种不同的思想派别纷争于街头，就会使 50 年来的斗争成果陷入危机。他再一次讲到他有两天时间被红卫兵围在办公室里……现在回想起来，我还不大明白，周恩来为什么要讲这些事情，除非他想要表明至少在某种程度上他与文化革命无关，或者想说明这场革命已经成为过去。"

我们今天也不便去猜测周恩来为什么在这种场合下对基辛格谈论"文化大革命"。但是，至少有一点是肯定的，周恩来对基辛格谈"文化大革命"并不是无目的的。也许，周恩来是在向基辛格暗示，对中国外交上有时表现的一些极"左"言论要给予理解，不要去斤斤计较一些字面上的"骂"，要去抓住行动上的实质。

接着，周恩来和蔼地建议，尼克松总统可于 1972 年夏天来访问。

基辛格说，1972 年夏天离总统大选的日子太近，可能引起误会。

周恩来充分体谅尼克松的难处，建议改在 1972 年春天。

基辛格赞同这个日子。不过他说总统访问必须经过周密的准备，包括会谈议程、新闻和电视报道以及安全保卫工作。

周恩来表示这些可以讨论。双方确定晚间 10 点以后再会晤，讨论关于这次基辛格访华的联合公告问题。

在讨论公告时，双方对公告稿有争议，主要有三处：一是尼克松来华访问是谁主动提出的；二是会谈要讨论哪些问题；三是来访的适当时间。原稿中对第一点说是尼克松要求来访，我们邀请。基辛格不同意，说这样写让人看了像个旅游者。周恩来考虑，如果说尼克松要求来访，我们才邀请，他们的面子难看，于是建议改成"获悉"尼克松要来访，我们邀请，这样，就避免了谁是主动的问题。对会谈要讨论的问题，在"谋求两国关系正常化"之后加上"并就双方共同关心的问题交换意见"，不只是讨论台湾问题。关于来访的时间，改为 5 月之前，不说具体日期，以便灵活安排。

修改后的公告稿，基辛格看了很满意，认为中方设身处地考虑了美国方面的意见，同他们的要求非常接近。他马上表示同意，并在接受邀请前加上了"愉快地”一词。

周恩来说：这个公告的发表，将会震动世界。

之后，周恩来又与基辛格讨论了今后中美双方联系的地点。双方都赞成定在法国巴黎，由尼克松信任的美国驻法使馆武官沃尔特斯将军和中国驻法国大使黄镇接头。周恩来还说：有时，我们不妨继续利用巴基斯坦这个渠道。中国有句古语，不能过河拆桥。

基辛格再次被周恩来的这种真诚人格所打动。

基辛格在北京只待了48个小时，先后同周恩来会谈了17个小时。

7月11日午饭后，基辛格一行乘巴航离开北京再绕道巴基斯坦回美国。在伊斯兰堡机场，前来迎接基辛格的巴基斯坦外长舒尔坦说：“基辛格去的时候忧心忡忡，回来时喜气洋洋，前后相比简直像两个人。”

的确是这样。基辛格对他这次密访中国非常满意。他自己说，这次他是“带着希望而来带着友谊而去”，访问成果“超过了他原来的期望，圆满地完成了他们的秘密使命”。

这次中国秘密之行，使基辛格印象最深的当属周恩来了。回到白宫，基辛格在尼克松住的那幢西班牙别墅最高层的小书房里大谈周恩来。

基辛格说：周恩来的谈判本领会令你感到吃惊。在我打过交道的最令人钦佩的外国政治家中，周恩来同戴高乐完全不同。

基辛格还懊悔不已地对尼克松说：“我们真荒唐，怎么能设想周恩来会狠狠敲桌子大骂呢？”

事后，尼克松写道：使基辛格印象最深的是周恩来，他们在一起会谈和闲聊了17个小时。基辛格发现他对哲学的泛论、历史的分析、策略的试探和轻快的巧辩无不应用自如。他对事实的掌握，特别是对美国情况的了解，十分惊人。基辛格很少在背后这样夸赞别人。我同周见面进行了一个星期的谈判后，就明白了为什么基辛格对周的评价是如此异乎寻常的赞美有加。

基辛格自己在回忆录中对周恩来也作了长篇评述。的确，周恩来给基辛格留下的深刻印象不光是政治家的大度、机敏与难得的真诚，而且还有普通人的细腻的情怀。基辛格在他的回忆录中写道：

“周恩来在待人方面也特别体贴照顾。我的下级人员生病的时候，他亲自前去探望。尽管我们的级别不同，他却不拘礼仪，坚持会谈一定要在我住的宾馆和人民大会堂两地轮流进行。这样他来拜访我的机会和我去拜访他的机会就同样多。"

"简而言之，我生平所遇到的两三个给我印象最深刻的人中，周恩来是其中之一。他温文儒雅，耐心无尽，聪慧过人，机巧敏捷。他在我们讨论之际，轻而易举地就点破了我们新关系的实质，似乎除此之外别无明智的选择。"

1971年7月15日，一个世界瞩目的日子，它将以一个世界的转折点而载入世界外交史。

几乎在同一时刻，中美各自宣布了一个震惊世界的公告。公告全文如下：

"周恩来总理和尼克松总统的国家安全事务助理基辛格博士于1971年7月9日至11日在北京进行了会谈。获悉，尼克松总统曾表示希望访问中华人民共和国，周恩来总理代表中华人民共和国政府邀请尼克松总统于1972年5月以前的适当时间访问中国。尼克松总统愉快地接受了邀请。"

"中美两国领导人的会晤，是为了谋求两国关系的正常化，并就双方关心的问题交换意见。"

稍有不同的是，在美国，是由尼克松亲自在广播公司的播音室向全国听众宣读公告，并作了阐释。而在中国，是通过新华社全文播发，《人民日报》也在头版刊登了这一公告，但未作任何阐述。

这个公告的播发，对于整个世界来说，犹如在一个平静的湖面上扔下了一枚重磅炸弹。全世界都震惊了！几乎所有的电波都在载送这个消息，几乎所有的语言都在谈论这个消息。

基辛格明白了周恩来方案的奥妙

就在尼克松访华的公告发表后不久，为进一步推动和驾驭中美关系的进程，周恩来接见了有影响的美国《纽约时报》副社长、著名记者詹姆斯·赖斯顿，并与他进行了长达5个小时的谈话。周恩来亲自审定了谈话记录，并同意在《纽约时报》发表。

周恩来详尽阐明了中国对于中美最高会晤以及一系列重大国际问题所采取的基本立场和基本要求，从而公开向美国政府和尼克松本人"将了一军"。

谈到尼克松要访问中国时，周恩来说：中国这样的国家，美国封锁了 20 多年了，觉得要来看一看，也很好嘛。愿意谈嘛，我们也愿意谈。当然毫无疑问，好多问题我们双方的立场不一致，观点有很大距离。如果要和缓，总得有一个共同的愿望吧，总要研究一些问题嘛，这些问题都可以摆到桌面上谈嘛。当然，我们也不指望问题一次就通通解决，那是不可能的，是不实际的。但是接触接触，就会找出一个头，从什么地方开始解决问题。

周恩来赞扬尼克松敢于冲破偏见、承担风险、首先访问中国的勇气。他说：尼克松这回决定要到中国来这一件事，别的党派也说别人是不敢的。从这一点上看，他还是有一点勇气的。

周恩来的这篇谈话，起到了向美国总统施加某种压力，促其三思而行的作用。

当时，正当尼克松派基辛格为准备总统访华作第二次中国之行时，美国白宫和国务院之间爆发了一场争论。国务卿罗杰斯坚决反对这项计划。

美国参议院民主党领袖曼斯菲乐德看了周恩来的长篇谈话后评论说，尼克松的中国之行只能"提前实现，而不能推迟"。

尼克松、基辛格权衡再三，没有改变初衷。

然而，正在这个时候，中国国内政局发生了一次重大变故。9 月 13 日，中国"第二号"人物林彪阴谋加害毛泽东败露，仓皇北逃，摔死在蒙古温都尔汗。

9 月中下旬，周恩来充分地估计到了林彪事件可能会给处于关键时刻的中美关系带来某种消极作用。

凭美国的情报网，尼克松一定知道中国国内发生了大的政治变故，但又不可能知道得很具体。尼克松会不会因为这个而放慢甚至后退迈向中国的脚步？这很难说。把林彪事件告诉尼克松，这是不可能的。但是，必须让尼克松知道，中国在中美关系的态度上一如既往。

细心的周恩来几天都在思考如何解决这个难题。他记起了上次和基辛格共同商定的负责中美联系的巴黎秘密渠道。

9 月 27 日，人民大会堂。周恩来开完会特意把将要去巴黎的外交部办公厅主任符浩留了下来，郑重地对他说："有关林彪叛逃的事，见到黄镇同志时，把情况告诉他。"周恩来顿了一下，又说，"还有，中央已决定逮捕黄永胜、吴法宪、李作鹏、邱会作等人。这些也告诉他。"

周恩来还叮嘱说："只告诉黄镇一个人。"

周恩来此举，意在向黄镇大使交个底，让黄镇知道林彪叛逃，不会影响中国对美国的态度。这样，当美国驻法国使馆武官沃尔特斯与他联系时，他心中就有底了。

事情完全如周恩来所料。9月中旬以来，汇集到尼克松和基辛格面前的各种情报表明，中国国内发生了一件重大的事。一架中国喷气式飞机在蒙古温都尔汗坠毁后，中国所有的领导人都没有公开露面，所有的机场都关闭了，军队也似乎进入了"一级战备"状态。尼克松和基辛格都在担心会不会由于中国国内政局的震荡而影响中美关系，他们早就怀疑中共高层领导在对美政策问题上存在着巨大的分歧。直至接到沃尔特斯的报告，说他和黄镇大使接触，黄镇的态度照样爽快，中国对安排尼克松总统访华的事没有中断，尼克松和基辛格悬着的心才算落下来。

10月16日，美国安德鲁斯空军基地，基辛格受尼克松的委派，坐上了总统专机"空军一号"，开始了他的第二次北京之行，目的是"为尼克松总统访华作基本的安排"。

基辛格自定这次访华行动的代号为"波罗二号"，但这次行动已不再像上次那样是秘密的，而是公开的、大摇大摆的，随行人员相当于尼克松访华的全部人马。基辛格按照需要了解情况的范围把人员分成四个等级。他和助手洛德、霍尔德里奇了解政策和总统之行的某些技术方面的细节；总统的特别助理和先遣队负责人德怀特·查平了解一切技术问题；安全保卫和通信技术人员只了解与他们工作有关的问题；而对国务院的代表艾尔弗雷德·詹金斯，只是让他"有一种参与的感觉"，不让他参与关键性的政治讨论，尤其是起草公报的工作。

虽说基辛格与周恩来已有过17个小时的会谈经历，中国对他来说也不再"神秘"了，而且，基辛格也向往再一次与充满魅力的周恩来会晤，但是，当"空军一号"即将进入中国境内的时候，基辛格内心还是有点忐忑不安。

10月20日上午，基辛格一行飞抵上海。在机场迎接的只有章文晋等四人和上海外办的两位代表。当天中午飞抵北京机场时，迎接他的还是以叶剑英元帅为首的几位高级官员，只增加了姬鹏飞代理外长。基辛格等人感到有些受到了冷遇。这次访问已公开宣布，但欢迎场面并不像他们想象的那样热烈。

基辛格坐上大红旗轿车，直驶钓鱼台国宾馆5号楼。

透过车窗，基辛格发现，沿途断绝了交通，布满了警卫，还有几处写有反对美帝国主义的标语。

尤其让基辛格不安的是，当他们进入国宾馆 5 号楼的住房时，每个房间里都放有一份英文的电讯稿，上面印有"全世界人民团结起来，打倒美帝国主义及其走狗"的口号。

基辛格感到非常不快和担心。他甚至怀疑起沃尔特斯从巴黎渠道传过来的消息是否准确。但基辛格毕竟是一位老练的外交家，他当即令人把所有房间的英文电讯稿收集起来，送交给中国方面的一位礼宾官员，说"这一定是以前的一个代表团丢在这里的"，未作更多的反应。

其实，基辛格等人是虚惊一场。这场虚惊直到见到周恩来才算结束。

周恩来听到摆放英文电讯稿一事后，非常生气。他当即查问礼宾司的负责人："为什么摆放这样的东西？"

礼宾司负责人说："这是新华社历来的规矩。"

事情反映到毛泽东那里，毛泽东说："告诉他们，那是'放空炮'。"

这样，周恩来后来就给基辛格谈起了"放空炮"的比喻。基辛格开初还不太懂"放空炮"是什么意思，周恩来解释说：有些宣传口号是"放空炮"，而没有实际行动。应该注意中国的行动，而不是它的言辞。当然，也不是什么事都放空炮，我们说话是算数的。

基辛格对中国的这种奥妙的宣传辩证法还是似懂非懂。

一场虚惊过后，周恩来下午在人民大会堂接见基辛格及其随员。他和蔼地同客人一一握手和照相后，请客人就座。接着，周恩来以他惊人的记忆力，就像老朋友似的说出基辛格的随员各自的学历和经历，并谈笑风生地赞扬他们的来访增进了两国友谊。轮到国务院那位詹金斯时，周恩来对他说："你 22 年前就在中国居住过，对中国很了解，是中国的老朋友了。"詹金斯听后非常感动。

随后双方顺利地就会谈议程和方式作了满意的商定。会后，周恩来设宴招待全体来宾，并即兴发表了热情洋溢的祝酒词。

周恩来说：中美两国关系中断 22 年之后，现在在两国的关系史上就要揭开新的一页。这应该归功于毛泽东主席和尼克松总统。当然，一定要有一个人作为先导。这个先导就是基辛格博士。

接着，周恩来很自然风趣地引出了基辛格上次说中国是"神秘的国土"这句话，并赞扬他勇敢地秘密访问了中国这个所谓的"神秘的国土"，是件了不起的事。周恩来笑着说：现在是基辛格博士第二次访问这个国土，它不应该再被认为是"神秘"的了。他是作为朋友来的，还带来了一些新朋友。

听到这里，基辛格不好意思地笑了。同时他也为周恩来的演说艺术叹服。

周恩来还说：拿我来说，我虽然从未到过美国，但我认识不少美国朋友，美国对我来说也不是不熟悉的。很明显，我们两国的社会制度是不同的，而且我们各自的世界观——基辛格博士喜欢用"哲学"这个词——是完全不同的，但是这不妨碍我们找到共同点。现在尼克松总统要亲自到北京来讨论，而基辛格博士就是他的先行人员，我们希望这些讨论取得积极的成果。我们两国的人民是伟大的人民，我们两国虽远隔太平洋，但友谊把我们两国人民连接在一起。

周恩来这番祝酒词不是一个正式的发言，完全是即兴的。正因为如此，它才比正式的有稿子的发言更加贴近周恩来的风格。这些话非常诚恳、贴切，富有人情味，完全没有政治空谈和空洞的外交辞令。基辛格一行很为钦佩，情不自禁地报以热烈的掌声。

宴会快要结束时，周恩来潇洒地端着酒杯，特地绕宴会厅一周，同每位客人，包括秘书、警卫和机组人员一一握手、碰杯。这又一次显示了周恩来那特有的品格和魅力。

至此，基辛格等人刚下飞机时的冷遇感早已烟消云散。这也就奠定了这次整个访问期间热诚友好、礼貌周到的基调。这种基调对促进双方顺利达成协议以及双方信任的建立起了重要的作用。

无怪乎有人说周恩来是一个高超的乐师，他总是善于在复杂的协奏中定下适当的基调。

在此次基辛格为期7天的访华期间，周恩来同基辛格举行了10次会谈，共23个小时40分。双方除了讨论了尼克松访华日期、会谈方式、通信联络等问题之外，还着重就台湾、印度、朝鲜、日本、南亚次大陆等重大问题交换了意见。总的来说，会谈的气氛是轻松缓和的，进展也较顺利。

会谈一开始，为活跃气氛，周恩来针对基辛格来华初次会谈时念稿子的窘态，风趣地说："按照惯例，我还是请你先说。我准备听你讲写出来的这么一大堆材料。"

基辛格自谦地说："当时我自己感到很惭愧，很别扭……"

未等基辛格说完，周恩来就摇了摇手制止说："不，不，你头一次来嘛，必须要有一个准备好的看法嘛！"

基辛格钦佩地说："总理没笔记讲话，比我有笔记讲话更流畅。"

周恩来客气地笑了笑："不见得，不要夸奖喽。"

接着，基辛格提出尼克松访华日期在 1972 年 2 月 21 日或 3 月 16 日均可。周恩来选定了 2 月 21 日。

在以后的几天中，双方就台湾、印度支那、朝鲜、日本、南亚次大陆等问题深入交换了看法。周恩来在谈到每一问题时，都是从历史谈到现在，全面阐明了中方的态度和立场，头头是道，明明白白。对此，基辛格十分佩服。他后来在他的回忆录中感叹道："我很欣赏周恩来杰出的品格。他对事物了解之详细是惊人的，许多领导人利用细节来回避问题的复杂性，但周恩来有一种特别卓越的才能，他能抓住事物之间的相互关系。他是一个为信仰而献身的理论家，他运用他的信仰支持他度过了几十年的斗争生涯，并把他那热情的性格锤炼成为一个我所遇见的最敏锐而又能对现实冷静估价的人物之一。"

会谈中，最富戏剧性的要算讨论尼克松访华的中美联合公报了。

基辛格来华之前，早已准备了一份经过尼克松审阅和批准的中美联合公报草案。这个草案包括访问情况、两国关系的一般原则、对国际形势的看法和台湾问题等四个部分，是按国际惯例的老一套起草的，长约 3000 字。其中，强调了一些含糊其词的共同点，而用一些陈词滥调掩盖着双方的分歧，并在台湾问题上有意回避，不谈美国撤军问题，反而要中方承诺只用和平方式解决台湾问题。

这个公报草案是基辛格和他的助手们绞尽脑汁搞出来的，他们自己非常得意自己的"杰作"。10 月 22 日下午会谈时他们提出了这一草案。

周恩来看了美方起草的草案后，很不满意，明确表示不能接受。他指示章文晋另外起草对案，并提议：按照过去同蒋介石达成协议的办法，各说各的，明确写出双方的分歧，同时也吸取美方草案可取之处，写出双方的共同点。

毛泽东也说，各说各的好。但他对章文晋起草的对案不太满意，说是"发言权不大"。周恩来又让熊向晖根据毛泽东的指示精神进行了改写。

这样，我方提出的公报草案完全打破了老一套格调，十分新奇。在草案的序言中概述了尼克松总统访华情况。第一部分要求各自写明对国际形势和重大问题的看法和立场。中国方面以十分明确的语言阐述了中国政府对一系列重大问题的看法，美方部分则留下一些空白页由美方自己写。第二部分吸取双方共同点明确了建立中美关系的共同原则和共同声明。第三部分各自说明关于台湾问题的立场和主张。第四部分写明改善双边关系的某些具体建议。

10 月 24 日晚，又一轮会谈开始了。周恩来让姬鹏飞代外长念了我方起草的公报草案。基辛格听后大吃一惊。他代表美国经历了多次谈判，包括跟苏联人、越南人的谈判，还从未遇到过这样一种谈判方式。

基辛格说：在美国总统历史性的访问结束之时，列举双方这么多的不同观点，这岂不等于告诉全世界，中美双方在吵架吗？！这无论是在国际上，还是在国内都是难以接受的。

周恩来指出：你们的初稿是伪装观点一致，我们认为公报必须摆明双方根本性的分歧。众所周知，中美在意识形态、社会制度和国际重大问题上存在严重分歧，20 多年的隔阂不可能消失于一旦，如果在此情况下双方签署那种既不说真话，也不打算遵守的陈词滥调式的文件，那是不可取的。

基辛格说："我们不回避双方的分歧，签公报又有什么意义？"

周恩来说："用漂亮的外交辞令掩盖分歧的典型公报，往往是'放空炮'，是祸根。公开地摆明分歧，就是解决问题的开始，也是通向未来的第一步。"

说到这里，周恩来建议休息一会儿，并意味深长地对基辛格等人说："你们不妨对我们的草案再考虑一下。"

周恩来很有信心。基辛格作为一个外交家和谈判高手，他如果有诚意，就一定会理解和明白中方草案的妙处。

果然，基辛格领着他的助手们经过了一番紧急磋商后，豁然开朗。他的脸上露出了笑容："也许用这种别出心裁的方式，可以解决我们的难题，这就是中方草案的奇妙之处。"

复会后，基辛格立即告诉周恩来，美方同意接受中方草案的写法。但基辛格又提出，中方草案中的"某些提法的表达方式过于僵硬"，有些文字火药味太浓，特别是其中有两句"好像是在审判我们或者凌辱美国总统的文字"，会令美国极为难堪。为此，基辛格建议删掉那两句话，美国在阐明自己立场的那部分中也对等地删掉两句话作为交换。

周恩来表示：我们不是在做交易，完全用不着讨价还价，你只需改得叫我同意，我们所用的词句中确有令人为难之处。

周恩来这种从大处着眼而不斤斤计较的外交风度使基辛格很受感动。基辛格在回忆录中说："周恩来从不在小地方讨价还价。我不久就发觉，和他谈判的最好方式，是提出一个合理的主张，详加说明，然后坚持到底。我有时甚至把内部文件给他看……企图在谈判中占便宜，那是徒然自寻烦恼。"

然而，就在整个会谈差不多快要结束时，由于双方在台湾问题上意见不一致而使会谈出现了又一次裂痕。

周恩来一开始就重申："中华人民共和国政府是中国唯一的政府，台湾是中国领土的一部分，解放台湾是中国的内政，美国军队必须撤出台湾。"

基辛格反复表示：美国不能背弃"老朋友"，不能放弃对台湾的义务。

周恩来冷峻地说："如果贵国政府在台湾问题上坚持过去的立场，那么，我们不得不对尼克松总统访华的诚意表示怀疑。"

基辛格有点着急："总理先生，我希望你们能了解我国的实际情况，因为这将牵扯到我们两院及两党的问题。尼克松总统希望在他第二任时彻底解决这个问题。"

周恩来的口气缓了缓："既然中美关系要进入一个新时代，必须要改变一些关系嘛。中国有句俗话，会掌舵的人善于引导航船迎着浪潮上，不然将会被浪潮淹没。只有掌握时代精神，才能改进世界情况。如果所有的老关系一无更改，一切照旧，怎能迎接新时代呢？"

会谈一度陷入僵局。

最后，基辛格搞了一句模棱两可的提法，即"美国认识到，在台湾海峡两边所有的中国人都认为只有一个中国，台湾是中国的一部分，美国对这一立场不持异议"。

周恩来对基辛格的这一"发明"表示赞同。但是，美方坚持要强调中国人民应该通过和平谈判解决台湾问题的观点，且不明确表示从台湾全部撤走美国军事力量的时间。对此，周恩来表示不能同意，但可以留待尼克松访华时再探讨。

正当周恩来与基辛格在谈判桌上就台湾问题进行激烈争论时，联合国大会第26届会议以压倒多数通过决议，决定恢复中华人民共和国在联合国的一切合法权利，并立即将台湾当局的代表从联合国及其一切所属机构中驱逐出去。

于是，历史的选择又在周恩来和基辛格之间开了一个大玩笑。

10月26日上午9时，周恩来把即将离京返美的基辛格送至钓鱼台的楼门口，然后由乔冠华送基辛格前往机场。在大红旗轿车里，乔冠华笑问基辛格："博士，你看今年这届联大能恢复中国的席位吗？"

基辛格不假思索地回答说："我看你们今年还进不了联合国。"

乔冠华故意以一种急切的神态问："你估计我们什么时候能进去？"

基辛格说："估计明年差不多。待尼克松总统访华后，你们就能进去了。"

乔冠华仰脸哈哈大笑："博士，我看不见得吧？"

其实，在基辛格快要离开钓鱼台的时候，周恩来瞅空告诉了乔冠华中国已进入了联大的消息。为了不使基辛格难受，周恩来没有把这一消息告诉他。

基辛格乘坐的"空军一号"刚刚从北京起飞，电讯员便收到了来自美国的电讯稿：联大刚才已以 76 票对 35 票通过接纳中国，并驱逐台湾。

基辛格吃惊得怔了好一会儿，接着是一丝苦笑。

洛德在一旁慨叹道："周恩来太厉害了，他让我们否定了自己的方案，接受了他们的方案，而且还高高兴兴，心悦诚服。"

霍尔德里奇说："你没听说啊？我在香港工作时，就听人说，要是蒋介石得了周恩来，被赶到台湾岛上去的就不是蒋家王朝。"

基辛格的心情有点沉重，他说："我说过，光是中美接近就会使国际形势产生革命性的变化——连我自己对此也认识不足。"

尼克松赞叹：周恩来是本世纪罕见的伟人

1972 年 2 月 21 日，一个举世瞩目的日子。尼克松总统乘坐他的专机"空军一号"来到中国，开始了他的对华访问。

上午 11 点 30 分，一个历史性的时刻。尼克松总统同周恩来总理在北京机场实现了历史性的握手。

为了这一举世瞩目的历史性握手，尼克松刻意作了一番安排。

1971 年基辛格来华访问时，周恩来对基辛格谈起了 1954 年日内瓦会议期间美国国务卿杜勒斯命令美国代表团成员谁也不准和周恩来率领的中国代表团成员握手一事。基辛格回到华盛顿后把这件事告诉了尼克松。尼克松想在他访华时用他的手抹掉这件中美关系史上不愉快的事情。因此，当他抵达北京机场时，他特意作了安排：在他与周恩来握手时，随行人员一律留在机舱内，不准随他一起下机。为保险起见，他临时又派一名高大的警卫把守在机舱口。

尼克松要向全美国、全世界突出他与周恩来的握手，旁边不许有任何人。

当年拍摄的实况录像确实显示：身穿大衣的尼克松与夫人帕特两人走出机舱门后，身后没有任何人跟随。长长的舷梯上只有尼克松和他夫人两人走下。当走到离地面还有三四级台阶时，尼克松微笑着伸出了他的手，疾步朝站在舷梯外两三步远迎接的周恩来走来。周恩来站在原地也把手伸出来了。两人的手紧紧握在一起。

摄影师不失时机地拍摄下了这一历史性的瞬间。

在一片掌声中，周恩来意味深长地对尼克松说："总统先生，你把手伸过了世界最辽阔的海洋来和我握手，25 年没有交往了呵。"

在尼克松同周恩来的握手结束后，随尼克松访华的罗杰斯、基辛格等人才获准走出机舱。

军乐队奏起了《星条旗歌》和《义勇军进行曲》。

尼克松在他的回忆录里对这一历史时刻作了这样的记述："周恩来站在舷梯前，在寒风中不戴帽子。厚厚的大衣掩盖不住他的瘦弱。

"我们下梯走到快一半时他开始鼓掌。我略停一下，也按中国的习惯鼓掌相报。

"我知道，1954 年在日内瓦会议时福斯特·杜勒斯拒绝同周握手，使他深受侮辱。因此，我走完梯级时决心伸出我的手，一边向他走去。当我们的手相握时，一个时代结束了。另一个时代开始了。"

周恩来陪尼克松检阅完三军仪仗队后，与尼克松同乘一辆防弹高级红旗轿车，直驶尼克松下榻的钓鱼台国宾馆。

下午，周恩来陪同毛泽东会见尼克松。会见中，毛泽东谈笑风生，诙谐幽默中不乏寓意。

一番寒暄之后，毛泽东风趣地对尼克松说："今天你在飞机上给我们出了一个难题，要我们谈的问题限制在哲学方面。对于这个问题我没有什么可说的，应该请基辛格博士谈谈。"

基辛格急忙说："我过去在哈佛大学教书时，指定我的学生要读主席的文选。"

毛泽东摆了摆手："我那些东西算不得什么。"

尼克松称赞说："主席的著作感动了全中国，改变了世界。"

"没有改变世界，只改变了北京附近几个地方。"毛泽东吸了一口烟，接着

1972 年 2 月 21 日，周恩来在机场迎接美国总统尼克松

说，"我们共同的老朋友，就是蒋委员长，他可不赞成，他说我们是'赤匪'。其实我们跟他做朋友的时间比你们长得多。"

尼克松问："蒋介石称主席为'赤匪'，不知道主席叫他什么？"

毛泽东笑了笑。周恩来在一旁替毛泽东回答了尼克松："一般地说，我们叫他们'蒋帮'，有时在报纸上我们叫他'匪'，他反来过也叫我们'匪'。总之，我们互相对骂。"

毛泽东又转向基辛格："你跑中国跑出了名了嘛！头一次来公告发表以后，全世界都震动了。"随即，毛泽东又转过身来指着基辛格对尼克松幽默地说："他不像个特务。"

尼克松明白毛泽东是指基辛格秘密访华的保密工作做得好。他笑着说："只有他能够在行动不自由的情况下去巴黎几次，来北京一次，而没有人知道——两三个漂亮的姑娘除外。"

基辛格红了脸解释说："她们不知道，我是利用她们做掩护的。"

毛泽东笑问："这么说，你们常常利用你们的姑娘啊？"

尼克松赶忙指着基辛格申辩说："他的姑娘，不是我的。如果我利用姑娘做掩护，麻烦可就大了。"

"特别是大选的时候。"周恩来风趣地补上一句，引得大家都哈哈大笑。

尼克松想与毛泽东谈台湾、越南、朝鲜、日本、苏联等问题。毛泽东打断尼克松的话说："那些问题我不感兴趣，"他用手指了指周恩来，"那是他的事。"

毛泽东接着说："来自美国方面的侵略，或者来自中国方面的侵略，这个问题比较小，也可以说不是大问题，因为现在我们两个国家不存在打仗的问题。你们想撤一部分兵回国，我们的兵也不出国。所以我们两家怪得很，过去22年总是谈不拢，现在从打乒乓球起不到10个月，如果从你们在华沙提出建议算起两年多了。"

毛泽东吸了吸烟，把烟头拧灭在烟灰缸中，说："我们办事也有官僚主义，你们要搞人员往来这些事，搞点小生意，我们就是死不干，包括我在内。后来发现还是你们对，我们就打乒乓球。"

毛泽东说："你们下午还有事，谈到这里差不多了吧。"

之后，周恩来在人民大会堂与尼克松举行了一次大范围的会谈。

谈到将要发表的联合公报，尼克松说："像这样一次举世瞩目的首脑会议，

周恩来同尼克松举行会谈

通常的做法是开几天会，经过讨论，发现意见的分歧，然后，发表一篇含糊其词的公报，把问题全部遮盖起来。"

周恩来说："如果我们那样做，就会欺骗人民，而且也欺骗自己。"

尼克松说："当国与国的会议不影响世界前途时，这样做是可以的。但是，我们的会谈受到全世界的注目，并且会对我们在太平洋乃至全世界的朋友产生持续多年的影响。对这样的会谈，如果我们也那样做，那将是不负责任的。"

显然，尼克松同意了周恩来去年10月间同基辛格会谈时提出的关于联合公报的构想。

周恩来和尼克松又谈起了当年杜勒斯拒绝和他握手的话题。周恩来这是要试探一下尼克松的态度和决心，看看他现在是否还坚持过去所持的观点。

周恩来说："正像你今天下午对毛主席说的，我们今天握了手，可是，杜勒斯当年不想这样做。"

尼克松说："据说你也不愿意同他握手啊！"

周恩来说："不一定，我本来是会握手的。"

"那好，让我们握手吧！"尼克松站了起来，隔着长条桌子和周恩来又握了一次手。

周恩来很有趣地谈道："杜勒斯的副手沃尔特·比德尔·史密斯先生想搞不同的做法，可是他不想违反杜勒斯定下的规矩，所以他只好用右手拿了一杯咖啡。因为一般不用左手握手，他就用左手摇了我的手臂。"

周恩来一边说，一边形象地打着手势，在场的人都被逗得大笑起来。

周恩来自己也笑了起来。他接着对尼克松说："不过那个时候我们不能怪你们，因为国际上普遍认为社会主义国家是铁板一块，西方国家也是铁板一块，现在我们知道情况不是这样。"

尼克松坦率地说："我想老实告诉总理，因为我是艾森豪威尔政府的成员，我当时的观点同杜勒斯先生的观点是相似的。但后来世界变了，美国同中华人民共和国的关系必须改变。正如总理对基辛格博士说的那样，舵手一定要顺应潮流，否则他会被淹死的。"

晚上，周恩来在人民大会堂举行隆重而盛大的宴会，欢迎尼克松及其夫人一行。

宴会开始时，周恩来站立致祝酒词："美国人民是伟大的人民，中国人民是伟大的人民，我们两国人民一向是友好的。由于大家都知道的原因，两国人民之间的来往中断了二十多年。现在经过中美双方的共同努力，友好往来的大门终于打开了。"

尼克松也站起来答周恩来的祝酒词。饶有趣味的是，尼克松在致辞结尾时引用了毛泽东的诗词。他说："毛主席写过，'多少事，从来急；天地转，光阴迫。一万年太久，只争朝夕'。现在就是只争朝夕的时候了。"

周恩来和尼克松愉快地碰杯。他们的杯子里装的是醇馥幽郁的茅台酒。

这时，军乐队奏起了《美丽的阿美利加》。

这是尼克松最爱听的一首赞美美国自然风光的歌曲。尼克松访华前夕，周恩来特意指示乐团在人民大会堂练习演奏这首曲子。这又是周恩来过人的细密之处。

尼克松后来回忆道："中国人的细密给了我最深刻的印象。我听人说过，也在书籍和引语中读到过中国人的这种细密。当然，周恩来不仅有中国人的细密，而且还有一位世界外交家的广泛经验。"

尼克松听到《美丽的阿美利加》，非常激动。他对周恩来说："这是我1969年为我的（总统）就职典礼挑选的一支歌。"

周恩来举杯示意："为你的下一次就职干杯。"

尼克松更加兴奋地笑了。

随后，周恩来走下主宾席，到每一桌宴席上向尼克松的随行人员逐一敬酒。在场的美国人和太平洋彼岸的电视观众，都对此深为感动。

回到主宾席，周恩来指了指摆放在桌子上的画着可爱的熊猫的熊猫牌香烟盒对尼克松的夫人帕特说："我们要送给你们两只熊猫。"

"哦，太好了！"帕特惊喜地对尼克松说，"理查德，周恩来总理说送给我们两只熊猫！"

这个镜头通过通信卫星，传给了美国早晨的新闻节目。这下，周恩来送熊猫就成了这一天美国大多数人和新闻报刊的热门话题。《纽约时报》评论说："周恩来真是摸透了美国人的心思。"《华盛顿邮报》评论："周恩来通过可爱的熊猫一下子把美国人的心征服了。"

在以后的几天里，周恩来和尼克松本着求同存异的精神就两国关系正常化以及双方关心的国际事务进行了"广泛、认真和坦率"的讨论。他们是重大问题的主要对话者。当然，在中国方面，重大问题的最后决定者还是毛泽东。毛泽东始终密切掌握着谈判的整个进程。

尼克松向周恩来表示：1971年7月他在堪萨斯城的讲话，代表了他深思熟虑的看法，即一个以美、苏、中、日、西欧五个力量中心为基础的新的世界战略格局正在形成。美国对亚洲没有领土野心，他深信中国对美国也没有领土野心。因此，两国之间存在建立合作关系的基础。但是，尼克松又认为：有些地区，如果美国退出，就会出现"真空"，就会被苏联钻空子。

针对尼克松的"真空"论，周恩来指出：世界上不存在"真空"。早年美国人曾说杜鲁门的政策丢了中国的6亿人口，历史证明，中国并没有成为"真空"。美国势力、苏联势力和蒋介石都走了，中国人民自己填补了这个"真空"。这同200年前美国人民在英国退走后自己填补了"真空"是一样的。

印度支那问题也是周恩来与尼克松会谈的一个主要问题。周恩来一再强调解决印支问题的迫切性，要美国采取果断行动，不要拖泥带水，不要留尾巴，应早日从印支撤军。

周恩来不客气地指出：印支人民在流血，而在台湾问题上中美没有打仗，因此首先要解决印支问题。中国对印支承担了义务，只要美国不停止战争，中国将坚持支援印支人民打到底，甚至不惜作出民族牺牲。

周恩来耐心地对尼克松说明：要缓和远东地区的紧张局势，关键在于美国从越南和印支撤军。美国撤出得越早越好。如果越迟就越被动，而且也不会使战争得到尼克松所期望的"光荣结束"。周恩来还几次以戴高乐将军退出阿尔及利亚为例，说戴高乐不但把80万法国军队撤回，最后甚至把200万侨民都撤走了，是"有魄力的、很有眼光"的政治家。

周恩来针对美国想要中国对印度支那各国抗美救国斗争施加压力的想法，重申：中国一贯尊重印度支那各国的独立和主权，不干预他们的内外政策。"我们只有同情和支持他们的义务，没有干预他们的权利。"

在苏、美两国军备竞赛问题上，周恩来对尼克松也直言相劝：你们两家搞军备竞赛，水涨船高。你们的军费是公布的，苏联的不公布，但它占的比例不会少。所以他们国内人民生活很困苦，农业生产上不去，不能仅仅说是气候的原因。苏联同加拿大的气候差不多，加拿大的农业并不坏嘛，就是因为军费太多。这样浪费，搞核武器花那么多钱，不能吃，不能穿，又不能用，到一定时候还要报废，下个世纪人民会批评为什么用那么多的人力、物力、财力搞核武器。我们希望你们达成协议，减少核军备。美苏搞好关系，我们赞成。

周恩来得心应手地纵论天下大事，寓论辩于说理之中，不由得使尼克松感到中国方面的立场是有道理的，周恩来的话是可以信赖的。尼克松在回忆录中感叹说："基辛格提醒我，说周的谈判本领会令我感到惊奇，他可真说对了。"

会谈中，台湾问题是一个分歧较大的问题，也是双方在签署联合公报时颇费周折的一个问题。尼克松表示了在处理台湾问题上的五项原则：（一）中国只有一个，台湾是中国的一部分，今后不再说台湾地位未定；（二）不支持任何台湾独立运动；（三）将在力所能及的范围内劝阻日本进入台湾，也不鼓励日本支持台湾独立运动；（四）支持任何关于台湾问题的和平解决办法，不支持台湾当局用任何军事方法回到大陆的企图；（五）寻求中美关系正常化，决定4年内逐步从台湾撤出军事人员和设施。

对尼克松的上述承诺，周恩来比较满意。但是，尼克松又强调政治方面有困难，美国还不能马上承认中华人民共和国政府是中国的唯一合法政府，还不能丢弃台湾。

对此，周恩来毫不客气地指出：还是那句话，不愿意丢掉"老朋友"，其实，"老朋友"已丢了一大堆了。"老朋友"有好的，有不好的，应该有选择嘛。你们希望和平解放台湾，我们只能说争取和平解放，为什么说"争取"呢？因为这是两方面的事，我们要和平解放，蒋介石不干怎么办？我坦率地说，就是希望在你（下届）任期内解决台湾问题，因为蒋介石的时间不多了。

尽管双方在台湾问题上有较大的分歧，这些分歧也将不可避免地要在联合公报中反映出来，但双方也都谨慎地注意，尽量不让这些分歧危害刚刚建立起来的中美新关系。

在尼克松作出了只有一个中国，台湾是中国的一部分，美国在台湾的军事力量将逐步减少直至全部撤出的承诺后，考虑照顾美国方面国内的政治困难，周恩来从大处着眼，代表中国政府也作了一定的妥协。他没有要求美方立即承诺废除美蒋共同防御条约，没有要求美军立即全部撤出台湾，允许美军在一定时期内逐步撤离。因为解决台湾问题、实现祖国统一是一个长期艰巨的任务，不可能一次会谈就解决一切问题。试图毕其功于一役，显然是不现实的。

2月26日凌晨，经过几天的反复磋商，中美双方终于谈定了《联合公报》。这个公报是周恩来高度的原则性和灵活性的一个结晶。

26日上午，周恩来陪同尼克松和夫人前往杭州参观访问。下午，他又陪尼克松夫妇游览了风景秀丽的西湖。

2月27日，周恩来陪尼克松夫妇从杭州飞往上海。在上海，中美双方正式签署了中美《联合公报》（又称《上海公报》），并予以公布。至此，中美高级会晤已圆满结束。

晚上，中国方面为尼克松举行最后的宴会。在轻松舒缓的乐曲声中，周恩来与尼克松频频举杯，一周来的紧张情绪也怡然褪尽。

尼克松端起酒杯，走到麦克风前，作了这次访问中从未有过的即席讲话。他说："联合公报将成为明天全世界的头条新闻。但是，我们在公报中说的话，不如我们在今后的几年要做的事那么重要。我们要建造一座跨越一万六千英里和二十二年敌对情绪的桥梁。可以说，公报搭起了这座通向未来的桥梁……"

尼克松还不无得意地说："我们访问中国的这一周，是改变世界的一周。"

尼克松的话也不全是大话。他的访华和《联合公报》的发表，确实对中美关系和世界形势的发展产生了具有历史意义的深远影响。

2月28日上午，周恩来把将离开中国回国的尼克松一行送到了上海虹桥机场。临上飞机时，尼克松握住周恩来的手，说："这确实是一次愉快的访问，我希望有朝一日有机会再来上海。"

的确，尼克松有充足的理由对他的这次中国之行感到满意和愉快。这除了因为他和毛泽东、周恩来一起，掀开了中美关系史上新的一页外，还有中国这个古老的国度给他留下的难以忘怀的回味。

在这短暂而紧张的 7 天中，中国给尼克松留下的最鲜明的印象是什么？

尼克松自己回忆说：回顾在中国度过的那一个星期，我感到最鲜明的印象有两个。其中之一就是"周恩来无与伦比的品格"。"在我会晤过的世界领袖中，这种精巧机灵的品性，无人可望其项背。"

如果说，仅讲品格还略嫌抽象的话，那么尼克松对周恩来的系列追忆和评说会有助于我们理解尼克松为何下此断语。

尼克松说："我同周面对面的正式会谈超过 15 个小时，此外一起吃午饭，赴宴会，又一同度过许多时间。有四件事给我留下不可磨灭的印象——他的持久精力，他的充分准备，他的谈判技巧，他在压力下的冷静自若。

"他的精力真是惊人。我注意到，在我们举行有些时间较长的会议，几个钟头下来，加上翻译的沉闷嗡嗡之声，双方参加者中年岁较轻的人不免昏昏欲睡。而这位 73 岁高龄的周恩来自始至终还是一样的敏捷、一样的坚强、一样的机警。他从不东拉西扯，从不故意拖延时间，也从不要求休息一下。要是下午的会议解决不了公报某处有争论的措辞，他不把难题交给他的助手，而亲自同基辛格夜以继日地商量研究，理顺有争议的地方。第二天早晨，他又精神饱满地出现，像刚从乡间度过悠闲的周末回来似的……"

"在所有会谈中，他自始至终保持冷静自若的态度。同赫鲁晓夫的滑稽动作和勃列日涅夫的戏剧性行为大不相同。周从不提高嗓子喊叫，从不拍桌子，发脾气，从不恫吓要中断谈判来压制对方让步。1976 年，我对周恩来夫人说，给我留下特别深刻的印象是，她丈夫从来是坚定不移的，但却又彬彬有礼。而当他'手上拿了好牌'时，说起话来是温文尔雅。这归功于他的涵养和经历，但这是成熟和自信的反映。"

尼克松还断言道："谈判桌上机动灵活的本领，对国际政治基本原则了如指掌，以及由热忱思想信仰而产生的道义上的正确感，再加上对世界各国有深刻了解，对历史有长远的洞察能力以及个人拥有丰富的经验——这些合并起来，使周恩来成为我们当代最有才干的外交家之一。"

尼克松的夫人帕特对尼克松说："周恩来真是个了不起的人物。"

尼克松说："是的，他是一个伟人，本世纪罕见的伟人。"

尼克松的话是发自内心的。

当年，当周恩来到钓鱼台拜会尼克松时，站在楼厅门口迎候的尼克松满脸笑容地走到周恩来身后，主动为周恩来伸手脱掉了呢子大衣。这个镜头被电视记者摄下后，白宫办公厅主任霍尔德曼安排在电视转播中连续好几次播放。美国观众十分惊奇这位东方大国的总理施了什么"法术"，不然，高傲的美国总统怎会甘愿为其脱衣拂尘？！

其实，周恩来不懂"法术"，有的只是无处不在的人格与品德的魅力。

17 致力于中日邦交正常化

田中角荣访华，决意"达不成协议不回去"。周恩来"身似柔柳，
心如巨石"。中日邦交正常化一气呵成如闪电。

"尼克松冲击波"

20世纪50年代中期，周恩来多次说过："我们的北京机场随时准备迎接鸠
山首相、重光外相的飞机降落。"尽管鸠山一郎有意促成中日关系的正常化，但
是，由于日本外受美国的压力、内受执政党亲美反华路线的制约，鸠山内阁对周
恩来的建议未能作出积极的响应。这一等，就是16年。当1972年9月25日日
本首相的专机降落在北京机场时，以首相身份来访的第一人，不是鸠山一郎，而
换成了田中角荣。田中角荣成为完成中日邦交正常化的日本首相，由此也成为与
周恩来感情深厚的朋友。

1971年7月16日，当基辛格秘密访华的中美联合公告发表以后，全世界都
被"尼克松冲击波"搞得晕头转向。受打击最惨的，莫过于日本政府及执政的自
民党了。日本政府长期追随美国的对华政策，即使有阁僚愿意与中国友好，但在
美国和台湾等问题上，不敢越过雷池。结果，美国在日本佐藤内阁积极制造"两
个中国"的关键时刻，却来了一个漂亮的"越顶外交"，宣布尼克松总统将于
1972年5月以前的适当时间访问中国，谋求两国关系正常化。这显然嘲弄了日
本政府及其外务省，无异于一个晴天霹雳。原先对美国一片忠心的日本自民党政
府，在遭到"愚弄"后，感到后悔莫及。

日本《朝日新闻》调查研究室主任研究员古川万太郎曾这样说过："由于'尼
克松冲击'，日本领导层辨别方向的神经已完全麻木，脱离常规，乃至反复作出
拙劣的举动，受到中国的冷眼。"

1972年2月，美国总统尼克松终于踏上了中国的土地，与毛泽东、周恩来

进行了跨越海洋的握手。尼克松把在北京的日子称为"改变世界的一周"。日本的政局，也由此被"改变"。

6月，佐藤内阁在摇摇欲坠中声言要辞职。围绕自民党总裁选举，田中角荣、福田赳夫、大平正芳、三木武夫四人进行了激烈的角逐。田中和大平是多年政友，个人关系亦十分密切，两人事先达成协议，支持得票多的一方。田中在竞争中得到党内多数人的支持，大平决意全力协助他。这两人在改善中日关系上态度都是积极而明确的。

7月5日，田中在自民党总裁选举中战胜福田，当选总裁，次日，又在国会上被指名为日本新一任首相。7月7日，田中内阁组成，大平任外相。当天，田中角荣发表早已酝酿好的首相谈话，表示：充分理解中国方面提出的中日复交三原则（即：（一）中华人民共和国政府是代表中国的唯一合法政府；（二）台湾是中华人民共和国领土不可分割的一部分；（三）日台条约是非法的、无效的，应予废除），"尽快和中华人民共和国恢复邦交，在动荡不安的世界形势下，努力地推进和平外交"。外相大平正芳也表示："为实现邦交正常化，首相或外相有必要在某个时期访华。"

对田中内阁的这一态度，周恩来反应神速，9日晚，他在欢迎也门政府代表团宴会的致辞中谈及新成立的田中内阁，说："长期以来，一直采取敌视中国政策的佐藤政府任期未满就宣布下台。7日成立的田中内阁明确表示在外交方面要早日实现日中邦交正常化，这是值得欢迎的。"周恩来的这一讲话，对田中角荣实现自己的宏图起了关键性的作用。

为促成中日邦交正常化，周恩来作了周密的安排。在自民党总裁选举前的7月3日，周恩来派肖向前出任新的中日备忘录贸易办事处驻东京联络处首席代表。7月11日又派该处原首席代表孙平化以上海歌舞团团长的身份访日。不久，中国外交部亚洲司日本处处长陈抗访日。陈抗还向孙平化传达了周恩来的指示：

我之所以讲田中内阁努力实现中日邦交正常化值得欢迎，是因为毛主席说过要采取积极的态度……不论能否谈拢，现在都正是时候。你们要准确地掌握信息。孙平化已经在平地上建起万丈高楼，肖向前要继续前进。

邀请田中首相访华

田中角荣以"决断与实行"作为政治信条，他把实现"日中邦交正常化"作为对外政策的主要点。这些，得到在野党的积极响应和支持。在日本国内恢复日中邦交正常化的呼声越发高涨的气氛中，田中也在积极寻找两国政府之间直接交换意见的渠道。首先替田中探路的是前社会党委员长、众议员佐佐木更三。

佐佐木更三在访华前，会见了田中角荣。他问田中："在复交三原则中，如何处理日台条约是最重要的，您打算怎么办呢？"田中果断地说："那是理所当然的。我承认三原则，因此对处理台湾问题有坚定的信心。"田中同意佐佐木把这一态度如实转达周恩来总理。7月16日至19日，佐佐木更三受田中角荣委托，到北京拜见周恩来。佐佐木更三向周恩来转达田中首相要求日中建交的决心和种种打算。当佐佐木说田中等人打算来华谢罪时，周恩来说：

不要讲什么谢罪的话了。现在日本新政府离过去发动侵略的日本军国主义已经相当远了。现在我们应该向前看，而不应该向后看，要解决今后的问题。田中政府采取向前看的政策，反映了广大人民的愿望。恢复中日邦交，是两国人民长期的愿望，是历史发展的必然趋势。恢复中日邦交并不是要反对哪一个国家，不是为了反对美国或者苏联。

佐佐木没想到周总理如此体谅田中本人和田中内阁。不仅如此，周恩来还请佐佐木回国后跟在野党和友好人士谈一谈：如果中日两国复交了，过去二十多年的友好来往会更加密切，更多起来，而不会冷淡下去的；他们对促进中日邦交的恢复，促进中日友好的来往是尽了力的，当然我们更应该尊重；中国人民结交了新朋友，是不会丢掉老朋友的，我们一向尊重首先和我们友好的人。佐佐木又一次体会到了周恩来"饮水不忘掘井人"的一贯作风。

佐佐木是信任田中的，他向周恩来"保证"说："我想田中君是靠得住的……"

周恩来以邀请的口吻说："那么就请田中首相到北京来吧。"

佐佐木立刻补充一句："那是最好不过的，希望务必邀请。"

"如果田中首相来北京，欢迎。"在北京的机场迎接日本首相的话，周恩来早就说过。对田中角荣，当然是欢迎的。

谈到田中角荣访华时的待遇，周恩来明确地告诉佐佐木："田中首相访华时的待遇，和尼克松总统一样。你说绕道香港不方便，所以，田中首相来的时候，就请直飞北京。"

直航北京的意见，又一次解决了田中的难题。佐佐木回国后，向田中如实地作了汇报。田中对此非常满意，他对记者发表谈话说："日中邦交正常化，可以归结为一句话——时机已经成熟。"在田中内阁成立不到半个月的时间内，作出这样准确的判断，不能不说田中角荣具有非凡的决断能力。

7月21日，周恩来指示仍在日本的孙平化：上海歌舞团将于8月16日乘日航和全日空两个航空公司的专机直飞上海。这一安排，具有潜在的政治意义，实际上是为田中角荣和大平正芳直航北京作一次预演。

为探明中国方面在如何实现邦交正常化、解决战争赔偿问题等方面的态度，田中角荣又委托公明党委员长竹入义胜访华面见周恩来。

7月27日，竹入义胜在与田中首相密谈后，带着田中内阁关于与中国建交的设想昼夜兼程地赶到北京。当天下午，周恩来就和廖承志在人民大会堂接见了竹入义胜。在这次会谈中，周恩来向竹入说明了中方与田中在一个具体问题上的分歧：田中内阁承认中华人民共和国政府是代表中国的唯一正统政府，我们对"正统"二字不太理解。我们说中华人民共和国政府是代表全中国人民的唯一合法政府。

竹入解释："正统"就是你们说的"合法"。

周恩来接着说，中国有这样一种解释，"合法"的反义词是"非法"。中国人民只承认中华人民共和国政府为代表中国的唯一合法政府，蒋介石政府被推翻了，所以它是非法的。去年联合国也恢复了中华人民共和国的合法权利，把蒋介石集团赶出去了。也就是说，国际组织也承认了中华人民共和国政府是合法的，蒋介石政府是非法的。

竹入说，我们也是作这样解释。

周恩来还是放心不下地说，公明党在这个问题上没问题，我不知道田中政府中的法律专家说"正统"二字是否有别的意思。我为什么要问"正统"这个词的意思呢？因为汉语中有"正统"就有"偏安"，可能和日本的语言不同。

接着，周恩来简述了中国历史上有关正统和偏安的政治演变。最后说："这是一个名称问题。如果正统和合法意思一样，我们也可以同意。"

竹入表示："我回去以后，一定建议田中，今后讲话时要用'合法政府'这个词。"

竹入在京期间，周恩来与他进行了三次会谈，经过长时间讨论，最后提出了中方的建交方案。竹入作了详细的记录，他后来披露了自己的心情："写着写着，感到吃惊，手都发抖，心想复交可以实现了，高兴得眼泪都流出来。"

在周恩来提出的方案中，中方既阐明了自己的原则立场，又充分考虑到日方的立场，对日方的意见给予了关照。

8月初，竹入回到日本后，向田中、大平作了详细汇报。田中角荣看着后来流传日本政界的"竹入笔记"，不由得喜形于色，感慨地说："周总理这个人，真是通情达理。这样，邦交正常化就可以实现了。"大平正芳也对竹入连声说："辛苦了，谢谢。"随后，拿着"竹入笔记"奔向外务省。

田中叹服："身似柔柳，心如巨石"

进入1972年8月份以后，中日双方都似乎预见到了邦交正常化的确切日子，都在加紧工作。8月11日，日本外相大平正芳再次会见孙平化和肖向前，正式传达了田中首相访华的决定。次日，中国迅速作出反应，由外长姬鹏飞公开宣布："周恩来总理邀请田中首相访华，欢迎就中日关系正常化问题进行谈判。"8月15日，田中首相、二阶堂进官房长官会见孙平化、肖向前，表示接受周总理邀请，将于9月下旬率政府代表团访华，商谈中日关系正常化问题。为了9月份的历史性会见，双方都在紧锣密鼓地准备着。

9月9日，古井喜实受老友大平正芳的委托，携带日本政府根据"竹入笔记"的基本方针起草的联合声明方案，抵达北京，与中方进行最后的调整。

日方方案对结束战争状态和三原则问题大意是这样的：

（一）关于结束战争状态问题。日本与中国结束战争状态，已在日台条约中解决，无须再重复，而由中方再次单方面宣布结束战争状态，日方予以确认。

（二）关于三原则问题。日本方案在正文中表示：日本政府承认中华人民共和国政府是代表中国的唯一合法政府；中华人民共和国政府重申，台湾是中华人民共和国领土不可分割的一部分，日本政府对此立场表示充分的理解和尊重。

日方方案正文中对废除日台条约没有表述，对台湾归属这一重要问题，更是一句也没有涉及。

9月12日，古井喜实在会见周恩来时递交了日本方案。

9月20日午夜0时15分至凌晨2时10分，周恩来在人民大会堂单独会见古井喜实，就日方准备的联合声明草案发表意见。周恩来坚持把结束战争状态和复交三原则写入联合声明。他说："我们认为，这次中日邦交正常化才表示结束战争状态。古井先生，你认为不是这样吗？"他明确地告诉古井："中日两国的战争状态，自联合声明发表之日起结束。"但在措辞上，周恩来又灵活对待，不使田中内阁难堪。对台湾的归属问题，周恩来要求日本在方案中写上"遵循《波茨坦公告》"的条文。

经过讨论，最后双方达成协议，在联合声明中增加前言，写入结束战争状态和复交三原则等内容。

周恩来以既坚持原则立场、维护国家利益，又采取灵活策略的做法，实现了对田中内阁"将有所照顾，不使日本政府为难"的承诺。对此，田中角荣这样评价："周恩来身似柔柳，心如巨石。"

离田中访华越来越近。9月18日，周恩来选择这个特殊的日子接见了以日本自民党日中邦交正常化协会会长小坂善太郎为团长的日本自民党访华代表团。这个团肩负着先遣队的使命，为田中首相访华、实现日中邦交正常化打前站。

周恩来说：你们是第一次来中国访问的自由民主党代表团，是正式代表团，是在你们田中角荣阁下担任了新的总裁后委派的代表团，实际上是为田中首相访华做准备工作的，所以特别值得欢迎。日本军国主义不仅给中国人民带来了灾难，也给日本人民带来了祸害。今天恰巧是9月18日，41年前的今天发生了"九一八"事变。现在，两国握手，这是历史性的转折。新时代已经到来，应当继续前进。

尽管小坂代表团中既有赞成邦交正常化的，也有反对邦交正常化的，但周恩来这番话，使他们全都站起来给予了热烈的掌声。

周恩来当众赞扬了田中，说："田中首相很善于搞统一战线。我想，他不仅具有在国内搞统一战线的能力，也有在亚洲搞统一战线的能力。"

小坂幽默地回答说："我要原原本本地把您的话转告给田中首相。不过，今天记者也在场，电波会把您的话传输到日本的……"

周恩来也笑着说："小坂先生也可以用电话转告嘛。"

很快，电波传到日本，田中角荣惊叹周恩来对自己竟有如此的褒誉！一周以后，田中首相踏上了直航北京的专机。

田中派的一个议员说，他从未见过田中如此紧张地登上飞机。他说田中的想法是："中国在亚洲是一个拥有巨大影响的大国。日本政府必须要打开一个窗口，使自己想说的话能够正大光明地说出来。但谈判对手必须是可以信赖的人，因此，就非在毛泽东与周恩来活着的期间进行不可。"

首脑会晤，"求大同，存小异"

1972 年 9 月 25 日上午，周恩来带病前往北京机场，迎接日本内阁总理大臣田中角荣。当中国和日本这两个一衣带水的邻邦的总理紧紧地握手时，军乐队奏起了两国国歌，这歌声是欢快的、高昂的。中日关系史上一个新的时期开始了。

当天下午，周恩来在人民大会堂会见了田中角荣一行的主要官员。随后，周恩来在安徽厅和田中首相举行了第一次限制性会谈。会谈主要在周恩来、姬鹏飞和田中角荣、大平正芳之间进行，而一些具体细节，则由两位外长再行斟酌。

当晚，周恩来在人民大会堂专门为田中角荣一行设宴，并发表了意义深远的祝酒词：

"田中首相来我国访问，揭开了中日关系史上新的一页。在我们两国的历史上，有着两千年的友好往来和文化交流，两国人民结成了深厚友谊，值得我们珍视。但是，自从 1894 年以来的半个世纪中，由于日本军国主义者侵略中国，使得中国人民遭受重大灾难，日本人民也深受其害。前事不忘，后事之师，这样的经验教训，我们应该牢牢记住……"

"当前，世界形势正在发生巨大变化。田中首相就任以后，毅然提出新的对华政策，声明要加紧实现同中华人民共和国的邦交正常化，表示能够充分理解中国方面提出的复交三原则，并且为此采取了实际步骤。中国政府本着一贯的立场，作出了积极的响应。实现两国邦交正常化已经有了良好的基础。促进中日友好，恢复中日邦交，是中日两国人民的共同愿望。现在是我们完成这一历史性任务的时候了。"

"首相阁下，你来华前说，两国会谈能够达成协议，也必须达成协议。我深信，经过我们双方的努力，充分协商，求大同，存小异，中日邦交正常化一定能够实现……"

周恩来同田中角荣会谈

"中国和日本都是伟大的民族。中国人民和日本人民都是勤劳勇敢的人民。中日两国人民应该世世代代友好下去……"

对此，田中首相相应地作了答词，说："我深信，即使我们在立场、意见方面存在小异，但只要日中双方达到大同，按照互谅互让的精神，消除意见分歧，是有可能取得一致意见的。"

但是，田中的答词中却有一处明显不妥，他说："我国给中国国民添了很大的麻烦。对此，我再次表示深刻的反省。"

日本军国主义给中国人民带来的巨大损失，何止是"麻烦"？这种轻描淡写的措辞引起了中国方面的不满。在以后的会谈中周恩来立场坚定地提出了这一问题。他说："田中首相表示对过去的不幸的过程感到遗憾，并表示要深深地反省，这是我们能够接受的。但是'添了很大的麻烦'这一句话，引起了中国人民的强烈反感。因为普通的事情也可以说是'添麻烦'，'麻烦'在汉语里意思很轻。"田中解释道："可能是日文和中文的表达不一样。从日文来说，'添麻烦'是诚心诚意地表示谢罪之意，而且包含着保证以后不重犯，请求原谅的意思。"他还表示，"如果这样的表达不合适，可以按中方的习惯改。"田中诚恳的态度，周恩来是欢迎和赞赏的。

9月26日、27日、28日，周恩来又与田中首相进行了三次限制性会谈。双方除了共同点以外，分歧也是明显的，但是，用参加会谈的日本方面二阶堂进官房长官的话来说，"两国首脑以惊人的坦率进行了讨论"。

9月26日，在钓鱼台宾馆举行的第二次限制性会谈中，周恩来说，我们非常欣赏田中首相和大平外相所说的这样一句话，"恢复日中邦交应从政治上解决，而不要从法律条文上去解决"。从政治上解决，比较容易解决问题，而且可以照顾双方；如果只从条文上去解释，有时很难说通，甚至会发生对立。中日关系不同于中美关系，我们双方都准备马上建交。要建交，如同大平外相所说，就要同蒋介石集团断交，日台条约就自然失效。如果把旧金山和约、日台条约都拿来做根据，问题无法解决。那样，蒋介石就变成"正统"，而我们却成为"非法"了。这次田中首相和大平外相来北京，我们说只有在你们充分理解我们提出的复交三原则的基础上，才能照顾你们面临的一些困难，而不是相反。

在整个谈判中，大平正芳为田中角荣立下了汗马功劳。来华之前，田中就把外交事务全权委托给大平外相；大平也说过："我和田中首相是同心同德的挚友。"

来华之后，田中相比之下显得悠闲一些，他常在钓鱼台国宾馆里作汉诗，还向身边人说："有大平君在办，就没问题。如果达不成协议，还可以延长在北京的逗留时间，不达成一致意见，就不回去。"后来，周恩来也曾这样评价大平正芳："为人诚实，不说假话，虽不善口才，但内秀博学。他一心一意辅佐田中，可谓有大平才有田中，有大平才能恢复中日邦交。"

会谈到了9月27日下午，双方在一些主要的问题上已经基本达成了一致意见。

周恩来手书"言必信，行必果"

这天晚上，田中角荣突然接到中国方面的通知，说毛泽东主席要接见他。田中万分惊喜，能与毛泽东会面，是他求之不得的好事。20点30分左右，田中角荣、大平正芳和二阶堂进在周恩来的带领下来到毛泽东住处，毛泽东一边握手一边幽默地对田中等人说："架已经吵完了吧。不打不成交嘛！"

田中角荣首次领略毛泽东的风趣，他惊叹中国领袖把重大的政治事件转换为轻松的话题。这场谈话，自始至终在轻松愉快的气氛中进行。

田中：吵是吵了一些，但是已经基本上解决了问题。

毛泽东：吵出结果来就不吵了嘛！

周恩来：两位外长很努力。

田中：是的，两国外长很努力。

毛泽东：（对大平）你把他（指姬鹏飞）打败了吧？（众笑）

大平：没有。我们是平等的。

周恩来：他们俩正好同岁。

毛泽东：噢。（指姬鹏飞）此人是周朝人，是文王的后代。

周恩来：周文王姓姬，姓他（指姬鹏飞）的姓，不姓我的姓。

毛泽东：他（指姬鹏飞）是个医生。是外科还是内科？

姬鹏飞：内科。

毛泽东：（指田中）你有病，请他去治。（众笑）

田中：这次周总理对我们照顾得很好。我们进行了非常圆满的会谈。

毛泽东：你们那个"增添麻烦"的问题怎么解决的？

田中：我们准备按照中国的习惯来改。

毛泽东：一些女同志就不满意啊。年轻人认为"添了麻烦"这种说法是不充分的，通不过的。因为在中国，这是往妇女裙子上洒了水之后使用的语言。

田中称赞廖承志在日本很有影响。毛泽东请廖承志当翻译，并问：你是在日本出生的吧？

廖承志：是。

毛泽东：如果你们要，把他带回去嘛！（众笑）

……

一阵阵的笑语欢声，从毛泽东的住处传出来。两国领导人的愉快的会谈，表明中日关系已经进入了一个崭新的阶段。这一阶段，是周恩来期待已久的。早在1956 年 6 月 28 日周恩来接见日本国营铁路工会等访华代表团时，就曾期望和预言："我看，就照国民外交的方式做下去，日本团体来得更多，我们的团体也多去，把两国间要做的事情都做了，最后只剩下两国外交部部长签字，这也很省事，这是很好的方式。到那个时候，只剩下中国总理、外长和鸠山首相、重光外相喝香槟酒了。"

以"以民促官"的方式发展起来的中日关系，终于结出了硕果，两国领导人当然非常高兴。这香槟酒，虽然鸠山一郎和重光葵没有喝成，但田中角荣和大平正芳却赶上了。周恩来知道田中喜欢喝中国的茅台酒，便在毛泽东的住处吩咐服务人员上茅台，以中国的国酒代替香槟，体现"中国特色"。他还告诉田中：这茅台酒是高度酒，放在碟子里，用火柴一点，可以燃烧起来。田中也有他的招数，他不仅学会了喝茅台，而且喜欢喝中国绿茶，因此他说："喝了茅台再喝绿茶，就中和了。"几天以来，周恩来得知不喜欢吃西餐而只吃日本菜的田中角荣，对中国菜很称道，并顿顿吃得很开心。周恩来对田中又多了一份亲近感。他端起酒杯，提议宾主一饮而尽。

9月28日下午，周恩来与田中角荣举行了最后一次限制性会谈。就日本如何处理日台关系问题，周恩来既坚持了原则，又采取了灵活的方式方法，他说：

明天发表建交的联合声明以后，大平外相根据田中首相的指示，准备对记者发表一个讲话，声明日本政府将跟台湾断绝外交关系，对此我们表示欢迎。这证明你们这次来是守信义的，这是我们两国和平友好的良好开端。我们重建邦交，首先要讲信义，这是最重要的。我们跟外国交往，一向是守信义的。我们总是说，我们说话是算数的。中国有句古话说："言必信，行必果。"你们这次来表现了这个精神。

"言必信，行必果"，语出《论语·子路》。子贡问什么样的人才能称之为"士"，孔子回答了三种人，"言必信，行必果"者为其中之一种。周恩来借此期望田中角荣做一个说话算数、行动坚决的人。说完，周恩来还走到桌前，用毛笔亲笔写下了"言必信，行必果"几个字，送给田中。

9月29日上午，灿烂的朝阳从东方升起，天安门广场和人民大会堂都沐浴在晨光里。在人民大会堂东厅中，周恩来总理、姬鹏飞外长与田中首相、大平外相并排坐在摆着中日两国国旗的条形桌边。中外记者都在拍摄着这一历史性的瞬间——《中华人民共和国和日本国政府联合声明》签字仪式。周恩来、姬鹏飞与田中、大平互致问候，然后各自从砚盒中取出毛笔，分别代表两国政府在联合声明上签字，然后交换了文本，握手祝贺。联合声明宣布：自该声明公布之日起，中华人民共和国和日本国之间迄今为止的不正常状态宣告结束，"日本方面痛感日本国过去由于战争给中国人民造成的重大损失的责任，表示深刻的反省"，"中国政府宣布，为了中日两国人民的友好，放弃对日本的战争赔偿要求"。在联合声明中，日本政府承认中华人民共和国是中国的唯一合法政府；中华人民共和国政府重申，台湾是中华人民共和国领土不可分割的一部分，日本政府表示充分理解和尊重中国政府的这一立场，并坚持遵循《波茨坦公告》第八条的规定（即"开罗宣言之条款必将实施"）；双方决定从 1972 年 9 月 29 日起建立外交关系，并尽快互换大使；决心在和平共处五项原则的基础上建立两国持久的和平友好关系。

签字仪式结束后，大平正芳根据田中角荣的指示及其向周恩来的承诺，立即在民族文化宫大厅设立的新闻中心举行了记者招待会，他宣称：开罗宣言规定台湾归还中国，而日本接受了承继上述宣言的《波茨坦公告》，鉴于这一原委，日本政府坚持遵循《波茨坦公告》的立场是理所当然的；作为日中邦交正常化的结果，日台条约已失去了存在的意义，可认为该条约已经完结；日台间的"外交关系"也不能维持，驻台湾的原日本大使馆处理善后事宜后将予关闭。

紧接着，周恩来亲自陪同田中和大平等人乘专机前往上海访问。原先以为"达不成协议就不回去"的田中角荣，这时却异常安详，在飞机座位上便打起呼噜来，一直睡到上海，他把与周恩来交谈的任务又交给了大平外相。

到达上海后，周恩来陪同田中一行参观了上海的马桥人民公社等地。田中着急回国向自民党汇报他的访华成果，因此第二天一早便从虹桥机场登上了回国的专机。周恩来亲自到机场为他送行。

田中角荣的决断能力和超凡勇气，给周恩来留下了很深的印象。从田中内阁成立到完成田中访华的准备工作，仅用了两个多月时间；从 7 月 7 日田中声明到 9 月 29 日中日双方在北京签署建交联合声明，只用了 82 天。这是国际政坛上闪电般的速度，就连日本国内也有"迅雷不及掩耳"之感。田中角荣是日本政治家中少见的英才。对他，周恩来是钦佩的。

周恩来的遗憾

田中的专机远去了，但是周恩来却期待着再一次与他会面。在这次会谈中，田中曾邀请周恩来访问日本。当时周恩来问田中：

"上野公园的精养轩还在否？樱花是否像旧时一样年年盛开？"

周恩来颇有旧地重游之念。然而，1972 年 5 月，他就已经发现自己患了癌症。本来就已日理万机的他，更要加快自己的工作节奏，超负荷地工作，与病魔争朝夕。再加上中国正处在"文化大革命"的深重危难中，国内的事情无法脱身。他不知道自己何时能够重游日本。值得庆幸的是，中日建交后，周恩来与田中之间的相互理解和挂念日益加深。

1973 年 4 月，正是樱花盛开的时节。廖承志受周恩来的派遣，将率中日友协代表团出访日本。行前，周恩来接见了代表团和外交部的有关人员，谈话快结束时，他突然问："田中首相送来的樱花树长势怎样？这是田中首相代表日本人民送给中国人民的礼物，廖承志同志见到田中首相时应该当面汇报。"廖承志深深体会到了周恩来那细密的作风和对田中首相细腻的感情，他当即派两位同志驱车到栽种樱花树的几处公园察看，并摘回几片樱叶交给周总理。廖承志到了日本以后，遵照周总理的指示，向田中首相汇报了樱花树的长势，并从随身携带的小本中把几枚压平了的樱叶送给田中首相。田中接过樱叶，激动不已，他深感周恩来是那样的重友情。仔细端详了一番后，他又叮嘱秘书要妥为保存这几枚珍贵的樱叶。

这年 6 月 27 日，为进一步打破少数核大国的核垄断，维护中国的安全和世界的和平，我国在西部地区成功地进行了一次氢弹试验。对此，日本外交部向我国有关方面提出抗议。但田中首相是理解中国政府的立场的，因为他在北京时周恩来向他谈过这个问题。很快，田中在日本众议院答辩时为中国作了解释。

周恩来迅速获知此事。6 月 30 日，他在北京展览馆参观日本自动化电子仪器设备和医疗器械展览时，对日本首任驻华大使小川平四郎说：

"希望小川大使转告田中首相，我感谢田中首相在众议院答辩时说，中国的核武器不威胁日本。在田中首相和大平外相访问我国时，我同他们谈到了我们的核武器是自卫的，决不首先使用。他一直相信我这个话。日本是唯一的原子弹受害国家，日本人民反对核武器试验的立场我们是可以理解的，对此我们是站在同情的立场上的……正如田中理解我们的立场一样，我们应该相互理解。"

周恩来这番话，小川平四郎大使转告给了田中首相。田中了解，中国有几亿人，核试验的尘埃如果有害的话，首先他们自己先受害，他们不会拿这个当儿戏的。

中日建交以后，两国关系的发展在一定程度上仍然受到台湾问题的影响，日本政府内部的意见也是不一致的。但周恩来总是说服田中等人，要从大局出发。他曾对日本驻华大使小川平四郎说："我们希望中日两国不要因小失大。中日和平友好是大局，台湾是小局。不要因为台湾这个小局妨碍大局的前进。小局要服从大局，不能大局服从小局。要名正言顺。"1973 年 10 月 10 日凌晨 2 时，他又在人民大会堂对古井喜实、田川诚一等日本朋友说："一个人做事果断的话，总会引起一些人的不满意。我钦佩你们首相、外相在恢复中日邦交问题上的果断。道路是不平坦的，总是曲折的。"这些话，充分地理解了田中的处境，同时也是为田中鼓劲。他还说："最近还有七十几个议员跑到台湾去，当然这没有什么了不起。两国政治关系常常是有曲折的。我们基本上从去年建交以后结束了半个世纪的不正常状态，开辟了一个新的阶段，这一个前途是扭不回去了。"

为了使中日关系的前途沿着健康的方向发展，周恩来在病中仍然煞费苦心地工作。他晚年接见的外宾中，以日本朋友为最多。他病中最记挂的，是尽早缔结中日和平友好条约。他曾多次说过，"在签订中日和平友好条约后，我想去日本看看"。然而，他自从 1974 年 6 月住进医院后，就不可能出访外国了。

1974 年 4 月 22 日，周恩来在人民大会堂会见川崎秀二等日本朋友时，川崎提出，希望周总理访问日本。周恩来为难地说：

"现在很难回答你这个问题，因为我现在欠的账太多了。所以我跟人家说我出不去了。我东边不能超过日本、朝鲜，西边不能超过巴基斯坦、阿富汗，南边不能超过越南、缅甸，北边不去了。再往西、往南、往东走还有很多国家我都欠账。"

这就是说，他哪儿也去不成了，病魔对他是无情的。

这年 12 月 5 日，他在医院里会见日本创价学会名誉会长池田大作时，又一次表明对日本的眷恋，说："50 年前，我是在樱花盛开的季节从日本回国的。"池田趁机再次邀请："欢迎您在樱花盛开时再次访日。"周恩来遗憾地说："虽有这样的愿望，但恐怕难以实现了。"

六、解放干部批极"左"

18　果断机智地处理林彪事件

新中国成立以来特大的武装叛乱阴谋，惊心动魄的"九一二"之夜。
毛泽东为何不打林彪的飞机？周恩来说：如果命令部队把林彪打下来，
怎么向全党全国人民交代。

1971 年 9 月 13 日凌晨，中国政治生活中发生了一件震惊中外的事情：两年
前刚被"九大"选为党中央副主席、被新党章确定为毛泽东的"接班人"的林彪，
因谋害毛泽东、发动武装政变、篡夺党和国家最高领导权的阴谋败露，私调飞机，
仓皇出逃叛国。在这关系到党和国家命运的危难之际，周恩来临危不乱，指挥若
定，连续三天三夜没合眼，机智果断地处理了这一事件，使党和国家转危为安。

　　林彪事件，是"文化大革命"中的重要转折。它在客观上宣告了"文化大革
命"的理论和实践的失败，为周恩来批判极"左"思潮、纠正"文化大革命"以
来的一些错误做法提供了契机。

　　林豆豆传来惊天密报。"我们怎么也不会想到他（林彪）会跑。"
周恩来作出了在当时情况下能够作出的唯一的正确决断。

1971 年 9 月 12 日晚，人民大会堂福建厅灯火通明，紧闭着的宽大玻璃窗拉
上了深绿色的帷幕。周恩来正在主持会议，讨论四届人大政府工作报告草稿。到

会的有部分政治局委员和有关部长们，总参谋长黄永胜、空军司令员吴法宪、总后勤部部长邱会作、海军第一政委李作鹏等也都在座。

10时40分左右，秘书急匆匆地推开门，来到周恩来身边悄声耳语了几句，说张耀祠来电话，有紧急情况要直接报告总理。

张耀祠当时是中共中央办公厅副主任、中央办公厅警卫局副局长兼中央警卫团团长，分管毛泽东的警卫工作。

周恩来离开会场，匆匆来到他在大会堂办公的地方——新疆厅，拿起红色的电话听筒。

话筒里响起了张耀祠的声音："总理，刚才接到张宏（中央办公厅警卫局副局长兼中央警卫团副团长）从北戴河打来的电话，说林立衡（林彪之女，又叫林豆豆）来队部报告，叶群、林立果要挟持林彪出逃，先去广州，再去香港，已经调来了林彪的专机256号。"

周恩来大吃一惊。

1970年8月庐山会议时，林彪及其一伙有预谋地搞"突然袭击"，坚持要设国家主席，因而受到毛泽东的严厉批评。但是，毛泽东对林彪比较"客气"，还是没有放弃对他的最后希望，给他以觉悟认错的机会。这一点周恩来是清楚的。从庐山回到北京后，周恩来曾受毛泽东之托，带着黄永胜、吴法宪、李作鹏、邱会作等军委办事组成员去北戴河找林彪，要他出来参加一下即将召开的批陈（伯达）整风汇报会，讲几句话。用周恩来的话说，"此行的目的，是毛主席要林彪出来参加一下即将召开的批陈整风汇报会，讲几句话，给他个台阶下"。林彪表示完全拥护庐山会议以来毛泽东关于批陈问题的历次指示，并要求吴法宪、叶群重写一次检讨。据此，难以推断林彪会走到叛逃这一步啊！

1972年8月，周恩来在向回国述职的大使们和外事部门的负责人作报告时说：我们怎么也不会想到他（林彪）会跑，因查问他私调飞机一事，他胆战心惊，逃跑了。

然而，报告林彪要叛逃的恰恰是林彪的女儿。周恩来知道林豆豆同她的家庭一直存在着矛盾。林豆豆的这个报告，会不会夹杂着家庭纠纷的因素呢？

林彪是党的副主席，是党章指定了的毛主席的"接班人"，他要叛逃，可是一件关系到党和国家安危的大事，如果不及时采取措施，稍有延宕，将会给党和国家酿成难以估量的灾难。但是，如果判断有误，匆忙采取措施，其后果同样非常严重。

这恐怕是一生经历过无数次政治风浪的周恩来碰到的最为棘手的政治事件。周恩来的思维在高速地运转……在情况不明的危急关头，要求在瞬间对一件如此复杂的事作出正确的判断和决策，这是对一个久经风霜的政治家素质的全面检测。

"告诉警卫部队，密切注意。有什么情况，及时报告，不要鲁莽行动。"周恩来作出了在当时的情况下能够作出的唯一的正确决断。

当时在北戴河林彪住地负责林彪警卫工作的中央警卫团二大队队长姜作寿后来回忆了汪东兴对他说过的一段话。汪东兴对他说：你们请示怎么办？我下不了决心，周总理也下不了决心，只能说让你们监视，了解情况，及时报告。情况复杂啊！复杂得很啊！

周恩来随即又问张耀祠现在在什么地方，张耀祠说在中南海游泳池。周恩来此话的用意是了解毛泽东在哪里。因为张耀祠总是在毛泽东身边。

放下电话，周恩来回到会场宣布，今天的会议到此结束，政治局成员留下，其他的人可以回去。

与会人员从周恩来紧锁的眉头和凝重的神情推测，可能哪里发生了什么重大事情急需总理处理，但绝对料想不到是林彪要出逃。

林豆豆报告的情况是否属实？必须迅速查明情况。

周恩来查问吴法宪："空军有一架三叉戟飞机到了山海关机场是怎么回事？今天调飞机去山海关机场没有？"

吴法宪说："没有。"

"究竟是没有，还是不知道？"细心的周恩来进一步追问。

"我不知道。"吴法宪支支吾吾。他也确实不知道，林彪还没来得及通知他。

"你要迅速查清楚，立即向我报告。"

周恩来想到山海关机场是海军航空兵下属的一个机场，于是又查问李作鹏："你立即查一查，今晚是否有一架三叉戟飞机到山海关机场。"

不久，李作鹏、吴法宪回话：确实有一架三叉戟飞机到了山海关机场。

吴法宪说："我问了胡萍（空军司令部副参谋长，林彪死党），他说是一架改装后的三叉戟到山海关夜航试飞的。"

夜航试飞是胡萍欺骗周恩来的谎言。

周恩来当即命令吴法宪："你通知这架飞机马上回来，飞机回来时不准带任何人。"

过了一会儿，吴法宪说："胡萍说这架飞机有故障，不能马上回来。"

有故障？不能立即回来？周恩来机警地感觉到这架飞机的行动不太正常。他以严肃的口气责令吴法宪："飞机就停在那里不准动，修好后马上回来。"

叶群的撒谎电话引起了周恩来的警觉。"立即准备两架飞机，如果林彪一定要起飞，我亲自坐飞机到山海关机场去劝阻。"为了党和国家的利益，周恩来准备只身投入虎穴。

就在周恩来打电话查问三叉戟飞机一事之时，在北戴河联峰山 96 号——林彪的住地，林彪、林立果、叶群等人早已乱作一团。

9 月 8 日，林彪下达了实施反革命武装政变计划"五七一工程"纪要的命令，准备把毛泽东暗杀于南巡途中。林立果亲往"督战"。但毛泽东在南巡途中察觉到林彪一伙的一些活动后，命令专列风驰电掣，一路不停，于 12 日中午安全返回了北京，粉碎了林立果精心策划的暗杀计划。林彪、林立果、叶群等顿时惊恐万状，慌作一团。林立果捶胸顿足，号啕大哭；林彪面如死灰，两眼发直。经过一番密谋，他们决定私调飞机，南逃广州，另立中央。

不料，周恩来一再严厉追查三叉戟飞机之事，打破了他们南逃广州的阴谋。林彪一伙见南逃阴谋败露，便决计叛逃，飞往苏联伊尔库茨克。

晚 11 点 20 分左右，周恩来办公桌上那部红色的电话机又急促地响了起来。周恩来迅即抓起话筒，里面传出叶群的声音：

"总理啊，首长（指林彪）要我向你报告，他想动一动。"

"是空中动，还是地上动？"周恩来仍是沿用他多年养成的保密习惯。凡关系到中央领导人的重要活动，他都用对方可理解的保密语言。

叶群："是空中动，我们需要调几架飞机。"

周恩来："哦，你们调了飞机没有？"

叶群："没有，首长要我先向总理报告，再调飞机。"

叶群的这一回答露出了"马脚"。明明已调一架飞机到山海关机场，而且是林立果坐了去的，为什么撒谎说没调飞机？为什么刚刚查问了三叉戟飞机的事，叶群就来了这么一个电话？叶群的电话原本是想来试探追查飞机的周恩来，她没有想到，却为周恩来证实林豆豆报告的情况提供了依据。

周恩来略加思索，不露声色地回答叶群："今晚夜航不安全。调飞机的事，等我同吴法宪同志商量一下，看看天气情况再定吧。"

"他们的这次行动有鬼，有阴谋。"周恩来放下电话后，立即采取了一系列紧急措施：命令李作鹏向山海关机场传达中央的命令，"停在山海关的飞机不准动；要动，须有周恩来、黄永胜、吴法宪和李作鹏四人一起下命令才能起飞"。

派吴法宪立即去西郊机场随时掌握机场的情况，并派杨德中去西郊机场"协助"吴法宪工作。杨德中当时任中央办公厅警卫局副局长兼中央警卫团政委，主管周恩来的警卫工作。他长期在周恩来身边工作，当然理解总理派去"协助"的含意。

派李德生到空军司令部作战值班室，以协助自己负责空军的指挥。

要黄永胜留在大会堂，"协助"处理发生的情况。实际上是切断他同林彪一伙的联系。

下达完命令后，周恩来叫其他的政治局委员在福建厅待命。他自己驱车到了中南海游泳池，他要亲自向毛泽东报告所发生的一切，并从安全角度考虑，建议毛泽东转移到人民大会堂118厅。那里是毛泽东在人民大会堂办公和休息的地方。

从中南海回到人民大会堂，电报大楼大钟的时针已指向深夜12点。

周恩来又命令吴法宪："立即准备两架飞机，如果林彪一定要起飞，我亲自坐飞机到山海关机场去劝阻。"

为了党和国家的利益，周恩来准备只身投入虎穴……

但是，一切都来不及了。

林彪一伙原打算南逃广州另立中央，不料周恩来紧紧追查停留在山海关的飞机，使他们觉得南逃的阴谋败露，于是便决计叛逃国外。就在周恩来下达命令的同时，林彪一伙不顾警卫部队的阻拦，开枪打伤警卫人员，仓皇逃离了北戴河96号楼，乘红旗牌轿车向山海关机场狂奔。

关于林彪一伙逃离北戴河的情形，林彪的贴身卫士李文普有过详细回忆：

大约11点钟，叶群拉我到林彪卧室门外叫我等着，她先进去和林彪说了几句话然后叫我进去。这时，林彪早已从床上起来穿好衣服。

林彪对我说："今晚反正睡不着了，你准备一下，现在就走。"我说：

"等要了飞机再走。"叶群插话骗我说:"一会儿吴法宪坐飞机来,我们就用那架飞机。"

……这时,林立果把我叫到叶群的办公室,给在北京的周宇驰打电话,叫我在门外看着。我听到林立果说:"首长马上就走,你们越快越好!"他放下电话出来,催我快去调车。我回到秘书值班室给58楼8341部队张宏副团长打电话,告诉他:"首长马上就走。"张副团长问我:"怎么回事?"林立果又走了进来,问是谁来的电话,我说:"是张副团长。"林立果立即伸手把电话挂了。我拿了林彪常用的两个皮包走到外边。杨振刚把车开上来,刚到车库门口停下,林彪光着头出来和叶群、林立果、刘沛丰走到车旁。这是一辆三排座大红旗防弹车,林彪第一个走进汽车坐在后排,叶群第二个走进汽车坐在林彪旁边。第三个上车的是林立果,他坐在第二排,在林彪前面。第四个上车的是刘沛丰,坐在叶群的前面。我最后上车,坐在前排司机旁边。身后就是林立果坐的位置。

当时已是深夜,天很黑,车开动了。叶群对林彪说:"李文普和老杨对首长的阶级感情很深。"我和杨振刚都没有说话。车到56楼时,我突然听林彪问林立果:"到伊尔库茨克多远?要飞多长时间?"林立果说:"不远,很快就到。"汽车开到58楼时,姜作寿大队长站在路边扬手示意停车。叶群说:"8341部队对首长不忠,冲!"杨振刚加快车速过了58楼。

李文普听说林彪要去伊尔库茨克,意识到他们要叛逃后中途从车上跳下来,被林立果开枪打伤。他的回忆是真实的。姜作寿大队长也回忆说:

11时半左右,首长(林彪)的内勤小陈打电话给我说:"大队长,他们走了,都乘首长那辆车,连我也不让上车……快点,快点。"听得出小陈很是紧张。我放下电话,向张副团长(张宏)做了报告,便往楼下跑。从96楼乘车出去,必须经过58楼门前,我想在这里把车拦住问一问:首长,你们现在要去哪里?我们警卫部队怎么跟你走?我刚站到马路中央,就看见林彪那辆大红旗保险车拐过了弯,大灯直射过来，照得我连眼都睁不开，转眼之间，车子驶过百余米的坡路逼近我的身边。我做出紧急停车的手势，高喊："停车！停车！快停车！……"可是，车不仅不减速，而且还加足马力，鸣着短促的喇叭，旁若无人地直冲过来，根本没有停车的意思。若不是我快捷躲开，看那样子，就是把我撞死了也不会停车的。瞬息之间，红旗保险车与我擦身而过。

距姜作寿大队长不远，6 中队的中队长肖奇明带领全副武装的警卫战士也在试图拦阻，也险些被风驰电掣的红旗车撞上。肖中队长见此情景，举枪向汽车尾部连开两枪。无奈这是一辆红旗防弹车，事后检查，这两枪打在了汽车的后挡风玻璃上，只在玻璃上留下了两个小白点。后来，周恩来对这两枪还提出批评，说是没有明确指示，怎么能开枪呢？

就在林彪一伙疯狂出逃时，在人民大会堂新疆厅的周恩来接到了张耀祠的报告：林彪已离开住地，向山海关机场去了。周恩来询问警卫部队能否先赶到机场控制飞机，张耀祠难以作出肯定的回答。

因为警卫部队的车再快，也快不过林彪的大红旗。尽管张宏副团长和姜作寿大队长带着全副武装的警卫战士驱车加足了油门在后面紧紧追赶，但林彪的红旗轿车一会儿就不见了踪影。

这时，周恩来又一次命令李作鹏，要他下命令给山海关机场，不准停在机场上的任何飞机起飞，要设法阻拦。

但是，李作鹏没有遵照周恩来的指示下达命令。

9 月 13 日零点 22 分左右，林彪的红旗轿车冲入山海关机场停机坪，在银白色的 256 号三叉戟专机的左后方戛然而止。

当时的 256 号飞机正在加油，油罐车的管子还连着 256 号飞机。

叶群第一个从车上跳下来，嘴里喊着："有人要害林副主席，快让油车离开，我们要走。""誓死捍卫林副统帅！"

林彪第二个下车，光着头，没戴帽子。他平时夏天都要戴帽子，今天仓皇出逃，连帽子都丢在了北戴河 96 号楼。

林立果第三个跳下车，提着手枪在一旁气急败坏地催促人们赶快登机。

一切太突然了。这时，林彪专机组的 9 名成员还有副驾驶、报务员、领航员等 5 人没有赶到，只有机长潘景寅和 3 名机械师上了飞机。

13 日凌晨零点 32 分，林彪、林立果、叶群、刘沛丰等连滚带爬、狼狈不堪地抢上三叉戟 256 号飞机，在没有夜航灯光和一切通信保障的一片漆黑中，强行起飞了。

周恩来断然采取一系列应变措施确保国家安全，连续三天三夜未合眼。邓颖超心疼地对周恩来说："老伴啊，看你的两条腿已抬不起来了。"

几乎在林彪座机起飞的同时，周恩来接到了林彪强行起飞的报告。

为了最后挽救林彪一伙，周恩来命令空军指挥调度室："向 256 号飞机呼叫，希望他们回来。不论在东郊机场或西郊机场降落，我周恩来都到机场去接"；"如不行，在锡盟（即内蒙古中部锡林郭勒盟）降落也可以"。

指挥所的呼叫声，通过无线电波，连续不断地撞击 256 号飞机，但没有得到任何回答。据当时万幸没上飞机的林彪专机副驾驶分析说，可能是飞机上没有把通信电台打开。因为一旦打开电台，包括 3 名机械师在内的机组人员都可以听到调度室塔台的呼叫声，禁止 256 号飞机起飞的命令也会传到 3 位机械师的耳朵里。

空军司令部指挥室的雷达密切地跟踪林彪的 256 号三叉戟飞机。墙壁般宽大的雷达屏幕上清楚地显示出那架飞机的亮点正向北移动。

"零点 46 分，航向 310 度，飞机向西北方向飞去。"

"现在飞机时速 550 公里，高度 3000 米。方向正北。"

空军司令部作战部指挥室通过专线保密电话，不断地把飞机的最新情况向周恩来报告。

13 日凌晨 1 点 10 分，西郊机场的吴法宪来电话报告："飞机的方向不对头，向蒙古方向飞了，马上就要出国境了，要不要派飞机拦截？"

由于当时对林彪一伙策动政变的计划和他突然出逃的原因还没有掌握，周恩来请示毛泽东。毛泽东说："林彪还是党中央的副主席，我们要是把他打下来，怎么向全国人民交代？天要下雨，娘要嫁人，随他去吧！"

1 时 55 分，256 号飞机在中蒙边界 414 号界桩上空，进入蒙古境内。又过了一会儿，256 号飞机从空军指挥室的雷达屏幕上消失了。

至此，林彪一伙叛逃的面目彻底暴露。

周恩来回到新疆厅，向在座的政治局委员宣布了林彪北逃的消息，大家面面相觑，谁也没有讲话，也不知道该说什么。大厅里静得连一根针掉在地毯上的声音都听得见。

林彪作为党中央的副主席、军委副主席，掌握了我党我军大量的核心机密。他叛国投敌不仅会对我党产生严重的危害，而且更重要的是对我们国家的安全构成严重威胁。

根据毛泽东的指示，周恩来立即召集在京的中央政治局成员开会，通报林彪事件情况，作紧急战备部署，以应付突发事件。

周恩来告诉大家：请你们待在这里，都不要离开新疆厅。

据当时在场的周恩来卫士高振普回忆说："周总理走出新疆厅，对厅外的环境作了进一步的安排，指定专人看守厅门，无关人员不准进入，所有随领导们来的人员，一律原地休息，谁也不准靠近新疆厅。"

人民大会堂西大厅内有一个北小厅，宽大的办公桌上摆着军用电话和各种电话，旁边还有一张小床。这里是周恩来常来办公和休息的地方。

在这里，经毛泽东批准，周恩来亲自下达了应对林彪事件的一系列紧急措施。

首先，周恩来下达了全国禁空令：关闭全国所有机场。没有周恩来、黄永胜、吴法宪、李作鹏四人联合签发的命令，任何飞机不准起飞。开动全部雷达监视天空，不许任何飞机飞进北京。派陆军进驻空军、海军机场，与原守卫部队共管，严格遵守禁空命令。

随后，周恩来拿起保密电话，亲自逐一给各大军区和各省市自治区的主要负责人打电话，通报林彪外逃情况。为了暂时保密，又能使对方听懂，周恩来既含蓄又清楚地说："庐山会议第一次全体会议上第一个讲话的那个人，带着老婆儿子，坐飞机逃往蒙古人民共和国方向去了。你们要听从党中央、毛主席的指挥，从现在起，立即进入紧急备战。"

当时，有的大军区负责人一时还没听明白，还在电话中提问是谁跑了。周恩来着急地说："你们还不懂吗？我再说一遍……"

这一圈电话打下来，周恩来的嗓子都喊哑了。

13日凌晨3时15分，林彪的死党周宇驰、于新野、李伟信劫持一架直升机，从北京沙河机场强行起飞，他们携带大量文件，企图追随林彪逃往国外。坐镇在空军作战部的李德生及时把这一情况报告给周恩来。周恩来果断指示："迫使它降落，不听就把它打下来，决不能让它飞出去。"空军随即派出了8架次战斗机

处理"九一三"事件时，周恩来临时办公地点——人民大会堂新疆厅

拦截，但因为天黑所以没有及时找到这架直升机。

　　好在这架直升机的驾驶员陈修文是一位有高度政治觉悟且智勇双全的同志，在得知周宇驰他们的阴谋后，他千方百计地把飞机降落在怀柔县境内。落地时，他和周宇驰等人英勇搏斗，壮烈牺牲。周宇驰、于新野自杀身亡，李伟信被随即赶来的战士捕获。

　　北京是党中央所在地，是心脏，安全至关重要，一点纰漏都出不得。为了确保首都北京的安全和稳定，周恩来又把北京市、北京军区和北京卫戍区的主要负责人召集到人民大会堂，通报情况，并部署了几项应急措施：

　　（一）要监视和搜索外逃被迫降的直升机，要人、机并获，将情况直接报告中央。

　　（二）派卫戍区部队封闭控制北京郊区的几个机场，没有命令，任何飞机不准起飞。在没有接到允许飞机起飞的命令或通知时，发现有飞机起飞，要将其击落。

　　（三）卫戍区要加强对新华社、广播电台、人民日报社等警卫目标的警卫工作，对中南海、人民大会堂等附近地区，要增派部队，加强警卫。

（四）各部队进入一级战备，并部署北京地区防空降的作战任务。

根据周恩来的指示，为加强北京地区的战备力量，北京军区命令38军的3个机械化师、坦克一师、坦克六师和炮兵六师共6个师，归北京卫戍区统一指挥。这样，北京卫戍区的兵力就由原有的4个师增加到10个师。防御区域重点是北至南口，东到首都机场，南到河北保定以北。考虑到当时黄永胜、吴法宪、李作鹏、邱会作都是军委办事组的成员，是解放军各总部的负责人，为了确保北京卫戍区置于党中央的领导下，周恩来指示卫戍区部队对来自军委、各总部的电讯只收听，不汇报，即只接受来的电话、电报，不汇报卫戍区根据中央指示部署的应变措施。

周恩来还指示外交部，密切注意外电反应，抓紧研究和提出因林彪事件可能引起的对外交涉所需的应对方案。

在做完这一切后，天已经亮了。人民大会堂外面，丝毫没有显示出什么异样。人们依旧是那么平静，该上班的上班，该上学的上学，该散步的散步。人民广场上，首都民兵师的队伍还在演练队形，准备迎接国庆22周年的检阅。广播喇叭的新闻播音中还不时有林副主席的字眼。外面的行人谁又能料到庄严的人民大会堂刚刚度过了一个惊心动魄的不眠之夜？

北小厅，周恩来在办公桌前陷入了深深的沉思。连卫士轻轻地把窗帘拉开、关灯的声音都没能把他惊动。

从12日晚上7点半吃过一顿饭后，周恩来到现在连续紧张工作10多个小时没吃东西，也没休息。卫士担心他的身体，但此时此刻也不敢说什么，只能在一旁静候。

沉思了好一阵子，周恩来起身走出北小厅，前往毛泽东所在的118厅。往常，周恩来总是会问：主席休息了没有？但这次他没问，他知道毛泽东肯定没有休息。

据当时在周恩来身边的卫士高振普回忆，周恩来在毛泽东那里大约谈了半个小时。

周恩来从毛泽东处回来后，正好南京军区司令员许世友来电话。

许世友的嗓门很大："报告总理，我已派参谋长带部队占领了南京的全部机场，辖区内的其他机场也已同时出动部队全部占领，请总理放心，请毛主席放心。"

"好啊，世友同志，有情况随时报告。"周恩来脸上露出了昨晚以来难得的一丝笑意。

类似的电话还有一个，是广州军区司令员丁盛打来的，是打到中南海西花厅的。秘书纪东接的电话。丁盛在电话里说：请报告总理，我忠于毛主席，听毛主席的，听周总理的，周总理怎么说，我就怎么办，我已经遵照总理的指示去办了。

周恩来得知后，吩咐把纪东叫到了人民大会堂，暂不要回西花厅。这样做当然是为了保密。

13日上午9时左右，在身边工作人员的安排下，周恩来吃了一碗面条和一个包子。随即他又召集政治局成员、军委和总参作战部的同志到大会堂东大厅开会，分析由于林彪外逃可能发生的情况，研究制定紧急方案，调整部队部署，重点是应付外国势力的入侵，并拟定向全军发出的紧急战备指示。

从12日下午5点多从西花厅出来到13日一整天，周恩来都没有回过西花厅，连续20多个小时没回家。在西花厅的邓颖超担心周恩来的身体，来过好几次电话。从卫士们支支吾吾的言语中，政治经验丰富的邓颖超预感到国家肯定出什么大事了，她不是像以往那样催周恩来早点散会，而是叮嘱工作人员一定要按时给周恩来吃药。1967年，周恩来就已检查出患了冠心病。

13日晚上10点15分，空军司令部送来一份报告：18时零4分，蒙古人民共和国雷达团团长向所属各连发报说，凌晨二时半有一架不明飞机在温都尔汗地区坠落焚烧，从18时起进入一等戒备。

周恩来立即将这一情况报告毛泽东。这可能是关于林彪座机坠毁的最早消息。虽然当时还不能确定这架在温都尔汗地区坠落焚烧的飞机就是林彪的座机，但是，有一点是可以肯定的，周恩来一定会把它与林彪的座机联系起来。因为从时间上和方向上都存在这个嫌疑。

那么，接下来，周恩来会不会电告我国驻蒙古人民共和国使馆，要他们密切注意这件事呢？当然这只是笔者的推想，目前还没有材料显示周恩来是否有这样的动作。

14日上午11时左右，连续忙碌了50多个小时的周恩来看上去显得格外疲倦。在身边工作人员的一再劝说下，周恩来服了安眠药，在北小厅躺下休息了。连续高度的紧张和劳累使他很快就发出了轻微的鼾声。

躺下休息前，周恩来告诉卫士：有什么情况随时叫醒他。

下午 2 时，刚刚入睡不到 3 个小时的周恩来，就被外交部的一个紧急电话叫醒。电话是王海容打来的，她说有重要情况要向总理报告。秘书只好把周恩来叫醒。周恩来预感到可能有林彪一伙的什么消息，叫王海容马上赶到人民大会堂，并吩咐卫士到门口等候。

王海容送来的是我国驻蒙古使馆发回的密报：我国一架军用飞机于 13 日凌晨 2 时左右在蒙古温都尔汗附近坠毁。机上 9 人全部死亡，其中有一女的。机号：256。

看完报告，周恩来顿感如释重负。虽然报告未说明那架飞机就是林彪座机（当时我驻蒙使馆也不知道），但是，周恩来已猜到十有八九了。他高兴地连说："啊，摔死了，摔死了。"

随后，一向注意仪表的周恩来穿着睡衣和拖鞋，疾步走向毛泽东所在的 118 厅，向毛泽东报告这一大快人心的消息。

据当时在场的周恩来卫士高振普回忆，这一进去，周恩来和毛泽东谈了一个多小时。

从 118 厅出来后，周恩来来到福建厅，向等候在这里的政治局委员宣布了林彪一伙在蒙古温都尔汗附近机毁人亡的消息。会场在短暂的沉寂后马上涌动着阵阵欣喜。

在这天的晚餐时，周恩来破例喝了点茅台酒。

从 14 日午夜开始，周恩来在人民大会堂分批向中央机关、国务院各部委和军队系统的主要领导人通报林彪事件的经过，要求各单位的领导回去后把握住本单位，紧紧团结在毛主席的周围，制定防范措施，以应付可能发生的事情。

这分批的通报会到 15 日下午 4 时才结束。至此，73 岁高龄的周恩来几乎连续紧张地忙碌了整整 3 天 3 夜，中间只睡了不到 3 个小时，加上沙发上的几次小憩，总共也不足 5 个小时。

当周恩来迈着疲惫的双腿离开大会堂回到西花厅时，等候在门口的邓颖超心疼地对周恩来说："老伴啊，看你的两条腿已抬不起来了。"

两个多月后，周恩来对在京的上层爱国人士回顾惊心动魄的"九一三"之夜时说："事后说来惊险得很，但当时处理并不紧张。因为我们相信绝大多数群众，相信绝大多数干部。"

> 林彪死了，如何在大的政治变故后不使国内出现大的政治动荡，这又是对一位久经风霜的杰出政治家的智慧和才能的全面检测。"总理，有你在，这是人民之大幸。"

林彪在温都尔汗折戟沉沙，使周恩来大大松了口气。它至少消除了国际敌对势力可能给党和国家安全构成的威胁。然而，就国内来说，危机并没有完全消失，紧急战备状态仍未解除。

摆在周恩来面前的当务之急是如何保持国内政治局面的稳定，防止出现其他可能发生的事变。

为此，周恩来指示：对林彪事件要严格保密，保密时间尽可能长些，以赢得时间处理"善后事宜"。这是因为，除黄永胜、吴法宪、邱会作、李作鹏外，林彪集团的其他党羽当时都还没有被惊动。对这些人，要尽快找恰当时机进行解决，防止他们有些人狗急跳墙。另外，对当时国内的大多数人来讲，说林彪反对并阴谋暗杀毛主席，那是连想都不敢想的事，更不要说相信这是事实了，这也就是毛泽东所顾虑的"如何向全国人民交代"的问题。因此，如果过早地把林彪事件泄露出去，不但会引起广大群众的一些不必要的猜疑，而且可能会使林彪集团的一些党羽铤而走险，挑起暴乱。

笔者曾采访过一位当时在空军司令部任职、后来担任过空军司令员的老同志。他告诉我，后来空军向高级干部传达林彪事件时，空军司令部的一位二级部部长竟当场站起来，指责文件是胡说八道。

9月14日下午，周恩来接到我驻蒙使馆的密报后，立即指示：将报告用3号铅字打印18份，由符浩（外交部办公厅主任）亲自送到人民大会堂北门，交给中央办公厅副主任王良恩；从现在起，指定专人译办我驻蒙使馆来的电报，由符浩亲自密封后送周恩来亲自启封；今天驻蒙使馆的报告，凡经办和知道的人，都要向他们打招呼，要绝对保密。

9月14日，我驻蒙使馆的一位干部在归国休假路过中蒙边境时，向我某边防站站长讲了我国有一架飞机坠毁在蒙古温都尔汗，机上人员全部死亡一事。该边防站站长把这一消息逐级上报到军区。周恩来得知后，立即指示将这个边防站站长隔离起来，并限令军区采取措施，让已知道这一消息的26个人谁也不许扩散。

9月20日，我驻蒙使馆奉国内指示派使馆二秘孙一先送林彪飞机坠毁现场照片及有关材料回国，并当面汇报。此前，周恩来指示外交部电告驻蒙古使馆，请许文益大使亲自带人到出事现场，查清飞机型号和遇难9人的身份，还要从各个角度拍摄下飞机、现场和9人的照片，特别是死者的照片要从不同角度拍特写，并向蒙古方面交涉，把9人的遗体运回国内。

随同孙一先回国的还有中国建筑公司驻蒙古公司的蒙语翻译贺喜。周恩来专门指示符浩去车站接车。

21日，周恩来在人民大会堂召集会议，听取孙一先的汇报。参加会议的除政治局成员外，还有外交部的姬鹏飞、韩念龙、符浩，公安部部长李震、北京空军司令员李际泰、中央办公厅警卫局副局长杨德中等。

会上，大家根据带回来的材料分析了飞机坠毁的原因，应该是飞机由于燃料将要耗尽，被迫紧急降落。驾驶员不太熟悉地面情况，冒险以飞机肚皮擦地降落。飞机降落后失去平衡，与地面冲撞，油箱里还有残油，引起爆炸。从死者的遗体上看，都取下了手表等易于擦伤身体的物品，说明迫降是事先做了准备的。

会议开始时，周恩来看到只来了孙一先一人，当即警觉地问孙一先："一同回来的不是还有一个翻译吗？"

孙一先一时被周恩来严峻的神色弄得不知怎么回事，忐忑不安地回答说："他回家了。"

周恩来脸色一沉，眉头顿蹙，严厉地责问："谁让他回家的？"

在一旁的符浩回答说；"是我让他回家的。因为他没有到过现场，也不了解有关情况。"

周恩来有点火了："那也不行，飞机坠毁他总知道吧，立即派人把他找回来！"

随后，周恩来严厉地批评了符浩："你当过兵没有？你不是会唱《三大纪律八项注意》吗？要加强组织纪律性嘛！"

两个小时后，那位翻译贺喜被人从酣睡中叫醒，送进了警卫森严的外交部招待所。此后，孙一先和贺喜这两位同志就被"隔离"了半个来月，直至他们听了有关林彪事件的传达后，才恍然大悟，恢复了自由。

由于有了这滴水不漏的保密措施，因此，在"九一三"事件以后的十几天里，人们从新闻广播、报纸杂志里听到看到的仍然有"林副主席教导我们说"的字眼。天安门广场上，成群的学生仍旧在为庆祝国庆操练队列，仍旧高喊"向林副主席学习，向林副主席致敬"的口号。一切都显得那么风平浪静，那么井然有序。然而，就在这样一种"内紧外松"的平静中，林彪集团的党羽都一个个从政治生活中悄悄地消失了。

从当时缴获的一些材料就已见出，黄永胜、吴法宪、李作鹏、邱会作是林彪集团的重要成员，他们当时分别任总参谋长、空军司令员、海军第一政委、总后勤部部长，都身居要职，手握兵权。如何处理这几个人，关系重大。考虑到他们过去在推翻国民党反动统治、建立新中国的历程中都有过战功，毛泽东对他们还是寄予了一定的希望，希望他们能主动承认错误，争取宽大处理。

毛泽东对周恩来说："看他们十天，叫他们坦白交代，争取从宽处理。老同志，允许犯错误，允许改正错误，交代好了就行。"

但是，黄永胜、吴法宪、李作鹏、邱会作4人非但不主动揭发林彪的问题，也不主动交代自己的问题，而且还在家里拼命烧材料，销毁罪证。对他们的活动，周恩来已经觉察。

9月23日，林彪事件后的第十天，毛泽东要汪东兴询问周恩来有关黄永胜等人的情况。周恩来立即来到毛泽东处报告了黄永胜等人在拼命烧材料的情况。毛泽东说：他们是在毁灭证据，看来这些人是要顽抗到底了。

"请主席放心，这件事我马上去办，今天晚上办不成，明天上午一定办成。"周恩来明白毛泽东的意图，已经到了对黄永胜、吴法宪、李作鹏、邱会作采取措施的时候了。

从毛泽东处出来后，周恩来立即布置逮捕黄、吴、李、邱等人的工作。

本来打算在23日晚上对黄、吴、李、邱采取行动，但因为第二天上午李先念要率代表团去越南访问，邱会作要去机场送行，而林彪事件尚未对外公开，对黄、吴、李、邱采取行动仍需要秘密进行。为不引起外界的猜测，周恩来和其他有关负责人商量，临时决定改在24日上午，以开军委办事组成员会议传达毛泽东指示的名义，通知黄、吴、李、邱24日上午9点在人民大会堂福建厅开会。

23日晚上，周恩来又是一夜未眠。一切都已布置完毕。

24日上午7点多，周恩来驱车来到首都机场为李先念送行。纪登奎、邱会作等先一步等候在候机室。像往常一样，周恩来和他们一一握手，气氛没有丝毫异常。只有知情的杨德中等人，始终紧随在周恩来的左右，警惕着周围的动向。

送走李先念后，周恩来对纪登奎、邱会作说："上午9点在人民大会堂开军委办事组成员会议，传达主席的指示。"纪登奎知道这个会是要解决黄、吴、李、邱的。

在回城里的路上，周恩来对同车的杨德中说："把车开快一点，我们先一步到大会堂，再与邱会作单独谈一谈，争取让他多交代些问题。"

不料，周恩来的座车提速，在后面的邱会作等人的车也加快速度跟了上来。

本来中央领导人专用的红旗车上配备了通信设施，但因为反窃听都拆掉了。杨德中心里只能干着急。

大会堂北门，邱会作的车与周恩来的座车几乎同时停下。尽管杨德中抢先下车，但已来不及了，早已等候在这里的执行人员以迅雷不及掩耳之势，把邱会作隔离到了福建厅。

周恩来和叶剑英、纪登奎在东大厅等着黄永胜、吴法宪、李作鹏的到来。9点，黄永胜、李作鹏先后来到，与邱会作一起被隔离在福建厅，只有吴法宪迟迟未到。

周恩来在东大厅来回走动。叶剑英急了，甚至要北京卫戍区做好到住地逮捕的准备。

过了十几分钟，吴法宪终于来了。

警卫森严的福建厅，气氛显得非常紧张。黄、吴、李、邱4人已经觉察到等待他们的将是什么了，都低着头沉默无语。

当周恩来走进福建厅时，他们4人惶恐地站了起来。周恩来还是一一跟他们握了握手。这些人虽然犯了严重错误，但毕竟还是有过战功的老同志。

落座后，周恩来代表中共中央宣布对黄、吴、李、邱4人实行离职反省。

周恩来说："中央决定对你们4人隔离审查，希望你们与林彪划清界限，交代你们的错误。"

"林彪叛逃后，根据多方查证，证明你们4人是站在林彪一边，反对毛主席、反对党中央，搞分裂活动。毛主席等了你们10天，希望你们觉悟，主动向中央交代问题。你们不仅没有交代，反而相互串联，销毁证据，完全站在党中央的对立面。你们对党对人民是犯了罪的。中央不能不采取断然措施，把你们分别隔离起来。这便于你们交代问题，也便于中央对你们进一步审查。"

"你们放心，你们的问题是你们的事，你们的家属、孩子不会受到牵连，这是我们党的一贯政策。"

宣布完后，周恩来问："你们还有什么话要说吗？"

黄、吴、李、邱4人耷拉着脑袋，一声不吭。周恩来随即下令将他们4人带走。

黄、吴、李、邱是林彪集团的 4 员干将，对他们的隔离审查，是中央在林彪事件后采取的又一重大行动。同日，周恩来召集军队各总部、各军兵种负责人会议，传达中央处理黄、吴、李、邱 4 人的决定。会后，周恩来起草了中央通知，通知宣布黄永胜、吴法宪、李作鹏、邱会作在林彪反党宗派活动中"陷入很深"，"已令他们离职反省，彻底交代"。该通知经毛泽东批准后下发各大军区党委常委和各省市自治区党委常委。

在此前后，林立果"联合舰队"在各地的骨干分子也相继被抓捕归案。

林彪叛逃后，中共中央发出《关于林彪叛国出逃的通知》。为避免引起大的震动，这一文件根据内外有别分步骤传达的原则，先是在 9 月 18 日传达到党内高级干部，9 月 28 日扩大到地、师一级，10 月下旬传达到全国人民。继短暂的惊讶唏嘘之后，举国上下发出了阵阵欢呼。

林彪叛国出逃，是党和国家政治生活中令人惊心动魄的重大变故。周恩来事后回顾也说"惊险得很"。在处理这一突如其来的重大政治变故中，周恩来沉着果断，思虑周密，指挥若定，在毛泽东的领导下，迅速而平稳地粉碎了一场经过精心策划的反革命武装政变，国内并未因此而出现大的政治动荡，充分显示出这位久经风霜的杰出政治家、军事家的超凡睿智和卓越才能。

一次，周恩来在人民大会堂召集各民主党派、社会知名人士通报林彪叛逃情况。散会后，周恩来到大会堂南门准备上车。参加会议的许多人还等在那里不走，他们看着周恩来满脸倦容，都眼含热泪，纷纷握住周恩来的手，激动地说："总理，有你在，这是人民之大幸。"

这不仅仅是民主人士的心声，也是全国人民的心声，历史的心声。

然而，当举国上下为庆祝粉碎林彪集团的胜利而纵情欢呼时，历史却不容周恩来有太多的乐观和轻松。跑了一个拿枪杆子的，还有一群耍笔杆子的，中国的政治舞台上，依然乌云重重。

林彪事件后，等待周恩来的，依然是千斤重担。

19 关键时刻再纠极"左"

关键时刻，毛泽东把重权交给了周恩来，政治局力量对比出现新变化。周恩来高举利剑，在干部、经济、文教等方面大纠"左"。两种力量来回大较量。

身负重任

周恩来在"文化大革命"中处境艰难：他既要在总体上维护并表示支持毛泽东发动的"文化大革命"，又要在实际工作中纠正"文化大革命"的许多极端做法，努力减少"左"的错误造成的损失。运动中，大批党政军领导人被打倒或靠边站，加之靠"文化大革命"起家的林彪、江青两个集团利用毛泽东的错误篡夺了愈来愈多的权力，使得包括周恩来在内的党内健康力量愈显势单力薄。

林彪集团的覆灭，使政局发生了明显变化：毛泽东在有限的范围内调整了政策，江青集团也不得不有所收敛。尤其重要的是，广大人民群众在饱尝动乱之苦后已开始醒悟，党心民心渴望安定团结，渴望把生产搞上去，生活得到改善。

正是在这种背景下，周恩来以新的姿态出现在亿万人民面前。如果说，在林彪事件中，人们对毛泽东主要是因免遭林彪谋害而深感庆幸，那么，对周恩来则更多的是一种油然而生的敬重和感激之情。在人们的心目中，周恩来的形象比以往任何时候都更加高大。他对领袖的忠诚不是在言辞上下功夫，而是全部表现在实际行动中。特别是在惊心动魄的"九一三"事件中，周恩来表现出的沉着、机敏、果断的领导指挥才干，更令人钦佩不已。人们看到，在决定党和国家命运的重大历史关头，只有周恩来才能真正辅助毛泽东、保护毛泽东。相比之下，自诩为"反林英雄"的江青一伙却毫无作为。

毛泽东自然比任何人都更清楚地看到了这一点。"九一三"之后，他决定由周恩来主持党中央的日常工作，把党政军的重要权力交给周恩来、叶剑英等。这样，就使得党内上层力量的对比发生了自"文化大革命"以来的最重要的变化，党内健康力量获得了极大加强，这成为周恩来能够在一段时间内公开地、主动地着手纠正"文化大革命"错误的一个基本条件。

"九一三"后周恩来领导的批判极"左"思潮的斗争，持续近两年之久，即自1971年12月批林整风运动开始，到1973年下半年被迫中断。而在此之前，周恩来已多次提出批判极"左"思潮的问题。为便于进行全面考察，有必要将这一斗争过程向前延伸，增加"九一三"前周恩来批判极"左"的内容。这样，全部斗争共由"先声""展开""深入""继续"和"尾声"五个阶段所组成。

斗争的先声

林彪事件之前，处境艰难的周恩来一直在为纠正"文化大革命"的错误，减少林彪、江青反革命集团的破坏进行坚持不懈的努力。早在"文化大革命"初期，周恩来就在力所能及的范围内为保护干部、恢复生产、制止武斗作了大量工作，倾注了大量心血。1967年，他就表示反对极"左"思潮。1968年，他又提出"极'左'思潮一定要批判"。党的"九大"以后，周恩来纠正"文化大革命"错误、批判极"左"思潮的努力更加明显：1969年4月12日，周恩来在一次谈话中对"文化大革命"中否定一切的做法提出尖锐批评，认为新中国成立20年来成绩是"主要的"，砸烂一切规章制度是"极'左'思潮"。此后，在诸多场合，周恩来一直坚持这个观点。

对"文化大革命"中老干部挨整、造反派掌权的这种极不正常的情况，周恩来更是忧心忡忡，百思不解。他曾对身边的工作人员说，经过一个革命时期和不经过一个革命时期是不一样的，现在一次造反就成了响当当的革命派，而革命近半个世纪的一大批老干部倒成了"走资派"，这符合历史唯物主义吗？革命的历史传统是属于一代人的，保护老一代，就是保护革命的历史和传统。正是出于这种内心的动力，周恩来把保护广大老干部作为自己义不容辞的责任，用实际行动抵制和纠正"打倒一切"的极端做法。

1970年7月，他亲自起草了国务院关于煤炭工业部部长张霖之死亡问题的通知，指明张是革命干部，应按人民内部矛盾处理，其家属和子女不受任何牵连。

"九一三"事件后，在毛泽东的支持下，周恩来主持中央日常工作。他毅然领导开展批判极"左"思潮的斗争，使各方面工作出现了转机。这是1971年10月，周恩来在北京东方红炼油厂视察。

同年 10 月，他又在第四机械工业部党组的一份报告上批示，肯定了王净的革命功绩，指出对其应"一分为二""实事求是""不要上纲太多"。

1970 年 9 月，党的九届二中全会揭露了九届中央政治局常委、原"中央文革小组"组长陈伯达。这不仅是对林彪反党集团的沉重打击，也是对江青集团和"文化大革命"的巨大冲击。在随即开展的批陈整风运动中，周恩来根据毛泽东的提议，先后主持召开华北会议和批陈整风汇报会，对陈伯达进行了揭发、批判，对黄永胜等人进行了批评、教育，进而在一定范围内批判了林彪、江青一伙及其煽动的极"左"思潮，成为周恩来大力纠正"文化大革命"错误的重要起点。

随后，掌握了纠"左"领导权的周恩来开始把目标转向一些"敏感"单位和部门：1970 年 9 月，他在同文化部门负责人的谈话中，针对"文化大革命"期间因人废文、没有书看的情况，提出"要有点辩证法"，以便克服"形而上学、片面性"，"不要一听封建主义、资本主义就气炸了"。同年 11 月，周恩来又连续就外语教学发表谈话，要求提高外语教学的质量，提倡多练、苦练基本功，强调不但要有政治水平，同时要有较高的文化水平。

1971 年上半年，周恩来在相继召开的全国一系列专业会议上，更多次强调要反对极"左"思潮，几乎是逢会必讲，反复加以批判。

1971 年年初，在第十五次全国公安会议上，他根据毛泽东关于"对公安工作要一分为二"的指示，明确宣布：在公安战线上，毛主席的革命路线占主导地位，不能说"文化大革命"前是黑线统治着，这种说法简直是不可想象，等于否认毛主席的领导，否定毛主席的革命路线。

同年上半年，在全国出版工作座谈会期间，周恩来几次接见与会代表，一再指出：现在书店里中国和外国的历史书都没有，知识面越来越窄，这不行。不能不讲历史、割断历史。"否定一切，不一分为二，这是极'左'思潮"，"是思想垄断，不是社会主义民主"。根据周恩来的讲话精神，经中央转发的国务院《关于出版工作座谈会的报告》中写道：这次会议，"批判了极'左'思潮，批判了'文化工作危险论'"。

四五月间，周恩来又分别在国家旅游、援外会议和全国外事工作会议上作重要报告，系统阐述了党的对外方针政策，批评了极"左"思潮在外事工作中的种种表现。在经周恩来批示下发的对外宣传的大量文件中，比较突出地揭露了不实事求是、强加于人等极端做法。据此，中联部有关部门提出建议，要求深入批判"极

'左'的反动思潮"，"彻底肃清其流毒"，以改变对外宣传工作的不适应状况。

7月6日，周恩来在接见全国教育工作会议领导小组成员时，针对会议上关于17年教育工作估计的争论，指出："毛主席的红线也是照耀了教育战线的"，"知识分子的大多数是接受共产党领导的，是为社会主义服务的"，"对教师队伍和新中国成立后培养的学生要作具体分析，要辩证地看问题"。会议期间，周恩来还向各地、各部门主管教育工作的负责人作了一次党的历史问题的报告，详细叙述党在民主革命时期所犯的几次"左倾"错误，提出党长期以来吃了"左"的大亏，并含意深刻地指出，现在世界上有一股极"左"思潮，借以提醒人们警惕"左"的错误。

与此同时，周恩来还对体育、卫生、科技等部门的工作作了多次指示，一再肯定这些战线新中国成立以来所取得的巨大成就，指出"文化大革命"中极"左"思潮给予各方面工作造成的严重破坏。

周恩来在"九一三"事件以前对极"左"思潮的批判，虽因毛泽东坚持"文化大革命"错误和林彪、江青集团的干扰破坏而收效不大，但毕竟已开始造成一种纠"左"的舆论。特别是党的九届二中全会后，周恩来初步掌握了纠"左"领导权，从批判陈伯达入手，使林彪集团日趋暴露，在党内高层干部中产生了重大影响，成为林彪事件后党和人民进一步斗争的准备和先声。

斗争的展开

1971年年底至1972年上半年，随着批林整风运动的深入，批判极"左"思潮的斗争开始全面展开。这一阶段的斗争，集中表现在落实党的经济政策和干部政策方面。其主要特点是，周恩来自"文化大革命"发动以来所致力于发展生产、保护干部的一贯努力，正逐步转变为党的具体政策，并开始在实际工作中实施、生效。

1972年"两报一刊"（即《人民日报》、《红旗》杂志、《解放军报》）元旦社论提出，在新的一年里，要全面贯彻"抓革命、促生产"的方针，完成和超额完成国家计划。之后，各地各条战线都把加强企业管理，恢复和建立合理的规章制度，理直气壮地抓生产、学业务、钻技术，作为联系实际、批判林彪一伙所散布的谬论的具体步骤，着重批判了空头政治的反动观点。

1971年12月至翌年2月召开的全国计划会议，是联系经济工作实际、批判林彪一伙干扰破坏的一次重要会议。会前，周恩来在听取国家计委汇报时指出：现在我们的企业乱得很，要整顿。由此首次提出整顿的意见。根据周恩来的指示精神和与会同志的要求，国务院主持起草了《1972年全国计划会议纪要》，提出了整顿企业的若干措施，明确规定企业要恢复和健全岗位责任、考勤、技术操作规程、质量检验、设备管理和维修、安全生产、经济核算等七项制度，要抓好产量、品种、质量、原材料燃料动力消耗、劳动生产率、成本、利润等七项指标。这个文件的制定，体现了周恩来长期以来力求恢复和发展生产，坚持又红又专，反对空头政治和无政府主义的强烈愿望。这个会议纪要，虽然后来被张春桥以种种借口加以否定，但其中贯穿的整顿的指导思想却在实际工作中得到体现，成为落实党的各项经济政策的未成文的"依据"。

1971年年底至翌年5月，周恩来进一步从产品质量入手，解决企业无人负责、无章可循的混乱局面。1971年12月26日，他同叶剑英、李先念等一起听取了有关航空工业产品质量问题的汇报，明确提出质量问题是个路线问题，要恢复合理的规章制度，批判无政府主义和极"左"思潮。之后，周恩来又对飞机和汽车生产质量问题多次批示，一再告诫质量问题须"提起警惕"，要"放在议事日程来解决"。1972年四五月间，周恩来连续抓了出口罐头、衬衣、照相机等日用工业品和广交会展品的质量问题。根据他的指示要求，国务院对有关产品的质量问题专门发出通报，召集有关人员进行研究，查找、分析存在问题的原因。通过大力整顿，使一些产品的质量得到明显改进。

"文化大革命"中，极"左"思潮也严重地影响了农村经济的发展，广大农民生产的积极性受到极大挫伤。为此，1970年党的九届二中全会后，国务院曾先后召开北方地区农业会议，全国棉花、油料、糖料生产会议和全国林业会议，决定适当放宽农村经济政策，在保证集体经济"占绝对优势"的前提下，允许农民个人经营少量自留地和家庭副业，允许生产队拥有因地制宜种植的灵活性。此外，国家还通过调高部分农产品的收购价、降低支农产品的出厂价和销售价以及实行粮食征购价一定五年等政策，鼓励农民发展生产、改善生活。这实际上是对长期以来农村搞的"一平二调""割资本主义尾巴"等"左"的做法的初步纠正。

1971年12月，在进一步批判林彪、陈伯达一伙极"左"谬论的基础上，党

1971 年 5 月，周恩来接见全国农业劳动模范殷维臣（右二）和全国先进知识青年代表侯隽（左一）等，向他们了解农业生产情况

中央又作出关于农村人民公社分配问题的指示，重申农村人民公社分配必须兼顾国家、集体和个人三者利益，坚持各尽所能、按劳分配的原则。同时，指示还要求各地不要硬搬照套大寨经验，要全面发展，不能把党的政策允许的多种经营当作资本主义去批判。这就在许多根本问题上纠正了过去"左"的错误，受到广大农民的欢迎。

在"文化大革命"中，林彪、江青集团煽起的"怀疑一切、打倒一切"的极端做法，使得各级领导干部普遍被打倒、挨批斗，许多老同志遭到非法监禁、隔离。不肃清这一极"左"思潮在干部问题上的影响，一大批好干部就站不出来，就不能在各条战线上发挥他们的重要作用。

1971 年 10 月，林彪事件刚过不久，周恩来即指示公安部对监狱情况作一次全面检查，并亲自审阅公安部关于检查情况的报告。对在看管人员中存在的宁"左"毋右等错误思想认识，周恩来提出了严肃的批评，要求他们切实改正，进而使一时不能解放仍被监禁的许多老干部受虐待的状况有所改善。与此同时，在毛泽东的过问下，周恩来想方设法，使相当一批老同志解除了囚禁。根据他多次指示，有关部门还对这些老同志进行了及时治疗和妥善安置。对在"文化大革命"中不

1975 年 6 月，周恩来在贺龙逝世六周年举行的骨灰安放仪式上致悼词

幸去世的老同志，周恩来也尽一切努力，以挽回损失。如这一年 11 月间，他亲自派人在贵州找到薛明，要她将贺龙遭林彪一伙迫害致死的情况及早报告中央，为贺龙平反做好准备。

1972 年 1 月陈毅逝世。出于对老战友的悼念以及对所谓"二月逆流"表示公开否定，毛泽东亲自参加追悼会，并慰问了陈毅的家属和子女。毛泽东此举无疑是在向全国发出信号：广大老干部，包括对"文化大革命"有严重抵触情绪的干部都是好的，都应一律解放、平反。这一信号，也正是周恩来为进一步保护和解放更多老干部所亟待看到的。

同年 4 月，陈正人、曾山两位老同志因医疗条件所限救治不力，10 天内相继去世。这一情况，使周恩来认识到党的干部政策在实际工作中仍未完全落实。于是，他一面要求卫生部尽快解决老干部的医疗问题，一面指示人民日报社起草一篇题为《惩前毖后，治病救人》的社论，经他修改后发表。在这篇社论中，重申了毛泽东一贯倡导的"惩前毖后，治病救人"的方针，强调经过长期革命斗争锻炼的老干部是党的宝贵财富，要求排除干扰，正确执行党的干部政策。之后，其他报刊也相继发表文章，对党的干部政策作出专门论述，在党内外产生了广泛影响，对加速解放和使用广大老干部起到了扫除思想障碍的作用。

在周恩来的持续努力下，自 1972 年以来，有越来越多的老同志站出来，有的重新担任了中央和地方的领导职务，成为不断纠正"文化大革命"错误的重要力量。

在着重落实党的经济政策和干部政策的同时，周恩来还亲自指导文化、卫生、体育等战线加紧肃清极"左"思潮的影响。他联系这些部门在"文化大革命"中遭受林彪一伙严重破坏的事实，反复强调：各单位的极"左"思潮都是林彪放纵起来的；他只搞那个"突出政治"，不搞业务，不抓训练；现在要提倡为革命刻苦钻研业务技术，提高质量，勇于攻关。针对文艺界万马齐喑、百花凋零的局面，周恩来尖锐指出："极'左'思潮不肃清，破坏艺术质量的提高"，"现在要提倡毛泽东思想指引下的百花齐放"。周恩来的这些指示，极大地启发了人们的思想认识，有力地推动了各条战线批判极"左"思潮斗争的开展。

以上，在周恩来领导下各地各条战线联系实际、批判林彪的过程，实际上也是肯定"文化大革命"前的成绩，纠正"文化大革命"中的错误，恢复遭到"文化大革命"破坏的党和国家正常工作的过程。对此，不能不引起与"文化大革命"命运攸关的江青集团的极端仇恨。1972 年年初，张春桥对《全国计划会议纪要》百般刁难、阻挠下发的举动，正表明江青集团嗅觉极其灵敏。随着批判极"左"思潮斗争的不断深入，党内围绕坚持与否定"文化大革命"错误的斗争也必然会更加激烈。

斗争的深入

1972 年下半年，是周恩来领导的批判极"左"思潮斗争深入发展的时期，也是党和人民同江青集团斗争异常激烈的时期。此前，周恩来领导的批判极"左"思潮、纠正"文化大革命"错误的斗争虽然取得了一定成效，但对于经历了 5 年"文化大革命"动乱的党内外广大干部群众来说，思想认识中的顾虑和障碍是不可能在短期内得到解决的。这是因为，在纠正"文化大革命"种种错误的东西，肯定并恢复为林彪一伙破坏的许多合理、正确的东西的同时，又要求人们从指导思想上去维护"文化大革命"的正确，继续批判"文化大革命"前的所谓"反革命修正主义路线"。这就必然在人们头脑中造成混乱，使得实际工作中出现许多自相矛盾的情况，最终使人们无所适从。

例如，在联系实际批判林彪的过程中，许多部门提出要排除来自"左"的和右的两方面的干扰，认为既要反对"生产第一""业务挂帅"，又要批判空头政治和技术无用；既要反对"修正主义的管、卡、压"，又要批判"撒手不管"的无政府主义；强调要反对把革命和生产、政治与业务对立起来的错误倾向，等等。这些认识，在林彪事件后的特定历史条件下，虽然可以说是一种"进步"，但在极"左"思潮仍然存在，其恶劣影响亟待肃清的情况下，就不能不说是未抓住问题的实质和要害，因而使反倾向斗争失去重点。这在一定程度上反映出当时人们思想认识上的一种局限性。正是在这种情况下，周恩来提出了要进一步批判极"左"思潮的意见。

1972年8月1日，周恩来在一次讲话中指出：一些单位极"左"思潮没有批透；"左"的不批透，右的东西也会抬头。随后，周恩来又指出：极"左"思潮不批透，就没有勇气贯彻毛主席的革命路线。

8月初，针对林彪一伙在政治与业务关系问题上制造的思想混乱，周恩来在接见回国述职的大使时明确提出，无产阶级政治挂帅要挂在业务上。同时，根据他的指示，外交部开了以批判无政府主义、大国沙文主义和形式主义为主要内容的外事会议，周恩来亲自到会作报告，再次强调批判极"左"思潮的重要性，指出："极'左'思潮不批透，还会犯错误"，"如果在对外使领馆现在还有人搞极'左'，就把他们调回来学习，不要妨碍我们的对外工作"。

以上周恩来关于内政外交的一系列讲话，十分清楚地表明他力主深入批判极"左"思潮（即周恩来多次使用"批透"一语）的意图。为此，他从启发人们的思想认识入手，反复强调极"左"仍是当前各项工作的首要危险，进而引导各条战线批判极"左"思潮的斗争向纵深发展，而不是像前一阶段那样，一些单位反倾向斗争没有突出批"左"重点，仅停留在一般水平上。

在推动各条战线深入批判极"左"思潮的同时，周恩来还不畏险阻，亲自从"文化大革命"中的重灾区教育、科技界入手，具体帮助广大干部和知识分子排除干扰，解决思想认识，尽快恢复教育科技界的正常工作。

1972年7月14日，根据美籍科学家杨振宁的建议，周恩来当面叮嘱北京大学副校长周培源要认真清理教育科研工作中的极"左"思潮，提高基础理论水平，

1973 年 7 月，周恩来陪同毛泽东会见美籍华人著名物理学家杨振宁（**右一**），左二为周培源

把综合大学的理科办好，并强调："有什么障碍要拔除，有什么钉子要拔掉。"

7 月 20 日，周培源致信周恩来，提到在北京大学传达了总理讲话后，广大教师都心情激动，深感党中央的亲切关怀。同时，信中也反映了在多数教师中存在的思想顾虑，主要是觉得"搞科研工作反复性很大，一会儿这样，一会儿那样"，"来一次运动首先受冲击的是基础理论研究"，造成"老中教师普遍的思想情况是不愿搞也怕搞基础理论研究"，"怕挨'理论脱离实际'的批评"。该信真实地反映出在当时环境下，广大知识分子欲罢不忍、欲教不成的心理状态。这些，也正是周恩来所指出的"障碍"所在，因而从一个方面表明了在教育、科技界"批透"极"左"思潮，解决人们思想认识的极端重要性。

7 月 23 日，周恩来在就周培源的来信写给国务院科教组和中科院负责人的批语中提出，要以该信"作为依据"，将此问题"在科教组和科学院好好议一下，并要认真实施，不要如浮云一样，过了就忘了"。

9 月 5 日，周恩来在接见巴基斯坦总统顾问萨拉姆时，再次强调了开展自然科学理论研究的重要性。9 月 11 日，他又写信给张文裕和朱光亚，对二机部某所 18 位科学工作者来信中提到的发展高能物理研究的建议表示"很高兴",并提醒"这件事不能再延迟了","科学院必须把基础科学和理论抓起来,同时又要把理论研究与科学实验结合起来"。之后,周恩来即对北京大学、清华大学草拟的关于在教学和科研中加强基础理论的初步意见作出修改、讨论、上报的指示,督促尽快加以落实。在抓紧基础理论研究工作的同时,周恩来还提出了中学毕业生直接上大学的意见。

10 月 6 日,根据周恩来一系列指示精神,周培源在《光明日报》上发表题为《对综合大学理科教育革命的一些看法》一文,文章提出:"工和理、应用和理论都必须受到重视,不能偏废";"要批判'理论无用'的错误思想","充分认识到科学实验和自然科学理论的重大意义";"在学校中,基础课的教学工作一定要做好,综合大学理科要对基本理论的研究给予足够的重视"。这篇冲破江青集团设置的重重阻力的文章的发表,公开表明了这一时期周恩来所致力于肃清教育、科技界极"左"思潮的强烈愿望,使得在"两个估计"禁锢下备受压抑的广大知识分子受到极大鼓舞和启发。

在教育、科技界认真贯彻落实周恩来指示,努力扫除思想障碍,加强基础理论研究工作之际,人民日报社根据周恩来关于极"左"思潮要批透的多次讲话精神,组织了一版批判无政府主义的文章,于 10 月 14 日发表。

以上周恩来从教育、科技界和舆论宣传两个方面入手批判极"左"思潮的事实,充分表明以周恩来为代表的党内健康力量将纠正"文化大革命"错误的斗争引向深入并坚持到底的决心。这就必然地要引起江青集团的激烈反抗。如果说,在这一年的上半年里,江青集团对周恩来领导的联系实际、批判林彪的斗争还仅仅是警觉和不满的话,那么,在下半年,他们则是集中力量开始向党和人民实行反扑。

周培源的文章发表后,张春桥、姚文元等公然宣称:"不管周培源来头多大",都要追查、反击;"那些口口声声说要重视基础理论的人,其实最不懂得马克思主义"。他们在北大的一个亲信甚至直言不讳地供认:"他们要拔掉的钉子,就是我们。"随后,张、姚等还指使《文汇报》连续发表文章,对周培源的文章进行围攻,把矛头指向周恩来。

《人民日报》发表的批判无政府主义的几篇文章,更是戳到了江青一伙的痛处,他们决意下大力量"刹住"这个"1972 年下半年出现的修正主义回潮"。

姚文元看了这些文章后即提出："当前要警惕的是右倾回潮抬头。"江青更是火上浇油地说："这个版就是要在全国转移斗争大方向。"与此同时，江青一伙还一再查问这些文章的"背景"。在张春桥、姚文元的授意下，这一年11月间，《文汇报》内部刊物《文汇情况》连续两期登载批驳龙岩等的文章，江青集团借机在人民日报社大搞所谓"反右倾回潮"运动，由此逐步控制了原由周恩来领导的《人民日报》。这样，在坚持批极"左"与反对批极"左"问题上，以周恩来为代表的党内健康力量同江青集团之间的对立开始变得明朗化、公开化。

同年11月底，双方的斗争终于发展到彼此"摊牌"的程度：11月28日，中联部、外交部在关于召开外事会议写给周恩来的请示报告中提出，鉴于林彪反党集团煽动的极"左"思潮在外事部门还没有得到彻底的批判和肃清，拟召开一次全国外事工作会议，任务是，联系外事工作实际，彻底批判林彪反党集团煽动的极"左"思潮和无政府主义，以便更好地贯彻执行毛主席的革命外交路线。11月30日，周恩来即对报告作出"拟同意"的批示。然而，次日张春桥却在送"总理再阅"的批语中明确表示反对批极"左"：他一方面诡称"不了解外事工作的全面情况"，另一方面又提出，"当前的主要问题是否仍然是极'左'思潮？批林是否就是批极'左'和无政府主义？我正在考虑"。12月2日，江青在对报告的批语中更进一步提出，应批林彪卖国贼的"极右"，"同时也应着重讲一下无产阶级文化大革命的胜利"。在这里，江青一伙故意避开问题的要害，即林彪集团正是"文化大革命"的产物，是"文化大革命"中煽动极"左"思潮的罪魁祸首。他们奢谈什么"文化大革命"的"胜利"，意在把"文化大革命"与林彪一伙分开，以免深入批林会牵连他们这另一伙"极'左'派"，进而导致否定"文化大革命"，于是演出了这场掩耳盗铃的把戏。

应当说，周恩来与张春桥、江青对外事会议报告所作出的观点针锋相对的批示，标志着自周恩来提出批判极"左"思潮的意见以来，党内健康力量同江青集团的斗争已达到白热化程度，是1972年前后这场斗争的最高潮。

斗争的继续

当斗争处于胶着状态之际，人民日报社王若水出于对江青集团大反"右倾回潮",把矛头对准周恩来的一系列做法的不满,于12月5日写信给毛泽东,表示"很同意"周恩来关于批透极"左"思潮的意见,认为批极"左"不仅适合机关内部的实际情况,在舆论宣传方面也同样适用。王在信中还反映了张春桥、姚文元反对批极"左"的情况。这封信,在客观上起到了促使由毛泽东出面,对前述正在激烈交锋的两种不同意见进行最后裁决的作用。当然,王本人也希望毛泽东支持周恩来的意见。

但是,作为在指导思想上仍坚持"文化大革命""左"倾错误的毛泽东,此时是不可能站到周恩来一方的。12月17日,他在对张、姚的谈话中明确表示反对批极"左"思潮,认为王若水信中的观点不对,当前应当批林彪的修正主义、分裂、阴谋诡计、叛党叛国的"极右"。在这里,毛泽东同样回避了林彪集团产生的原因和条件,而仅是用其覆灭前的某些集中表现及其覆灭的最终结果,去抽象地概括这个集团一贯行为的特点和内容,因而不能抓住问题的要害。当然,这也是毛泽东不愿从根本上推翻自己"左"的理论和实践,担心批极"左"将导致否定"文化大革命"所得出的必然结论。

毛泽东的结论,成为自"九一三"之后周恩来主持中央工作期间所进行的批判极"左"思潮、纠正"文化大革命"中错误的整个斗争的一个转折点。早就对周恩来心怀不满的江青一伙,这时更是有恃无恐,开始公开向周恩来发难。此后,批判极"左"思潮的提法便从各种宣传中消失了,取而代之的是批判林彪的"反革命的修正主义路线""极右实质"等词。1973年"两报一刊"元旦社论更明确提出,要严格区分两类不同性质的矛盾,始终把批判的矛头对准林彪一伙,"牢牢掌握这个斗争的大方向"。就是说,在运动中,只能批判林彪,不许涉及其他。这样,就等于给江青集团在批林中免受牵连上了"保险",为其实现后来的进一步反扑开了"绿灯"。

毛泽东的最后裁定虽然使斗争受到重大挫折,使形势发生了根本性变化,但却没有改变周恩来继续批判极"左"思潮的决心。1973年,在周恩来的领导下,批判极"左"思潮的斗争采取含蓄、迂回的方式(即不公开使用"批极'左'"一词),仍在继续进行。

1973年2月,周恩来在听取国家计委汇报时,历数无政府主义在企业中的种种表现,再度尖锐批判了"文化大革命"中给国民经济带来破坏性后果的极"左"思潮,指出:"林彪一伙破坏经济所造成的恶果这两年表现出来了",国民经济

"现在根本没有比例"，在计划工作上也"没有'王法'了"，"一定要批透，把破坏性后果消除掉"。他同时还强调，要把"整顿的方针"写清楚，要实行按劳分配和必要的奖励制度。

根据周恩来的指示，在同年年初召开的计划会议上，讨论了国家计委起草的《关于坚持统一计划，加强经济管理的规定》。这个文件同《1972年计划会议纪要》相似，仍以纠正生产管理中存在的极"左"思潮和反对无政府主义倾向作为指导思想，提出了加强统一计划和整顿企业管理的十条规定，其中特别强调要反对各行其是、严格各项规章制度、加强劳动纪律、遵守党纪国法、坚持按劳分配原则，等等，并重申了政治挂帅要挂到业务上的观点。这一文件的起草和讨论，表明了周恩来实事求是、坚持在经济工作中继续纠正"文化大革命"错误、努力消除其破坏性后果的果敢精神。在文件讨论过程中，全国28个省市均对文件表示赞成，唯有上海市反对。张春桥宣称：这是"拿多数压我们，我坚决反对，我们是光荣的孤立"，并强令把文件收回。张春桥等人的蛮横态度，表现出在周恩来提出批极"左"的正确意见遭否定后，江青集团得志猖狂的嚣张气焰。

与此同时，在同年年初召开的全国外事工作会议上，与会的外事干部学习了毛泽东几年来有关对外宣传的一系列指示（主要是批评"以我为核心""强加于人"等极端做法），排除江青一伙的干扰，批判了林彪一伙煽动的极"左"思潮和无政府主义及其给对外工作造成的恶劣影响和破坏，研究了外事工作中的一些迫切问题。这就在实际上支持和贯彻了周恩来批准同意的批判极"左"思潮的主张，否定了江青、张春桥一伙的谬论。自然，这在后来引起了毛泽东对周恩来主管的外交部工作的不满。

3月8日，周恩来在邀请外国专家及其家属参加的国际劳动妇女节纪念会上，严厉批判了林彪、陈伯达、王力一伙在"文化大革命"中给予外事工作的干扰破坏，对遭错误批判和被迫离开我国的外国专家表示歉意，并欢迎他们重回中国工作。周恩来这一光明磊落之举，使在场的外国专家们深为感动。

在解放干部和平反冤假错案方面，周恩来同样进行着不懈的努力。1972年12月18日，即毛泽东否定批极"左"意见的次日，周恩来就明确提出：谭震林"是好同志，应该让他回来"。同时，他对当时"大闹怀仁堂"一事解释为"是林彪故意造成打倒一批老同志的局势所激成的"，意在说明事实真相，以保护谭。此外，周恩来还再次提出要改善监狱待遇，废除"法西斯式的审查方式"。对已经解放的老干部，他则提出应让他们参加领导班子，以调动他们的积极性，发挥他们应有的作用。1973 年春，周恩来致信毛泽东，建议抓紧解放干部和平反冤假错案的工作，并具体提出先易后难的方案，送政治局讨论。待中组部提出了一个300 多人的名单后，他又亲自主持政治局会议逐一研究、通过。同年 3 月 10 日，根据毛泽东批示，党中央决定恢复邓小平党的组织生活和国务院副总理职务，这成为周恩来继续领导的这场斗争中的一个重要事件，对后来党和人民的斗争产生了意义深远的影响。

自 1971 年年底以来，周恩来领导的这场持续纠正"文化大革命"中错误的斗争，由于符合全党和广大人民群众的心愿，因而得到了绝大多数人的支持、拥护，但同时也遭到江青集团的愈来愈凶猛的反扑。1973 年下半年起，江青一伙又从教育界开刀，连续制造了张铁生白卷、批《园丁之歌》、批"师道尊严"、突袭考教授、"马振扶公社中学"等事件，在全国掀起一股股批所谓修正主义"回潮""复辟"的恶浪，其矛头无一不是对准周恩来及其代表的党内健康力量。对此，周恩来等虽然坚持斗争，但毕竟力不从心。

在"反回潮"运动的基础上，经毛泽东批准，江青一伙于 1974 年年初发起全国性的批林批孔运动，其间，对周恩来进行极其露骨的诬蔑、中伤。为此，周恩来陷于更加困难的境地，终使他领导的持续近两年之久的批判极"左"思潮的斗争被迫中断。

周恩来领导的 1972 年前后批判极"左"思潮的斗争，虽然最终遭到挫折，但作为党和人民在"文化大革命"中所进行的长期战斗的一个重要组成部分，这场斗争对于当时的以及后来的政治、经济形势，都产生了深刻的影响。

20 危难之秋举"邓公"

　　危难之秋举"邓公"，周恩来敏锐地捕捉毛泽东发出的每一个"信号"。邓小平重返政治局，周恩来住进了三〇五医院。

极力促成邓小平复出

　　当举国上下为庆祝粉碎林彪集团的胜利而纵情欢呼时，历史却不容周恩来有太多的乐观和轻松。在某种意义上，他似乎显得更加忧虑重重。

　　跑了一个拿枪杆子的，还有一群耍笔杆子的，中国的政治舞台上，依然乌云重重。

　　林彪集团的覆亡，使中国的权力核心一下子出现了好些个空白。林彪、黄永胜、吴法宪、邱会作、李作鹏，都分别从党中央副主席、军委副主席、总参谋长、空军司令、海军司令等这些权力显赫的位置上永远地消失了。那群耍笔杆子的——江青一伙早已在一旁虎视眈眈。一旦权力落入他们手中，中国的前途和命运将更加难以设想。

　　然而，林彪集团毕竟是"文化大革命"极"左"政治孕育出来的历史"怪胎"。它的覆亡，客观上为周恩来扶正中华民族这条历史巨轮的航向提供了极为有利的历史契机。

　　恰恰在这时，毛泽东把主持中央日常工作的大权交给了周恩来。

　　周恩来利用这一条件，在致力于纠正和清除各个领域"左"的错误和流毒的同时，首要的一条就是解放在"文化大革命"中被打倒的一大批党、政、军老干部。这一"解放"的实质就是把在"文革"中被林彪集团所篡夺的党和国家一大部分权力收回到党内正义力量手中，而不致使其落入江青集团之手。

　　1971年10月上旬，周恩来提议撤销原为林彪集团所操纵的"军委办事组"，设立"军委办公会议"，由叶剑英主持中央军委日常工作。毛泽东同意了周恩来的建议。

10月4日，毛泽东在同军委办公会议成员谈话时说："凡讨论重大问题，要请总理参加。"关键时刻，毛泽东表示了对周恩来的充分信任。

接下来，一个更为关键性的人物的身影日夜徘徊在周恩来的脑海之中。这就是"文化大革命"一开始就作为"党内第二号走资派"被"打倒"，而后又被林彪的"一号命令"赶出中南海到江西新建拖拉机厂进行"劳动监护"的邓小平。

然而，邓小平不同于一般"靠边站"的老干部。"揪出了以刘少奇、邓小平为代表的党内一小撮走资本主义道路的当权派"，一直被当作"文化大革命"的"胜利"加以宣传。要"解放"邓小平，客观上就意味着对"文化大革命"的否定。而要否定"文化大革命"，在当时是毛泽东所不可能允许的。

因此，让邓小平出来工作，在当时的历史环境中确实是一个极为敏感的问题。必须寻找恰当的时机，"水到渠成"。

不过，周恩来也清楚：从林彪事件灭亡后毛泽东的一些谈话看，邓小平出来工作的时机不会太远了。

11月14日，毛泽东在接见成都地区座谈会的代表时，指着叶剑英对代表们说：你们不要讲他"二月逆流"了。"二月逆流"是什么性质？是他们对付林彪、陈伯达、王力、关锋、戚本禹的。

这表明，经历了林彪事件后的毛泽东对过去被打倒的一些老干部的看法已开始出现了变化。

1972年1月6日，久经考验的无产阶级革命家，在"文化大革命"中被林彪、江青一伙攻击、陷害的陈毅元帅在北京溘然长逝。到1月10日下午陈毅的追悼会即将开始之际，毛泽东突然对身边工作人员说："调车，我要去参加陈毅同志的追悼会。"

周恩来接到毛泽东要参加追悼会的电话后，立即意识到毛泽东此举意义重大。因为这无形中就把追悼会提高到最高规格。这不仅对正在台上倒行逆施的江青一伙是一个打击，而且使一大批尚未得到"解放"的老干部从中看到了希望，受到了鼓舞。无疑，对周恩来正在考虑的如何尽快"解放"干部的问题也是极为有利的。

周恩来以最快的速度激动地要通了中央办公厅的电话："我是周恩来，请马上通知在京政治局委员、候补委员，务必出席陈毅同志的追悼会，通知宋庆龄副主席的秘书，通知人大、政协、国防委员会，凡是提出去参加陈毅同志追悼会的，

1972 年 1 月，周恩来在陈毅追悼会上致悼词

都可以去参加。"

追悼会上，里穿睡袍、外罩大衣的毛泽东动情地拉住陈毅夫人张茜的手，不仅高度评价"陈毅同志是一个好同志，是立了功劳的"，而且还提到邓小平，说邓小平的性质是属于人民内部矛盾。

把"中国第二号最大的走资派"说成是人民内部矛盾，是毛泽东在邓小平出来工作问题上发出的一个重要"信号"。

周恩来在一片低沉的哀乐声中敏锐地捕捉到了这个他期待已久的信号。他当场暗示陈毅的子女，将毛泽东对邓小平的"定性"传出去，为邓尽早"复出"先造舆论。

同时，周恩来自己也利用各种场合，将毛泽东对邓小平的看法传出去。1 月下旬，周恩来在人民大会堂接见外地会议代表时，当着江青等人的面指出，不能把邓小平的问题搞成敌我矛盾。他说：在揭批林彪集团的过程中，一定不能混淆两类不同性质的矛盾。林彪这伙人就是要把邓小平搞成敌我矛盾，这是不符合主席意思的。

在一旁的江青脸上火辣辣的。

1971 年 11 月 5 日，邓小平在新建拖拉机厂全厂职工大会上默默地听完了林彪事件的传达后，兴奋地说："林彪不死，天理难容。"随后，他立即给毛泽东写了一封信，揭批林彪、陈伯达等人的罪行，同时也表示："我觉得自己身体还好，虽然已 68 岁了，还可以做一些技术性的工作，例如调查研究工作，还可以为党为人民做七八年的工作。"

1972 年 8 月 4 日，邓小平的信通过中央办公厅主任汪东兴转到了毛泽东的手上。8 月 14 日，毛泽东对邓小平的信作了如下批示：

邓小平"在中央苏区是挨整的，即邓、毛、谢、古四个罪人之一，是所谓毛派的头子。他没有历史问题，即没有投降过敌人。他协助刘伯承打仗是得力的，有战功。除此以外，进城以后也不是一件好事都没有做的"。"这些事我过去讲过多次，现在再说一遍。"

周恩来看到毛泽东的批示后，甚为激动。没有人能比周恩来更清楚、更准确地把握这一批示的实质了。批示的实质在于毛泽东对邓小平的肯定，在于毛泽东为邓小平的复出再次发出了一枚绿意浓浓的"信号"。

周恩来当即指示中央办公厅：将毛泽东的批示连同邓小平的信印制若干份，分送政治局委员传阅。8 月 15 日，他又亲自主持政治局会议，传达了毛泽东的批示。

与此同时，周恩来又以中央的名义通知江西省委，宣布对邓小平立即解除监督劳动，恢复党组织生活，搞一些参观访问、调查研究形式的活动，并指示将原来的公务员、秘书调回邓小平的身边。

江青一伙对邓小平的将要复出极为恐慌，百般阻挠。就在周恩来批判极"左"，为邓小平等一大批干部早日出来而积极工作时，江青一伙却把周恩来此间的言行诬为"修正主义的回潮"和"右倾回潮"。为此，邓小平的复出延误了好几个月。

也就在这段时间，周恩来的小便出现了不正常的红细胞。早期膀胱癌的诊断以及自己对身体的感觉，使周恩来意识到自己来日无多。而当时毛泽东的身体状况也令人忧虑。1 月份，毛泽东因心肌梗死突然休克，令周恩来大惊一场。邓小平的复出随着越来越现实的谁来接班的问题而益发显得急迫了。

1972 年 12 月 17 日晚，周恩来来到毛泽东处。谈到老干部的问题时，毛泽东谈到了被远放在桂林的谭震林，说："谭震林虽有一时错误，但还是个好同志，应该让他回来。"谭震林曾因对林彪、江青一伙的不满于 1967 年 2 月和陈毅、李先念等老一辈革命家"大闹怀仁堂"，被林彪、江青诬为"二月逆流的黑干将"。

次日，周恩来致信纪登奎、汪东兴，要他们具体承办让谭震林回来一事，同时也趁机提出：邓小平同志一家曾要求做点工作，请你们也考虑一下，主席也曾提过几次。随后，周恩来又找纪登奎、汪东兴二人面谈邓小平复出之事。

12月27日，纪登奎、汪东兴根据周恩来的指示，写出了恢复邓小平副总理职务的建议信报周恩来。周恩来请示毛泽东，得到了毛泽东的同意。

历史终于洞开了邓小平复出的大门。1973年2月，中共中央正式通知邓小平一家回北京。周恩来亲自找汪东兴，要他安排好邓一家回京后的住所。

3月上旬，周恩来连续主持几次政治局会议，讨论中共中央关于邓小平复职问题的决定稿。会上，经过两种力量的激烈交锋，终于在3月10日通过了这一决定。会后，周恩来立即写报告向毛泽东汇报了这些天来政治局会议讨论恢复邓小平的党组织生活及国务院副总理职务的情况，同时提出：由中共中央正式作出一个决定发至全国各基层党组织，将邓小平出来工作一事通报全党及党外群众。毛泽东在周恩来的报告上批示：同意。

3月10日，中共中央正式向全党发出《关于恢复邓小平同志党的组织生活和国务院副总理职务的决定》。

4月12日晚，周恩来在人民大会堂举行盛大招待会，宴请柬埔寨国家元首诺罗敦·西哈努克亲王。这次招待会，邀请了众多的中外记者。周恩来特意让邓小平出席这次招待会。这是在政坛沉寂了6年之久的邓小平第一次以国务院副总理的身份公开露面。招待会结束后，世界各国记者都匆匆奔向电报大楼，向全世界传播一件重大新闻：邓小平复出。

至此，周恩来也稍稍吁了口长气。当年，当邓小平一家将启程赴江西时，周恩来亲自拨通了江西省革委会核心领导小组办公室的电话，指出：毛主席说过，邓小平的问题和别人不同，他下去是到农村锻炼，不能当全劳力，要有人照顾他们。同时，周恩来还否定了江西省革委会负责人准备把邓小平一家安置到交通不便、生活条件差的赣南山区的意见，建议应选择南昌市郊为宜，所住房子也应最好是独门独院的两层楼房，既能出来在院子散步，又要能保证安全。周恩来的这种特殊安排，是否意味着他当时就预料到邓小平必将重返政治舞台，我们今天不得而知，但周恩来的安排无疑是在危急之中将被林彪推向急流险滩的邓小平拉向了一个避风的小港湾，为邓小平政治生涯的再度"启航"给予了希望和保证。

把邓小平请回政治局

曾参加过 4 月 12 日盛大招待会的匈牙利记者巴拉奇·代内什在她后来所著的《邓小平》一书中，对当时同一大厅内的权力对峙场面作了这样的描述——

眼前的景象是：这边站着"文化大革命"的一些英雄，他们不久前剥夺了他（指邓）的一切权力；那边是政治牺牲者，但他现在又站在权力的大厅里，是副总理之一。此时此刻，他们能互相猜度些什么呢？

这位匈牙利记者的洞察力是深刻的。这里，我们无须去揣测当时双方各自丰富的心理内涵，只是有一点是无疑的：江青一伙对邓小平的复出视为眼中钉、肉中刺。在江青那两块阴森森的镜片后面，露出的是一股"别高兴得太早，走着瞧"的凶光。

一个月之后，中共中央在北京召开中央工作会议，讨论召开中国共产党第十次代表大会的有关事宜。无疑，这对于刚刚复出的邓小平步入中央核心领导层又是一个机会。

周恩来向毛泽东建议：为了让邓小平更好地开展工作，是否可以考虑让他重返政治局。因为当时的副总理除邓小平外都是政治局委员。

江青一伙闻知后，又恨又怕。他们四处活动，极力阻挠邓小平进入政治局。江青、张春桥、王洪文、姚文元聚集到钓鱼台康生处，密谋策划。江青说："邓小平要是进了政治局，今后还有我们的发言权吗？"

康生在一旁谋划说："邓小平进政治局，我是不同意的，群众是有意见的。这个情况你们搞个材料向主席报告嘛！"

有了康生的支持，江青更是肆无忌惮："我要当面向主席提抗议，问问他文化大革命还算不算数了？走资派还要不要批判？"

张春桥不愧为"军师"："康老，我记得 1967 年 4 月份你在军委会议上有个讲话，是专门批判邓小平的，讲得非常全面、深刻。"

王洪文说："对，应该把康老的讲话找出来让群众学一学，现在许多人连邓小平犯的什么错误都记不清了。"

康生说："其实，不用我的讲话，也能挡住邓小平，在全会的时候，告诉委员们别投邓小平的票就是了。"

江青一伙在幕后千方百计地把他们在上海的死党和帮凶大量塞进中央委员会，以增加他们在中央委员中的比重。

8月，中共十大在北京召开。在十届一中全会上，邓小平仅仅进入了中央委员会。

江青、张春桥、王洪文、姚文元都踏进了中央政治局，由此，他们在政治局中结成了"四人帮"。他们的一大批骨干分子也进入了中央委员会。"十大"从组织上仍然继续了"九大"的错误。

江青一伙甚是扬扬得意。

然而，三个月之后，毛泽东终于下了决心，接受了周恩来、叶剑英等人的建议，把邓小平请回了政治局，并任命他为军委委员。12月12日，毛泽东在他的书房兼会客室召集政治局会议，当众宣布了这一重大决定。

毛泽东说："现在，请了一个军师，叫邓小平，发个通知，当政治局委员、军委委员。政治局是管全部的，党政军民学，东西南北中。我想，政治局添个秘书长吧。你不要这个名义，那就当个参谋长吧。"

毛泽东吸了一口烟，继续说："有些人怕他，但他办事比较果断，你们的老上司，我请回来了，政治局请回来了，不是我一个请回来的。"

"四人帮"出乎意料，目瞪口呆。

周恩来等人在意料之中，凝神地微笑。

随后，周恩来亲自草拟了中共中央关于邓小平任职决定的通知：

各省、市、自治区党委，各大军区、省军区、各野战军党委，军委各总部、各军、兵种党委，中央、国家机关各部委领导小组或党的核心小组：

遵照毛主席的提议，中央决定，邓小平同志为中央政治局委员，参加中央领导工作，待十届二中全会开会时请予追认；邓小平同志为中央军事委员会委员，参加军委领导工作。

特此通知

中共中央

1973 年 12 月 22 日

1974年，毛泽东、周恩来、邓小平同在中南海毛泽东书房里会见客人

此后，凡遇有重大国事和外事活动，周恩来都有意让邓小平一起参加。邓小平在政治舞台上频频亮相。

"四人帮"看在眼里，恨在心里。他们寻找各种机会，压制和刁难邓小平。

1974年3月下旬，周恩来主持政治局会议，讨论由邓小平率中国代表团出席联合国大会第六届特别会议问题。江青在会上以种种借口为理由，反对邓小平去，她害怕邓小平在国际舞台上产生更大的影响。会后，周恩来顶着江青等人的压力，毅然在外交部关于邓小平作为代表团团长率团参加联大特别会议的报告上批示：同意这一方案。江青阅后，大发雷霆，逼迫外交部撤回这个报告。

3月25日，周恩来陪同毛泽东会见坦桑尼亚总统尼雷尔。会见后，周恩来就邓小平率代表团出席联大会议一事向毛泽东汇报。毛泽东表示，让邓小平出席联大，也是他的意见。周恩来立即将毛泽东的意见告知政治局其他同志，并要在场的王洪文转告江青、张春桥、姚文元。

次日，周恩来再次主持政治局会议，讨论邓小平出席联大会议问题。江青仍不知趣，反对邓小平出席联大会议，并大闹政治局。周恩来请人将会议情况报告毛泽东，毛泽东给江青写了一封信——

> 江青：邓小平同志出国是我的意见，你不要反对为好，小心谨慎，不要反对我的意见。
>
> 毛泽东
> 3月27日

迫于毛泽东的"最高指示"，江青才不得不有所收敛。

4月6日，邓小平率代表团前往参加联大特别会议。周恩来亲自到首都机场为邓小平送行。4月19日，当邓小平载誉归来时，周恩来又在首都机场举行盛大的欢迎仪式。显然这并非一般意义上的送往迎来，而是凝聚着周恩来对邓小平的深情厚谊以及为扩大邓小平在国际国内影响的良苦用心。

按照医生的要求，病重的周恩来早就应该住院治疗。但为了邓小平出席联合国大会，也为了提防江青一伙趁邓小平出国期间在国内搞鬼，周恩来坚持不住进医院。他有时白天工作，晚上治疗，有时靠输血和其他治疗办法来维持工作，直到邓小平参加联大会议归来后，才住进了解放军三〇五医院。

21 "解放"175 位将军

> 毛泽东拍案而起：怎么打倒了这么多干部？周恩来组织突破，175
> 位将军被"解放"。

风云变幻的北京，1972 年 12 月。清查林彪集团尘埃落定，纠正"文化大革命"初期造成的冤假错案，落实干部政策的工作终于提上了议事日程。

中南海毛泽东的书房。一次关系着千百万人命运的重要谈话正在进行。

毛泽东拍案而起：看来贺龙同志的案子假了。怎么打倒了那么多干部？我也无意把他们都打倒嘛！

周恩来抓住机会向毛泽东建议：看来有一个落实干部政策的问题。

毛泽东点点头，下了决心：对，这个问题就由你组织落实吧！

周恩来宣布，落实干部政策的工作，中央由中组部负责落实省委常委以上干部政策；国务院由总理办公室负责，落实副部长以上干部政策；军队由总政治部负责，落实正军级以上干部政策。

周恩来还规定，"解放"干部的审查报告都必须送政治局最后讨论决定。

选定突破口

"文化大革命"初期，军内被打倒被关押的军以上干部多达数百人。级别最高的是两位元帅：彭德怀和贺龙。总政治部考虑到毛泽东说过，贺龙同志的案子假了。于是，派保卫部部长蒋润观持介绍信前往中央专案组一办索取贺龙元帅的材料。

一办的负责人回答："贺龙同志是要平反的。但是，毛主席和总理没有说贺龙同志的案子让你们总政治部去平反。"

蒋润观解释："我们考虑贺龙同志是元帅、军委副主席，贺帅的事我们总政应该办。"

那位负责人又说："贺龙同志不光是元帅，他还是政治局委员、国务院副总理。中央没有说贺龙的案子让你们平反，材料不能给你们。"

保卫部部长乘兴而去，失望而回。落实干部政策从什么地方下手呢？

正当总政治部落实干部政策工作班子不知从何入手之时，周恩来亲自为他们选定了突破口。

1973 年年初的一天，总政治部副主任田维新将军正在京西宾馆参加一个大会，接到周总理办公室的电话，说总理有事找他。田维新急忙赶到人民大会堂。

周恩来说："我今天找你来谈干部问题，光给你一个人说不好，你再找一个人来好吧。"

于是，田维新立即用电话通知总政干部部长魏伯亭马上赶来。

周恩来对他们说："找你们来，是谈陈再道同志和钟汉华同志的问题。"

陈再道上将和钟汉华中将是在武汉军区司令员和第二政委的任上，因 1967 年的所谓"七二○"事件而被打倒的，已蒙冤 6 年之久。

根据周恩来的谈话精神，田维新与魏伯亭回到总政以后，经过调查甄别，写出报告，送政治局讨论。在讨论时争论十分激烈，虽然江青等人扣了一大堆帽子，却没有什么事实根据。

陈再道上将"解放"后，再回武汉军区任司令员比较困难。考虑给他安排一个与原职级相当的职位，可是当时大军区一级的正职都各有其人，这可遇上了难题。田维新将军便去请示周恩来，结果决定：先委屈一下陈再道将军，安排一个大军区副司令的职位。

田维新将军给一位大军区司令员打电话，考虑让陈再道到那个军区任副司令员。司令员回答说："他是我的老上级啊！"话虽只有一句，但意思是很明白的。让老上级去当副手，这工作确实不太好开展。可是，别的地方也不好安排呀。田维新再次给这位司令员打电话，司令员干脆直说了："老田，千万别让他来。"就这样，找来找去，最后找到了福州军区司令员韩先楚。

韩先楚当时是中国人民解放军副总参谋长兼福州军区司令员、中共福建省委第一书记。难得他爽朗表态：欢迎陈再道来福州。这才算解决了一个难题。

陈再道上将后来还担任了中共中央军委顾问、铁道兵司令员。

钟汉华"解放"后，先后出任广州军区副政委、装甲兵政委和成都军区政委。

1955 年 9 月，周恩来在国务院授予将官军衔和勋章典礼上

1955 年，中国人民解放军授衔时，有 57 位将军获上将军衔。上将是继十大元帅、十位大将之后的第三级军衔。能晋身上将之列的将军，都是勇冠三军、可以独当一面的将才。

到 20 世纪 70 年代初，已经有几位中将出任大军区司令员，福州军区却汇聚了四位上将。福州军区乃一块福地。

那是陈再道上将到福州军区任副司令员不久，王建安上将也得到"解放"，面临一个工作安排问题。与陈再道将军一样，王建安的资格也很老。他是在济南军区副司令员的任上，因所谓"搞修正主义"被打倒。现任大军区司令员有很多原是他的下级。遇到了这样的难题，田维新将军只好又去请求周恩来总理。周恩来说："你找韩先楚再谈一谈。"

田维新再次找韩先楚商量。韩先楚说："我这里已经有一位老同志了，别的军区也可以安排嘛！"

碰了一个软钉子，田维新半开玩笑地说："韩司令，我是征求你的意见，可这是总理让我征求你的意见。"

韩先楚还是不松口。

田维新深感棘手，又把情况向周恩来作了汇报。周恩来略一沉吟："还是放韩先楚那里，开会时我与他谈。"

几天后，韩先楚奉命进京。田维新一见韩先楚便招呼："老韩，这次总理找你谈了，你不能不给总理面子吧？"

"见了总理，我也还是有困难啊。"韩先楚说，"王建安是我的老上级！老同志多了，我也不好工作啊。"

韩先楚说的也是实话。王建安在红军时代就是军政委，而韩先楚那个时候还是师长。谁知周恩来找韩先楚一谈，韩先楚就心悦诚服地同意了。于是，福州军区又多了一位上将副司令员。

红军时代就担任政治部主任的李志民上将重新出来工作以后，也到了福州，出任福州军区政委。

四位上将就这样走到了一起。

巧妙的解决方式

当时，在微妙的政治形势下，军队高级将领的"解放"工作，基本上是周恩来点一个解决一个。周恩来点的方式又总是十分巧妙的。

一次，政治局开会，周恩来突然向李德生和田维新提了一个问题："杨勇、廖汉生是怎么打倒的？"

李德生和田维新面面相觑。他俩也不知底细，只好如实回答："不知道。"

"你们去调查一下。"周恩来说。这就是周恩来的领导艺术，点到为止，从不画框框，结论由做具体工作的同志通过调查研究去下。

总政治部立即派人调查。

杨勇上将和廖汉生中将是在北京军区司令员和政委的任上，于"文化大革命"初期被莫名其妙打倒的。有周恩来点将，两位将军的"解放"工作虽然也费了一番周折，但最终都解决了。

廖汉生将军复出后，先后担任过军事科学院政委、南京军区第一政委、沈阳军区第一政委。后来他还担任了全国人大常委会副委员长的职务。

杨勇将军复出后，也担任了大军区的领导职务。由于他的大度，使他的结论经历了一番反复，从而体现出周恩来对干部的一片爱心。

杨勇将军被打倒时，林彪一伙无限上纲，甚至把杨勇部下的参谋、科长的事，一股脑儿地算到杨勇的账上。

总政治部重新审查杨勇将军的结论出来后，周恩来总理批示："请田维新同志找杨勇同志谈一下，征求一下杨勇同志本人对结论的意见。"

田维新亲自跑到杨勇的住处，征求杨勇对审查结论的意见。杨勇很大度地说："总政做的结论我没意见。"田维新说："结论是我们做的，但是我们对你的问题不是很清楚。总理让我跟你谈一谈，你有什么意见，总理会重视的。"杨勇还是说："我对总政的结论没有意见。"

结论做出后，杨勇将军等了半年，才被分配到沈阳军区任第一副司令员。过了不久，中央调杨勇出任新疆军区司令员。杨勇上任之后，周恩来在杨勇的结论上再次批示："田维新同志，我们给杨勇做的结论似乎口径严了一些，请你再征求杨勇同志一次意见。"

尽管周恩来的批示口气很和缓，但田维新将军深知其中分量。他再次带着总政干部部的一位处长去京西宾馆拜访杨勇。不料杨勇还是说对结论没有意见。田维新又做了半天工作，杨勇才说，结论中提到的一个问题，是一个科长干的，但是自己负有领导责任，"把这件事写在我的头上也是可以的"。

吴克华中将是1929年参加革命的老红军。"文化大革命"初期，他在炮兵司令员的任上被打倒后，便失踪了。

"吴克华哪里去了？"周恩来在政治局讨论落实干部政策会议上发问。

总政根据周恩来的指示，立即展开调查。可是炮兵司令部的干部和一些造反派都说不知道吴克华在什么地方。后来从一位干事口中获悉：吴克华被秘密关押在地下室里。

得知了吴克华将军的下落，下一个难题是：怎么把他安全地接出来？因为总政治部并没有掌握直接的证据，万一关押吴克华的那伙人闻讯拒交或把将军转移，将使问题复杂化。

李德生主任听了汇报以后，灵机一动，写下了一纸手令："提审吴克华。"令总政保卫部当晚派人前去提人。关押吴克华将军的那伙人，一看李德生的亲笔手令，以为总政与他们持同样观点，爽快地将吴克华交了出来。

人是找到了，却引来了一场误会。

保卫战士把吴克华将军带到京西宾馆的一个会客室，向坐在那里的李德生主任和田维新副主任报告说："报告首长，吴克华带到。"

李德生挥了挥手："知道了！"小战士便退了出去。李德生在沙发上欠了欠身说："吴克华同志，请坐。"

吴克华将军听说又要"提审"，以为自己又要挨整了。他对李德生主任说话口气和用词的变化毫无觉察，不敢入座。

李德生知道吴克华误会了，便解释说："吴克华同志，我们是奉周总理之命来找你谈话的。"

吴克华将军仍不敢相信这戏剧性的重大变化——从"提审"一变而为同志间的谈话。"文化大革命"这几年，挨斗挨批，受骗多了，他一时反应不过来。

眼见时过半夜，而吴克华将军显然难以在短时间内适应这一反差巨大的突变。李德生只好顺其自然，请吴克华吃夜宵，先休息一下，然后再找他谈……几经周折，吴克华终于得到了"解放"。

吴克华将军"解放"后，出任过铁道兵司令员、成都军区司令员、乌鲁木齐军区司令员和广州军区司令员。

又是一次政治局会议，周恩来提出："秦基伟、李成芳到哪里去了？"

秦基伟和李成芳都是红四方面军的老战士，都在刘邓大军和志愿军部队担任过军长，都于1955年被授予中将军衔。"文化大革命"开始时，秦基伟是昆明军区司令员，李成芳是政委。

贺龙元帅受诬陷后，秦基伟和李成芳立即被关押了起来。

秦基伟是一员战功卓著的虎将。抗美援朝时的上甘岭战役就是他指挥的。

为了打倒秦基伟这员虎将，林彪一伙到处散布说，秦基伟是贺龙的人。

如果在贺龙元帅与秦基伟将军之间一定要扯上一点什么关系的话，那就是志愿军回国之后，秦基伟先后出任云南军区副司令员、昆明军区副司令员、昆明军区司令员。而昆明军区是新中国成立初期的西南军区撤销后组建的两大军区之一（另一个是成都军区）。贺龙是西南军区的司令员。

田维新把调查情况向周恩来作了汇报。当说到秦基伟、李成芳被打倒的情况时，周恩来指出："他那儿是一锅端，军区六位主要领导全部被免职。"

田维新汇报说："根据我们调查掌握的情况，秦基伟被关押在湖南，由广州军区负责，具体情况还不很清楚。"

周恩来当即指示："把他调回来嘛！"

秦基伟到北京以后，住在京东海运仓第一招待所。当时这家招待所的后楼成了即将"解放"的将军们的驻地。将军们在这里就恢复了自由，可以外出逛街散步，探亲访友。

一天，周恩来通知田维新说，他要见见秦基伟。这个时候，总政尚未给秦基伟做结论。秦基伟的工作安排还没有定下来。在田维新的印象中，周恩来召见尚未做结论的将军，仅秦基伟一人。

接到周恩来指示后，田维新立即打电话到招待所，后楼服务员回答说：秦基伟将军散步去了。田维新告诉服务员："你马上去找一下秦司令，让他马上给我回一个电话，总理要见他。"

不一会儿，秦基伟的电话便过来了。他听说周恩来总理要见他，很激动，在电话中问道："总理要见我，我穿什么衣服去？"田维新说："穿军装。"秦基伟问："那我还戴领章吗？"田维新说："当然戴。"

军装，尤其是领章，是军人的标志。但是秦基伟在"文化大革命"中受迫害7年，被剥夺了戴领章的权利7年。此刻他刚刚恢复自由，尚未恢复工作，因此他不能不有此一问。

田维新把秦基伟领到周恩来的办公室后便走了，周恩来与秦基伟进行了一次单独长谈。

落实政策后，李成芳任第五机械工业部部长。秦基伟先后出任成都军区司令员，北京军区第二政委、第一政委、司令员，后来是国务委员兼国防部部长。

要害之处见分晓

"解放"老将军的工作，大体上有个工作程序。

第一步是由总政治部审查鉴别原先把老将军打倒时所做的结论，确认哪些是无中生有的、哪些是颠倒黑白的、哪些是无限上纲的。

然后，总政治部拿出来的审查结论，还必须与把老将军打倒的原单位取得大体一致的意见。

最难的一关是政治局。按照规定，每个被"解放"的将军最后都要经政治局会议讨论通过。

政治局会议一般在下午 7 时 30 分召开，一次会议通常讨论四位将军的审查结论。每位将军都有一份材料，包括本人的经历、被打倒的情况、甄别情况、总政的审查结论。个别的还要附上必要的证明材料。这些材料，与会的政治局委员人手一份，讨论之前先浏览一遍。所以，每次政治局讨论老将军的"解放"，田维新都要提一大包材料进会场。

当时的政治局会议都是由周恩来总理主持的。

材料发完，周恩来便宣布："大家先把材料看一看。"

到了田维新讲材料时，发难的就是"四人帮"，尤其以江青和张春桥为最甚。

这样，从下午 7 时 30 分开始的会议，往往到半夜 12 时也结束不了，通常吃过夜宵后一直讨论到凌晨 3 时才结束。

田维新回忆说："在讨论老将军'解放'问题的政治局会议上，争论之激烈、时间之漫长，真令人难以忍受。后来与江青争辩得多了，也就习惯了，不怕了，无非是多几顶帽子。"

在老将军的记忆中，周恩来主持这样的政治局会议，说话不多，只在要害处说一两句。不过常常是他的一两句话一出口，江青一伙就争不起来了，事情也就定了。

周恩来虽然说话不多，但是对每个人的态度都了如指掌。某个问题，他感到需要谁支持一下，便会及时点将："剑英你说呢？"

周恩来从不在会上与江青公开争论。但是如果江青诬人太甚，帽子扣得太大太多，周恩来就会及时地出来说话。他常用很简洁的语言，把事情的来龙去脉述说一遍，然后反问一句："这个事能扣这个帽子吗？"经周恩来这么一反问，江青常常就哑口无言了。

如果被"解放"的某个干部确实有缺点失误，江青一伙就会趁机无限上纲。这种时候，周恩来常常会说上几句："这不算个什么错误嘛，这是工作中的问题，谁都会有这样的问题。"轻轻几句话，便将江青一伙扣的大帽子不动声色地顶了回去。

到大家的意见都说得差不多了的时候，周恩来还会问一句："你们还有什么意见？"如果没有人发言了，周恩来才宣布："这事就这样了。"然后转入下一个将军"解放"问题的讨论。

由于江青一伙的发难，175 位将军的"解放"在政治局讨论时，没有几个是很顺利的。在田维新的记忆中，颜金生将军是比较顺利的一个，但也连闯了江青设置的三道关。

颜金生少将是湖南茶陵县人，1932年参加中国工农红军，新中国成立后先后任过西北军区炮兵司令员兼政委，中国人民志愿军军政委，武汉军区政治部主任。"文化大革命"开始前不久，他转业调任国务院文化部副部长。

文化部的副部长怎么由总政来审查"解放"呢？

田维新在政治局会议上介绍说："颜金生是军队转业干部，到文化部工作时间不长，没有什么错误。"

理由只有一句话，到文化部工作时间不长。其实呢，当时文化部系统控制在江青一伙手里。把颜金生从文化部系统调出来，由军队去安排，这就跳出了江青一伙的魔爪。这是周恩来"解放"将军的一着巧棋。

江青一听又发难了："颜金生有错误，他推行了资产阶级文艺路线。"

田维新说："颜金生是工农干部，识字不多，不可能提出什么文艺路线。"

这话是有根有据的。发给政治局成员的材料上明明白白地写着：颜金生，1918年出生。1932年14岁就加入人民军队，他能读过多少年书？！

朱德元帅一听江青又要无理取闹，一板一眼地说："颜金生他就不识几个大字。"总司令为将军说话，一言九鼎，江青顿时哑了。

眼见这一关过去了，田维新又介绍说："准备把颜金生同志派到陕西……"

话音未落，江青又反对了："你是让颜金生到陕西给二方面军垒山头。他不应分配西北，应该分配到东南。"

江青自己拉帮结伙，故以"山头"度人。

针对这种猜忌之心，田维新说："陕西省军区司令员黄经耀是从黑龙江省军区副司令员任上调过去的。"

李德生说："现在情况已经有了很大的变化，二方面军的同志在陕西已经不多了。"

经过这么一番解释，颜金生将军去西北才获通过。田维新继续说："我们考虑让颜金生到陕西当政委。"

江青再次反对说："他犯那么大的错误，当正职不合适。"这是江青第三次发难。

田维新说明："陕西省军区原来有一个政委。派颜金生同志去陕西，是考虑让他去管军工企业。现在备战，陕西军工企业很多。"

叶剑英元帅也出来说话："现在备战，炮弹子弹很不足，急需抓一抓。"

最后周恩来表态："我看颜金生同志调出文化部，到陕西当政委管军工是合适的。"

周恩来一锤定音，颜金生总算过了关。

落实干部政策的工作开始后，解放军报社迟迟未见行动。

这也难怪。《解放军报》在"文化大革命"初期最严重的一个案子是所谓的"绑架"肖力案。肖力就是李讷，江青的女儿。定案的结论上写着：绑架肖力就是反江青、反毛主席。

在1973年的形势下，这样的案子谁敢动！

迟浩田到《解放军报》任副总编后，分管政治工作。他经过长时间的深入调查了解，认定军报的三大事件，包括所谓的"绑架"肖力案，都是假的。但是这三个事件都是江青直接定的，不好办。迟浩田便把情况向军报主要负责人张志作了汇报。

涉及江青的事，张志哪敢做主。他到总政治部向田维新汇报说："田副主任，我向你反映一个情况，我们军报的三个事件，迟浩田同志经过了解，认定都是假的。但是这三个事件都是江青定的，一动就会反映到江青那里去。所以，我们落实干部政策很难。"

不是江青直接打倒的干部，江青尚且要多方阻挠，胡搅蛮缠，若把她自己直接定的案子否定了，她还不搅个天翻地覆？！

田维新想了想说："能不能想个办法，不惹江青。"

"怎么能不惹江青呢？"张志问。

田维新说："你们把事件撇开，就说这些干部没犯什么错误，先把他们'解放'出来，让他们恢复工作。"

张志说："这办法行倒是行，不过风险也很大。"

田维新嘱咐说："这件事你先别办，等我与李主任商量一下再说。"

第二天，田维新就与李德生商量。李德生认为也只能这么办了。如果不落实干部政策，干部受委屈，军报也没法办好。

解放军报社按照这个办法，"解放"了一批干部。有人立即向上告了黑状，送了一大堆材料给江青。江青还真看了这些材料，在这里批一个"这是一个反革命"，在那里批一个"这是个坏人"，最后要"德生同志查处"。

李德生正坐在沙发上看江青批转的这份材料，田维新进去了。"你看吧！"李德生顺手把材料往茶几上一摔，没好气地说。

田维新一看，是《解放军报》的事，就说："这是意料之中的。"

"怎么办？"李德生问。

"有两条办法。"田维新说。

"哪两条？"李德生紧追着问。

"第一条，再把他们都关起来。"田维新说。

"那不行，哪能这样干。"李德生未加思索，立即否定了这一个办法。

田维新了解李德生的想法，他不慌不忙地说出了第二条办法："那就拖。"

"拖得了吗？"李德生不放心。

"拖不了，还能再把他们关起来吗？只有拖。"田维新说。

"那能拖多久？"李德生问。

"能拖个半年。"田维新说，"江青第一次问，你可以说，材料收到了，还没来得及看。第二次问，说刚看，还没有看完。第三次问，说刚看完，还没查。如果再问，说刚查一两个，还真没问题，其他的还没查。"

"能那么老拖着？"李德生又问了一句。

"起码可以拖半年，"田维新蛮有把握地说，"她还有那么多精力问哪！"

这件事果然拖了下来，不了了之。

经过一年多紧张艰难的工作，全军175位被打倒的高级将领终于全部得到了"解放"，重新走上了领导岗位。这里倾注着周恩来总理的一片心血。

七、最后斗争谱辉煌

22 挫败"四人帮"的组阁梦

江青大闹政治局，王洪文长沙告阴状，皆为他们的组阁梦。病重中的周恩来煞费苦心细斟酌，长沙决策定乾坤，挫败"四人帮"的组阁梦。

山雨欲来风满楼

1974 年 10 月 11 日，根据毛泽东的意见，中共中央正式发出关于在近期召开第四届全国人民代表大会的通知。与此同时，有关四届人大由谁来"组阁"的斗争，也一天天明朗、尖锐。

同林彪一伙一样，权欲熏心的江青集团，早就在打四届人大的主意了。他们明白，现在已经到了"组阁"的关键时刻。这时，他们的"对手"不仅有周恩来，而且又添了一个邓小平。必须用一切手段打败"对手"，抓住"组阁"的大权。

早在 10 月 6 日晚上，已得知毛泽东建议邓小平出任国务院第一副总理的江青迫不及待地赶到医院，向刚接待完外宾尚未消除疲劳的周恩来一连串地提出她对四届人大人事安排及军队总参谋长人选的"意见"，实际上是想在四届人大筹备工作全面开始之前，搞"先入为主"和"先发制人"。病中的周恩来这时虽然身体虚弱，但头脑清楚。他以极大的克制和耐心与江青周旋了整整两个钟头，对所有实质性问题未作一字表态，实际上是不赞成江青的"意见"。江青一无所获，败兴而归。她一回住所便向王洪文嚷道："我保留我提名的权利！"借以发泄对周恩来的不满。

此时江青还不知道，就在她赶到医院之前，邓小平已经同周恩来进行了一次单独谈话。两天之后，邓小平又再次与周恩来在病室长谈。自然，两位老战友谈的是有关四届人大人事安排的问题。

10 月 13 日，正到处寻机发难的江青从《国内动态》清样上看到有关"风庆轮"事件的报道，其中有批判"造船不如买船，买船不如租船"的所谓"洋奴哲学"的内容。江青如获至宝，挥笔批道："交通部是不是毛主席、党中央领导的中华人民共和国的一个部？""有少数崇洋媚外、有买办资产阶级思想的人专了我们的政。"又称："政治局对这个问题应该有个表态"，"而且应该采取必要的措施"。

江青批示后，王洪文、张春桥、姚文元也紧随其后，异口同声地提出这件事是"路线问题"，要求国务院、交通部抓住此事进行所谓"路线教育"。

与"四人帮"大段大段地横加指责、上"纲"上"线"的批语形成鲜明对照，邓小平仅在这份材料上画了个圈，而周恩来后来也只在江青派人专送的传阅件上批了"已阅"两个字。两位国务院主要领导人对江青一伙的无理取闹均不屑一顾。

10 月 17 日晚，在中央政治局会议上，早有预谋的江青等人联合向邓小平发起突然袭击。他们把所谓"风庆轮"事件定性为"崇洋媚外""洋奴哲学"的一个典型，把攻击的矛头直指周恩来、邓小平领导下的国务院。

会上，江青首先站起来质问邓小平："对这件事，你是支持，还是反对？或者想站在中间立场上？你要表明态度。"

对江青一伙的这种惯用伎俩，邓小平过去已碰见多次了，但他一般都以沉默来表示"态度"。而这一次，江青那种骄横无理、唯我独尊的腔调和做派，使他再也按捺不住心头的怒火。邓小平逼视对手，严词回击道："对这件事我还要调查，不能搞强加于人，一定要赞成你们的意见！"

这是邓小平自 1973 年复出以来，第一次公开"顶撞"这位"文化大革命的旗手"。对此，江青颇有些意外。她怔了好一会儿，才突然明白过来。在一阵撒泼之后，她又用泼妇式的语言攻击、谩骂邓小平。

邓小平忍无可忍，愤然起身，退出会场。这时，在一旁静观事态的张春桥望着邓小平的背影，恨恨地说道："早知道你要跳出来，今天果然跳出来了！"

中央政治局会议不欢而散。

当夜，"四人帮"在江青处碰头。经过一番策划，他们决定派王洪文去长沙，向正在那里养病的毛泽东告邓小平及周恩来的"状"。

第二天，王洪文背着中央政治局多数成员，擅自飞往长沙。下午，刚抵长沙的王洪文便按照他们几个人事先商量好的口径，匆匆向毛泽东作"汇报"。他说，昨天，在政治局会议上，为了"风庆轮"这件事，江青同志与邓小平同志发生争吵，吵得很厉害。看来邓还是在搞过去"造船不如买船，买船不如租船"那一套！邓那样大的情绪，可能和最近酝酿总参谋长人选有关。王洪文又说：我这次来这里没有告诉总理和政治局其他同志，我是冒着危险来的。北京现在大有庐山会议的味道。周总理虽然有病，但昼夜都忙着找人谈话，经常去总理那里的有邓小平、叶剑英、李先念等人。他们来往这样频繁，一定和四届人大的人事安排有关。

应当说，在毛泽东刚批评过江青等人的宗派活动后不久，"四人帮"又旧病复发，千里迢迢派人状告周恩来、邓小平，确实是一次极不寻常之举。他们矛头所指已不仅仅是邓小平，而且还包括周恩来、叶剑英、李先念等支持邓小平的老一辈革命家。

这样，在"风庆轮"事件及其实质——四届人大"组阁"的问题上，便出现了老一辈革命家与梦想"改朝换代"的江青一伙"两军对垒，阵线分明"的局面。

听了王洪文的"汇报"后，毛泽东当即对王洪文进行严厉批评，指出：有意见当面谈，这么搞不好！要跟小平同志搞好团结。又说：你回去后，要多找总理和剑英同志谈，不要跟江青搞在一起，你要注意她。

王洪文碰了一鼻子灰，只得悻悻而回。

在北京，江青等人派出王洪文后，仍不放心。当他们得知外交部的王海容、唐闻生将随邓小平陪外宾去长沙见毛泽东后，便迫不及待地两次召见王、唐二人，要她们向毛泽东反映国务院"崇洋媚外"的问题，甚至诬告邓小平"大闹政治局"，是又一次"二月逆流"。

然而，就在邓小平即将飞赴长沙之前，王海容、唐闻生连夜赶到三〇五医院，向周恩来报告了江青的图谋。对此，周恩来明确表示："'风庆轮'事件并不像江青他们所说的那样，而是他们预先策划好了要整小平同志。小平同志已经忍耐很久了。"他又说，对这件事还要继续做些工作，慢慢解决问题。

原来，在17日政治局会议之后，周恩来已从邓小平等政治局委员的谈话中了解了事情的经过。他十分清楚，江青等人大加攻击的所谓"造船不如买船，买船不如租船"的问题，不仅是对邓小平，也完全是冲着自己来的。几年前，正是经他批准，适当购进了一些外国船只。"四人帮"在这个问题上借题发挥，胡搅蛮缠，真是太过分了！

10月20日，王海容、唐闻生二人随邓小平陪外宾到长沙。在毛泽东会见外宾之后，王、唐向毛汇报了江青等人的不正常活动，同时，转述了周恩来对这些问题的看法。

毛泽东听罢十分恼火。他把这件事同两天前王洪文"告状"的举动联系在一起，愈感江青的所作所为非同一般。他告诉王、唐二人："'风庆轮'的问题本来是件小事，且先念同志已在解决，可江青还这么闹，这么搞很不对头嘛！"他要王、唐回京后向周恩来、王洪文转达他的意见：总理还是总理，四届人大的筹备工作和人事安排由周总理和王洪文主持，同各方面商量办理；开人大的时间除了看准备情况外，还要视总理病情而定。他还要求告诉王洪文、张春桥、姚文元三人，不要跟在江青后面批东西。最后，毛泽东郑重提出建议：邓小平任党中央副主席、第一副总理、中央军委副主席兼总参谋长。

江青一伙做梦也不曾想到，他们精心策划的在政治局发难和赴长沙告状的结果，竟是邓小平一再升职，重权在握！

病房成了办公室

王洪文自长沙回到北京后，在一周内便数次同周恩来谈话。其间，他自然不敢违背毛泽东的指示，对参与"四人帮"宗派活动做些"检讨"。

与此同时，王海容、唐闻生也频繁出入三〇五医院，向周恩来转达毛泽东的一系列指示。周恩来听罢倍觉欣慰。

11月初，周恩来在病室伏案疾书，向在长沙的毛泽东汇报四届人大各项准备工作情况，表示：坚决拥护和执行主席提议的小平同志为第一副总理，还兼总参谋长的指示。并告：我的身体情况比7月17日见主席时好多了，只是弱了些，如果近期召开人大，定能吃得消。最希望主席健康日好，这一过渡时期，只有主席健在，才能领导好。

周恩来还在同叶剑英、李先念等中央领导同志的谈话中表示：衷心拥护毛主席的指示，要继续支持小平同志的工作。

从 10 月底至 11 月中旬这段时间里，三〇五医院门前车水马龙，来客不断。周恩来简直是将西花厅的办公室、会客室、会议厅通通"搬"到了病房。

11 月 12 日，邓小平陪同外宾再赴长沙，见到毛泽东。当天下午，毛泽东向邓提及 10 月 17 日政治局会议上的"风波"，对邓小平公开抵制江青一事十分赞赏，高声说道："你开了一个'钢铁公司'，好，我赞成你！"又说："她（指江青）强加于人哪，我也是不高兴的！"

邓答道："我实在忍不住了，不止一次了。我主要是感觉政治局生活不正常。后来我到她（指江青）那里去了一下，'钢铁公司'对'钢铁公司'。"毛泽东兴奋地点头："这个好！"

谈话中，邓小平又表示："最近关于我的工作的决定，主席已经讲了，不应再提什么意见了。但看来责任是太重了一点。"毛泽东笑道："没办法呢，只好担起来啰。"

最后，毛泽东提出，由邓小平主持起草周恩来总理在四届人大所作的政府工作报告的草稿。考虑到周恩来身体的承受能力，他要求报告稿不便太长，只三五千字即可。邓小平当即应诺下毛泽东的重托。

同日，对江青已极度不满的毛泽东，提笔在江青写来的一封继续要求"组阁"的信上批示："不要多露面，不要批文件，不要由你组阁（当后台老板）。你积怨甚多，要团结多数。至嘱。""人贵有自知之明。又及。"

在短短一个月内，毛泽东已数次对"四人帮"进行批评，发出警告，但这些都未能改变江青一伙的本性。在接到毛泽东的批评信后，江青又于 11 月 19 日复信毛泽东，名为"检讨"，实为伸手要官。她写道："我愧对主席的期望，因为我缺乏自知之明，自我欣赏，头脑昏昏，对客观现实不能唯物地正确对待，对自己也就不能恰当地一分为二地分析。"接下来，她揭去伪装，露出"真容"："自'九大'以后，我基本上是闲人，没有分配我什么工作，目前更甚。"

对此，毛泽东毫不让步，他一针见血地批道："你的职务就是研究国内外动态，这已经是大任务了。此事我对你说了多次。不要说没有工作。此嘱。"

不久，毛泽东又针对江青提出的"由王洪文任副委员长，排在朱（德）、董（必武）之后"的"组阁"意见给予痛斥："江青有野心，她是想叫王洪文做委员长，她自己做党的主席。"

这时，离四届人大开幕已不到一个月了。

周恩来抱病赴长沙

已拖延十年之久的第四届全国人民代表大会，真可以说是多灾多难，开之不易。

1970年，林彪一伙为在四届人大通过的新宪法上设国家主席（实际是林彪想当国家主席），曾大闹当年的庐山会议。4年之后，江青等人又瞅准四届人大的时机，不择手段地耍阴谋由他们来"组阁"。十年"文化大革命"的历史表明，林彪、江青这两个反革命集团不除，才真是党无宁日，国无宁日，民无宁日。

1974年12月间，在这关系到由谁来掌握党和国家领导权的关键时刻，周恩来不顾自己频繁做治疗手术、体质每况愈下的不利状况，遵照毛泽东的指示，毅然担当起筹备召开四届人大这一关系党和国家命运的历史重任。

12月中旬，他在审阅出席四届人大代表名额的分配名单后，致信中央政治局，提议增加若干老干部的名额。随即，他又审阅、修改了由邓小平主持起草的政府工作报告草稿，并予以批准。

在最关键的人事安排问题上，周恩来更是反复斟酌，煞费苦心。针对"四人帮"一伙竭力要把他们选定的"新生力量"安插在文化、教育、体育等部门的情况，周恩来约邓小平、李先念等人多次进行研究，商量对策。最后确定，教育部关系重大，不能让步，应以周荣鑫掌管为宜；而文化部、体委则可做些妥协，以封住"四人帮"的嘴。

12月18日下午，周恩来在医院里同邓小平进行1974年的最后一次单独谈话，定下有关四届人大的各项重要方案。至此，历经几度风雨、几度春秋的第四届全国人民代表大会第一次会议的各项准备工作，已全部就绪。

12月23日中午，周恩来准备离开三〇五医院，飞往长沙向毛泽东当面汇报四届人大筹备情况。行前，医务人员再次发现他便中潜血，应立即进行检查治疗。这时，一直参与周恩来治疗工作的叶剑英经慎重考虑后，代表几位老同志表示：为了党和国家的最高利益，眼下暂不能提这件事。他要求随同周恩来前往的医护

1975年1月13日至18日，全国人大四届一次会议在北京举行。会议认命了以周恩来为总理、邓小平等为副总理的国务院组成人员，挫败了"四人帮"的"组阁"阴谋

人员，必须尽一切努力，控制住病情，保证周恩来往返途中和在长沙时的绝对安全。

当天，周恩来和同往的王洪文飞抵长沙。在湖南省委九所宾馆6号楼会议室内，周恩来、王洪文与毛泽东会面。一见面，毛泽东便请周恩来坐到自己身边，关切地询问他的病情。周恩来一一作了回答。

从23日至27日，毛泽东同周恩来、王洪文连续进行了四次谈话。鉴于江青一伙在筹备四届人大期间一次次的帮派活动，毛泽东再次严厉批评王洪文："不要搞'四人帮'！不要搞宗派，搞宗派是要摔跤的！"这是毛泽东第一次使用"四人帮"这个提法。毛泽东还说："江青有野心。你们看有没有？我看是有。"他告诫王洪文："我几次劝你，不要几个人搞在一起，你总是听不进去！这一次，你既然来了，就多住几天，好好想一想，写个书面检查。"

在严词批评"四人帮"的同时，毛泽东高度评价了邓小平。他说："他（指邓）政治思想强。"毛泽东边说边用手指指脑袋。"Politics（英语'政治'）比他强。"毛泽东的手又指向王洪文，"他（指王）没有邓小平强。"

为强调言中之意，毛泽东抓起一支铅笔，在纸上写下一个很大的"强"字。周恩来见状，十分赞同地重重地点了点头。在场的王洪文此时不仅尴尬，且十分紧张，他待在一旁不知所措。

谈话中，当周恩来向毛泽东报告根据商定的人事安排，由邓小平任国务院第一副总理兼军委总参谋长时，毛泽东再次明确表示："就这样。让小平同志做军委副主席、第一副总理兼总参谋长。"说着，他又在纸上写下"人才难"三个字。周恩来深解其意，脱口说道："人才难得。"毛泽东含笑搁笔。

毛泽东转过头来对王洪文说："总理还是我们的总理。"并关照周恩来，"你身体不好，四届人大会后，你安心养病吧！国务院的工作可以让小平同志来顶。"周恩来再次郑重地点头。

12月26日，是毛泽东81岁生日。这天，他把王洪文派往韶山"参观"，自己与周恩来进行了一次单独长谈。就在这次谈话中，毛泽东提出学习无产阶级专政理论、安定团结、把国民经济搞上去等指示，并同周恩来共同审定了四届人大会议上的各项人事安排方案，作出具有深远影响的"长沙决策"。

半个月之后，第四届全国人民代表大会第一次会议选举产生了以周恩来、邓小平为代表的新的国务院领导核心，"长沙决策"得以实现。至此，以江青为首的"四人帮"梦寐以求的"组阁"阴谋彻底破产。

1974年——历史将永远记下这非凡的一页。

23 支持邓小平搞整顿

树欲静而风不止。"四人帮"频频发难，"经验主义""投降派"的"棍子"对准周恩来、邓小平横扫。弥留之际的周恩来奋力一搏，支持邓小平搞整顿。

1974 年年底"长沙决策"之后，重病中的周恩来便把希望寄托在复出后的邓小平身上。

1975 年 1 月 5 日，中共中央发出第一号文件，任命邓小平为中央军委副主席兼中国人民解放军总参谋长。此前，邓小平已增补为中共中央政治局委员，恢复了国务院副总理职务。

这时，中国国内的政治状况正如毛毛在《我的父亲邓小平》书中所描述的那样：

"父亲复出后，在他眼前呈现的，是一片被'文革'的飓风横扫得满目疮痍的零落景象。"

"父亲被打倒过一次了，而他没有因此而存有丝毫的犹豫。"

"他当机立断，运用毛主席赋予他的权力，凭着对灾难深重的国家的前途命运所担负的责任感，义无反顾地在周恩来的支持下，开始了对'文化大革命'的全面整顿。"

病室中的周恩来，将生命的最后光华，化作无形的巨大能量，全力支持邓小平领导的斗争，谱写了 1975 年这艰难而辉煌的一页。

欣慰与希望

1975 年 1 月 10 日晚，北京京西宾馆会议厅灯火通明，庄严肃穆。中国共产党第十届中央委员会第二次全体会议闭幕会正在这里举行。

刚从医院赶来会场的周恩来，身着略显宽大的深灰色制服，面容清癯而双目

1975 年 1 月，在第四届全国人大第一次会议上，周恩来抱病作《政府工作报告》

炯炯有神。他端坐在主席台上，亲自主持这一具有历史意义的会议。

在通过全会各项议程之后，周恩来用迟缓、沉稳的语调向到会的中央委员和候补中央委员发表讲话——

这次中央全会结束前，我请示毛主席，有什么话要我向大家转达。毛主席讲了八个字：“还是安定团结为好。”现在，我要向大家讲的就是毛主席的这句话，“还是安定团结为好”。希望中央政治局的工作，各省、市、自治区党委和革命委员会的工作，以及中国人民解放军的工作，都遵照毛主席的指示去做，安定团结，把今年各方面的工作做得更好，不辜负党和人民的重托。……

在到会的许多老同志中，有不少人很久没有见到患病住院的周总理了。此时此刻，他们眼见总理的病容，聆听总理的嘱托，无不为之动容；同时，也深深为总理的健康担忧。

一周之后，新华社才迟迟播出中共十届二中全会的消息。这是一则短得不能再短的《全会公报》，其中，按过去惯例应作报道的出席会议的人员情况、会议主持人及讲话人等，都通通不见了。报道中的最后一行字是："会议选举邓小平同志为中共中央副主席、中央政治局常务委员。"

对于生前最后一次参加并主持中共中央全会的周恩来来说，有这一句话，也就足够了。

然而，中共十届二中全会，不过是周恩来在进入 1975 年后抱病参加的一系列重要会议当中的头一个会议。

1 月 13 日晚 8 时许，在中华人民共和国第四届全国人民代表大会第一次会议开幕式会场——人民大会堂万人大厅内，又再次响起周恩来总理坚定、清晰的江浙口音。

"遵照毛主席的指示，三届人大的政治工作报告曾经提出，从第三个五年计划开始，我国国民经济的发展，可以按两步来设想：第一步，用 15 年时间，即在 1980 年以前，建成一个独立的比较完整的工业体系和国民经济体系；第二步，在本世纪内，全面实现农业、工业、国防和科学技术的现代化，使我国国民经济走在世界的前列。……"

这是周恩来总理代表国务院向 2800 多名代表作政府工作报告。在这份由邓小平主持起草的不足 5000 字的报告中，最引人注目之处，就是向全国各族人民发出了实现"四个现代化"的伟大号召。而这一号召，报告人 10 年前就在这个地方提出来了，今天，他不过是又重申了这一目标。

会议期间，周恩来到天津代表团参加小组会讨论。热爱总理的代表们纷纷向周恩来致以问候。面对一张张诚挚的面孔，周恩来似乎感到已无必要再掩饰些什么。他坦然而又郑重地向大家表示：我已经得了癌症，工作的时间不会太长了，这也是自然规律，是不以人的意志为转移的。现在，我正在医院里同疾病作斗争，在可能的情况下，我还要继续和大家一起奋斗，共同实现我们的宏伟目标。

周恩来讲上述这番话时，代表们痛心地发现，眼前的周总理同几年前相比就像是变了一个人：因过度操劳，他消瘦得几乎变了形；脸上、手上都布满了皱纹和老年斑；动作和声音也显得那样苍老、疲惫……

在 1 月 17 日召开的全体会议上，宣布了根据中共中央提议、由本次会议任命的中华人民共和国国务院总理、副总理、各部部长、各委员会主任名单。在总理周恩来后面的副总理当中，出现了邓小平、李先念、王震、余秋里、谷牧等一批久经考验的革命家的名字。这标志着以周恩来、邓小平为核心的国务院新的领导班子的形成。

新的国务院任命公布后，一直为党和国家前途命运担忧的人们，才真正感到了安慰和希望。

2月1日下午，周恩来赶赴人民大会堂，主持有12位副总理出席，中央军委副主席叶剑英、中国科学院院长郭沫若列席的国务院常务会议。会议一开始，周恩来便开门见山地说："我身体不行了，今后国务院的工作，由小平同志主持。医院是不想放我出来的，但我还是想争取每星期来和大家见一次面……"接着，周恩来用郑重的语气开始宣布各副总理的分工：

"邓小平同志，主管外事，在周恩来总理治病疗养期间，代总理主持会议和呈批主要文件……"

这时，在周恩来身边的邓小平正沉稳端坐，若有所思。会前，周恩来曾考虑是否由邓来主持今天的会议，但他最终还是决定由自己来主持。其缘由正如他对身边工作人员所说，有些话小平同志本人不好讲，还是由我讲好。

宣布完各副总理分工后，周恩来又接着主持召开了有国务院各部部长参加的国务院全体会议。会上，周恩来继续发表讲话，提出：

根据毛主席的指示和党中央的决定，我们从今天开始来完成四届人大以后的工作。今天是开始。对于我来说，恐怕也只能够完成这个"开始"的任务了。以后的事情，主要是由各位副总理来做。

他停顿一下，环顾会场，加重语气说道：

毛主席讲，小平同志"人才难得"，"政治思想强"。现国务院新班子以小平同志为首，一共12位。将来这样的会，请小平同志主持。我希望，新的国务院能出现新的气象，领导全国人民努力完成和超额完成今年的国民经济计划和第四个五年计划！……

周恩来的讲话，博得全场的热烈掌声。

支持邓小平搞整顿

1月25日，四届人大会议刚闭会一周。新任中共中央副主席、国务院第一副总理、中央军委副主席兼中国人民解放军总参谋长的邓小平来到总参谋部机关，向团职以上干部发表《军队要整顿》的著名讲话。他还像过去那样，讲话没有"客套"，单刀直入：

"从1959年林彪主管军队工作起，特别是在他主管的后期，军队被搞得相当乱。" "这些年来，我们军队出现了一个新的大问题，就是闹派性，有的单位派性还很严重。" "再一个问题是军队的纪律很差。" "现在是问题成堆。"

根据毛主席的指示，"军队要整顿，要安定团结，要落实政策"，"为了做到这些，我们要增强党性，消除派性，加强纪律性，提高工作效率"。

邓小平这篇气势不凡、风格凌厉的讲话，成为这一年他领导的各项工作的起点，是打响全面整顿的"第一炮"。

就在邓小平发出全面整顿信号不久，全国上下却掀起了一场与整顿不相协调的"学习无产阶级专政理论"运动。在"四人帮"把持的各种舆论工具的宣传中，"坚持无产阶级专政下继续革命" "反修防修" "破除资产阶级法权"等口号比比皆是，不绝于耳，一时间，学习"理论"似乎成了压倒一切的"大事"，决定一切的"中心"。

然而，在实际上主持中央日常工作的邓小平，却偏置舆论宣传于不顾，在各种场合里，他大讲特讲的则是另一种"大事"，另一个"中心"。

3月5日，邓小平旗帜鲜明地提出：现在有一个大局，全党要多讲，这就是周总理在三届人大和四届人大政府工作报告中提出的发展我国国民经济的两步设想，即在一个不太长的时间内，把我国建设成为具有四个现代化的社会主义强国。"全党全国都要为实现这个伟大目标而奋斗"，"这就是大局"。

这是邓小平在中央召开的解决铁路问题的全国工业书记会议上讲话里的几段"开场白"，其中心就是一句话：把国民经济搞上去。

邓小平在国民经济中首先抓铁路运输，是经过深思熟虑的。自"文化大革命"发动以来，铁路系统成了名副其实的"老大难"。1966年冬，上海工人造反派头头王洪文，就因制造震动全国的"安亭事件"而一举成名。之后，在"全面内战"的几年里，一些重点铁路枢纽和路段一直处于瘫痪、半瘫痪状态。后来虽然采取了军事管制、军队护路等办法，但也只能治"标"，不能治"本"。当时派性肆虐，一有风吹草动，一些造反派便在铁路作乱。1974年"批林批孔"以后，一些造反派重操"旧业"，造成徐州、南京、南昌等地铁路交通严重堵塞，直接

周恩来与邓小平到北京站迎客，昔日的战友此时又并肩站到了一起

影响津浦、京广、陇海、浙赣等重要干线的畅通。至 1975 年 2 月，全国铁路日装车量直线下跌，仅达到 4.3 万车，与实际需要相差 1.2 万车；而铁路上的各种事故更是惊人，1974 年内共发生行车事故 755 件，是"文化大革命"前 1964 年的 8 倍多！

为此，邓小平在讲话中一语中的，斩钉截铁："怎样才能把国民经济搞上去？分析的结果，当前的薄弱环节是铁路。铁路运输的问题不解决，生产部署通通打乱，整个计划都会落空。所以中央下决心要解决这个问题。"针对到会的一些领导同志思想上的顾虑，他指出："听说现在有的同志只敢抓革命，不敢抓生产，说什么'抓革命保险，抓生产危险'，这是大错特错的！"

听到这些痛快淋漓、坚定有力的话语，到会的许多同志不禁想起当年周总理痛斥派性、制止武斗，号召广大铁路职工抓生产、抓业务，保证铁路运输畅通的一次次教诲。现在，虽然周总理病重住在医院，而实际主持工作的邓小平仍在继续为国家、为人民的利益无私无畏，仗义执言，大家的心里感到有"底"了。

根据邓小平的讲话精神，中共中央作出《关于加强铁路工作的决定》（即中央九号文件）。会后，铁道部部长万里率工作组奔赴各地，对问题严重的路局进行重点整顿，集中力量打"歼灭战"，仅用一个多月时间，就使铁路运输这个"文化大革命"以来的"老大难"问题迅速解决。到 4 月底，全国 20 个路局，除个别地方外，均超额完成国家计划，日装车数达到历史最高水平，列车正点率也普遍提高。铁路工作的有效整顿，带动了整个工业生产的明显改观。

在邓小平雷厉风行地实行全面整顿的同时，周恩来在医院里与邓小平会见、谈话的次数也更加频繁。四届人大会议之后，周恩来平均每周都要有一两次同邓小平见面。病房内，两位老战友促膝谈心，共商国是，常常谈至深夜。此外，周恩来还时常找中央政治局成员和国务院有关负责人谈话，了解各项工作情况，要求他们支持邓小平领导的整顿。

1 月底，周恩来在医院直接听取新任教育部部长周荣鑫的汇报，在详细了解了教育部门的现状以及迟群等人对教育工作的干扰破坏后，他明确表示支持周荣鑫根据邓小平的意见，对教育系统进行整顿。

4 月 16 日凌晨，周恩来亲约由中央派往浙江帮助整顿工作的纪登奎谈话，对当地派性严重干扰浙江省经济发展的情况表示关注。他向纪提出，应按小平同志要求，制定出切实可行的整顿措施，解决好浙江问题。

与此同时，邓小平领导的全面整顿，也引起"四人帮"一伙的极大恐慌和刻骨仇恨。他们施展种种伎俩，一次又一次地把矛头对准邓小平以及支持他的周恩来总理。

政治局会上的交锋

几乎就在邓小平发表第一篇关于军队整顿的讲话的同时，"四人帮"的重要成员、时任党中央副主席的王洪文，私下对"四人帮"在上海的几个心腹交底说："我最担心的就是军队不在我们手里……"

2 月初，中共中央发出通知，决定取消中央军委办公会议，成立由叶剑英主持的中央军委常委会，其成员包括：邓小平、刘伯承、徐向前、聂荣臻等。邓小平和叶剑英等几位老帅军权在握，这正是"四人帮"担心之所在。

3月1日，身挂"中国人民解放军总政治部主任"一职的张春桥，在向全军各大单位政治部主任讲述学习"无产阶级专政理论"问题时宣称：新中国成立以后，"对经验主义没有注意批过"，因此，"对经验主义的危险，恐怕还是要警惕"。讲话中，张春桥还露骨地指责1972年周恩来领导的批判极"左"思潮斗争所取得的成果，是"跟着刘少奇那条路线走"；他还以"个人意见"表示，四届人大提出的那个"很宏伟的目标"，"无非就是搞几千亿斤粮食、几千万吨钢"，但如果"无产阶级专政理论""搞不清楚"，仍然会导致"卫星上天，红旗落地"。

同日，姚文元在其发表的《论林彪反党集团的社会基础》一文中，也歪曲地引用毛泽东1959年写的一段话，强调："现在，主要危险是经验主义。"

"四人帮"的头面人物江青更是在许多场合大讲反"经验主义"。4月4日，她在接见一批工人时说："现在我们的主要危险不是教条主义，而是经验主义"；"经验主义是修正主义的帮凶，是当前的大敌"。5日，她又对"梁效"（即"四人帮"操纵的北大、清华两校大批判组写作班子笔名）成员讲道：党内"现在最大的危险不是教条主义，而是经验主义"。

除在以上场合大造反"经验主义"的舆论外，江青、王洪文还在私下找一些人谈话，无端指责中央某些领导人"不抓大事""不抓政治忙于业务"，以此来攻击领导整顿工作的邓小平。同时，他们还借历史上王明路线的错误，影射、诬蔑周恩来。

对"四人帮"借反"经验主义"大肆攻击周恩来和广大老干部的阴谋，邓小平首先挺身而出，同江青等人作针锋相对的斗争。4月18日，邓小平陪同刚从外地回京的毛泽东会见金日成同志。利用这个机会，他向毛泽东反映了江青、张春桥反"经验主义"的情况，并明确表示不同意关于"经验主义是当前主要危险"的提法。毛泽东当即表示同意邓小平的看法。在这前后，邓小平还多次到医院与周恩来商谈，互通情况。

4月23日，毛泽东在姚文元转来的一份强调批判"经验主义"问题的报告上批示："提法似应提反对修正主义，包括反对经验主义和教条主义，二者都是修正马列主义的，不要只提一项，放过另一项。"又指出："我党真懂马列的不多，有些人自以为懂了，其实不大懂，自以为是，动不动就训人，这也是不懂马列的一种表现。"据此，毛泽东要求将此问题在中央政治局"一议"。

1975 年 4 月，周恩来和邓小平在医院会见金日成

几天之后，根据毛泽东的意见，中央政治局召开会议。会上，邓小平、叶剑英等带头发言，用事实揭露和批评"四人帮"自 1973 年以来屡次寻机发难，把矛头对准周总理的卑劣行径。尤其对反"经验主义"问题，邓小平表现出极大的义愤，他说：很明显，这是一次有计划、有组织的反总理的行动！

会后，受到批评的江青等人既惶恐不安，又怀恨在心。王洪文为此致信毛泽东，诬蔑说：政治局会上的这场争论，实际上是邓小平、叶剑英他们把总理想说而不好说的话讲出来，目的是要翻过去的案。

与此同时，在医院的周恩来通过和邓小平及其他一些政治局成员的谈话，也了解到政治局会议的情况。经过反复考虑，他决定将这些问题及个人意见汇报给毛泽东。

5 月 3 日晚，在京中央政治局委员接到在中南海毛泽东住处召开会议的通知。是夜 23 时，政治局成员陆续到齐，周恩来也抱病从三〇五医院赶到会场。

会议由毛泽东亲自主持。此时，毛泽东双眼所患老年性白内障尚未治愈，看景物仍感模糊，但他思维依然敏锐，谈吐不减当年。他在讲话中一开始便承认自己"犯了错误"，对批"经验主义"的文章（即姚文元的《论林彪反党集团的社会基础》）"放过了"，并就此严厉批评"四人帮"："你们只恨经验主义，不恨教条主义。"在谈到党的历史经验时，毛泽东再次提及1931年在中央苏区发生的"邓、毛、谢、古事件"，并对邓小平说："（当时）我只见过你一面，你就是毛派的代表。"

随即，毛泽东加重语气，打着手势讲道："要搞马列主义，不要搞修正主义；要团结，不要分裂；要光明正大，不要搞阴谋诡计。不要搞'四人帮'，你们不要搞了，为什么照样搞呀？"这是毛泽东继1974年多次批评江青一伙以后，又一次指出"四人帮"及其宗派活动问题。

在毛泽东讲话时，江青倚仗她的特殊身份，未作一句检讨，并不时在会上插话，引起毛泽东的不快。他面色严峻、一句一顿地告诫江青："不要随便，要有纪律，要谨慎，不要个人自作主张，要跟政治局讨论，有意见要在政治局讨论，印成文件发下去。要以中央的名义，不要用个人的名义，比如也不要用我的名义，我是从来不送什么材料的。……"

散会时，毛泽东和到会的政治局委员一一握手道别。在与王洪文握手时，王支吾说："按主席的指示办。"毛泽东听罢用手掌做了一个翻来覆去的动作，正色道："你不要再这个样子了！"

第二天，周恩来在医院同正式开始主持中央日常工作的邓小平商议，根据毛泽东的指示，需在政治局内进一步批评"四人帮"。随即，他伏案写下书面意见，表示"同意小平意见"，支持由邓主持政治局会议批评"四人帮"。

为确保开好批评"四人帮"的会，周恩来不顾身体极度虚弱，又亲笔致信中央政治局成员，提议应进一步讨论吃透毛泽东5月3日的讲话，尤其应搞清楚有人带头批"经验主义"的问题。对此，最早提出批"经验主义"的张春桥心怀鬼胎，发表异议说，周总理信中"有些话不确切"。周恩来毫不退让，以张春桥3月1日在总政讲话和三四月间军内各单位对张讲话的反应的事实，回击张春桥对反"经验主义"问题的狡辩。在铁的事实和周恩来的有力批驳面前，张春桥不得不有所收敛。

5月27日和6月3日，在邓小平主持下，中央政治局连续开会，讨论毛泽东5月3日讲话，对"四人帮"进行严厉批评。会上，邓小平、叶剑英再作长篇发言，对江青、张春桥等人多次攻击、诋毁周恩来的做法逐一揭露，连发质问。邓小平以坚决的口吻说道：对这些问题，应当讲清楚，"不讲明白，没有好处"。

迫于形势，王洪文不得已作了一些"检查"。而江青等人则拒绝检讨，甚至还试图否认"四人帮"存在的事实。

事后，当邓小平向毛泽东汇报政治局会议情况时，毛泽东称赞道："我看有成绩，把问题摆开了。""他们几个人（指"四人帮"）现在不行了，反总理、反你（指邓）、反叶帅……现在政治局的'风向'快要转了。"最后，毛泽东满怀期望地对邓小平提出："你要把工作干起来！"邓小平坚定地表示："在这方面，我有决心就是了。"

春雷滚滚撼大地

自中央政治局会后，受到批评的江青一伙垂头丧气，一蹶不振。人们注意到，"文化大革命"中一向不放掉抛头露面机会的江青，在一连几个月里，几乎再没有公开露过面。王洪文、张春桥、姚文元也变得不那么盛气凌人、神气活现了。一时间，"江青挨中央批评"的消息不胫而走。

与此形成鲜明对照，从6月初起，在医院的周恩来却频频会见外国来宾。陪同他会见外宾的常有邓小平、李先念、廖承志等。

6月7日晚，周恩来在医院会见菲律宾总统马科斯及其夫人、女儿时，兴致勃勃地告诉客人：现在会谈、宴会都由邓小平副总理包办了，这就给我提供了休息的机会……

在毛泽东、周恩来的支持下，从这一年下半年起，邓小平领导的整顿在农业、商业、教育、科技、文艺等各个领域全面、迅速地展开。

7月4日，邓小平向中央读书班第四期学员发表《加强党的领导，整顿党的作风》的讲话，阐述他不久前提出的与"四人帮"一伙作斗争的著名口号——"三项指示为纲"。他说："前一个时期，毛泽东同志有三条重要指示。第一，要学习理论，反修防修；第二，要安定团结；第三，要把国民经济搞上去。这三条指示互相联系，是个整体，不能丢掉任何一条。这是我们这一时期工作的纲。"他强调：当前，我们有好多事要办，"特别是要把国民经济搞上去"。

1975 年 9 月 7 日，周恩来在北京 305 医院最后一次会见外宾

7 月 14 日，邓小平在中央军委扩大会议上提出《军队整顿的任务》，要求首先在军内铲除山头，克服派性，加强组织纪律性。

8 月 3 日，邓小平又在中央军委召开的一次会议上作《关于国防工业企业的整顿》的讲话，指出：一定要建立"敢"字当头的领导班子，要选派那些能办事、敢办事、敢负责的人来领导整顿工作。

8 月 18 日，邓小平就加快工业发展问题发表意见，强调整顿企业管理秩序和恢复健全各种规章制度的必要性、紧迫性。

9 月 15 日，邓小平出席在山西省昔阳县召开的全国农业学大寨会议。会上，他重申要实现"四个现代化"的宏伟目标，并提出各方面工作都要进行整顿的意见。

9 月底至 10 月初，邓小平在农村工作座谈会上更加明确地指出："当前，各方面都存在一个整顿的问题。农业要整顿，工业要整顿，文艺政策要调整，调整其实也是整顿。要通过整顿，解决农村的问题，解决工厂的问题，解决科学技术方面的问题，解决各方面的问题。""整顿的核心是党的整顿。只要抓住整党这个中心环节，各个方面的整顿就不难。"

从 7 月到 10 月，短短三个月里，全面整顿的"排炮"犹如阵阵春雷，震撼祖国大地。许多老干部、老工人和广大知识分子，通过传达、学习邓小平的讲话，都油然而生一种自"文化大革命"以来从未有过的畅快感觉。

一直在周恩来、邓小平指导下进行教育系统整顿的周荣鑫，根据周恩来、邓小平对整顿教育工作的意见，在一次教育座谈会上，严词批驳了长期以来"四人帮"所散布的种种谬论，矛头直指张春桥等人一手炮制的"两个估计"。对此，周荣鑫并非不知所冒"风险"，但他却无所畏惧："我有些话是会刺痛那几个好搞形而上学的人的，他们肯定会要不满的。无非是再次被打倒！即使再次被打倒，我也不怕——要横下一条心，做小平同志讲的那种不怕被打倒的人！"

周荣鑫的讲话，表达了领导整顿工作的一批老干部的心声。

邓小平的全面整顿，迅速、系统地纠正着"文化大革命"以来的种种错误，使各方面工作在短时间内出现明显好转，国民经济各项指标也由停滞下降转入迅速回升，工业生产和交通运输一个月比一个月好。从下半年起，国民经济情况继续好转，工农业生产稳步上升。

这次全面整顿，深得党心、民心。历尽 8 年动乱之苦的人们开始感到："四化"有希望了，民族有希望了，中国有希望了！

1975 年 9 月 7 日，重病中的周恩来在医院最后一次会见外宾。当他向来自东欧的客人们坦然且又肯定地道出"马克思的'请帖'，我已经收到了"一语时，在座的来宾都惊愕不已。随即，周恩来充满信心地对外宣布：邓小平同志将接替我主持国务院工作。邓小平同志很有才能，可以完全相信，邓小平同志将会继续执行中国党和政府的内外方针。……

最后的支持和鼓励

对 1975 年的全面整顿，在过去若干年之后，邓小平仍记忆犹新，并多次向国内外人士谈起。其中，也包括他当时同"四人帮"斗争的情况。

1983 年 7 月，邓小平回忆说："1975 年处理铁路问题时，对帮派分子，我说现在不抓人，把他们调开。'四人帮'说不行。我说凡是帮派头子，有一个调开一个，再出一个再调开，一天调一个，一年调365个。这个话传下去以后，铁路上的秩序马上就好了。"邓小平还讲过：当时抓整顿，用了几个人才，就把几个方面的工作整顿得很有成效，局面就大不一样。

1987年10月，在谈到改革问题时，邓小平又提出："说到改革，其实在1974年到1975年我们已经试验过一段。1973年周恩来总理病重，把我从江西'牛棚'接回来，开始时我代替周总理管一部分国务院的工作，1975年我主持中央常务工作。那时的改革，用的名称是整顿，强调把经济搞上去，首先是恢复生产秩序。凡是这样做的地方都见效。不久，我又被'四人帮'打倒了。我是'三起三落'。1976年四五运动，人民怀念周总理，支持我的也不少。这证明，1974年到1975年的改革是很得人心的，反映了人民的愿望。"

1981年中共十一届六中全会通过的《关于建国以来党的若干历史问题的决议》指出：虽然邓小平"着手对许多方面的工作进行整顿，使形势有了明显好转"，但是"毛泽东同志不能容忍邓小平同志系统地纠正'文化大革命'的错误，又发动了所谓'批邓、反击右倾翻案风'运动，全国因而再度陷入混乱"。这便是邓小平所讲他当时第三次被"打倒"的根本原因所在。然而，在此之前，一直伺机反扑的"四人帮"一伙已经开始向邓小平及其支持者周恩来发难了。

这一年8月中旬，毛泽东对中国古典小说《水浒》一书发表评论，指出《水浒》"只反贪官，不反皇帝"，农民起义军领袖宋江"投降，搞修正主义"，"让人招安了"，进而得出结论："《水浒》这部书，好就好在投降。做反面教材，使人民都知道投降派。"

对此，"四人帮"一伙如获至宝，迫不及待地借毛泽东的评论大做文章。姚文元于当天便致信毛泽东，认为毛泽东所作评论"很重要"，对现在和将来的中国都有"重大的、深刻的意义"，并提出应把毛泽东的评论和他的这封信印发中央政治局成员及各宣传、出版单位。

在"四人帮"操纵下，从8月底开始，全国各类报刊连篇累牍地发表文章，宣扬评论《水浒》也是学习"无产阶级专政理论"的一个"组成部分"，其主题就是要批判否定"文化大革命"的"投降派"。

几个月来一直"消沉"的江青，这时也亲自出马，在一些公开场合大谈评论《水浒》的"现实意义"，并一再强调"要联系实际"。她甚至露骨地宣称："现在政治局有些人要架空主席"，"他们反对学理论，反对限制资产阶级法权"。

她借此发泄对前不久中央政治局批评以她为首的"四人帮"的不满。其间，毛泽东曾痛斥江青的一些言论，并制止印发她的讲话稿。

对江青等人散布的批所谓"现代宋江""现代投降派"的论调，邓小平早有警觉。他在许多场合向党内外干部、群众说明：毛主席评论《水浒》并无所指，不要牵强附会，"听到风就是雨"。

与此同时，在医院的周恩来也正密切注视党内这场突如其来的尖锐斗争。8月中下旬，他抱病连续同邓小平、李先念等进行了单独长谈，了解"四人帮"一伙的动向。

9月间，正当江青等人带头"联系实际"，批"宋江"、批"投降派"的喧闹甚嚣尘上之际，重病中的周恩来终于忍无可忍，愤起向"四人帮"一伙进行抗争！

一天，他在医院同有关人员的谈话中愤然提到：他们那些人（指"四人帮"）有些事做得太过分了！最近评《水浒》、批"投降派"，矛头所指，是很清楚的。如果真有投降派，那当然应该批，可事实并不是这样。我历史上虽然犯过错误，但几十年来还是努力为党、为人民的利益工作的！

9月下旬，由于病情恶化，经党中央批准，周恩来准备做第四次大的手术治疗。在生死难卜的情况下，经过反复考虑，他决定以特殊方式回击"四人帮"的攻击诬陷，用实际行动给老战友邓小平以有力支持。

9月20日下午2时，在进入手术室前，周恩来突然提出要看他在几年前所作关于"伍豪启事"的讲话记录稿，在场的人一时都不解其意。待工作人员将讲话记录稿取来后，躺在担架车上的周恩来强撑病体，用他颤抖着的右手郑重地签上"周恩来"三个字，并注明"于进入手术室（前）"的字样。

当担架车进入手术室时，躺在车上的周恩来又突然睁开双眼，拼尽全身力气大声说道："我是忠于党、忠于人民的！我不是投降派！"

周恩来的声音，响彻寂静的手术室内外。在场的医护人员都怔住了。他们迅速交换着眼色，心上就像是压着一块石头……这时，守候在手术室外面的邓小平、李先念，鄙视地看了一眼旁边的张春桥，彼此会意地点了点头。

死神，又一次悄悄从周恩来身边溜走。但就在这次手术中，发现周恩来体内的癌瘤已向全身扩散，无法医治了。对此，邓小平果断地指示医疗组："减少痛苦，延长生命！"

正在领导各条战线全面整顿斗争的邓小平，此时多么希望周恩来能再走出病房，同他一起并肩战斗啊。

一个月以后，处于病危状态的周恩来不得不再施行第五次大手术。这一天，守候在手术室外面的仍然是上次的几个人：邓小平、李先念、张春桥……

进入手术室前，周恩来又示意让担架车停下来。他用微弱的声音问道："小平同志来了吗？"

邓小平立即跨步上前，靠近担架车，俯身问候周总理。

周恩来久久注视着几十年风雨同舟的老战友，吃力地抽出手来，紧紧握住邓小平早已伸过来的双手，字字千钧地说道："你这一年干得很好，比我强得多！"

周恩来的话语，在场的人都听到了。这是周恩来对邓小平领导的全面整顿的高度评价。

八、魂归大地情未了

24 最后的587天

这是一个经历过无数惊涛骇浪的政治家在生命岁月的最后一年零六个月的心路历程。他生前的最后几句话竟是关心别人。他是带着太多的牵挂走的。

住院治病

1972年5月11日，一次为总理做尿样化验中，发现了异常细胞，北京医院、协和医院、三〇一医院的几位专家初步认为是癌细胞。因为是出现在总理身上，为慎重起见，谁也没有最后确诊，派专人带着尿样去天津和上海，请那里的专家验证。最后，北京、天津、上海三个方面的意见一致，确诊为癌细胞。这以后的检查中，这种细胞并不常见，只是尿里的红细胞时多时少。直到1973年1月总理开始尿血，说明病情在发展，只好动员总理做进一步检查。3月，第一次膀胱镜检查，在膀胱内发现三个绿豆大小的病灶，当即做了膀胱镜切除手术，送病理化验，证实了原来的诊断——膀胱癌。根据临床经验，这种病易于复发，必须三个月进行一次复查，灌药治疗。这中间，还要口服一些药。最后总理同意了这个治疗方案。到7月，总理接受了病灶切除后的第一次灌药治疗。医疗小组看到总理工作太忙，想借这次检查的机会让总理休息一下，规定了用药后需休息两个星期。总理接受了医生们的建议，住进玉泉山五号楼，灌药后，文件照样批阅，只是没下山开会，就这样整整地休息了两个星期。在这以后，应该10月份进行第二次灌药。因总理工作太多，抽不出时间按计划专门用药，医生们担心治疗不及时，难以见效。医疗小组放弃了灌药后休息两周的规定，改在家里用药，只要求灌药后在床上躺两个小时就可以了。邓大姐让出了她的卧室，安上了一张治疗床，就这样又为总理灌了第二次药。总理只在床上躺了两个小时，就起来工作了。总理的工作实在太多，连每隔三个月一次的检查灌药的规定也不能落实。他的病在发展，越拖越重。小便的颜色开始变深，有时已成血色。为了减少出血，就用止血药，这药同时也使尿中的血变浓，造成小便困难。实在不能再拖了！

在医疗小组的反复劝说下，总理才决定住院做手术治疗。1974年6月1日，总理住进了中国人民解放军第三〇五医院。

三〇五医院是一个新建立的医院，院内医疗设备在当时还属先进，但没有设泌尿科。由卫生部牵头，确定了由上海的熊汝诚，天津的虞松庭，北京协和医院的吴阶平、方圻、吴蔚然、陈敏章、吴德诚，阜外医院的陈在嘉，解放军总医院的黄宛、陆惟善、曾宪九，友谊医院的于惠远，北大医院的谢容，北京医院的高日新、尚德延，中医院的高辉远等专家教授以及总理的保健医生卞志强、张佐良和几位具有丰富护理经验的护士，像万九云、孙茜英、李玉良、许奉生等组成医疗班子。这些全国有名的泌尿科、外科、心血管病等方面的专家、麻醉师一方面全力为总理治病，一方面抽出时间到其他医院门诊、查房，为其他病人诊疗，不断总结经验，更好地为总理治疗。

周总理住院的当天即进行了第一次膀胱手术，手术非常顺利。按计划要三个月后再做膀胱检查。出乎人们的预料，没等到三个月，总理小便又大量出血。于是8月10日又做第二次膀胱手术。这次手术后效果较好，止住了出血，加之其他预防性治疗，总理的病情比较稳定。医疗组的同志们很高兴，工作人员也觉得周总理有救了。医疗组的专家们仍然是认真观察病情的变化，及时治疗。

1975年年初，又发现总理大便潜血。后来再施行结肠镜检查，发现结肠有一肿瘤。3月26日，专家们对总理进行第三次大手术，切除了结肠肿瘤。经病理检查，是结肠癌。专家们诊断，这不是膀胱癌细胞的转移，而是新生的。这新的发现，对总理的生命又增加了新的威胁，病愈的可能性就更小了。医疗组结合中外临床经验，全力以赴地给总理治病，他们不分白天黑夜地组织会诊，参加会诊的专家多时可达二三十人。只要是认为有效的药和有用的器械都设法买到，我驻外使馆和驻外机构都大力支持，做了大量的工作，很及时地把药和器械送到。大家都是一个心愿：尽快把总理的病治好。然而，总理的病情还是在不停地向坏处发展。这期间选用了国际上最有效的药，这种药用在外院的几位同样病情的病人身上很有效，而在总理身上收效甚微。9月20日，总理做了第四次手术。15个月的时间做四次这样大的手术，特别是结肠癌手术后，要进行放射治疗和化疗，对身体的损伤就更为严重，总理的体质明显下降，人瘦了很多，真可以说是"皮包骨"。这次手术后总理再没有像过去那样下床活动，而只能在床边坐一坐或搀扶着走一走了。长期卧床引起并发症，呼吸、咳痰以至于吃饭都很困难。总理料定自己的病不会治好了，就对医务人员说："我这里没什么事了，你们去照顾别的病人去吧！我死后，你们解剖，总结一下经验，提高你们的医疗水平，为后人服务。"医疗小组请来上海的中医叶朗清、潘铨参加治疗，中西医结合，继续努力为总理治病。1975年10月24日和1976年1月5日总理又先后做了两次手术。就这样，周总理从1974年6月1日住院到1976年1月8日逝世，共进行了6次大的手术，8次小手术。这期间，他忍受了多么巨大的痛苦啊！然而，我们没有听到他叫一声痛，没有听到他说过一句失去信心的话。就这样，他凭着极大的毅力和坚忍的意志，顽强地走过了他人生的最后587天。

春蚕丝尽

总理接受住院治疗，邓大姐很高兴。我们这些身边的工作人员都觉得这下可好了，总理总算可以集中时间治病，不至于像过去那么忙呀、累的。总理也做了休息的准备，他不叫钱嘉东、纪东两位秘书去医院办公，而是由邓大姐每天把选好的文件带到医院批阅。第一次手术后的一个多月还好，除有几位中央负责同志来看望外，总理基本上是休息治病。8月10日做了第二次手术后，情况就大不相同了。手术后第七天就约人谈话；文件也逐渐多起来，而且有的文件仍像过去一样标上"先呈总理"的字样。病房办公桌上的文件越积越多，总理办公的时间也越来越长，基本上恢复了他的正常工作，有时晚上工作到深夜。病房已成为他办公、开会的地方，医院也成为他会见外宾的场所。

1974 年 9 月 30 日，周恩来在国庆招待会上致词

从 1974 年 6 月 1 日住院到 l976 年 1 月 8 日逝世，在这最后的 587 天里，我们的总理约人谈话 220 人次，这里面包括他主动约请和别的领导人要求来谈话。有时会见外宾后，还留下主要陪见人谈话，谈话时间最长时一次可达 4 小时 20 分钟。会见外宾 65 次（含港澳人士 3 次），每次时间大都在 1 个小时左右，最短的一次也有 l5 分钟；开会 32 次，一次会最长可开 3 小时 45 分；去医院外看人 5 次；出席了新中国成立 25 周年国庆招待会，还参加了贺龙的骨灰安放仪式和李富春同志的追悼会；去长沙一次，时间 5 天。而像看文字材料、批阅文件、看书等所用的时间就没法统计。我们有这样一个印象：总理不像是治病休息！

周总理住院后的第一次公开"露面"是国庆 25 周年招待会。8 月 10 日，他做了第二次手术，体质下降。临近国庆节我们都在想，新中国成立以来每年的国庆招待会都是以周总理的名义宴请国内外宾客，今年总理能不能出席 9 月 30 日的国庆招待会，要看身体恢复的情况，事先也定不下来，只有到时候再说。人们都希望他出席，总理自己也想出席。国庆节前几天，他身体没出现异常，医疗组认为可以出席。到 9 月 30 日那天，总理是要参加国庆招待会了，他穿上了那套人们很熟悉的深灰色中山装，人已消瘦了很多，衣服显得不太合体，看上去精神不错。临走之前，他吃了点心（他不准备在宴会上吃东西），7 点钟就到了人民大会堂北京厅。有些领导同志也是很久没有看到总理了，都走到总理面前握手问候，十分亲切。7 点 30 分宴会开始，与往年一样，总理领先向宴会厅走去，刚刚走到入口处，宴会厅内已坐满的几千人都站起来了，他们使劲鼓掌，情不自禁地喊出了："周总理！周总理！"总理一边走一边向大家招手，站在席位旁后举手示意，请大家坐下。后排的人们一下拥到前边，瞪圆双眼，近点、再近点，想多看几眼。也许有些人真的忘记了这是在庄严的宴会厅，他们登上椅子，流着眼泪呼喊着："周总理！周总理！"在周总理的一再示意下，他们才渐渐地平静下来。人们相互议论着：总理的病可能好了。主持人宣布：国庆 25 周年招待会开始，请周总理致辞。全场又一次响起了雷鸣般的掌声。周总理被掌声送上了讲台，他用清脆的声音宣读着祝酒词，讲话多次被掌声打断。人们用掌声倾诉着他们对总理的敬仰，对总理的祝愿，对总理的热爱！他们是多么希望周总理早日恢复健康啊！掌声是全场人们的心声，也代表了全国人民的心愿。此时此刻，我们百感交集，热泪盈眶。又有哪一个人不为这狂欢的场面所感动呢？

第四届全国人民代表大会一次会议的准备工作的最后阶段是周总理在医院里

周恩来和叶剑英在四届人大会议上。共事半个世纪的密友，始终有说不完的话

进行的。大家都知道，四届人大早在几年前就准备召开，1970 年的第三次庐山会议的议题就是为四届人大做准备的，因为出了陈伯达的问题，所以改变了原来的议程。1971 年又发生了林彪叛逃事件，改变了党和国家机器的正常运转。时至1974 年，召开相隔了 9 年的人代会才有了较为成熟的条件。周总理不得不在医院里召集各方人士，共商大会的各项工作。和以往一样，修改《政府工作报告》和《国民经济计划报告》花费了总理相当大的精力，有些重大问题还要请示毛主席最后决定。在 22 日下午的中央政治局会议上，决定由周恩来、王洪文二人共同去湖南长沙，向毛主席报告四届人大的准备情况，听取主席的意见，特别是一些关键性的重大问题和全国人大、国务院的人事安排，请毛主席最后拍板，再提交人民代表大会通过。此时，总理已住院达半年之久，先后做过两次大的手术，身体已明显虚弱，最近又连续开会，如何保证总理这次外出的顺利，医务人员和工作人员是要做充分准备的。叶剑英同志在周总理住院期间，一直过问总理的治疗情况和总理的身体状况，对这次去长沙，他更是不放心，指示医疗小组要充分准备，保证总理安全返回。我们认真研究了叶剑英副主席的指示，大家一致认为

总理这次去长沙，肩负着关系到国家最高利益的政治使命，保证总理不出意外，显得尤为重要。我们清楚地意识到这次任务的艰巨性。医疗组全面分析了总理的病情，决定派心血管专家方圻、泌尿科专家吴德诚和保健医生张佐良、护士许奉生组成一个医疗小组随行，携带足够的药品和必要的医疗器械。张树迎同志和我从安全和生活服务方面也做了周密细致的安排。最后，邓大姐对各方面的工作逐项检查后，明确指出，这次的任务重点是防病，要我们尽心尽力，顺利回来。她还语重心长地叮嘱我们，总理回来后还有中央全会、四届人大会议的工作等着他去做。

周总理与王洪文约定同乘一架飞机，第二天（23 日）中午 12 时起飞。王洪文以两位中央常委不能同坐一架飞机为由，改乘另一架飞机。于是，总理先于王洪文飞抵湖南长沙，住进了榕园一号楼。这栋楼过去毛主席来长沙时住过，后来又盖了个"九所"，毛主席这次就住进了"九所"。周总理叫我们向主席处报告，说他已到长沙，待王洪文到后，再请主席确定约见时间。我们一直打听着王洪文由北京起飞的时间，谁也没给一个准确的消息。这种现象在"文化大革命"前是不会发生的。两个常委不能同坐一架飞机只是他的借口，而真正的原因是这位年轻的中央副主席要等待江青、张春桥的最后召见。王洪文自己也不知道什么时间起飞，我们去哪里打听！下午 5 点 30 分，接主席处通知，请总理晚 7 点去开会。原来王洪文已到了长沙，住在榕园三号楼。

晚 7 点，周总理、王洪文先后到达主席住处，一块儿进入会客室。大约两个小时，结束了这次汇报。总理走出来，我迎上去接过他手中的皮包，轻声问："累吗？"总理说："不累。"上车后，张佐良大夫数了数总理的脉搏，稍快一点。总理说："当然会快一点。"回到住地后，稍事休息，护士许奉生为总理测血压，又数了脉搏，都已正常，我们才放下心来。总理对我们说，主席留他在长沙住几天，再休息一下。我们观察，总理这次见了主席后，情绪很好，估计是在主席那里谈得很顺利。后来才知道，主席同意了政治局的意见，对几个悬而未决的人事安排，毛主席作了历史性的决定：朱德仍然被提名为唯一的委员长候选人，周总理还是我们的总理，邓小平被排在副总理的第一名。

25 日上午，我们陪总理在楼道散步，总理问我们读不读毛主席的诗词，我们说有的能熟练背诵，但有的不全理解。于是总理带我们一句一句背诵毛主席 1956 年 6 月作的词：《水调歌头·游泳》。这样一边走，一边咀嚼品味。当背到"不

1974 年 5 月 30 日，周恩来和毛泽东握手。这是两位伟人最后一张合影

管风吹浪打，胜似闲庭信步，今日得宽余"和"更立西江石壁，截断巫山云雨，高峡出平湖"的时候，总理特别加重语气。看得出，今天总理是在借毛主席的词句，抒发自己的心情，也是对国家多年来蒙受苦难、饱经创痛，但最终会驱散阴霾，重现雄姿而高兴。我们怕总理太累，提议到房内打扑克，休息一下，总理欣然同意。我们围坐在一张方桌旁打"百分"，这是扑克的一种玩法。说真的总理也只会打"百分"，而且技术并不佳，但他打起来很认真，记牌很准。这样一边打扑克，一边聊天。总理问我们："去过韶山吗？"我们相互看了看，回答说："没去过。"总理说："这里距韶山不远。这两天我休息，你们可以轮班去看看。"我们不约而同地说："这次不去了，等总理什么时候去，我们一块儿去。"总理笑了笑说："那咱们就一块儿在这里轻松两天吧。"

12 月 26 日上午，总理对我们说：今天是毛主席的生日，晚上请大家吃顿饭，祝贺一下。我们都知道，周总理从不为自己过生日的，他也不提倡过生日。只有像宋庆龄、何香凝等一些知名人士过生日，他才会去祝贺，为党内领导人过生日就很少了。我问他都要请哪些人，他说："就是这栋楼内工作的同志，再请几位省里、军队里的负责人。"晚上周总理和省里的几位领导同志同坐一桌，我们北京来的随员和省里的几位工作人员坐在另一桌。二十几个人开始了庆祝毛主席生日的晚宴。毛主席虽不在场，但在座的都为主席的健康频频举杯。大家也都一一地到总理面前，祝愿总理早日康复。周总理高兴地与同志们谈笑风生。总理因病不能喝酒，为表示心意，叫我代表他向同志们敬酒。我很高兴地斟满酒杯，代表总理感谢湖南的各位同志对总理的接待，以及他们对周总理的良好祝愿。

深夜2点钟，也就是27日凌晨2点，毛主席单独约见周总理，两个人谈了长达两个多小时。总理走出会客室后，毛主席还站在门口挥手。

27日晚7点30分，周总理从湖南回到北京，住进医院。第二天他就忙于召集会议。这段时间，几乎是天天开会，有时在医院，有时去大会堂，有时去京西宾馆。开会回来，他就在病房里修改报告，批阅文件。有时在灯下连续工作五六个小时，这时候，只能加强护理，及时用药，谁也不敢去打扰他，因为那样做只会延长他的办公时间。1975年1月10日召开了中共十届二中全会，决定了召开四届人大的时间。全国人大四届一次会议1月13日在北京开幕，周总理在大会上作《政府工作报告》。报告中提出在本世纪内全面实现工业、农业、国防和科学技术的现代化。由于身体的关系，周总理只读了政府工作报告的前、后两个部分，中间部分请人代读。

会见外宾也是周总理住院期间的重大任务。住院手术后才一个多月，他就会见了美国民主党参议员亨利·杰克逊（7月5日）。消息传开，很多来访的外宾都希望能见到周总理，有的外宾非要见到周总理才肯离开北京。如突尼斯总理就强烈要求见总理，外事部门告诉他周总理因病卧床不能起来，这位客人执意要到病床前看一眼，外事部门只好报告周总理。总理是3月26日做的结肠手术。4月3日，周总理躺在病床上与这位客人谈话15分钟，没有照相，没有拍电视。朝鲜的金日成主席为加强两国的关系，也出于同周总理的友谊，应邀来华访问。此时总理已可以下床，确定周总理与邓小平同志于4月19日在医院会见他。这次的会见是在总理做结肠癌手术后的第二十四天进行的。当时周总理身体没有恢复好，双脚浮肿得很厉害，原有的皮鞋和布鞋都穿不下，只好赶做一双布鞋。当时不能让做鞋师傅到医院量尺寸，只好由我们量一下，带上旧布鞋，约上友谊商店为中央领导同志做皮鞋的王凤德师傅，找到了专做布鞋的韩师傅。我把要做的新鞋的尺码和要求一说，他接过旧鞋，看了看说："这鞋是我做的，你不用说了，我全明白了。"顿时流下眼泪。我又连忙嘱咐："千万不要做小了，因为没有时间修改了。"他说："我不睡觉，明天就把鞋做好。"第二天，我取回鞋子先让总理试了一下，不太合适，比脚大了些，由保健护士许奉生在鞋里垫了厚厚的纱布。总理就穿着这双很不合脚的布鞋，拖着重病的身子与邓小平一起，会见了金日成和朴成哲。会谈一小时，他们没用翻译，因为金日成、朴成哲都能说一口流利的汉语。谈话结束，金日成与周总理打破了东方人只握手告别的习惯，两人长时间地拥抱。这以后总理又分别会见外宾 26 次。其间他还参加了中国与菲律宾、中国与泰国的建交签字仪式。最后一次会见外宾是 9 月 7 日，客人是罗马尼亚党政代表团，团长是伊利耶·维尔德茨。当时总理的身体已很虚弱，仍坚持谈话 15分钟。总理送走外宾，留下陪见的纪登奎、耿飚同志，向他们说明了自己的身体已很难应付这样的外事活动，请他们与外交部的同志一起研究，不要再安排他见外宾了。这样，周总理才从繁忙的外事活动中解脱出来。13 天后，即 9 月 20 日，总理做了第四次大手术。入手术室前，总理躺在手术车上，要来了 1972 年元月他在中央批林整风会上所作的《关于国民党造谣污蔑、登载所谓"伍豪事件"的问题的专题报告》录音记录稿，用颤抖的手签上自己的名字，并注明"入手术室前，一九七五.九.二十"。这次手术虽然很成功，但身体已损伤太重，从此总理很少下床活动。报纸上、广播里也没有周总理的消息了。

　　住进医院的周总理，看文件、开会、见外宾已是超负荷的运转了。而党内的那些极"左"人物的代表，也就是后来被称之为"四人帮"的几个人，并没有因为毛主席对他们的批评而改变态度。他们更加猖狂地活动，向周总理、邓小平同志加紧攻击，在他们控制的《人民日报》上大登反"经验主义"文章。光是在总理住院后，他们发表的就有《论林彪反党集团的社会基础》《评〈水浒〉运动》以及《教育革命的方向不容篡改》等有代表性的文章，其内容是把矛头直接指向周总理和邓小平同志，并掀起一股所谓"反击右倾翻案风"的浪潮。江青等一些人，并不安于只在报纸上攻击，还煽动制造一些事件进行围攻。"风庆轮"事件就是他们攻击邓小平同志的"代表作"。对四届人大提出的工业、农业、国防、科学技术四个现代化的奋斗目标不宣传或低调宣传，而一味地借抓革命来压生产，提高调门继续宣传他们的"宁要社会主义的草，不要资本主义的苗"。江青直言不讳地散布：总理在医院不是养病而是不停地串联。她讲的"串联"，就是指总理经常约邓小平、叶剑英、李先念等领导同志来医院开会谈话。周总理对江青这些人的活动目的，当然很清楚，对他们的那些文章是认真研究的，像《反对经验主义》这一篇，他一连看了几遍。出于对党、对人民、对国家负责的精神，总理毅然向毛主席陈书，推荐邓小平取代他的位置，负责中央和国务院的日常工作。总理躺在病床上对张春桥、王洪文讲，请他们帮助小平工作。他们不仅不听，反而加紧了对邓小平的攻击。党内斗争对总理的折磨不亚于癌症对总理的折磨，忧国忧民的责任大大超过疾病对总理的压力。药对他的病已不起作用，总理的病情在一天天加重。心情不畅是加重病症的原因之一，我们忧心如焚啊！

关怀

周总理虽然自己重病住院，但他还是像过去一样关心着别人，这是他多年养成的高尚品德。上自毛主席，下至一般群众，只要是他知道的他都要过问。毛主席从1972年开始身体就不太好，当时总理都亲自过问毛主席的治疗情况，亲自组织医生会诊。他住进医院后，仍和过去一样，多次约见毛主席的保健医生，召集医疗小组开会，听取他们的治疗方案。周总理对毛主席的关心是与党的事业连在一起的，从一次谈话中就不难看出。总理对我们说："毛主席的身体还不错。毛泽东思想是中国革命经验的总结。你们还要为党、为人民工作20年、30年，要好好地学习主席的文章，为人民多做工作。"谭震林、汪东兴因病住在北京医院，他也曾两次到医院看望，过问他们的治疗情况，关心他们的健康状况。

1975年9月，华国锋同志率中央代表团去西藏，参加西藏自治区成立10周年庆祝活动。总理请华国锋同志带上《养蜂促农》的科教电影片，送给西藏的同志看，便于交流经验，提高西藏的粮食产量。他还特意叮嘱华国锋同志不要说是他送的，并说："在西藏工作的同志很艰苦，这几年工作不错，多鼓励他们。要注意培养少数民族干部，这个问题在少数民族地区十分必要。不仅要看数量，还要注意质量，要把真正懂马列主义、毛泽东思想的人提起来。老、中、青结合，组成能战斗的班子，工作就能搞好。"郑凤荣、郑敏之等国家级运动员知道周总理住院了，先后寄过两封信，倾诉他们运动员对总理的一片深情和心愿。周总理看信后说："他们这些运动员为国争光，一直想去看他们是怎样生活的。今天我

1965 年 5 月，周恩来和李先念（**右四**）、罗瑞卿（**右一**）在大寨团支部书记郭凤莲（**左前**）家，右二为大寨党支部书记陈永贵

去不了啦，请警卫局派人到运动员们集中训练、生活的地方去看看，看看他们的宿舍和食堂。"当他得知运动员的食堂管理较乱，吃饭都没有凳子坐时，就指示有关单位对运动员们要多关心爱护。

　　杨秋玲是新中国成立后培养出来的一批优秀京剧演员之一，她饰演的《杨门女将》中的穆桂英给观众留下了深刻的印象，她还演过现代京剧《红色娘子军》的连长。"文化大革命"开始后她被停止演戏，这个人也就销声匿迹了。1975 年由杨秋玲主演的《红色娘子军》在北京工人俱乐部演出的消息传到了医院，总理知道后很高兴。他很想看，但又不能去。当时也没有电视转播，我们几个人就与广播事业局机要处的同志协商，请他们将全剧录制下来，让总理看录像。人员器材都准备好了，突然有消息说，这戏不演了，要到西安去。很遗憾，总理没能再看到这场戏。总理并不单是为了看戏，而是因为他对这戏很熟悉，这个戏在最初排练时，他去看过好几遍，而且对一些内容和表演技巧都提出过不少修改意见。他关心的是这一代文艺工作者，为她们被"解放"出来而高兴。当他听说《创业》这部电影有些人看后持反对意见时，就让我们把片子调来看看。周总理住院后，我们为调剂他的生活，有时也安排他看电影，这都是在他身体条件允许的时候。这个时候他的身体本来不太好，我们担心一个多小时的电影怕是坚持不下来，总理说可以分开看，累了就休息。就这样，他分两次把这部片子看完，并对这部片子给予了肯定，说："这是一部好电影，写出了大庆人的精神，真实地再现了王铁人。应该宣传大庆，大庆是用毛泽东思想武装起来的，是'两论'起家嘛！"

陈永贵于 1975 年 12 月 19 日代表大寨人来医院看望总理。他带来了大寨的大枣、核桃和新培育出来的苹果，带来了大寨人对总理的敬仰。周总理看到陈永贵，很高兴地拉着他的手说起曾三次去大寨，看到了大寨人的艰苦创业精神，也曾对大寨的不足提出过意见，如绿化不好，应该有计划地多种树，等等。最后他说，我曾经对大寨人说过，几年后，你们变化了，我再第四次来大寨。今天他在医院见到陈永贵，而且是躺在床上，我们可以想象得出，此时此刻，总理是怎么样一种心情！他请陈永贵代表他问候大寨的乡亲们。陈永贵这个能叫虎头山低头的硬汉子，也禁不住泪流满面，依依不舍地离开了病房。人民的总理，至死也没有忘记人民。毛主席是很关心周恩来总理的健康的。周总理病重住院，对他来说也是件很不幸的事，他时刻关注着总理病情的变化。癌症已经夺去了陈毅、陶铸等领导同志的生命！主席是相信科学的，我们的医疗水平能把总理的病医治好吗？他所看到的病理报告是总理的病越来越重，这就不能不使主席担忧了。他经常派工作人员到医院看望周总理，还派人送来了一个特制的沙发，总理坐上很舒服。总理住在医院，仍坚持办公、批阅文件、请示报告，毛主席是最清楚的。为了增强总理对疾病的抵抗力，主席指示："注意护理，注意营养，注意休息，要节劳。"还指示说："对总理的治疗，总理自己要过问，总理自己可以决定。"周总理很感激毛主席的关怀，后期的手术治疗方案确定后，总理都是自己亲笔写报告，送毛主席批准。待毛主席批准后，他才肯进手术室。这说明了周总理对毛主席的尊重，也表现了周总理高度的组织原则。1975 年 3 月 20 日，周总理在致毛主席的信中这样写道："我因主席对我的病状关心备至，今天又突然以新的病变报告主席，心实不安，故将病情经过及历史原因说清楚，务请主席放心。"

中央其他领导同志对总理也十分关心，只要总理的健康状况允许，他们就到医院看望，当然也谈工作，更主要的还是关心总理的病。叶剑英同志几乎天天叫秘书打电话询问总理的情况，有时亲自打电话问医生，隔几天就要来医院一趟，看看总理，约医疗组的专家们和工作人员座谈，听取汇报，并对医疗和保健工作提出他自己的意见，作出明确指示。叶帅喜欢钓鱼，有一次他钓到一条 30 多斤重的大草鱼，派人送到了医院给总理吃。红烧、清蒸、炖汤也只能用掉一部分，周总理把其余的鱼分送给医疗组的同志和工作人员。我们打电话转达了周总理对叶帅的谢意，并报告说，我们也吃到了叶帅的鱼，全体同志表示感谢。叶帅很高兴，过了几天，又专门派人送来了鱼，慰问工作人员。这条鱼比上次的小不了多少，我们把总理最喜欢吃的部位留下，全体同志又美餐一顿。邓小平经常来医院看望总理和谈工作，总理病情不好时，他很快就赶到医院。邓小平很注意总理的身体状况，每次谈话都控制在半小时左右。这里有一组数字：邓小平在总理一年零七个月的住院期间，来医院 63 次，如果减去每次大手术后的 10 天时间不便探视外，平均每六七天就来医院一次。可见邓小平对周总理的关心。当总理癌症广泛转移，已无治愈的可能时，邓小平明确指示："减少痛苦，延长生命。"李先念、陈锡联、华国锋、纪登奎等同志，也算得上医院的常客。总理病倒的最后几天，他们几乎天天守着，在病床前看着总理憔悴的面容，忍耐不住难过的心情，就走到病房外掩面垂泣。李先念除陪总理会见外宾外，还先后到医院 52 次，周总理临终时，他第一个赶到了医院。聂荣臻、徐向前、王震等同志也冲破阻碍，几次去医院看望。倪志福同志到医院看总理，总理是坐在沙发上与他谈话的。回去后，他亲自到北京北郊木材厂与工人师傅一起设计了一个比较舒适的摇椅送给总理，总理坐上很满意，一再感谢倪志福同志，并请他转告对工人师傅的谢意。

　　1975 年 7 月 11 日下午，周总理午睡起床后，在病房内做运动，这是他坚持多年的"八段锦"运动，只要身体条件允许，他便不会停止锻炼。他边运动边对我说："你打电话问一下朱老总的身体怎么样了，他现在有没有时间。前些日子他想来看我，因为我当时身体不太好，没能请他来。今天可以了，看老总能不能来。"我答应马上去打电话。总理又说："现在是 4 点多钟，如果朱老总可以来，5 点钟可以到这，大约谈上半个小时，5 点 30 分可以离开，6 点钟他可以回到家吃饭。按时吃饭是朱老总多年来的习惯。他有糖尿病，年岁又大，不要影响他吃饭。如果今天不能来，请他去北戴河之前来一趟。"我把总理想见朱老总的心情报告了邓大姐，她指示我直接找康大姐。我要通了康大姐的电话，转告了总理的意见。康大姐说："请报告总理，老总的身体挺好，今天没有安排别的事。他这几天总想去，一直在等你们的电话。他是要见了总理后再去北戴河的。"我把朱老总可以来的消息报告了总理，同时转达了康大姐的问候。总理在病房里踱着步，思忖片刻说："换上衣服，到客厅去见老总，不要让他看到我穿着病号衣服。"5点50分，朱老总来了，周总理起身迎向老总，两人同时伸出了双手。朱老总用颤抖的声音问："你好吗？"总理回答："还好，咱们坐下来谈吧。"朱老总已是89岁高龄，动作有些迟缓，我们扶他坐到沙发上。总理示意关上客厅门，我们都退了出来。客厅里开始了两位老战友的谈话。6点15分谈话结束，总理送朱老总走出客厅，两人紧紧地握手告别。总理直到汽车开走后，才转身回到病房。谁曾想过这竟是两位共和国领袖的最后一次交谈！谁又能想到，这次相见，竟成了两位几十年来出生入死的老战友的诀别。这是最后的相见，最后的握手。

周恩来总理得的什么病，住在哪家医院，广大群众是不会知道的。过去人们几乎天天在报纸或广播里看到或听到周总理的消息，忽然间，听不到周总理的消息了，人们当然会猜想发生了什么事。因为在那个特定的历史时期，人们往往是以在报纸上或广播中看到或听不到哪个人的消息而判断政治去向的。人们不难记起，有一段时间报上在报道一大串领导人的后面有这样一句："还有余秋里。"就足以说明当时在报上见名字的作用。对周总理的不露面人们的猜想也不例外，但多是为周总理担忧。时间虽然不长，但已影响到人们的思想。所以，在总理住院后的一个月零五天时间，即安排周总理在医院会见了美国客人。会见外宾的消息发表后，人们知道总理是因病住院，又为周总理得病而担忧。总理生病的消息牵动着亿万人民的心。全国各地纷纷寄来了充满感情、充满希望的信。这些信来自各行各业，有干部、有工人、有知识分子、有农民、有学生、有解放军官兵……这一封封来信，道出了他们共同的心声：希望周总理早日恢复健康，早一天出院。特别是一些医务工作者，有的毛遂自荐地要来北京为总理治病，有的随信寄来治疗疑难病症的药方。由于不知道总理得的是什么病，自然很难准确地开什么医方。多数送来的是医治心血管病的，也有的寄来的是治疗肾脏的，还有腰酸腿痛的，以及气功疗法，等等，更有些热心的人寄来了成包的中草药和治疗绝症的药品……这表达了人民对周总理的热爱和为周总理治病的决心。下面摘抄几封来信，代替我的叙述：

一位叫仝飞的同志来信——

敬爱的周总理，你多年来辛勤地操劳中国和世界革命大事，现在住院已好几个月了，还未痊愈出院，我多么想你早日恢复健康……（信中为总理推荐了一位老中医。）（1975 年 1 月 11 日）

一位叫程丹田的同志致总理的信中这样说——

周总理钧鉴：敬悉尊体欠安，久在医院疗养，使我们贫下中农非常担心，寝食不安，但不知在何医院，还不断接见外宾，有利于国家，有利于人民，身负重病，鞠躬尽瘁，任劳任怨，为国为民……（1975 年 7 月 1 日）

一位叫卫德润的同志于 1975 年 9 月 1 日随信寄来治疗各种病的几服处方，并要求为总理献血，还寄来了"O"型血的化验单，用自己的血写下了"决心"二字，以表示对周总理的爱和为周总理治病的决心。

一位叫王者与的同志来信说：

从报纸上、广播里听到周总理在医院接见来宾，后来在道听途说中得知周总理患动脉系统疾患（未悉是否准确）。周总理为全国人民操劳，积劳成疾，我日夜反复考虑，巴不得周总理指日病愈。因我三世业医，对此稍有经验，早想寄方施治，无址投信。急则生智，想此办法，邮电可转寄总理，此方有益无害，请高明医师再加诊查参考是否适宜。如可服，即服四至六剂，如效果显著，便将脉象、体温、血压以及病状捎来，再量更方寄去，以祈总理病愈在望。处方（略）（1975 年 10 月 26 日）

一位叫许克贤的同志来信：

敬爱的周总理：近年来在《参考消息》上看到您老人家住院和在医院接见外宾的消息，却没有说您老人家得的是什么病。因此我八方询问，得知您老人家是心脏病和目疾，所以我斗胆介绍我们祖传民间秘方，这两秘方对人体完全是有益而无害。药方（略）。最后在信中引用毛主席的话："一切革命队伍里的人都要互相关心，互相爱护，互相帮助。"中央首长都随时关心我们，我们有一知半解，当然也应向首长贡献……总之，能否采用，我也算是尽了一点野人献芹献曝的心了。（1975 年 9 月 15 日）

还有些信是寄给邓大姐和寄给国务院的。这些信从内容上看，没有华丽的辞藻，没有颂德的语言，而用朴实的字句，道出他们真诚的情、真诚的爱和真诚的希望。

长期担负保卫中央领导同志安全的中央警卫团的指战员们和全国人民一样，为周总理治病作出了无私的奉献。周总理病中，失血太多，需要不断补充。总理是"AB"型血，血库里这种血不多，又不便到社会上去大量采集。中央警卫团的官兵们闻讯后，争先恐后地报名为周总理献血，都希望自己的血型与总理的相符。"AB"血型的战士们庆幸自己能为周总理治病尽上一份力，血型不合格的战士们自动要求多站几班岗。有些战士献了一次，还要求再献一次。战士们献血的事对总理是不能讲的，如果总理知道是战士们为他献血，他是绝对不会同意的。战士们对周总理的爱是埋在心底的！至今他们没有以为周总理献血而吹嘘，也没以为周总理献血而索取。他们学着周总理的精神，默默地战斗在各自的工作岗位上，为实现总理的遗愿——实现祖国四个现代化，躬身实践，顽强拼搏。

向病魔抢时间

党的事业的需要，人民事业的需要，斗争的需要，使虽已住进医院的周恩来，不能完全放弃工作，专心一意地治病。病魔不停地向他进攻，威胁着他的生命。拼命地抢时间工作是他与病魔斗争的方式，而为了有更多的时间工作，配合医生治疗也是他向病魔抢时间的积极行动。

周总理知道得癌症会是个什么结果，经他过问的病人——陈毅、陶铸、王进喜等同志都被癌症夺去了生命。配合治疗是会延长生命的，多活一天，就可以多为党、为人民做工作。所以，总理总是以科学的态度对待疾病。他尊重医疗组的同志和他们的意见，按照医生们的治疗方案治病、吃药、打针、手术。只要是医疗组决定的，他都能听从治疗，还随时向医生们提供他自身的感觉、变化，包括心理上的反映。在病情变化大、治疗最困难、最紧急的时候，他还叮嘱医生们不要紧张。每位医生、护士都被周总理的这种态度所感动。

周恩来卫士高振普后来撰文回忆了总理与病魔作斗争的经过。

为增强对疾病的抵抗能力，周总理住进医院，只要身体条件允许，他都坚持锻炼，做操、散步是经常的。能去室外，他绝不待在室内，能多走几步，他绝不少走。第二次手术后，我们看他体质恢复得不错，就在病房外的走道上，装上了乒乓球台。他坚持打球，每次时间只有几分钟，但他一天打两三次，这对增强他的体质是有好处的。

医院环境虽好，但终究是医院。时间久了，总理也想出去走一走，换换环境。医疗组看总理身体恢复得不错，也建议换个环境。三〇五医院地处北海公园西侧，我们了解到公园早已不开放，经询问是 1972 年以整修内部为由一直关闭至今。经我们建议，总理同意去那里散步。北海公园的管理人员知道总理想来，表示非常欢迎。周总理于 1975 年 5 月春暖花开的季节，去北海公园散步。当时是养病，由我们和医生、护士陪同，直接去公园走走。由于身体原因，他只能在廊内漫步，最后到仿膳休息。在那里，他可以与公园的领导、职工接触，了解他们的工作、生活情况，当谈到公园为什么不开放时，他们回答是按上级指示。周总理也不再追问是什么原因了，知道他们也说不清楚。

我们与总理相处多年，日日夜夜，形影不离，他工作，我们为他工作，养成了程序化的协调关系。今天，他养病、散步，我们相随左右。他看报纸，我们几个人低声说话，当然是天南海北地胡扯。他见我们聊得挺热闹，要我们与他聊天。这就打乱了以往形成的那种工作程序，聊什么，我们一下选不准内容，这可真难住我们了。总理风趣地说，刚才你们有说有笑，怎么一下子都变哑了。以后我们商定了个办法，每天推出一个人事先准备好，讲点故事，当然还要引起总理的兴趣。开始难度较大，因为谁也没给总理讲过故事，后来经过有准备地搜集材料，思路打开了，内容丰富了，谈起来也就随便了，大部分内容是收集社会上的笑话。有一天，我大胆地讲了一个坐公共汽车的笑话：有一个人坐公共汽车，因车上人多，他嫌太挤，别人对他说，八亿人看八个样板戏都不怕挤，车上这几个人你就怕挤了。说完以后，引起大家的哄笑，我不知道对总理讲这话是否恰当，总理却一笑了之。说到样板戏，总理问北海公园的几位同志谁会唱样板戏，他们推荐一位小马同志，这位同志很高兴地唱了"红灯记"中的李铁梅选段。这在当时是比较流行的，她唱得确实不错，总理边听，边有节奏地打着拍，活跃了北海散步的生活。

北海公园散步，改变一下环境，确实有助于总理养病，他先后去过21次。后因天气太热，我们又建议去大会堂，去了一些厅室，看一看很久没见的同志，其中有厨师、服务员和大会堂的领导。每到一个厅室，总理都要静静地坐在那里，约几位熟悉的同志谈谈大会堂，谈谈他们的生活、他们的家庭，共同回忆大会堂建筑和使用的过程。所有厅室和一些主要活动场所，周总理都去过。同志们更想知道的是总理的病，总理的身体，总理什么时间再在这些厅室开会、会见外宾。他们每时每刻地盼呀，盼呀……"我要多吃几口饭。"这是总理生病的后期常说的一句话。因化疗影响了他的胃口，吃饭成了他的一大困难，每一餐饭他都要付出很大的力气，有时一次饭要花费几十分钟，累得满身是汗。他说吃饭比吃药困难得多。按照医生的要求，现在的卫生部部长陈敏章同志与其他医务人员共同制定食谱，保证总理有足够的热量摄入。为总理做饭几十年的桂焕云师傅，虽然有高超的烹饪技术，但对重病的总理，也显得办法不多了。因为总理进食太少，很难达到医生们要求摄入的热量，只好用输液的办法补充。

我们想办法让总理吃上营养质量高的食品。有一次，与医生们商量，给总理烧一个鱼翅吃。总理平时是不吃鱼翅、燕窝这类高档食品的，只是在招待美国总统尼克松和日本首相田中角荣的宴会上才吃过。我们事先征得周总理的同意，从人民大会堂定做了一份。此时总理已是卧床多日了，只好由护士同志喂他，我在一旁帮助。他每吞咽一口，头上就出很多汗，护士许奉生就用毛巾擦一下。吃了几口，总理替我俩分工，改由我喂他，许奉生管擦汗。这样，我一边喂，小许一边擦汗。总理吃一口，自己数一下，就这样连续吃到第八口，实在没有力气再吃了。八口饭，足足用了半个小时。饭后总理说："我是为了治病才多吃几口饭。"每天总理按医生们的交代"少吃多餐"。到了最后一个多月，吃饭的难度越来越大，实在无法吞咽，只好改为鼻饲。从此以后，总理再也没有品尝到饭菜的味道了。

此时的周总理，人瘦成了皮包骨，疼痛使他难以入睡。为了让他睡觉，医生们的办法是用安眠药，注射哌替啶，半针一次地打。药的作用一过，马上又疼醒了。哌替啶这种止痛药也不能过量，总理提出用听音乐的办法分散注意力。这办法我们也想过，看总理病痛的样子，谁也没好意思提。我们找出了他平时喜欢听的京剧、轻音乐、曲艺、相声等，试验的效果不错，轻音乐的效果最好。相声他很爱听，但不易入睡，发笑时，伤口会痛。总理叫我们找些昆曲，广播事业局机要处的同志为总理录制了南昆、北昆各几盘带子，每盘二三分钟，最长的也就五分钟。总理对曲词都很熟，有时跟着哼几声，听曲时，就想睡觉了，一边听一边睡。我们有时看他睡得很香，曲子放完了，机器一停，他便醒了。为了让他睡得长一点，我们把几盘带子上的曲子合录在一盘上，不换带，不停机，让总理多睡一会儿，效果不错。开始，我们对总理一次能睡半小时，不因停机被吵醒而高兴，继而想再搞长一点，30分钟的带子放完，他还在睡，我们又出一招，即一盘正常运转30分钟的带子，采用慢速录制，可连续录制2小时的曲子。在那个时候，如果总理一次能睡2小时不醒，那真是天大的喜事。带子录成了，总理听的过程中发现了，说你们主意挺好，但他不太适应，所以又改回到每三五分钟换一次带子。

1月7日，张树迎同志与我商量，看样子总理的病再想好起来是很困难了，从卧床以后，除医务人员和少数几位工作人员外，还有些同志很久没看到总理了，他们想轮流到病房，见总理一面。像警卫值班的刘岚苏、康海群、王必成同志，还有为医生们做饭的厨师和服务员同志，他们都想看看总理。他们平时很守纪律，没有事情，很少到病区来。为了不影响总理的正常休息，今天叫他们轮流过来看总理，而不能让总理看到他们，选定总理睡着的时候。很不凑巧，总理整天睁着眼，而且不停地向四周看，时间一小时一小时地过去，一直等到深夜12时，也没有机会。我们商量改为第二天再安排。谁也没想到，第二天总理就病逝了。他们看到的是总理安详地躺在床上。他们不怪我们，只是没最后看一眼活着的总理，而感到终生遗憾。

1月8日这一天，我们和往常一样，张树迎向我交班，由我守在总理的病床前，我抚摩着总理干瘦的左臂。这是总理住院后期，我养成的习惯。他的手臂发热，我比较放心。此时总理还转过脸来，看看我，我很习惯地对总理点点头，他没说话。总理几天来都是这样，说话很困难。乔金旺同志和我一个班，他走进病房，示意叫我休息一会儿。我会意地离开病房，轻步往外走，回到值班室。黄宛、方圻、吴蔚然同志都守在那里。忽然电铃响了，这不是平时的电铃，而是为遇紧急情况专设的电铃。不好！大家快步跑向病房，几乎同时看到监护器的心脏显示，心跳 70 几次。陈在嘉大夫说，一直是一百多次，忽然掉到七十几次……她急得说不出话来，心跳在继续下掉，60 次、50 次、30 次……

医生们按照原定的抢救方案，采用了所有措施，呼唤、人工呼吸……都不起作用。陈在嘉哭了，她在监护器前坐不住了，方圻大夫替她守着。荧光屏上，时而显示一次心跳，渐渐地看不到心跳了，只见一条直线。总理，人民的总理，为人民的解放事业奋斗了六十多个春秋的伟人，带着全国人民的敬仰，离去了。跳动了 78 年的心脏于 1976 年 1 月 8 日 9 时 57 分停止了。他去得那么突然，走得太快了，太早了。

全体医务人员、工作人员都站在总理的周围，哭喊着，谁也承受不住这如同天崩地陷般的痛苦，忍不住放声大哭，哭声中包含着对总理的爱，对总理的敬，对国家的忧。

中央领导同志接到总理去世的消息后都急匆匆地赶来了。李先念同志第一个走进病房，他弯下身子，双手紧握着总理的手，只叫了一声"总理……"便再也说不出话了，泪水一下涌了出来。他悲痛得双手发抖，站都站不住了，我们赶快把他扶到沙发上，他坐在那里，双眼直望着总理的遗容，无力地抽泣着。

邓小平、叶剑英也都来了，他们都站在总理床前，深深地向总理鞠躬。

11 时 5 分，由邓小平带领，叶剑英、李先念、华国锋、陈锡联、纪登奎、吴德、汪东兴、陈永贵、王洪文、张春桥、姚文元等走进总理病房，围在总理遗体前。他们都肃立站好，邓小平说："恩来同志，安息吧！"然后向总理三鞠躬，目视着总理，缓缓地退出了病房。

11 时 30 分左右，江青来了，她走进病房，高声喊着要见邓大姐："小超在哪里，我要见小超。"她没有靠近病床便停住了，她没看静卧在床上的总理，一边喊着"小超"就退出了病房。我们这些人都被她的表现给惊呆了，当时真是不知怎么说她才好。1976 年的 10 月，粉碎"四人帮"以后，江青当时的秘书告诉我，周总理去世的消息，他们接到中办的电话后，马上向江青作了汇报，说明中办通知叫她去医院。她却说，前几天不是告别过了吗（注：1 月 4 日总理曾因病危抢救，她到过医院）？还去干什么？这足以验证江青是个什么人。

周恩来的遗体，经过医务人员的精心整理，于当日 12 时许转送到了北京医院。

为总理准备火化的衣服

周恩来卫士高振普撰文记述了当时的情景。

周总理病重后期，我们（高振普、张树迎等）仍然希望他能病愈出院，谁也没提出后事的准备，对总理1月8日病故仍感突然。遗体进去北京医院的当天，就要我们把衣服送去。我们去问大姐，她明确告诉我们，不给做新衣服，要选他平时最喜欢穿的，现有最好的衣服。我们选了他冬天穿的灰色凡拉绒中山装，这是一套较好的，虽说旧些，可没补丁，一件布衬衣，这是一件比较好的衬衣，也已穿过多年，不过没有换领子和袖子，一条布衬裤，一件西装背心，一双线袜子，一双皮鞋。这些衣服，有的穿过几年，有的穿过十几年。总之，没给总理赶做一件新衣服。邓大姐看后，含着眼泪对我们说，这是恩来的作风，你们最了解他，平时为他添一件衣服都很困难，他死后，咱们还是要尊重他，不为他而浪费人民的钱，新的旧的都一样，都会一把火烧掉，你们会理解吧？以后不会有人怪你们，如果有人不理解，也是暂时的。

我们把准备好的衣服，用一块使用多年的紫色布包好，送到北京医院。当一位多年为周总理看病的老医生打开包时，看到的是一包旧衣服，马上气愤地冲着我们喊道：你们想干什么，怎么拿来这样的衣服，为什么不做新的，是来不及吗？我自己出钱给总理做。你们跟周总理那么多年，你们对得起他老人家吗？听着他的一番话，我们谁也没说什么。我们理解他。他对周总理是怀有很深的感情的，他的父亲是国内有名的牙科专家，周总理在上海做地下工作时，那位老人家曾支持过周总理，支持过革命。新中国成立后，周总理每到上海，只要有机会，总要去看望他。这位老牙医的后代，当今的牙科专家，对周总理、对邓大姐有着至深的感情，他一直叫邓大姐"邓姨"。面对着他的训斥，我们不怪他，我们又何尝不是有同样的心情呢？只是我们更多地了解总理，铭记总理的身教言教，为他写下这廉洁奉公的最后一页。

周总理去世的消息是1月9日广播的，很多人不相信自己的耳朵，相互打听着消息的准确性。经过多次听播，人们才真的相信了。周总理病逝了，全国上下，机关、团体、学校、工厂、大街小巷，人们怀着痛苦的心情，谈论着这不幸的消

周总理灵车通过天安门

息，人们被这沉痛的消息压抑着，似乎空气中缺少了氧气。

怀念、悼念，寄托哀思的形式多样。他们走向天安门，带着花圈，系上白花，自觉地形成悼念大军，不用组织，他们有条不紊地排着长队，缓缓地走向纪念碑。

当时的"中央"下达了不准各单位搞纪念活动、不准戴黑纱、不准去天安门广场的通知。更让人不可理解的是，谁去过天安门要向单位报告，要登记，要说明理由，这实际上是做检讨。这种压制，并没有吓倒人民群众，他们不理那一套，去天安门的人越来越多，戴黑纱的人也越来越多。仅北京而言，所有布店的黑布全被买光了。不能去天安门的单位和个人，就在单位和自己家里设灵堂，摆着周总理的遗像，买不到遗像的，就把报纸上周总理的像剪下来，供在房子中央，表达对周总理的怀念之情。

据北京市公安局的报告，自周总理去世的消息传出后，几天来没有案件发生。

1月10日开始了对周总理有组织的悼念活动。遗体告别设在北京医院太平间，党、政、军各单位的人有组织地向总理告别。消息传开，人们拥向北京医院，能进去告别的是少数，而进不去的就围在医院四周。两天的告别仪式，进去告别的不过几千人，而等在外面的却有几万人、几十万人。他们站在马路边，向着北京医院不停地呼唤，不住地流泪。一位曾在中南海工作的同志事后对我说，她在台

邓小平在周恩来追悼会上致悼词

基厂与上万的人们，整整站了两天。

各单位能来告别的人数太少，要求来的人很多，他们的愿望达不到。外交部的同志通过王海容的渠道，经过批准，利用 10 日的晚上，派来 300 人，代表外交战线上的同志们，表达了对总理的怀念之情。事后，他们还遭到了当时权威人物的严厉批评。当然，负责操办这件事的人也表现出了抵制的情绪，不做检查，他们自豪地说："悼念总理有什么错。"

11 日下午 4 时，遗体告别结束，灵车由北京医院出发，经台基厂、长安街去八宝山火化。天还是阴沉沉的。灵车刚刚驶入台基厂，沿街的群众高喊着"周总理、周总理……"十里长街，人山人海，悲痛的呼喊声、抽泣声连成了一片。灵车在徐徐地前进。人们站在那里，都想最后看看总理。他们看到的虽是灵车，但想到的却是周总理那熟悉的身影、慈祥的面孔、亲切的声音，像是仍然站在敞篷车上一样，向他们招手，向他们微笑。由于群众非常遵守规定，路上也无其他车辆了，交通警察已成为标兵，他们面对着灵车，用颤抖的手行礼，脸上挂满了泪痕，目送着周总理的灵车从他们面前驶过。

周恩来的卧室陈设十分简陋

灵车驶进八宝山，周总理躺在水晶棺里，安放在第二告别室。送行的中央领导人和治丧办公室的成员，最后向总理告别。邓大姐双手抚摩着棺木，沉痛地呼喊着周总理的名字。她痛哭着，此时此刻谁也无法劝阻她。这是最后的一面，再过几分钟，她将永远地看不到总理了，看不到与她生活、战斗多年的亲人、战友了。在工作人员的多次劝说下，她才慢慢地离去……

八宝山的职工，自周总理去世后，他们就把为总理火化的炉子修整一新，挑选出了最优秀的火化工。一位工人同志对我说，谁也不愿亲手把总理送进火炉，谁也不愿点燃这火，因为谁也不忍心将总理烧掉，是党支部决定，经党支部做工作，最后才选定了优秀的火化工来完成这历史性的使命。以往，我们曾多次见过总理，那是他来参加追悼会。见到总理，我们感到很光荣，很荣幸。现在，我们非常难过，怎么也想不到今天火化的竟是我们的总理。张树迎、乔金旺和我，始终守在火化炉旁，我们少有的相对无言，忘了看表，几点开始火化，几点骨灰出炉，我们谁也没记清楚。夜深了，火化结束，职工们用新做的扫灰工具，一点不漏地把骨灰全部清扫出来，装进了骨灰盒。我们三个人依次捧着骨灰盒、邓大姐的花圈，由治丧办的同志护送，乘车离开了八宝山。灵车驶出八宝山西门，我被

周恩来日常使用的餐具

眼前的场景惊呆了。迎面看到的是站在沿路的黑压压的人群。天上飘着雪花，他们还等在那里，想再看一眼，以此来表达对总理的爱和深深的怀念。借着路灯的光亮，我看到道路两旁的人行道上挤满了人。一位小孩在妈妈的怀里举起小手向灵车呼喊。后来一位老将军告诉我，他和老伴当时就站在空军大院前面的马路边，一直等到灵车过去，他们才回家，他记住了当时的时间，是深夜11点多钟了。

12日上午9时，为时三天的吊唁活动在劳动人民文化宫开始了。8点钟，来吊唁的人就从文化宫的大门排到大殿门前了。治丧办的同志决定提前开始，分四路并进，由国务院管理局的侯春怀同志具体组织引导。时间不长，有消息报告说，来吊唁的人很多，于是改为八路并进，每64人排成一方队，向总理遗像三鞠躬。就这样连续三天，原准备中午休息的时间也被挤掉了，每天从上午8时到下午18时。据不完全统计，来吊唁的总人数超过了一百万。其中，各国驻华使馆官员及来访外宾两千多人。

三天的时间，军乐团的同志们坚持现场演奏哀乐，治丧办的同志看到他们太累了，建议改放录音，被他们当场谢绝了。他们调来了全团所有的同志，分班奏乐。他们一边吹，一边流泪，有位号手的口水从号筒里向外滴，他也坚持不换班。

就这样，军乐团的同志们怀着对周总理的爱和敬，吹奏了这最后的乐章。

14日下午6时，吊唁结束，邓颖超同志走进灵堂，带领着同志们向周总理三鞠躬。她双手接过骨灰盒，向全体工作人员深深地鞠躬，满怀深情地说："我捧着恩来的骨灰，向在场的所有工作的同志们表示感谢。"话音刚落，全场又是一片哭声。邓大姐走向侯春怀同志，特意向他致意，感谢他三天一直站在这里，带领人们吊唁总理，他向总理鞠了多少躬，谁也说不清。

周总理的骨灰，由邓大姐亲自捧着，安放在人民大会堂的台湾厅。

15日下午，有五千人参加的追悼会在人民大会堂北大厅举行。邓小平同志致悼词。叶剑英、宋庆龄、李先念、徐向前、聂荣臻、谭震林、王震、乌兰夫、蔡畅以及王洪文、江青、张春桥、姚文元等参加了追悼会。至此，周总理的治丧活动结束。

25 骨灰撒向江河大海

生也为人民，死也为人民。邓颖超完成周恩来生前托她的一件大事。共和国总理的骨灰撒向江河大海。

1976 年 1 月 12 日晚，周恩来逝世的第四天。北京东郊机场，一架普通的安 –2 飞机呜咽着划破漆黑的夜。飞机上载着周恩来的骨灰和负责把骨灰撒向江河大海的张树迎和高振普。

后来，高振普曾撰文详细地叙述了播撒周恩来骨灰的前后过程——

1976 年 1 月 8 日 9 时 57 分，敬爱的周总理和我们永别了。就在这一天，邓颖超同志向党中央提出了总理生前的请求：骨灰不要保留，要撒掉。

1976 年 1 月 12 日，邓大姐把张树迎同志和我叫到她的办公室，对我们说："恩来同志不保留骨灰的请求，毛主席、党中央已批准，叫你们二人来就是要研究一下把骨灰撒在什么地方。""你们二人跟随恩来同志（周总理去世后，大姐就不称呼总理了）工作多年，已向中央请示并得到批准，由你们二人执行撒骨灰的任务，这是你俩为恩来同志办的最后一件事……"大姐的嗓子哽咽了，我强忍多时的泪水夺眶而出。大姐克制住她的感情，安慰我们说，"接到中央批准的消息，我高兴。高兴的是，恩来说过，他担心我替他办不成这件事，今天可以办成，就要成为现实了。咱们要共同为实现他这一愿望而继续工作。我很想亲自去撒，但是，目前条件还不允许我去做，再说天气太冷，我年岁也大了，出动目标大。恩来同志是党的人，我委托你们二人去办，你们二人是党支部委员会的成员，我们靠基层支部。我相信，你俩会很好地做好这一工作的。"

听了大姐的一番话，我们更理解大姐此刻的心情，这是对我俩多大的信任啊！我们当即表示，请大姐放心，一定完成好。大姐问我们有什么话要说，我简单地说了一下，周总理去世后的这几天，全党、全军、全国人民非常悲痛，人们冲破各种戒律，用各种方式悼念总理，以寄托自己的哀思。为了给人民以安慰，给广大群众更多的悼念机会，是否可以把总理的骨灰多保留几天，然后再撒。大姐摆了摆手说："我的请求，中央已批准，已有了安排，就不要再提了。我再向你俩说一遍，你们要认清，撒骨灰也是一场革命。由土葬到火化是一场革命，保留骨灰到不保留骨灰又是一场革命。我死后骨灰也不保留，也请党支部负责。这是我和恩来同志的一次革命啊！我们一定要清楚地认识到这一点。"我们的大姐站得高，看得远，这是一场革命，这是向旧的传统势力的一次宣战。大姐的话不多，但语言深刻，它包含了到目前我仍然认识不到的道理。

邓大姐让赵炜和我们二人一块儿去找一找，哪个地方可以撒，最好撒在有水的地方。我们先后去了玉泉山、京密引水渠等几个地方。1月的天气，很多地方都结了冰，没有选中一个合适的地方。最后还是由中央决定派飞机去撒，并规定了投撒的时间、地点，指定张树迎和我参加执行这个任务。

晚7时30分左右，大姐带着我们走进了大会堂西大厅，总理的骨灰已安放在这里。我们肃立在大姐身后，向总理遗像默哀。然后打开骨灰盒，邓颖超同志双手抚摩着骨灰，她的手在抖，双眼含满了泪水，她坚强地说："恩来同志，你的愿望就要实现了，你安息吧！我们要永远跟随毛主席战斗！"

在场的人都放声地哭了。

"永远跟随毛主席战斗！"这表现出大姐的坚强决心，豪迈的语言，多么深刻的意义。我们的大姐，几十年来就是这样做的，不论是在战火纷飞的年代，还是在白色恐怖的蒋管区，置生死于度外。在社会主义革命的岁月里，仍不停地工作。今天，她又以坚强的革命信念，成为化悲痛为力量的表率。大姐的话，代表了我们的心愿，是代表我们向周总理发出的共同誓言。

追悼大会虽已结束，西长安街、西单，直至八宝山的道路两旁仍然站满了人，他们等待着运送总理骨灰的车从这里经过，最后向总理告别。

我们从邓大姐手里接过骨灰，穿过大会堂地下室，坐上总理生前坐过多年的苏制灰色吉姆车，邓大姐由她的秘书赵炜、保健医生陈士葆、护士刘新莲陪着，乘另外一辆车紧随在后，离开了大会堂，背向着群众，向东开去。

晚8时许，到达坐落在北京城东郊的通县机场，我们迈着沉重的脚步，登上飞机。这是一架安–2型飞机，平时作为洒农药用的。飞机起飞了，大姐挥手向总理最后告别。

北京的上空，笼罩着乌云。我的心怎么能平静，在周总理身边工作的岁月，一幕幕闪过：总理的举止言谈、总理的亲切面孔、总理健壮的身体，总理开会、总理办公、总理……我把总理的骨灰紧紧地抱在胸前，紧贴着我的心。回想起15年前，我刚到您身边工作，您握着我的手，几句问话，就驱散了我紧张的心理。多年来，您的身教言传，更坚定我为党、为人民做工作的决心。您说我没有经过战争的锻炼，送我下连队当兵，向战士们学习。多少年来，您到各地视察，我们跟随着您，同坐一架飞机；您出访亚、非、欧各国，我们也跟随着您，同坐一架飞机；今晚，我们还是同坐一架飞机。我多么想再看到您戴上眼镜批阅文件，再听到您谈话的声音。可是，已不可能了，您过早地离开了我们……驾驶员"准备"的喊声打断了我的沉思，我撒下了总理的第一包骨灰。

飞机飞越密云水库，向天津飞去。机舱内的温度继续下降，我们虽然穿上了机上备好的羊皮大衣、皮帽和皮靴，但也挡不住这刺骨的寒气。随着飞机的抖动，我们全身发抖，几个人紧紧地靠在一起，相互鼓励着，不怕寒冷，完成这最后使命。

总理，您安息吧！1月8日，人们把这一天看成是国丧的日子。从这一天开始，全国各地、各阶层的人们冲破那左一个通知、右一个规定的限制，用各种方式悼念的活动，没有停息。看哪！人们涌向天安门广场，花圈布满了纪念碑周围。孩子们高举冻红的手，高声宣誓：周爷爷，您安息吧！您的子孙、革命的后代，永远听您的话，把革命进行到底。儿女挽扶着老人，站在您的像前，挥泪捶胸，仰面高喊：总理呀！我们不能没有您！天安门广场虽大，哪能容下悼念你的人群。从清晨到深夜，呼唤您的声音，响彻祖国的天空、大地。

我们的好总理，您的一生是革命的一生，战斗的一生；您忠于党，忠于人民，忠于为人类解放的共产主义事业；您无私、无畏的无产阶级革命精神，您平易近人、光明磊落、全心全意为人民服务的高尚品德，永远铭记在人民心里！您的骨灰撒向祖国的江河大地，您光辉的业绩将和祖国的江河一样永存，万古长青！您是真正的永远活在人们心中的人！

在黄河入海口，我们撒下了最后一包骨灰，于16日零时45分返回机场。经过近四个半小时的飞行，中间没有停留，按照选定的投放点，没有再惊动其他什么人，更没有再搞什么仪式，完成了总理生前的遗愿和邓大姐的重托。

16日上午9时，我和张树迎同志去西花厅向大姐汇报。大姐已等候在门口，我们快步走向大姐，大姐张开双臂把我们俩紧紧地抱住，不停地说："谢谢你们，谢谢你们，你俩为恩来同志服务，保卫恩来同志到最后。"我强忍着两眼的泪水，说不出一句话，三个人抱得更紧。

大姐这几天，不！这几十年来，为使总理有更多的时间工作，您承担总理的全部家务；为总理的健康，您费尽心思，妥善安排衣、食、住、行，您指导我们制定了保安全、保健康、保工作的"三保"措施。在总理患病期间，您日夜操劳，您预感到总理病情的结果，您以革命唯物主义的观点对待疾病，全力组织治疗，想尽办法，贯彻邓小平同志提出的"减少痛苦，延长生命"的指示。在总理为人民的一生中凝结着您的多少心血啊！总理病情加重，卧床不起，您想得更细、更周到，您也亲自为总理擦汗、喂饭，每天守在病床前。谁也不知道您度过了多少个不眠的夜晚，您花白的头上又增添了白发，明亮的双眼又挂上条条血丝。

我们随大姐走进她的办公室，汇报了昨晚撒骨灰的经过。大姐满意地点点头，说："我为恩来同志做了一件大事，他活着的时候对我替他做这件事把握不大，今天做了，他也应该得到安慰，我们也都为这件事高兴。我死后，骨灰也要撒掉，由我所在党支部负责，能不能叫我革这场命，还要靠你们去完成。"

附　注

动乱岁月　砥柱中流（1966—1976）

1. 艰难之中抓生产（摘自陈扬勇《周恩来与林彪、江青集团搞乱国民经济斗争纪实》）

2. 挽救交通大动脉（摘自陈扬勇《周恩来与"文化大革命"初期的铁路交通》）

3. 托起中华民族航空梦（陈扬勇文）

4. 动乱中抓核工业（摘自刘杰《我国原子能事业的决策者和组织者》、刘柏罗《我国尖端科技事业凝聚着周总理的心血》）

5. "他保护了相当一批人"（摘自童小鹏《风雨四十年》、力平《开国总理周恩来》等）

6. 党、政、军负责人的避风港（摘自宋任穷、谭启龙、刘俊秀、杨易辰等人的回忆文章）

7. 保护民主人士（摘自廖心文《一张特殊的保护名单》及金城、任荣、余湛邦、郭翼青等的回忆文章）

8. 面对红卫兵运动的狂潮（摘自雍文涛《"文化大革命"初期周总理为稳定大局所做的不懈努力》）

9. "二月抗争"中的特殊作用（摘自纪希晨《一场捍卫党的原则的伟大斗争》、安建设《周恩来与"二月抗争"》）

10. 在"七二〇"事件前后（摘自高振普《"七二〇"事件中的周恩来》、陈再道《武汉"七二〇"始末》）

11. 敲掉江青的"车""马""炮"（北溟文）

12. 忍辱负重斗群贼（摘自穆欣《周恩来与"中央文革小组"的几次斗争》）

后 记

自从周恩来辞世以后，大量回忆、记述和研究周恩来生平业绩的文章、书籍面世，表达了人们对生前从来不愿宣传自己的周恩来的深深怀念。我们从历年来发表在各种报刊和书籍上的有关周恩来一生的文章中精选出许多精彩、感人的内容，加上新近撰写的一些段落，编成这本一百余万字的书，为的是进一步研究周恩来，学习周恩来，并使人们对周恩来的一生有一个较为完整、清晰和生动的认识，这也是我们向始终怀念周恩来的人们献上的一份心意。

本书所选的内容，涵盖了周恩来波澜壮阔的一生的各个历史时期，有的是老同志的回忆，有的是曾经在周恩来身边工作过的同志的记述，有的是专门研究周恩来的专家、学者的纪实佳作。为统一体例、避免重复，并力图在有限的篇幅里包容最大的信息量，我们在遵从原意的基础上对原稿作了一些删节和编辑加工，并努力对某些与事实有出入的地方作了订正，还为大部分文章重新拟了标题。

在本书编选的过程中，曾经得到过有关部门和一些同志的大力帮助、支持。中共中央文献研究室原室务委员力平同志曾经审阅过书稿，李海文、廖心文、熊华源、安建设等研究员曾为本书的编辑和出版提供过很大的帮助，在此，一并表示衷心的感谢。

编辑一本百万余言的政治人物生平类长篇，是一个难度较大的工程，尤其它反映的又是周恩来这样一位影响中国和世界的世纪伟人，因此，书中错漏、不妥之处在所难免，恳请作者、读者批评、指正并谅解。

编者

1997 年春初编记

2018 年春再版记